Neues illustrirtes

Conditoreibuch

von

Carl Krackhart

Conditor.

Neues illustrirtes

Conditorei-Buch

Ein praktisches Hand= und Nachschlagebuch

für

Conditoren, Fein=, Marcipan= und Pastetenbäcker, Zubereiter von
Gefrorenem, Lebküchner, Chocolade= und Liqueurfabrikanten, Köche,
Gasthofbesitzer, sowie auch für jede Hausfrau;

von

Carl Krackhart
Conditor

Ausgabe B.

Dritte vermehrte Ausgabe.
Mit einem Nachtrag von neu eingeführten Recepten.

Mit 54 Tafeln ohne Colorit.

Goldene Medaille Stuttgart 1894.

München
Heinrich Killinger
1898.

Unveränderter Nachdruck der Ausgabe von 1898
der Heinrich Killinger Verlagsbuchhandlung, München

Bechtermünz-Verlag im Weltbild-Verlag GmbH, Augsburg 1996
Gesamtherstellung: Westermann Druck Zwickau GmbH
Printed in Germany
ISBN 3-86047-278-X

Inhalt.

II. Abtheilung.

Obst- und andere Kuchen.

XXIII. Abtheilung.
Liqueure und künstliche feine Branntweine.

Der Text sowohl wie auch die Abbildungen dieses Werkes sind für das In= und Ausland gegen Nachdruck und Nachahmung geschützt.

Nachstehende in einigen Fachzeitungen veröffentlichte Erklärung erlaube ich mir, auch hier zum Abdruck zu bringen:

Erklärung.

Seit einer Reihe von Jahren werden die in meinem Verlag erschienenen Fachwerke, insbesondere das weltbekannte Krackhart'sche Conditoreibuch, durch Nachdruck seiner Original=Recepte und Nachahmung der in demselben enthaltenen bildlichen Darstellungen von verschiedenen der in wahrer Unzahl erscheinenden und nach dem Urteil kompetenter Fachmänner gänzlich überflüssigen Concurrenzprodukte in einer geradezu schamlosen Weise ausgebeutet.

In neuerer Zeit namentlich hat diese Freibeuterei solche Dimensionen angenommen, daß ich diesem unehrenhaften Treiben nicht mehr länger ruhig zusehen kann und gezwungen bin, hiermit öffentlich zu erklären, daß ich künftighin jeden derartigen Fall nicht allein durch Veröffentlichung in der Fachpresse an den Pranger stellen, sondern auch der Staatsanwaltschaft zur Anzeige bringen werde.

München im Februar 1898.

Heinrich Killinger,
Verlagsbuchhandlung.

Declaration.

Since a number of years the professional works published by me, especially the universally Known Krackhart's Confectioner's book is reprinted or counterfeit in its original receipts and the illustrations contained in the same are imitated, in fact it is taken advantage of in a really s h a m e f u l manner in the different works of competition appearing in infinite number, which according to the opinion of competent professional men are totally superfluous.

Particularly of late this robbery has taken such dimensions, that J can no longer be a silent spectator of such dishonest doings, but am compelled to declare herewith, that in any future case of the kind J shall not only thow it off by publishing it in the professional papers, but shall also bring the case before the attorney general.

Munich, February 1898

sig: Heinrich Killinger
publishing bookseller.

Vorwort zur fünften Auflage der Ausgabe A.

Nicht wenig überrascht war ich, als vor 21 Jahren der mir befreundete Verleger dieses Werkes mit dem Ansinnen zu mir kam, ein Buch über Conditorei zu schreiben und mir die näheren Details über die Ausführung seines Projektes entwickelte. Nur ungerne und erst nach vielem Zureden entschloß ich mich, an die mir gestellte Aufgabe heranzutreten und kann ich daher mit gutem Gewissen sagen, daß nicht Eitelkeit und Gewinnsucht, die bekanntlich häufig die alleinigen Triebfedern bei Veranstaltung litterarischer Unternehmungen sind unter selbstredender Außerachtlassung der Bedürfnißfrage, mir die Feder in die Hand gedrückt haben, sondern die Ueberzeugung, daß ein die Conditorei in erschöpfender Weise behandelndes Werk, nach allen Seiten hin praktisch und verwendbar durchgeführt, in der Litteratur vollständig fehlt.

Es handelte sich folglich bei mir nicht um Conkurrenzmacherei und zweckloser Bereicherung des Büchermarktes um ein weiteres überflüssiges Buch über Conditorei, sondern um die Schaffung eines Originalwerkes, wie ähnlich noch keines existirte, um ein Buch, das der Meister dem ausgelernten Lehrling mit auf die Wanderschaft gibt, ein Buch, in dem nicht minder auch der in der Backstube ergraute College Interessantes und Neues findet.

Dies waren meine Gedanken, als ich seiner Zeit an die Ausführung der mir gestellten Aufgabe herantrat. Inwieweit ich dieses mir vor 21 Jahren gesteckte Ziel erreicht habe, darüber mögen meine Fachgenossen entscheiden, jedenfalls aber beweisen mir der Erfolg und die überaus günstige Aufnahme, die mein Buch gefunden, daß ich nichts Schlechtes geschaffen habe.

In die jeweiligen neuen Auflagen nahm ich stets das seit Erscheinen der vorhergehenden Ausgaben in unserem Fach Neues zu Tage getretene auf, um das Buch auf der Höhe der Zeit zu erhalten; auch diese 5. Auflage enthält wieder eine ansehnliche Zahl neuer Recepte, sowie auch mehrere neue Tafeln und Abbildungen. Bei dieser Gelegenheit will ich nicht unerwähnt lassen, daß ich etwaige Wünsche und Rathschläge seitens erfahrener Collegen stets gerne und mit Dank entgegennehme und bei Neuauflagen berücksichtige, sofern solche zu immer größerer Vervollkommnung meines Werkes beizutragen geeignet sind.

Und so empfehle ich denn diese neue Auflage meines Buches dem Wohlwollen meiner Herren Fachgenossen.

München, im Oktober 1890.

Der Verfasser.

Vorwort zur vorliegenden Ausgabe.

Der vorliegenden neuen Auflage meines Buches erlaube ich mir nachstehende Erklärung vorauszuschicken, um deren gütige Beachtung und Weiterverbreitung in Kollegenkreisen ich höflichst ersuche.

Bei Beginn des Druckes dieser Auflage im Frühjahr 1897 wurde nämlich vom Herrn Verleger an mich die Frage gestellt, ob ich nicht eine bedeutende Vermehrung der Recepte und Anleitungen für angezeigt erachte, weil es, wie er meinte, zur Reklame dienen und Manchem vielleicht imponieren dürfte, wenn man eine recht große Anzahl von Artikeln nachweisen und ausposaunen kann.

Diese Frage wurde jedoch von mir auf das Entschiedenste verneint, weil ich es für ganz und gar überflüssig und zwecklos erachte, **mehr** zu bringen, als der junge sowohl wie alte Konditor in der Praxis benötigen. Ich habe diese Frage auch in einem Kreise von erfahrenen Kollegen zur Sprache gebracht und gaben dieselben ihr Urteil einstimmig dahin ab, daß die Zahl der in meinem Buche enthaltenen Recepte und Anleitungen ohnehin schon eine große sei und mit einer etwaigen bedeutenden Vermehrung nichts anders erreicht werden könnte, als daß der junge Mann, der rasch ein Recept aufschlagen will, nur verwirrt werden und mit dem Suchen und Auswählen (unter z. B. 20 Brottorten) mehr Zeit vertragen würde, als zur Herstellung des betreffenden Gebäckes 2c. 2c. überhaupt Zeit nöthig und vorhanden ist. Unerfahrene und Neulinge in der Conditorei mögen sich ja vielleicht dadurch dupiren lassen, wenn sie ein Werk angezeigt lesen, in dem unter anderem mit z. B. 700 Tortenrecepten renommirt wird, der erfahrene Fachmann aber wird über dergleichen Mätzchen lachen.

Es gibt ja sowohl unter den Berufsschriftstellern wie besonders in neuerer Zeit auch unter den Gewerbetreibenden solche Freibeuter, die sich nicht scheuen, aus zehn fremden Büchern auf Bestellung ein elftes zu machen (oder auch unter Aufdruck ihres Namens als Verfasser vom nächsten besten Litteraten schreiben lassen) und dieses so zusammengestohlene Machwerk dann unter Vorspiegelung vieljährigen Sammelns und langjähriger mühsamer Arbeit als ihr eigenes Geistesprodukt in die Welt hinausposaunen unter gleichzeitiger Verdächtigung der zu solcher Mache bestohlenen überall als vorzüglich anerkannten Werke.

Auf solche marktschreierische Anpreisung derartiger Piratenprodukte fallen dann gewöhnlich etliche hundert Käufer herein und wenn den Leuten später darüber ein Licht aufgeht und ihnen das Unlautere an dem neuen Unternehmen bekannt wird, dann ist das Geschäft gewöhnlich schon gemacht!

Mein Buch besteht seit nahezu 28 Jahren und ist mir im Laufe dieser Zeit noch nie von einem Collegen gesagt worden, daß dasselbe unvollständig sei und ihm etwas fehle; ich müßte daher jede derartige Verdächtigung meines Werkes mit Fug und Recht energisch zurückweisen und, wenn dieselbe von einem Concurrenten ausgieng, als „unlauteren Wettbewerb" betrachten.

In gewissem Sinne unvollständig ist jedes Buch. Es wäre ja ein Leichtes ein Werk über Conditorei und verwandte Fächer mit 20,000 und noch viel mehr Nummern herzustellen, in welchem über Torten allein 2000 Nummern enthalten wären. Was nützen aber dem Käufer 2000 Tortenrecepte, wenn er nur 100 nöthig hat, thatsächlich auch nicht mehr als höchstens 100 benützt. Der Zweck meines Buches war und bleibt stets der, dem Fachmann Recepte und Anleitungen zu bieten über allesDas, was in kleinen, mittleren und großen Conditoreien vorkommt. Für den Fabrikanten englischer Biscuits und ähnlicher Specialitäten für den Fabrikbetrieb ist allerdings mein Buch nicht ausreichend, so wenig wie jedes andere; dergleichen kann man in Büchern überhaupt nicht wiedergeben, zumal jeder Fabrikant seine besonderen, oft theuer erworbenen Geschäfts- und Fabrikationsgeheimnisse und Patente besitzt. Zudem würde ein solches Buch bei den auf diesen Specialgebieten fortwährend auftauchenden Neuheiten drei Monate nach seinem Erscheinen schon wieder veraltet sein.

Ich will durchaus nicht in Abrede stellen, daß ein Werk über Conditorei 2c. mit 10,000 oder 20,000 Nummern für den Sammler und Sportsman vielleicht von großem Werte ist, mein Bestreben war aber nie darauf gerichtet, dem Sport zu dienen, sondern ich will, daß **jedes** meiner Recepte in der **Praxis** verwerthet wird, **jedes Recept in meinem Buche, das nicht angefertigt und zwar sehr oft benützt wird, hätte seinen Beruf verfehlt!** — Das ist die Voraussetzung, von der ich bei der Herausgabe meines Buches vor 28 Jahren unbedingt ausgehen zu müssen glaubte und ich habe auch Grund anzunehmen, daß in meinem Buch kein Recept ist, welches nicht schon unzählige Male benützt worden ist.

Ich nahm bisher in jede neue Auflage meines Buches alle seit dem Erscheinen der vorhergehenden Ausgabe eingeführten und mir zuweilen auch von befreundeten Collegen mitgetheilten empfehlenswerthen Neuheiten und Verbesserungen auf, um dasselbe stets auf der Höhe der Zeit zu erhalten, und so soll es auch in Zukunft geschehen, in der Ueberzeugung, daß die geehrten Herren Collegen im In- und Ausland mein Conditoreibuch wie bisher so auch fernerhin als das beste und unentbehrlichste Originalwerk gelten lassen werden.

München, im Dezember 1897.   **Der Verfasser.**

I. Abtheilung.

Torten.

---

1. Alliance=Torte.

88 Gr. Mandeln werden mit 2 Eiweiß gerieben und mit 175 Gr. Zucker und 10 Eigelb schaumig gerührt. Während dieser Zeit läßt man 70 Gr. Cacao zergehen, rührt denselben mit 26 Gr. Mehl und dem Schnee von 5 Eiweiß darunter und backt die Masse in einem ziemlich großen Blechring auf Papier. Nun macht man einen zweiten, um 5 Centim. kleineren Boden als der vorhergehende und zwar von folgender Masse: Man rührt 88 Gr. Zucker mit 5 Eigelb und etwas Citronen gelb und melirt den Schnee von 5 Eiweiß mit 88 Gr. Puder und 52 Gr. heißer Butter darunter. Sind die Böden erkaltet, so legt man den größeren nach unten, bestreicht ihn mit Himbeergelée und setzt den kleineren darauf. Nun streicht man auf Oblaten eine feste Citronenglasur (siehe unten), schneidet davon Streifen so breit, als der obere Boden hoch ist, legt sie auf ein heißes halbrundes Blech und läßt sie im Ofen eine Minute lang trocknen. Sind die Glasurspähne fest, so setzt man sie auf den großen Boden um den kleinen herum, befestigt sie mit Spritzglasur und füllt sie mit Citronencrême. Glasirt wird diese Torte mit Citronenglasur, und dann mit Früchten hübsch belegt.

(Diese Torte ist äußerst wohlschmeckend und auch ihr Aussehen ist sehr schön.)

2. Kaiser=Torte.

280 Gr. Butter wird recht schaumig gerührt, dann kommen 280 Gr. Zucker, 15 Eigelb, das Gelbe einer Citrone hinzu, zuletzt der Schnee von 10 Eiweiß und 280 Gr. halb Mehl halb Puder. Von dieser Masse werden 8 runde Blätter auf Papier gestrichen und ziemlich heiß gebacken. Vorher macht man eine Citronencrême von 105 Gr. Zucker, 6 Eigelb, das Gelbe und den Saft einer Citrone, 17 Gr. Puder und 1 Glas Wein. Wenn nun die Blätter aus dem Ofen kommen, wird das Papier schnell entfernt, ein Blatt mit einem Theil der Crême bestrichen, ein zweites darauf gelegt und so fort. Später wird der Rand scharf zugeschnitten und die ganze Torte mit Citronenglasur glasirt.

Diese Torte nennt man auch Baumkuchentorte, sie ist sehr beliebt.

3. Vanille=Torte.

140 Gr. weiße Mandeln werden mit 3 Eier gerieben, dann mit 140 Gr. Zucker, 8 Eigelb und etwas Vanille schaumig gerührt. Zu dieser Masse melirt man den Schnee von 4 Eiweiß, 70 Gr. Mehl und zuletzt noch eine Tasse Milch. Die Form wird mit mürbem Teig ausgelegt, die Masse hineingefüllt und sehr langsam gebacken. Später ist sie mit Vanilleglasur zu glasiren.

---

4. Königs-Torte.

Von 105 Gr. Mandeln, 210 Gr. Zucker, etwas gehacktem Citronat wird eine nicht zu feste Macaronenmasse gemacht, dieselbe nach Größe der Torte auf Papier gestrichen und gebacken. Nun macht man ein Blatt von Mandelmasse, 88 Gr. Zucker, 88 Gr. Mandeln, 6 Eigelb, Citrone, 52 Gr. Mehl und Schnee von 4 Eiweiß, füllt die Masse in einen Ring und läßt sie backen. Später wird das Mandelblatt durchgeschnitten und mit Orangencrème (siehe unten) gefüllt, der Macaronenboden dagegen mit Aprikosen-Marmelade bestrichen und beides zusammengesetzt. Die Torte glasirt man mit beliebiger Glasur und besetzt sie, bevor man sie abtrocknet, außen herum mit runden Macaronen.

5. Regenten-Torte.

280 Gr. gestoßene Mandeln, 280 Gr. Zucker, 35 Gr. gehackten Citronat wird mit Eigelb angewirkt, davon ein Boden ausgerollt und mit Aprikosen-Marmelade gefüllt. Alsdann eine Mandelmasse von 140 Gr. Mandeln (siehe Nr. 4) gemacht, solche auf den Boden gebracht und langsam gebacken. Diese Torte wird mit Maraschinoglasur, welche man etwas roth färbt, glasirt.

6. Orleans-Torte.

280 Gr. Mehl, 280 Gr. Butter, 350 Gr. gestoßene Mandeln, (hier sei erwähnt, daß die Mandeln, damit sie nicht ölig werden, immer mit dem Zucker oder etwas Mehl gestoßen werden müssen), 140 Gr. Zucker, etwas gestoßene Vanille wird zusammen angewirkt, von dieser Masse 5 Boden, nicht zu dünn, ausgerollt, auf Blech gelegt und gebacken, um später mit verschiedener Marmelade gefüllt und mit Vanilleglasur glasirt zu werden.

7. Macaronen-Torte.

420 Gr. geschälte Mandeln werden mit 10 Eiweiß fein gerieben und 630 Gr. Zucker kräftig darunter gemengt. Hat man die Masse in eine Schüssel gebracht und gehörig durchgerührt, so mengt man das Gelbe einer Citrone und feingeschnittenen Citronat hinzu. Ist die Masse noch zu fest, so setzt man noch 1 Eiweiß hinzu. Nun macht man einen beliebig großen Boden von Oblaten und bestreicht denselben mit der Hälfte der Masse, füllt ihn mit Himbeer-Marmelade, spritzt ziemlich starke beliebige Verzierungen darauf und läßt ihn bei guter Papierunterlage in starker Hitze backen, damit die Torte nicht austrocknet. Nach dem Backen wird die Torte mit Vanilleglasur glasirt, geschmackvoll verziert und die Vertiefungen mit Gelée oder Früchten belegt. Darf die Torte ziemlich teuer werden, so kann man außen um die Tupfen, welche den Schluß der Torte bilden, mit Brandzucker runde Macaronen setzen und dieselben mit verschiedenen Gelées belegen.

8. Macaronen-Torte anderer Art.

Man nimmt die Macaronenmasse wie Nr. 7 beschrieben, nur backt man 2 Böden, den untern auf Oblate, den oberen, die Verzierung auf Papier, welches nach dem Backen entfernt wird. Das Ganze wird mit Marmelade zusammengesetzt und weiter verfahren wie in Nr. 7.

9. Macaronen-Torte anderer Art.

Wie Nr. 7, nur macht man die Hälfte der Macaronenmasse und nimmt zu dem unteren Boden mürben Teig.

10. Fränkische Macaronen-Torte.

280 Gr. geschälte Mandeln werden mit 8 Eiweiß und einer Eierschale voll Wasser fein gerieben, worauf 560 Gr. Zucker darunter gemengt wird. Ist die Masse noch etwas zu fest (denn hier muß sie etwas weicher sein als zu gewöhnlichen Macaronen), so setzt man noch 1 Eiweiß nebst dem Abgeriebenen einer Citrone hinzu, schlage sodann einen Schnee von 4 Eiweiß und melire denselben mit 70 Gr. Mehl leicht unter die Masse. Nun macht man mit dem Zirkel 3 Kreise auf Papier, so groß die Torte werden soll, spritzt von der beschriebenen Masse 3 Streifen in der Dicke eines Fingers darauf, läßt sie auf gut mit Papier belegtem Blech halb backen, füllt die übrige Masse in diese 3 Ringe, streicht sie mit dem Messer glatt und läßt sie in ziemlich heißem Ofen backen. (Die Ringe sind nöthig, damit die Masse nicht ausfließen kann.) Nach dem Backen wird das Papier mit Wasser abgelöst, der eine Boden mit Quitten-Marmelade und der andere mit Johannisbeeren gefüllt. Der Rand wird zugeschnitten und die ganze Torte mit Punschglasur glasirt.

11. Französische Macaronen-Torte.

280 Gr. geschälte Mandeln reibt man mit 9 Eiweiß und mengt 630 Gr. Zucker nebst dem Gelben von einer abgeriebenen Citrone hinzu. Die Masse wird gut durchgerührt und von einem Theil derselben etwa 12 große Macaronen dressirt und langsam gebacken. Zu dem übrigen Theil gibt man noch 4—5 Eiweiß, auch etwas Zimmt, setzt einen Blechring auf Papier, füllt die Masse hinein und läßt sie gut ausbacken. Später wird das Papier abgelöst, dieselbe Seite dick mit Johannis-beer-Marmelade bestrichen und dann mit Citronenglasur vorsichtig glasirt. Ist die Torte abgetrocknet, so werden die Macaronen oberhalb des Randes herumgesetzt, dieselbe verziert und die Mitte mit einer runden Scheibe Gelée, die Torte mit Früchten belegt.

12. Mandel-Torte.

210 Gr. geschälte Mandeln werden mit Wasser ziemlich dick gerieben, mit 315 Gr. Zucker, 18 Eigelb schaumig gerührt, das Gelbe einer Citrone hinzugesetzt, worauf man den Schnee von 12 Eiweiß mit 105 Gr. Mehl leicht darunter melirt. Diese Torte muß sehr langsam gebacken werden, sonst fällt sie zusammen.

13. Mandel-Torte à la Paris.

105 Gr. mit Wasser geriebene geschälte Mandeln, 105 Gr. Zucker, Citrone werden mit 10 Eigelb schaumig gerührt, der Schnee von 6 Eiweiß, 35 Gr. Mehl, 35 Gr. heiße Butter kommt hinzu, worauf alles in 2 Ringen gebacken, mit Aprikosen gefüllt, glasirt und mit Früchten belegt wird. Diese Masse eignet sich auch zum Ausstechen für Dessert.

14. Mandel-Torte, leichte Masse.

88 Gr. Mandeln, 158 Gr. Zucker, 88 Gr. Puder, 5 Eier, weiter wie in Nr. 12.

15. Mandel-Torte, schwere Masse.

140 Gr. süße geschälte und 35 Gr. bittere Mandeln werden mit 4 Eiweiß gerieben und mit 175 Gr. Zucker und 10 Eigelb recht schaumig gerührt. Ist die Masse steif, so mengt man das Abgeriebene einer Citrone hinzu, füllt sie in eine mit Butter bestrichene Form und läßt sie langsam backen.

16. Mandel=Torte anderer Art.

280 Gr. Mandeln werden mit 6 Eiweiß gerieben, mit 12 Eigelb und 280 Gr. Zucker tüchtig gerührt, 70 Gr. geriebene Semmeln, 1 Citrone, zuletzt der Schnee von 6 Eiweiß hinzu gesetzt und die Masse langsam gebacken.

17. Nuß=Torte (gefüllt).

Von der Mandelmasse Nr. 12 backt man 2 Böden in Blechringen, welche ungefähr 4 Centimeter dick sein dürfen. Sodann reibt man 105 Gr. Nußkerne und 35 Gr. geschälte Mandeln mit etwas Rahm (Sahne) recht fein, schlägt $\frac{1}{8}$ Liter Rahm zu Schnee, setzt etwas Vanille und 175 Gr. feinen Zucker hinzu und rührt die geriebenen Nüsse unter den Rahmschnee. Nun schneidet man die Böden aus den Ringen heraus, legt den glattesten mit der oberen Seite nach unten, bestreicht diesen Boden mit der genannten Fülle und legt den zweiten Boden darauf. Ist dies geschehen, so schneidet man mit einem scharfen Messer den äußeren Rand recht gleich= mäßig, glasirt ihn mit Vanilleglasur, wendet die Torte um und glasirt die obere Fläche, die durch das Liegen sich noch mehr geglättet hat. Beim Verzieren kann man sie noch mit caramelirten halben Nüssen belegen, was sehr gut aussieht.

18. Nuß=Torte anderer Art.

140 Gr. Nüsse, 70 Gr. geschälte Mandeln, 210 Gr. Zucker und 10 Eier werden tüchtig schaumig geschlagen und dann 105 Gr. Bröseln darunter melirt. Die Masse wird in 2 Böden gebacken, weiter wie in Nr. 17.

19. Nuß=Torte mit bitterer Mandelcrême.

88 Gr. Nußkerne und 88 Gr. Mandeln werden mit 5 Eiweiß gerieben, mit 175 Gr. Zucker, 8 Eier und 8 Eigelb tüchtig schaumig geschlagen und 140 Gr. Mehl dazu melirt. Hat man überflüssig Eigelb, so kann man im Ganzen 25 Eigelb nehmen. Man linirt nun 3 Kreise, so groß als die Torte werden soll auf Papier, vertheilt die Masse auf die 3 Bögen, streicht sie mit einem Messer gleichmäßig aus und läßt sie im ziemlich heißen Ofen backen. Nun setzt man $\frac{8}{10}$ Liter geläuterten Zucker auf das Feuer, schlägt, während der Zucker zum schwachen Flug kocht, 7 Ei= weiß zu steifem Schnee und läßt sich dann den Zucker bei kräftigem Schlagen langsam auf den Schnee gießen, wodurch man schöne Schaummasse bekommt. Ist die Schaum= masse kalt, so füllt man von derselben in eine Papierdüte so viel als man nöthig zu haben glaubt, um sie obenauf verzieren zu können, reibt 52 Gr. halb süße, halb bittere geschälte Mandeln mit etwas Wasser recht fein und rührt dieselben unter die noch übrige Schaummasse. Hat man nun die Böden von Papier befreit, so legt man einen derselben auf einen Bogen Papier, bestreicht ihn mit der Schaummasse, und setzt den zweiten darauf, bestreicht diesen ebenfalls damit und legt nun den letzten darüber, behält jedoch so viel Schaummasse zurück, daß man den Rand, nach= dem er schön zugeschnitten ist und oben die Torte damit bestreichen kann. Nun verziert man sie geschmackvoll, bestaubt sie mit Zucker und läßt sie auf einem Brett schön hellgelb anbacken. Diese Torte ist sehr zu empfehlen.

20. Nuß=Torte (ungefüllt).

Man reibt 105 Gr. Nußkerne von Wallnüssen und 105 Gr. geschälte Mandeln mit 3 Eiweiß, setzt 280 Gr. Zucker und etwas Vanille hinzu, rührt dies zusammen mit 6 Eigelb recht schaumig und schlägt einen Schnee von 5 Eiweiß, welchen man mit 105 Gr. Mehl leicht unter die Masse rührt. Diese Torte wird gewöhnlich in einer Tortenform, welche mit Butter bestrichen ist, bei schwacher Hitze (d. h. in einer Temperatur, bei welcher man die Hand noch im Ofen leiden kann,) gebacken, was eine Zeit von ³/₄ bis 1 Stunde erfordert. Nach dem Backen glasirt man sie mit Vanilleglasur.

21. Haselnuß-Torte.

52 Gr. geröstete Haselnüsse und 52 Gr. Mandeln werden mit Eiweiß gerieben, dann mit 210 Gr. Zucker, 10 Eigelb und etwas Vanille recht schaumig gerührt. Ist ein Schnee von 8 Eiweiß geschlagen, so mengt man 88 Gr. Mehl leicht darunter und backt hievon 2 Böden. Zur Fülle reibt man 35 Gr. geröstete Haselnüsse mit Milch, die man mit einem ganzen Ei, 3 Eigelb, 70 Gr. Zucker, etwas Puder, ¹/₁₆ Liter Milch und etwas Vanille, so lange auf dem Feuer rührt, bis die Masse anfängt zu kochen. Weiter wie unter Nr. 17.

22. Haselnuß-Torte mit Gelatin.

Man nimmt ²/₃ der Masse Nr. 21, streicht davon 2 Böden dünn auf Papier und läßt sie backen. Zur Fülle schlägt man ¹/₄ Liter Rahm, reibt vorher 52 Gr. geröstete Haselnüsse, gibt 105 Gr. Zucker und etwas Vanille hinzu und 4 Blatt Gelatin, welche man im Ofen mit Wasser aufgelöst hat und zuletzt den Rahm. Dies alles muß nun schnell auf einen der Böden gestrichen werden, damit die Crême nicht vorher schon fest wird. Den 2. Boden legt man erst später darauf. Glasirt wird die Torte mit Vanilleglasur.

23. Praliné-Torte.

158 Gr. geröstete, mit Zucker überzogene Mandeln, desgleichen 70 Gr. geschälte werden mit 10 Eigelb gerieben, dann mit 315 Gr. Zucker, 11 Eigelb und etwas Zimmt recht schaumig gerührt; zuletzt wird der Schnee von 10 Eiweiß und 158 Gr. Mehl dazu melirt, die Masse etwas roth gefärbt und langsam gebacken.

24. Englische Mandel-Torte.

Man rollt einen Boden von mürbem Teig aus, legt ihn auf einen Bogen Papier und spritzt, nachdem man denselben mit Himbeer-Marmelade überstrichen, von fester Macaronenmasse durch ein ziemlich weites Röhrchen zwei Streifen am äußersten Rand herum und zwar so, daß sie aufeinanderliegen, worauf man einen mit Butter bestrichenen Blechring herumsetzt. Sodann reibt man 70 Gr. geschälte Mandeln mit Eiweiß, rührt dieselben mit 105 Gr. Zucker, 4 Eigelb und etwas abgeriebener Citrone schaumig und schlägt einen Schnee von 4 Eiweiß, den man nebst 35 Gr. Mehl leicht unter die Masse mengt. Nun füllt man sie auf den Mürbteigboden und streicht sie mit einem Messer, so hoch der Macaronenrand ist, schön glatt. Nach dem Backen glasirt man die Torte mit Citronenglasur.

25. Vanille-Crême-Torte.

Man lege eine Tortenform mit mürben Teig aus, bringe in einen Kessel 15 Eigelb, 262 Gr. Zucker, 52 Gr. Puder, 35 Gr. Vanillezucker und ⁴/₁₀ Liter Milch und schlage dies auf Kohlenfeuer (ohne es jedoch kochen zu lassen), bis es breiartig geworden ist. Wenn die Masse wieder erkaltet ist, melirt man einen Schnee von 3 Eiweiß leicht darunter, füllt sie in die Form und lasse sie bei schwacher Hitze backen. Nach dem Backen wird die Torte mit feinem Zucker bestaubt.

26. Chocolade=Torte.

280 Gr. Mandeln werden mit 4 Eier fein gerieben, 350 Gr. Zucker nebst 10 Eigelb schaumig gerührt und 140 Gr. geriebene Chocolade, etwas Zimmt, Nelken, 70 Gr. Mehl und zuletzt ein Schnee von 6 Eiweiß hinzugemengt. Glasirt wird die Torte mit Chocoladeglasur.

27. Schwere Chocolade=Torte.

105 Gr. Butter wird mit 280 Gr. Zucker, 8 gelben und 2 ganzen Eiern schaumig gerührt, dann kommen 140 Gr. gestoßene Mandeln, 140 Gr. warm gemachter Cacao hinzu und zuletzt der Schnee von 6 Eiweiß.

28. Brod=Torte.

210 Gr. ungeschälte Mandeln werden mit Eiweiß gerieben und mit 315 Gr. Zucker und 20 Eigelb schaumig gerührt. Die Eigelb dürfen jedoch nicht mit einem Mal dazu gemengt werden, indem sich sonst die Masse zu schwer schaumig rühren würde. Sodann mengt man 105 Gr. geröstetes und mit Arac angefeuchtetes schwarzes Brod, 70 Gr. Pomeranzenschale, das Gelbe einer Citrone, 70 Gr. geriebene Chocolade und 18 Gr. Tortengewürz (siehe unten) darunter. Nun melire man 105 Gr. Mehl mit dem Schnee von 8 Eiweiß leicht unter die Masse, fülle sie in eine mit Butter bestrichene Form und lasse sie in schwacher Hitze backen.

29. Brod=Torte anderer Art.

70 Gr. geriebene Mandeln und 140 Gr. Zucker werden mit 8 Eigelb gut gerührt, 35 Gr. Citronat, 44 Gr. Mehl, 35 Gr. geriebene Chocolade, 35 Gr. mit Wein angefeuchtetes Brod, Gewürz, Citrone und der Schnee von 8 Eiweiß bei= gemengt. Weiter wie in Nr. 28. Der Ofen darf nicht zu heiß sein, sonst fällt die Torte zusammen.

30. Brod=Torte anderer Art.

280 Gr. ungeschälte Mandeln werden mit 350 Gr. Zucker gestoßen und durch ein nicht zu feines Sieb gesiebt; alsdann rührt man die Masse mit 7 ganzen Eiern, dem Gelben einer Citrone, 70 Gr. geschnittener Pomeranzenschale und 18 Gr. Torten= gewürz schaumig. Zuletzt wird der Schnee von 8 Eiweiß mit 70 Gr. Semmel= bröseln darunter melirt. Weiter wie in Nr. 28.

31. Biscuit=Torte, kalt.

140 Gr. Zucker werden mit 8 Eigelb schaumig gerührt, das Gelbe einer halben Citrone hinzugemengt, 8 Eiweiß zu Schnee geschlagen, 140 Gr. Mehl leicht darunter melirt und die Masse in bestrichener Form oder im Blechring auf Papier langsam gebacken.

32. Biscuit=Torte kalt, anderer Art.

Man schlage 10 Eiweiß zu festem Schnee, wäge vorher 175 Gr. Zucker und schlage die Hälfte davon, wenn der Schnee gut ist, darunter, menge 12 Eigelb vorher in einer kleinen Schüssel etwas durcheinander und rühre sie nebst der anderen

Hälfte des Zuckers und einem entsprechenden Quantum abgeriebener Citrone mit dem Schneebesen leicht darunter. Schließlich rühre man noch mit einem hölzernen Spatel 140 Gramm Mehl und 35 Gr. Puder (Stärkemehl) dazu. Weitere Behandlung wie unter Nr. 31.

33. Biscuit-Torte, warm.

12 Eiweiß werden zu Schnee geschlagen und sodann 280 Gr. Zucker nebst 12 Eigelb mit dem Schneebesen darunter gemengt. Nun schlägt man die Masse auf dem Feuer (am besten Kohlenfeuer) in die Höhe; sie darf jedoch nicht zu heiß werden. Man muß die Hand, ohne sich zu brennen, unter den Kessel halten können. Hierauf schlägt man die Masse wieder kalt, rührt 210 Gr. Mehl und 140 Gr. Puder nebst einer halben abgeriebenen Citrone darunter, füllt sie in die Form und läßt sie langsam backen.

34. Brod-Torte, leicht.

105 Gr. braune geriebene Mandeln, 158 Gr. Zucker werden mit 9 Eigelb schaumig gerührt, dazu kommt das Gelbe einer Citrone, 35 Gr. Citronat, 18 Gr. geriebene Chocolade, etwas Zimmt und Nelken, zuletzt der Schnee von 9 Eiweiß und 52 Gr. Mehl. Jetzt werden 2 Blechringe auf ein mit Butter bestrichenes Blech gesetzt, die Masse hineingefüllt und langsam gebacken.

35. Brod-Torte, leicht, anderer Art.

140 Gr. ungeschälte Mandeln werden mit 4 Eigelb fein gerieben und mit 350 Gr. Zucker und 20 Eigelb schaumig gerührt. Nun schlägt man zu Schnee 8 Eiweiß, melirt denselben mit 70 Gr. gestoßenem Brod, welches man vorher mit etwas Wein angefeuchtet hat, dazu und zuletzt 70 Gr. Mehl, 17 Gr. Tortenge-würz und 35 Gr. geriebene Chocolade.

36. Lioner-Torte.

Von 8 Eiweiß, 245 Gr. Staubzucker und Vanille macht man eine Schaum-masse, streicht sie in 2 Böden auf Papier, bestaubt sie mit Zucker und läßt sie auf einem Brett langsam backen. Nachher legt man den einen Boden auf eine Torten-platte, füllt ihn mit geschlagenem Rahm, legt den zweiten Boden darauf, bestreicht die ganze Torte damit und verziert sie auch mit Rahm.

37. Schweizer-Torte.

Von Bisquitmasse (Nr. 31) werden 2 Böden gebacken. Nun verrührt man 210 Gr. ganz rein schmeckende Tafelbutter, macht alsdann 6 Eigelb, 105 Gr. Staubzucker, etwas Vanille lauwarm und rührt dies unter die Butter. Das Ganze wird nun an einen kalten Ort gestellt und später recht schaumig gerührt. Die Torte wird alsdann damit gefüllt, glasirt und mit einer nicht zu dicken Sterntülle verziert.

Man kann auch etwas erwärmte Chocolade oder Kaffeeessenz darunter meliren.

38. Sand-Torte, warm.

Man schlägt 8 Eiweiß zu Schnee, mengt 16 Eigelb, 280 Gr. Zucker hinzu und schlägt dies auf Kohlenfeuer warm. Vorher läßt man 280 Gr. Butter zer-gehen. Wenn nun Beides wieder kalt geworden ist, rührt man zuerst 140 Gr. Mehl nebst 140 Gr. Puder und zuletzt die Butter mit den nöthigen Citronen darunter, füllt die Maſſe in eine mit Butter beſtrichene Form und läßt ſie bei ſchwacher Hitze backen. Glaſirt wird dieſe Torte mit Citronenglaſur.

39. Sand=Torte, warm, anderer Art.

8 ganze Eier und 10 Eigelb werden mit 280 Gr. Zucker auf ſchwachem Feuer im Keſſel langſam geſchlagen, bis die Maſſe übereinander etwas liegen bleibt. Iſt die Maſſe wieder kalt, ſo wird 280 Gr. Puder und zuletzt noch 280 Gr. heiße Butter mit einigen Tropfen Citronöl leicht dazu gerührt. Gebacken und glaſirt wie Nr. 38.

40. Sand Torte, kalt, ſchwere Maſſe.

Man rühre 280 Gr. gute Butter zu Schnee, d. h. recht ſchaumig, menge 280 Gr. feinen Zucker hinzu und fahre fort zu rühren. Vorher wiege man 280 Gr. Puder, von dem man nun je 1 Löffel und 1 Ei in die Butter rührt, bis man 16 Eier in der Maſſe hat. Sodann gieße man 1 Gläschen Rum oder Arac mit beliebigem Gewürz, als Muscatblüthe, Vanille oder Citronenſchale hinzu und menge dies Alles nebſt einer guten Meſſerſpitze voll Ammonium gut unter einander. Nun wird die Maſſe in eine Form gefüllt, am beſten in eine ſolche, welche in der Mitte eine Tülle hat. Gebacken wird dieſe Torte etwas heißer als die vorher beſchriebenen Maſſen. Iſt dieſe Torte richtig behandelt, ſo muß ſie oben reißen.

41. Sand=Torte, kalt, ſchwere Maſſe, anderer Art.

560 Gr. Butter muß tüchtig ſchaumig gerührt werden, desgleichen in einer zweiten Schüſſel 560 Gr. Zucker mit 16 Eigelb. Iſt der Schnee von 16 Eiweiß unter die Eigelbmaſſe melirt, ſo wird derſelbe nach und nach unter die Butter gerührt, ſowie 560 Gr. Puder in beſtrichene Formen gefüllt, welche mit Papier ausgelegt werden müſſen, und langſam gebacken.

42. Sand=Torte, kalt, leichte Maſſe.

210 Gr. Butter werden gerührt und 9 Eigelb nach und nach hinzu gemengt. Iſt die Maſſe gut ſchaumig, ſo rührt man 210 Gr. feinen Zucker, 1 Gläschen Arac, das Gelbe einer Citrone, eine gute Meſſerſpitze voll Ammonium, den Schnee von 7 Eiweiß und 210 Gr. Puder leicht unter dieſelbe, füllt ſie in eine mit Papier ausgelegte Form und bäckt ſie langſam.

43. Wiener=Torte.

210 Gr. Butter, 210 Gr. Zucker, etwas Citronengelb und Zimmt werden mit 1 Ei und 3 Eigelb ſchaumig gerührt, 210 Gr. Mehl hinzugemengt und alles zu einem Teig angemacht. Hievon ſticht man 3 Böden aus, ſetzt ſie auf Papier, läßt ſie backen, beſtreicht einen davon mit Aprikoſenmarmelade, legt den zweiten darauf, welchen man mit Himbeergelée beſtreicht, und glaſirt die Torte, nachdem man den letzen Boden darauf gebracht hat, oben und an der Seite mit Punſchglaſur.

44. Wiener=Torte, anderer Art.

245 Gr. Zucker und etwas Citronenſchale werden mit 16 Eigelb ſchaumig gerührt, hierauf der Schnee von 14 Eiweiß mit 245 Gr. Puder und zuletzt noch 140 Gr. heiße Butter hinzugeſetzt. Von dieſer Maſſe werden 3 Böden gebacken, von denen der eine mit Vanillecrême und der andere mit Himbeergelée gefüllt wird. Weiter wie unter Nr. 43.

45. Punsch-Torte.

Es werden 140 Gr. Zucker und das Gelbe einer Citrone mit 9 Eigelb schaumig gerührt, 8 Eiweiß zu steifem Schnee geschlagen, mit 70 Gr. Mehl und 70 Gr. Puder darunter gerührt und noch 140 Gr. kochende Butter dazu melirt. Diese Masse wird in 2 Böden entweder in Blechringen oder in Papierformen gebacken, mit Quitten= oder Apfelmarmelade, worunter man ein Gläschen Punsch=Essenz gießt, gefüllt, und oben wie an der Seite mit Punschglasur glasirt.

46. Bismarck-Torte, Nelson-Torte.

Von Mürbteich rollt man einen dünnen Boden aus, setzt ihn auf ein Blech und füllt ihn mit Johannisbeermarmelade, läßt jedoch den Rand zwei Finger breit davon befreit; schlägt 3 Eiweiß zu steifem Schnee, rührt 140 Gr. feinen Staubzucker, 88 Gr. gehobelte Mandeln, 35 Gr. geschnittenen Citronat und etwas Zimmt darunter und setzt diese Schaummasse auf den Rand des Bodens schön gleichförmig herum, welche dann mit feinem Staubzucker bestaubt wird. Nun stellt man von mit Butter bestrichenen Papier einen Streifen herum, setzt um denselben noch einen Blechring und schreitet zur Füllung. Zu diesem Zweck reibt man 88 Gr. Mandeln mit Wasser recht fein, rührt dieselben mit 140 Gr. Zucker und 7 Eigelb schaumig, schlägt von 5 Eiweiß einen Schnee, rührt 52 Gr. Mehl darunter, füllt die Masse innerhalb des Schaum= ringes auf den Mürbteig und läßt die Torte langsam backen. Nach dem Backen wird die Mandelmasse mit Citronenglasur glasirt und verziert.

47. Schwarze Mandel-Torte.

140 Gr. ungeschälte Mandeln werden mit Eiweiß gerieben und mit 140 Gr. Zucker, etwas Citronengelb und 12 Eigelb schaumig gerührt. Ist der Schnee von 4 Eiweiß und 35 Gr. Mehl darunter melirt, so füllt man die Masse in einen Blechring und läßt sie langsam backen. Dann reibe man 105 Gr. weiße Mandeln mit 3 Eiweiß und 210 Gr. Zucker mit etwas Zimmt darunter. Nun mache man auf Papier mit dem Zirkel einen Kreis, der so groß ist, als der vorhergehende Blechring, streiche die Masse darauf und lasse sie in heißem Ofen backen. Sind beide Böden aus dem Ofen, so löse man den Macaronenboden mit Wasser vom Papier ab, fülle ihn mit beliebiger Marmelade, setze den anderen Boden darauf, schneide den Rand schön glatt und glasire denselben wie die ganze Torte mit Citronenglasur.

48. Annanas-Torte.

Von Bisquitmasse (Nr. 31) werden 2 Böden gebacken, mit Annanasglasur, gehackten Annanas gefüllt und glasirt, mit einer Windmasse von 3 Eiweiß und 105 Gr. Zucker verziert, bestaubt und rasch gebacken.

49. Kartoffel-Torte.

70 Gr. süße und 35 Gr. bittere geschälte Mandeln werden mit Eigelb gerieben und 245 Gr. Zucker, 12 Eigelb, 13 Gr. Tortengewürz, dem Saft und dem Gelben einer Citrone, 52 Gr. Pomeranzenschale schaumig gerührt. Hierauf schlägt man von 12 Eiweiß steifen Schnee und rührt 420 Gr. gekochte und auf dem Reibeisen geriebene Kartoffeln darunter.

50. Marschall-Torte.

Man macht einen Boden mit Rand von Mürbteig, legt denselben auf ein Blech, füllt ihn mit Johannisbeeren, setzt um den Boden einen Blechring und füllt

Mandelmasse (Nr. 12.) von 105 Gr. Mandeln hinein. Ist die Torte gebacken und erkaltet, so macht man eine Schaummasse von 4 Eiweiß und 140 Gr. Zucker, bestreicht damit den Rand der Torte, bestreut ihn mit geschnittenen, halbgelb gerösteten Mandeln, verziert die Torte mit der noch übrigen Schaummasse, bestaubt sie mit Zucker und läßt sie bei flüchtiger Hitze backen. Dann wird sie mit Früchten und Gelée belegt.

51. Marmor-Torte.

280 Gr. geschälte Mandeln werden mit Eiweiß gerieben und mit 350 Gr. Zucker, 16 Eigelb und dem Gelben einer Citrone schaumig gerührt. Nun schlägt man einen Schnee von 6 Eiweiß, rührt denselben mit 105 Gr. Mehl unter die Masse, theilt dieselbe in drei gleiche Theile und mischt unter einen Theil 70 Gr. geriebene Chocolade mit etwas Tortengewürz, und unter einen andern etwas rothe Farbe nebst einen Tropfen Rosenöl. Auf diese Weise hat man drei Farben erzielt. Diese 3 Massen füllt man nun in die Form, so daß, wenn die Torte geschnitten ist, in jedem Stück die drei Farben enthalten sind.

52. Bittere Mandel-Crême-Torte.

175 Gr. Zucker werden mit 12 Eigelb gerührt, der Schnee von 8 Eiweiß und 175 Gr. Mehl hinzugemengt und diese Masse in einem Ring gebacken. Hierauf läßt man in einem kleinen Kessel 4 Eigelb, 70 Gr. Zucker, 35 Gr. süße und 18 Gr. bittere fein geriebene Mandeln und gut $\frac{1}{8}$ Liter Milch auf dem Feuer dick zu einer Crême kochen und streiche diese, nachdem der Boden gebacken ist, darauf. Nun legt man 140 Gr. gebackene bittere Macaronen gleichmäßig in die Crême, macht eine Schaummasse von 6 Eiweiß und 210 Gr. Zucker, bestreicht oben das Ganze damit, verziert die Torte mit der noch übrigen Schaummasse, bestaubt sie, läßt sie leicht anbacken und verziert sie noch mit Hagebuttenmarmelade.

53. Prinzeß-Torte.

175 Gr. Mandeln werden mit Eiweiß gerieben, mit 245 Gr. Zucker, 16 Eigelb und dem Gelben einer Citrone schaumig gerührt, ein Schnee von 6 Eiweiß mit 105 Gr. Mehl darunter gemengt und 2 Böden davon gebacken. Hierauf reibt man 52 Gr. geröstete Haselnüsse mit etwas Rahm, mengt 52 Gr. Zucker, etwas Vanille und so viel Rahm hinzu, daß das Ganze eine breiartige Consistenz erhält. Nun wird der Boden, welcher unten liegen soll, damit gefüllt, mit einer Schaummasse von 4 Eiweiß und 210 Gr. Zucker überzogen und auf einem Brett im Ofen leicht gebacken. Dann bringt man 5 Eigelb, 88 Gr. Zucker, den Saft einer Citrone und ein Weinglas weißen Wein in einen Kessel, schlägt dies auf Kohlenfeuer zu einer Crême, füllt dieselbe auf die Schaummasse, legt den zweiten Boden darauf, glasirt die Torte mit Citronenglasur und verziert sie.

54. Genfer-Torte.

Man rühre 210 Gr. Zucker mit 15 Eigelb schaumig, schlage von 10 Eiweiß recht steifen Schnee, menge diesen mit 210 Gr. Mehl, zuletzt 105 Gr. heißer Butter darunter und backe von der Masse zwei Böden. Nun reibe man 35 Gr. süße und 18 Gr. bittere, geschälte Mandeln mit Milch, rühre sie mit 88 Gr. Zucker, 3 Eigelb und $\frac{1}{8}$ Liter Milch auf Kohlenfeuer zu einer Crême, fülle mit dieser Crême die Böden und glasire die Torte mit Vanilleglasur.

55. Maraschino-Torte.

Von der Biscuitmasse 31 werden zwei Böden gebacken, mit Himbeermarmelade gefüllt, mit Maraschinoliqueur begossen und mit Maraschinoglasur (siehe Abth. XI) glasirt.

56. Maraschino-Torte, anderer Art.

Hiezu wird ein Mandelboden von Nr. 12 gebacken. Nun nimmt man etwa 140 Gr. Macaronen, begießt sie mit Wein und läßt sie so lange darin liegen, bis sie durchweicht sind. Der Boden wird mit Himbeeren gefüllt, die Maca-ronen daraufgelegt und das Ganze mit leichter Schaummasse überzogen, bestaubt, auf einem Brett leicht angebacken und später mit rother Maraschinoglasur glasirt.

57. Trauben-Torte.

Man backe einen Boden mit Rand von Mürbenteig, fertige eine Schaum-masse von 8 Eiweiß, 280 Gr. Zucker, fülle einen Theil davon in eine Düte, rühre unter die andere Masse eine auf Zucker abgeriebene Orange, sowie abgezupfte Weintraubenbeeren und streiche dieses schön glatt auf den Mürbteigboden. Mit der eingefüllten Schaummasse verziere man nun die Torte, bestaube sie mit Zucker und lasse sie leicht anbacken. Nach dem Backen wird sie entweder mit ganzen Trauben oder einzelnen Beeren belegt und mit farbiger Marmelade verziert; auch kann man 6—8 Beeren an einem Träubchen lassen, das man caramelirt und oben aufsteckt.

58. Heidelberger Trauben-Torte.

Die Form wird mit Mürbenteig ausgelegt, dann werden 52 Gr. geschälte Mandeln mit Milch gerieben, etwas Citrone und 104 Gr. Zucker daruntergemengt, jedoch ziemlich fest gehalten und nun auf den Mürbenteig gestrichen, worauf jetzt die Trauben gelegt werden, welche mit Zucker und Mandeln zu bestreuen sind. Nun macht man von 52 Gr. Mandeln, 52 Gr. Zucker, 27 Gr. Mehl, 3 Eigelb, etwas süßen Rahm, Citronen, 2 Eiweißschnee eine Mandelmasse, füllt sie hinein und läßt sie backen.

59. Russische-Torte.

Man backt einen 3½ Centimeter hohen Boden von Wiener- oder Brod-tortenmasse (Nr. 43, 28), schlägt eine Schaummasse von 6 Eiweiß, 210 Gr. Zucker, etwas Vanille, füllt den Boden mit Gelée, spritzt von der Schaummasse mit einer Sterntülle außen herum große, nach der Mitte zu immer kleiner werdende Tupfen, bestaubt die Torte mit Zucker und backt sie bei flüchtiger Hitze hellgelb. Dann wird die Torte noch mit Gelée und Früchten verziert.

60. Demi-Torte.

Man backe einen Boden von Biscuitmasse und einen zweiten in derselben Größe von Brodmasse (Nr. 28). Sodann fülle man den einen Boden mit beliebiger Marmelade, setze den anderen darauf, bestreiche diesen mit derselben Mar-melade, schlage 3 Eiweiß zu Schnee, melire 105 Gr. Zucker, etwas Vanille darunter, bestreiche und verziere die Torte damit, bestaube und lasse sie auf einem Brett leicht backen.

61. Orangen-Torte.

Orangen- oder Apfelsinen-Torten werden auf vielerlei Arten gemacht. Zwei besonders beliebte führe ich hier an:

158 Gr. Zucker werden mit 9 Eigelb schaumig gerührt, ein steifer Schnee von 9 Eiweiß und 158 Gr. Mehl, halb Puder, geschlagen und zuletzt noch 105 Gr. heiße Butter darunter gemengt und diese Masse in 3 Böden gebacken. Nun reibt man 2 Orangen auf Zucker ab, schabt das Abgeriebene in eine Schüssel, preßt den Saft von 2 Citronen hinein, gießt etwas Wasser daran und rührt so viel gestoßenen Zucker hinzu, bis eine breiartige Glasur entsteht. Hat man nun die beiden Orangen geschält, so theilt man die schönste davon in die gewöhnlichen Spalten und läßt diese etwas trocknen, um sie mit Orangenglasur zu überziehen oder zu carameliren. Dann überstreicht man einen Boden mit der beschriebenen Glasur, schneidet die andere Orange in feine Scheiben, legt die Hälfte davon darauf, setzt den zweiten Boden darüber, bestreicht diesen gleichfalls mit Glasur, legt die noch übrigen Scheiben darauf und zuletzt den dritten Boden, beschneidet nun den Rand schön gleichmäßig, glasirt denselben, sowie die Torte obenauf mit Orangenglasur und läßt sie im Ofen leicht trocknen. Sodann legt man die carmelirten oder mit Glasur überzogenen Spalten obenauf und verziert sie geschmackvoll. (Orangenglasur siehe Abth. XI.)

62. Orangen-Torte anderer Art.

Man backt 3 Böden von Mandelmasse Nr. 12 und füllt sie mit nachstehender Crême: 1 Orange reibt man auf Zucker ab, schabt das Gelbe in einen Kessel, mengt hiezu 105 Gramm Zucker, 2 Eier, 4 Gelbe, den Saft einer Orange und einer Citrone, sowie ein Weinglas guten Weines und schlägt dies auf Kohlenfeuer ohne es jedoch kochen zu lassen, bis es schön steif ist. Weiter wie in Nr. 61.

63. Persico-Torte.

35 Gr. Pfirsichkerne werden mit Persicoliqueur fein gerieben und sodann 210 Gr. Butter mit Pfirsichkernen und 210 Gr. Zucker schaumig gerührt. Hierauf setzt man nach und nach 6 Eigelb und 3 ganze Eier hinzu, mengt, nachdem dieses noch einige Zeit gerührt wurde, 210 Gr. Mehl sorgfältig unter die Masse, welche man nun in eine mit Butter bestrichene Form füllt und, weil die Masse schwer ist, ziemlich eine Stunde bei schwacher Hitze backen läßt. Ist die Torte aus dem Ofen, so macht man eine Glasur von Persico-Liqueur und Glasur-Zucker, überstreicht sie damit, verziert sie mit Spritzglasur und belegt sie hübsch mit Früchten.

64. Baum-Torte.

280 Gr. Schmalz nebst dem Abgeriebenen einer Citrone rührt man tüchtig schaumig, mengt 280 Gr. Zucker und nach und nach 16 Eigelb hinzu, rührt dies noch einige Zeit, schlägt einen Schnee von 14 Eiweiß und rührt denselben mit 280 Gr. halb Mehl, halb Puder leicht darunter. Hierauf bestreicht man eine Form mit Butter oder setzt einen Blechring auf gute Papierunterlagen, füllt ungefähr den achten Theil der Masse ein, bestreicht den Boden damit und läßt sie in heißem Ofen backen, bis sie Farbe hat; füllt dann wieder so viel Masse darauf, streiche sie glatt, setzt die Form oder den Blechring auf ein Brett, damit sie von unten nicht zu braun wird, läßt sie wiederum rasch backen und fährt damit so lange fort, bis die Masse vollständig verwendet ist. Nach dem Backen wird die Torte an der Seite und oben mit Punschglasur glasirt und gewöhnlich ein Aufsatz darauf gestellt. (Aufsatz siehe Abth. X.)

65. Linzer-Torte.

280 Gr. Butter wird schaumig gerührt, hierauf 280 Gr. Zucker und 9 hartgesottenes fein gehacktes Eigelb hinzugesetzt und dies zusammen noch einige

Zeit gerührt. Zuletzt mengt man das Abgeriebene einer Citrone, sowie 350 Gr. Mehl und 210 Gr. fein gehackte Mandeln hinzu. Das Ganze wird angewirkt, ein Boden davon ausgerollt, den man mit Johannisbeeren füllt, und von derselben Masse ein Gitter darüber gelegt. Man bestreicht dies, sowie auch den Rand, mit Eigelb und läßt die Torte, nachdem man um dieselbe einen Blechring gelegt, bei ziemlich starker Hitze backen.

66. Linzer-Törtchen.

140 Gr. Butter werden gerührt und sodann mit 140 Gr. Zucker, 140 Gr. Mehl, 1 Ei und 5 Eigelb angewirkt. Nun sticht man kleine Böden aus, bestreicht den Rand derselben mit Eigelb, setzt einen Rand herum, welchen man ebenfalls mit Eigelb bestreicht und füllt das Innere mit Johannisbeeren. Die Törtchen werden bei rascher Hitze gebacken; dann wird über die Johannisbeeren von Spritzglasur ein Gitter gespritzt.

67. Linzer-Torte (fein).

280 Gr. Mandeln werden mit 70 Gr. Zucker recht fein gestoßen und sodann mit 420 Gr. Butter und 140 Gr. Zucker schaumig gerührt. Nachdem man 385 Gr. Mehl, etwas Zimmt und Citronenschale nach und nach hinzu gemengt, wird die Masse in 3 Böden bei mäßiger Hitze gebacken. Weiteres Verfahren wie unter Nr. 66.

68. Bresil-Torte.

420 Gr. Butter, 420 Gr. Mehl, 140 Gr. gestoßene Mandeln, 140 Gr. Zucker, Citronen, wird zusammen angewirkt, zwei Böden davon gebacken, mit Himbeeren gefüllt und mit Citronenglasur glasirt.

69. Kärnthner-Torte.

315 Gr. Mehl, 245 Gr. Butter, 210 Gr. Zucker, 70 Gr. gestoßene Mandeln, etwas gehackte Pomeranzenschale, Gewürz, Citrone, 3—4 Eier und eine Messerspitze voll Ammonium wirkt man zu einem Teig an, rollt davon die Hälfte zu einem Boden aus und füllt denselben mit Johannisbeermarmelade. Die andere Hälfte des Teiges verwendet man zu einem Gitter über die Marmelade und zu einem Rande um dieselbe. Man bestreicht das Ganze mit Ei und läßt die Torte, um welche man einen Blechring gesetzt hat, in guter Hitze backen.

70. Jäger-Torte.

140 Gr. geriebene Mandeln werden mit 140 Gr. Zucker, 6 Eigelb und dem Gelben einer Citrone recht schaumig gerührt. Dann melirt man unter die Masse den Schnee von 6 Eiweiß mit 70 Gr. Mehl. Zuletzt rührt man noch 35 Gr. heiße Butter dazu. Die Masse wird in einem Blechring langsam gebacken.

Ist die Torte kalt, so schneidet man sie in zwei Theile und füllt sie mit Johannisbeeren.

Vorher bäckt man von 70 Gr. Bisquitmasse ein Gitter, welches man auf einem mit Butter bestrichenen Bleche mit etwa fingerbreiten Zwischenräumen dressirt.

Nun schlägt man von 4 Eiweiß einen steifen Schnee, rührt 122 Gr. feinen Zucker, 52 Gr. hellgelb geröstete Mandeln und etwas Vanille dazu und bestreicht damit oben die Torte. Ist diese Schaummasse leicht angebacken, so legt man das Gitter darauf und füllt die Zwischenräume mit Himbeergelée.

71. Eisenbahn=Torte.

Ein dünner Boden von Mürbteig wird mit Johannisbeeren gefüllt und um denselben ein Tortenring gesetzt. Sodann macht man 105 Gr. Punschtortenmasse (Nr. 15), bringt sie hinein und läßt dies langsam backen.

Man reibt nun von 105 Gr. Mandeln, 2—3 Eiweiß, 210 Gr. feinen Zucker, eine feste Macaronenmasse, füllt sie in die Blechspritze mit Sterntülle und dressirt auf den Tisch lange Streifen. Etwas Macaronenmasse läßt man zurück, nimmt das in der Spritze Zurückgebliebene heraus, rührt noch etwas Eiweiß und Zimmt dazu und bestreicht damit oben die Torte. Die dressirten Streifen setzt man nun doppelt, fingerbreit auseinander, um die Torte herum und läßt die Torte auf dem Brett nochmals rasch gelb backen. Der Raum zwischen den Streifen wird hernach mit Gelée gefüllt und mit Glasur überzogen.

72. Marcipan=Torte.

In einem Blechring backe man die ursprüngliche Masse Nr. 71, rolle einen langen, 3 Messerrücken dicken Streifen von Marcipan (siehe Abth. V), schneide denselben so breit als die Torte hoch ist, bestreiche ihn mit Eiweiß und setze ihn um den Rand der Torte herum. Nun rolle man von Marcipan einen Boden, steche denselben mit dem Ring aus, in welchem die Torte gebacken wurde, bestreiche ihn mit Eiweiß oder Rosenwasser und lege ihn so auf die Torte, daß er sich mit dem Rand schön rund verbindet. Hierauf formiere man von Marcipan Früchte, z. B. Aepfel, Melonen, Trauben, Aprikosen, Kirschen oder Blumen, lege dieselben geschmackvoll auf die Torte, bringe noch die nöthigen Blätter an, die man ganz dünn ausrollt und mit dem Poussirholz formirt, spritze um den Rand eine Perlkante und verziere die Torte außerhalb des Bouquets mit farbigem Gelée.

Diese Torte ist in Norddeutschland sehr beliebt.

73. Giraffe=Torte.

Man backe 2 Böden von Biscuitmasse Nr. 31, theile vorher die Masse in zwei Theile und färbe davon einen hübsch roth. Nach dem Backen fülle man sie mit beliebiger Marmelade, glasire die Torte mit Vanilleglasur, spritze in letztere noch Tupfen mit Chocoladeglasur hinein und trockne sie leicht.

74. Elisen=Torte.

Man rolle 3 Messerrücken dick einen Mürbteigboden aus, setze einen Rand darauf, welchen man etwas kneift und halb ausbacken läßt, fülle den Boden mit Marmelade und bringe gut 1 Centimeter hoch Wiener= oder Mandelmasse darauf, die man rasch backen läßt. Nun mache man eine feste Macaronenmasse, spritze davon Kränze darauf, zwischen denen man etwas Raum läßt, setze um den Rand der Torte große Tupfen, lasse das Ganze bei starker Hitze wieder anbacken, glasire dann sogleich die Torte und verziere sie mit Gelée und Früchten.

75. Baiser=Torte.

Man schlage 9 Eiweiß zu festem Schnee, rühre 560 Gr. feinen einfachen und 18 Gr. Vanillezucker darunter, linire auf 2 Bögen runde Kreise, so groß die Torte werden soll, bestreiche einen davon 8 Millimeter hoch recht glatt mit dieser Baisermasse, fülle von derselben Masse eine Düte, spritze auf den zweiten Boden eine hübsche Verzierung doppelt auf einander (wodurch die Torte mehr Halt bekommt), desgleichen auf den Rand eine Perlkante und auf den Rand des andern Bodens große Tupfen. Nun bestaube man die Torte mit Zucker, lege beide Böden auf ein heißes Blech (damit sich nach dem Backen das Papier leicht davon ablöst) und lasse sie ganz langsam backen. Beim Dressiren der Torte muß man darauf Acht geben, daß alles gut einander schließt, damit die Torte nicht zerbrechlich wird. Hat man sie vom Papier abgelöst, so bespritzt man die Verzierung mit guten Glasuren, d. h. mit Chocolade=, Punsch= oder Himbeerglasur, und verziert sie noch leicht mit Spritzglasur, was sehr gut aussieht. Diese Torte füllt man gewöhnlich mit Schlagrahm (Sahne) (siehe später), Vanille= oder sonstiger Crême. Füllen darf man sie jedoch erst kurz vor dem Gebrauch.

76. Eis=Torte.

Wie Nr. 75. Will man ein Bouquet von Eisfrüchten anbringen, so läßt man den Deckel weg, backt statt dessen ein Gitter mit kleinen Tupfen außen herum, so groß als das Bouquet werden soll, füllt vorher das Eis in die Torte, legt das Gitter darauf und setzt die Früchte geschmackvoll zusammen.

Die Bereitung des Eises, sowie die geschmackvolle Ausführung der Früchte und sonstiger Figuren von Eis werde ich in einer späteren Abtheilung beschreiben.

77. Kaiser=Berg.

Man macht eine Schaummasse wie in Nr. 75, linirt auf Papier einen Kreis von ungefähr 20 Centimeter Durchmesser, bestreicht denselben mit der Schaummasse und dressirt auf den Rand große Tupfen. Dann linirt man einen zweiten, um 24 Millim. kleineren, auf den man jedoch nur einen Ring von Tupfen dressirt. Bei dem dritten macht man es ebenso, und so fort; jeden um einen Zoll kleiner, so daß die Ringe, wenn sie später auf einander gesetzt sind, eine Pyramide bilden. Sind die Ringe gebacken, so setzt man sie auf einander und befestigt sie mit Spritz= glasur, mit Ausnahme der drei letzten, welche man erst dann aufsetzt, wenn der Schlagrahm u. s. w. (siehe Nr. 75) eingefüllt ist.

78. Kaiser=Berg anderer Art.

Wie Nr. 77; nur daß man von 280 Gr. Haselnüssen, 4 bis 5 Eiweiß und 420 Gr. Zucker eine feste Haselnußmasse reibt, davon die Ringe ausscheidet und von der Schaummasse mit einer Sterntülle Tupfen darauf dressirt.

79. Schaum=Torte.

Man backe 2 Böden von Wiener Tortenmasse Nr. 44, fülle und bestreiche sie oben mit Himbeermarmelade, fertige eine Schaummasse von 6 Eiweiß und 210 Gr. Zucker, bestreiche und verziere die Torte damit, bestaube sie und lasse sie auf einem Brett goldgelb anbacken. Dann belege man sie mit Gelée.

80. Meringes=Torte.

Von der Schaummasse Nr. 75 dressirt man einen Boden und setzt auf den Rand große Tupfen herum, sowie einen handbreiten runden Deckel und läßt sie langsam backen. Dann schlägt man Rahm, je nach Größe der Torte, gibt Zucker und Vanille hinzu und füllt den Boden kegelförmig damit, setzt den kleinen Deckel darauf, füllt ihn gleichfalls und verziert die Torte mit Rahm.

81. Moltke=Torte.

2 Böden, von denen der eine 1 Zoll kleiner ist als der andere, werden von der Mandelmasse Nr. 12 gebacken. Dann reibt man 1 Citrone auf Zucker, schabt das Abgeriebene in einen Kessel, mengt 5 Eigelb, 88 Gr. Zucker, ein Weinglas weißen Wein und den Saft einer Citrone hinzu, schlägt dies auf Kohlenfeuer

langsam in die Höhe, bis es consistent wird, füllt den größeren Boden mit dieser Crême und legt dann den kleineren darauf. Jetzt schlägt man eine Schaummasse von 3 Eiweiß und 210 Gr. Zucker, dressirt mit einer Sterntülle Tupfen, welche etwas höher sind als der kleinere Boden, bestaubt sie mit Zucker und läßt sie auf einem Brett bei ganz schwacher Hitze backen. Dann setzt man die Tupfen auf den großen Boden, um den kleinen herum, und glasirt die Torte mit Citronenglasur.

82. Kirschen=Torte.

158 Gr. Zucker werden mit 9 Eigelb schaumig gerührt und entsprechend Citrone nebst Zimmt hinzugesetzt. Vorher stoße man 88 Gr. Semmeln nebst 70 Gr. Zuckerbröseln durch ein halbfeines Sieb und rühre sie mit einem sehr steifen Schnee von 9 Eiweiß leicht unter die Masse. Nun mengt man mit 2 Pfund Kirschen, welche man vorher von den Stielen befreit hat, die Hälfte recht vorsichtig darunter und füllt die Masse in eine gut mit Butter und Semelbröseln ausgestreute Torten= form, streut die noch übrigen Kirschen obenauf und bedeckt sie noch ganz dünn mit Masse. Da es vorkommen kann, daß sich Kirschen zu Boden setzen, so kann man zur Vorsicht die Form mit Papier auslegen.

83. Erdbeer=Torte.

Man rollt ungefähr 3 Messerrücken dick einen Boden von Mürbteig aus, schlägt den äußeren Rand einen halben Finger breit um, kneift mit Daumen und Zeigefinger gleichmäßige Zacken herum, schlägt einen Schnee von 6 Eiweiß und mengt, ehe er ganz steif ist, 210 Gr. Staubzucker etwa zur Hälfte nach und nach mit dem Schneebesen darunter; die andere Hälfte wird sodann darunter gerührt. Ist der Boden während dieser Zeit gebacken und erkaltet, so mengt man unter die Erdbeeren leicht die Schaummasse, von der man jedoch vorher so viel in eine Düte füllt, als man zum Verzieren zu gebrauchen gedenkt. Diese Masse wird nun auf den Boden gestrichen, und zwar so, daß sie in der Mitte etwas höher ist. Alsdann wird die Torte mit der zurückgelassenen Schaummasse verziert, mit Erdbeeren belegt, bestaubt und auf einem Brett rasch gebräunt.

84. Tiroler=Torte.

Man mache einen Mürbteigboden mit Rand, lege denselben auf ein reines Blech, menge 280 Gr. gestoßene Zuckerbröseln, 70 Gr. fein geschnittene Pomeranzen= schale, einige Tropfen Citronenöl, etwas Zimmt, fein gehackte Früchte, den Saft von eingemachten Früchten und 4 Eier zusammen, rühre das Ganze in einer Schüssel zu dickem Brei, fülle den Boden damit, mache von Mürbteig einen Deckel darauf, be= streiche diesen mit Eigelb und bestreue oben die Torte mit grobem Hagelzucker und geschnittenen Mandeln. Hierauf setze man um die Torte einen Blechring und lasse sie in heißem Ofen backen. Nach dem Backen wird sie mit Zucker bestreut.

85. Blitz=Torte.

280 Gr. Butter wird schaumig gerührt. In einer anderen Schüssel werden 6 Eier und 175 Gr. Zucker mit dem Schlagbesen gleichfalls tüchtig schaumig geschlagen. Sodann wird dieser Schaum mit etwas Ammonium nebst Citronen= schale und zuletzt 210 Gr. halb Mehl, halb Puder unter die Butter gerührt. Nun wird die Masse in eine mit Papier ausgelegte Form gefüllt, langsam und vorsichtig gebacken, damit sie nicht speckig wird. Nach dem Backen wird sie mit fester Hage= buttenmarmelade schlangenartig bespritzt und mit Citronenglasur glasirt.

86. Tutti-Frutti-Torte.

Ein Boden von der Brodmasse 28 und ein gleicher von der Mandelmasse 14 werden gebacken, derjenige, welcher unten liegen soll, mit Johannisbeeren gefüllt, einen halben Finger dick mit Schaummasse überzogen und leicht angebacken, der zweite Boden darauf gelegt und die Torte an der Seite mit Chocolade, oben mit Vanilleglasur glasirt.

87. Catalani-Torte.

140 Gr. (¼ Pfund) Mandeln werden mit Wasser gerieben, mit 8 Eigelb und 175 Gr. (10 Loth) Zucker schaumig gerührt und dann ein Schnee von 6 Eiweiß mit 70 Gr. (4 Loth) geriebener Chocolade und 52 Gr. (3 Loth) Mehl leicht darunter melirt.

88. Mailänder-Torte.

280 Gr. (½ Pfund) Zucker wird mit 16 Eigelb und dem Gelben einer Citrone schaumig gerührt, sodann der Schnee von 10 Eiweiß mit 280 Gr. (½ Pfund) Mehl und 140 Gr. (¼ Pfund) Rosinen darunter melirt und zuletzt 70 Gr. (4 Loth) heiße Butter hinzugemengt. Diese Masse wird gebacken, glasirt und verziert.

89. Kardinal-Torte.

Von 88 Gr. (5 Loth) Mandeln, 3 Eiweiß, 175 Gr. (10 Loth) Zucker bereitet man eine nicht zu feste Macaronenmasse, schlägt alsdann den Schnee von 3 Eiweiß, melirt ihn mit 35 Gr. (2 Loth) Mehl unter die Masse, streicht dieselbe auf Oblatte, so groß als die Torte werden soll, und läßt dies backen.

90. Sebastopol-Torte.

Ein Boden von Mürbteig wird mit Johannisbeeren gefüllt. Alsdann schlägt man 12 Eiweiß zu Schnee und rührt dazu 140 Gr. (8 Loth) Zucker, 105 Gr. (6 Loth) gestoßene Mandeln, 105 Gr. (6 Loth) Zuckerbröseln, 70 Gr. (4 Loth) Mehl, 35 Gr. (2 Loth) geriebene Chocolade und etwas Zimmt.

Die Torte wird langsam gebacken, nachdem man die Schaummasse auf die Füllung gebracht hat.

91. Kastanien-Torte.

Kastanien werden in Wasser weich gesotten, geschält und durch ein Sieb gerieben.

Nun rührt man 175 Gr. (10 Loth) von den durchgeriebenen Kastanien, 175 Gr. (10 Loth) Zucker und 9 Eigelb recht schaumig, melirt den Schnee von 9 Eiweiß mit 88 Gr. (5 Loth) Mehl unter die Masse und backt 2 Blätter davon.

Zur Fülle nimmt man 70 Gr. (4 Loth) mit etwas Milch im Reibstein fein geriebene Kastanien, 52 Gr. (3 Loth) Zucker, 1 Ei, 3 Eigelb, etwas Vanille und ⅛ Liter (½ Schoppen) Milch. Man kocht dies zu einer Crême, füllt damit die Torte und glasirt sie mit Vanilleglasur.

92. Kastanien-Torte anderer Art.

Von der in voriger Nummer angeführten Masse backt man 2 Blätter, schlägt alsdann ⅛ Liter (½ Schoppen) Rahm zu Schnee, gibt etwas Vanille, 140 Gr. (8 Loth) Staubzucker und etwas fein geriebene Kastanien dazu und füllt damit die Blätter. Zum Verzieren kann man unter feste Kastanienmasse etwas Vanillezucker wirken, Kugeln daraus formen, dieselben in Caramelzucker tunken und die Torte damit belegen.

Bemerkung: Die verschiedenen Figuren-Torten werde ich in Abtheilung 10 beschreiben.

———————

93. Neapolitaine.

500 Gr. (1 Pfund) Mehl, 500 Gr. Butter, 500 Gr. fein gestoßene braune Mandeln, 150 Gr. (9 Loth) Zucker, 1 Ei, 4—5 Eigelb, Vanille, wird zusammen angewirkt, auf Eis gelegt und einige Zeit stehen lassen.

Sodann rollt man den Teig ziemlich dick aus, mache davon 7 runde Böden, welche schön hellgelb gebacken werden. Ist nun die Masse erkaltet, wird sie mit verschiedenen feinen Marmeladen zusammengesetzt, und mit Vanille= zucker bestaubt. Statt Böden kann man auch Ringe ausstechen, sind dieselben zusammengestellt, bringe man oben eine Kuppel von Caramel an und verziere das Ganze.

94. Sacher=Torte.

105 Gr. (6 Loth) ungeschälte Mandeln werden mit Wasser fein gerieben. Alsdann werden 105 Gr. (6 Loth) Butter mit 6 Loth Zucker recht gut schaumig gerührt, und kommen nach und nach 6 Eigelb hinzu, während dieser Zeit löst man im warmen Ofen 52 Gr. (3 Loth) Cacao auf, rührt denselben mit den Mandeln dazu, und zuletzt den Schnee von 6 Eiweiß, 35 Gr. (2 Loth Mehl, und 35 Gr. (2 Loth) Bröseln, füllt die Masse in einen Tortenring, welchen man auf gute Papierunterlage setzt, ein und bäckt die Torte langsam. Die Hauptsache ist daß bevor der Schnee hinzukommt, die Masse recht gut gerührt ist. Nach dem Backen wird die Torte obenauf mit Maraschino begossen, mit Aprikosenmarmelade be= strichen und oben darauf ein dünnes Blatt von Marzipanmasse gelegt und mit Chocoladeglasur glasirt.

95. Französische Mandel=Torte.

140 Gr. (8 Loth) weiße Mandeln werden mit Wasser gerieben und mit 175 Gr. (10 Loth) Zucker, 13 Eigelb, das Abgeriebene einer Citrone schaumig gerührt, dann kommt der Schnee von 8 Eiweiß und 105 Gr. (6 Loth) Mehl hinzu. Die Masse wird in 2 Böden gebacken. Nachher besprengt man die Blätter mit Maraschino= liqueur, bestreicht den einen Boden mit Aprikosenmarmelade, legt eine dünne Mar= zipanplatte darauf, bestreicht dieselbe wieder mit Aprikosen, legt nun den 2. Boden darauf, welchen man wieder mit Marmelade bestreicht und zuletzt noch eine Platte von Marzipan. Die Torte wird mit orangenfarbiger Maraschinoglasur glasirt. Außen herum setzt man eine ausgedrückte Marzipan=Bordüre und belegt die Torte stark mit Früchten.

96. Chinesische Torte.

Man kann dazu dieselben Blätter verwenden, wie sie in der vorhergehenden Nummer beschrieben sind, oder auch von Sandmasse. Die Torte wird mit starkem Theeabsud getränkt, mit Theecrême gefüllt und mit Theeglasur glasirt.

97. Mohn=Torte.

125 Gr. (8 Loth) gequollenen weißen Mohn reibt man mit Milch recht fein, rührt alsdann 210 Gr. (12 Loth) Zucker, 8 Eigelb, 105 Gr. (6 Loth) Mehl, 70 Gr. (4 Loth) heiße Butter, etwas Zimmt, das Gelbe einer halben Citrone, 50 Gr. (3 Loth) Weinbeeren und zuletzt den Schnee von 8 Eiweiß hinzu. Vor= her legt man eine Tortenform mit mürbem Teig aus, füllt die Masse hinein und läßt sie langsam backen, und glasirt sie dann mit Rosenwasser.

98. Blätterteig=Torte.

Vom Blätterteig (Butterteig) werden 3 Böden gebacken, mit Himbeermarme= lade gefüllt und oben mit Hagebuttenmarmelade bestrichen und mit fleurs d'oranges= Glasur glasirt.

99. Linzer=Torte ohne Mandeln.

420 Gr. (24 Loth) Butter, 175 Gr. (10 Loth) Zucker, Zimmt, etwas Ci=
tronengelb wird auf dem Tisch mit dem Rollholz recht schaumig gearbeitet und dann
nach und nach 560 Gr. (1 Pfund) Mehl tüchtig darunter gemengt, daß die Masse
ganz leicht und flaumig wird. Nun legt man auf ein Blech 2 Bogen Papier, setzt
2 Tortenringe darauf, füllt die Hälfte der Masse in eine Blechspritze, steckt eine
weite Sterntülle vor, und spritzt den einen Ring in der Mitte angefangen schnecken=
förmig aus; das noch in der Spritze Zurückgebliebene nimmt man heraus, gibt es
zur übrigen Hälfte, arbeitet sie nochmals durch, und streicht sie mit dem Messer in
den anderen Ring; nach dem Backen wird das glatte Blatt mit Himmbeergelée
gefüllt, das andere darauf gesetzt, rund zugeschnitten und mit Zucker bestaubt.

100. Linzer=Torte anderer Art.

280 Gr. (16 Loth) süße und einige bittere Mandeln werden gestoßen und
mit 560 Gr. (1 Pfund) Mehl, 410 Gr. (24 Loth) Butter, 280 Gr. (16 Loth)
Zucker, 4 Eier, Citronengelb, etwas Tortengewürz, (wie angegeben) zu einem Teig
angewirkt; man theilt denselben in 2 Theile, rollt 2 Böden aus und bäckt sie
hellgelb; nun füllt man dieselben mit Himmbeermarmelade, bestreicht den oberen Boden
ebenfalls, rollt den dritten Theil Teig dünn aus, schneidet mit dem Rädchen finger=
breite Streifen, legt ein Gitter über den mit Marmelade bestrichenen Boden, setzt
einen Rand herum und bestreicht das Gitter und den Rand mit Ei. Die Torte
wird nun auf ein Brett gesetzt und bei ziemlich heißem Ofen nochmals gebacken,
bis das Gitter ebenfalls hellgelb ist. Nach dem Backen wird die Torte mit dem Pin=
sel dünn mit Rosenwasser=Glasur glasirt.

Die Mandeln und den Zucker kann man zusammen stoßen, damit erstere
nicht ölig werden.

101. Prinzregenten=Torte.

Von 140 Gr. (8 Loth) Zucker, 140 Gr. (8 Loth) Mehl, 8 Eiern, wird eine
Biscuitmasse gemacht, und dieselbe in 7 Böden, auf Butter bestrichenem Blech gleich=
mäßig groß aufgestrichen und etwas rasch gebacken, weil sonst die Böden leicht
brechen. Nun macht man eine Crême von 6 Eigelb, 105 Gr. (6 Loth) Zucker, ¼ Liter
Milch, rührt nachdem 105 Gr. (6 Loth) gute Butter mit 105 Gr. (6 Loth) Zucker,
recht schaumig, rührt die erkaltete Crême mit 52 Gr. (3 Loth) aufgelösten Cacao
tüchtig darunter und füllt die verschiedenen Blätter damit. Sind sie alle zusammen=
gesetzt, beschneidet man den Rand schön rund, und glasirt die Torte mit Kaffêglasur.

2*

II. Abtheilung.

Obst und andere Kuchen.

---

102. Mürbteigmasse.

Da bei den meisten Obstkuchen der Boden von Mürbteig gemacht wird, so wäre es zu umständlich, zu jedem Kuchen eigens diesen Teig anzufertigen. Man wirke deshalb je nach Bedarf sogleich ein größeres Quantum an, etwa in folgender Menge: 2 Kilogr. 240 Gr. (4 Pfund) Mehl werden durch ein feines Sieb gesiebt (wie überhaupt zu allen Bäckereien das Mehl gesiebt werden muß), 1 Kilogr. 120 Gr. (2 Pfund) Zucker, 1 Kilogr. 120 Gr. (2 Pfund) gute Butter, 16 Eier, das Gelbe einer Citrone, sowie etwa 18 Gramm (1 Loth) Ammonium hinzugemengt und das Ganze zusammen angewirkt. Ist in heißer Jahreszeit die Butter sehr weich, so lege man sie vorher in frisches Wasser, womöglich mit Eis.

103. Schwedischer Apfelkuchen.

Man rolle einen Mürbteigboden aus, lege ihn auf einen Bogen Papier, bestreiche den Rand mit Eigelb, setze von demselben Teig einen Rand darauf und lasse den Boden bei mittlerer Hitze backen. Vorher werden 10 bis 12 gute Aepfel geschält, in kleine Theile geschnitten, diese mit 105 Gr. (6 Loth) feinem Zucker vermischt und im Ofen gedünstet. Sind sie so weich, daß sie sich zerrühren lassen, so mengt man 35 Gr. (2 Loth) Weinbeeren, 35 Gr. (2 Loth) fein geschnittene Pomeranzenschale, 35 Gr. (2 Loth) geröstete und geschnittene Mandeln und etwas Zimmt nebst angeriebener Citrone hinzu und streicht diese Fülle auf den schön hell gebackenen Boden. Alsdann schlägt man 4 Eiweiß zu Schnee, melirt 140 Gr. (8 Loth) Staubzucker leicht darunter, füllt diese Masse in eine Papierdüte, spritzt damit ein Gitter, sowie einen kranzartigen Rand, auf die Fülle, bestaubt die Schaummasse mit Zucker und läßt sie im Ofen auf dickem Brett flüchtig goldgelb backen.

104. Apfelkuchen anderer Art.

Aus einem 3 Messerrücken dick ausgerollten Mürbteig schneide man einen runden Boden, bestreiche den Rand mit Eigelb, setze einen etwa 2½ Centimeter (1 Zoll) hohen dünnen Rand herum und um denselben einen Blechring oder Papierstreifen. Alsdan schneide man geschälte und geputzte Aepfel, wenn sie groß sind, in 8 Theile, belege mit denselben den Boden, bestreue sie mit Zucker, Weinbeeren, Citronat und Zimmt, rolle noch ein Stück Teig von derselben Masse einen Messerrücken dick aus, schneide davon mit dem Rädchen schmale Streifen, die man mit Eigelb bestreicht, lege sie kreuzweise über die Aepfel und backe nun den Kuchen bei ziemlich rascher Hitze.

105. Apfelkuchen von Marmelade.

Wie 104; nur füllt man den Boden mit Apfelmarmelade (Abth. XVI.), in die man Weinbeeren, Citronat und Zimmt rührt, und macht statt eines hohen Randes einen nur ungefähr fingerbreiten, den man ebenfalls mit Eigelb bestreicht. Nach dem Backen bestaubt man den Kuchen mit Zucker.

106. Hamburger Apfelkuchen.

Man schneidet einen runden Boden von Mürbteig, setzt einen etwas erhöhten Rand herum, schneidet 10—12 Aepfel in dünne Scheiben, mengt 105 Gr. (6 Loth) Zucker, etwas Weinbeeren, Zimmt, Citronengelb und eine Messerspitze voll gestoßene Citronensäure hinzu, mischt das Ganze durcheinander und füllt es ein. Hierauf rollt man einen ebenso großen Deckel von Blätterteig, bestreicht dessen Rand sowie die Oberfläche, wenn er darüber gelegt ist, mit Eigelb, bestreut den Kuchen mit geschnittenen Mandeln und Hagelzucker und backt ihn bei mäßiger Hitze. Den Deckel kann man auch von Mürbteig machen und nach dem Backen mit Punschglasur glasiren.

107. Apfelkuchen mit Rahmguß.

Es ist gut, wenn man hiezu eine Form hat, deren Rand zum Abnehmen eingerichtet ist, um den Kuchen nach dem Backen nicht stürzen zu müssen. Man lege eine mit Butter bestrichene Form mit Mürbteig aus, bringe geschnittene Aepfel hinein, streue Zucker, Weinbeeren, Zimmt und Mandeln darauf und fertige nachstehenden Guß: 3 ganze Eier und 3 Eigelb schlägt man mit 105 Gr. (6 Loth) Zucker und etwas Citronenschale im Kessel schaumig, mengt 18 Gr. (1 Loth) Puder und ½ Liter (½ Maß) Rahm hinzu und rührt das Ganze auf dem Feuer, bis es anfangen will zu kochen, wodurch die Crême ihre richtige Dicke erhält. Diese gieße man über die Aepfel und lasse den Kuchen langsam backen.

108. Heidelberger Apfelkuchen.

Ein von Butterteig ausgerollter Boden wird mit geschälten geschnittenen Aepfeln belegt, und zwar so, daß die Mitte erhöht ist, dann wird er mit Zucker, Zimmt, Weinbeer bestreut, hierauf ein dünner Deckel, sowie ein Rand von obigem Teig mit Ei bestrichen, darauf gelegt und gut gebacken.

109. Birntorte oder Kuchen.

Man schäle gute Muskateller Birnen, schneide sie in Scheiben und dämpfe sie mit etwas Wein. Nun rolle man einen Boden von Blätterteig, lege einen ziemlich breiten Streifen herum, bestreue den Boden mit Zucker, Weinbeeren, Mandeln, Pomeranzenschale, Zimmt und Citrone und streiche die gedämpften Birnen darüber. Nach dem Backen wird der Kuchen mit Schaummasse verziert, bestaubt und letztere leicht gebacken. Die geschälten Birnen kann man auch, statt sie in Scheiben geschnitten zu dämpfen, in zwei Theile schneiden (jedoch nicht der Länge nach, sondern quer) und in Wein blanchiren, wonach sie dann auf den schon gebackenen Boden gelegt werden, und zwar so, daß einmal der Hals, das andere Mal der Kopf der Birne in die Höhe ragt. Zwischen die Birnen legt man Stückchen Quitten-Gelée.

110. Zwetschgenkuchen.

Man fertige einen Boden mit Rand wie in 104 ꝛc.

111. Kirschkuchen von Blätterteig.

Blätterteig wird vier Messerrücken dick ausgerollt und ein runder Boden nebst einem fingerbreiten Rand davon geschnitten, welchen man mit Eigelb auf dem Boden befestigt und bestreicht. Diesen Boden läßt man dann halb ausbacken, legt ausgekernte Weichseln darauf, streut Zucker und Zimmt darüber und backt den Kuchen nun vollständig aus.

112. Kirſchkuchen von Mürbteig anderer Art.

Man verfertige einen Boden mit Rand wie in 104, ſchlage 4 Eigelb mit 70 Gr. (4 Loth) Zucker und etwas Zimmt ſchaumig, rühre eine Kaffeetaſſe voll ſauren Rahm darunter, bringe die Hälfte der Crême auf den halbausgebackenen Boden, lege ausgekernte Kirſchen hinein und gieße die übrige Crême darauf. Nun wird der Kuchen vollſtändig ausgebacken und mit Zucker und Zimmt beſtreut.

113. Kirſchkuchen von Mürbteig.

Man fertige einen Boden mit Rand wie in 104, ſtreue etwas Biscuitbröſeln hinein und lege ausgeſteinte Kirſchen darauf. Nun rühre man 70 Gr. (4 Loth) Zucker mit 4 Eigelb nebſt etwas Zimmt ſchaumig, ſchlage 4 Eiweiß zu Schnee, rühre vor dem Schnee noch 35 Gr. (2 Loth) kochende Butter und 70 Gr. (4 Loth) Zuckerbröſel darunter, fülle die Maſſe auf die Kirſchen und backe den Kuchen. Nach dem Backen wird er mit Zucker und Zimmt beſtreut.

114. Kirſchkuchen in Formen.

210 Gr. (12 Loth) Semmelbröſeln werden mit etwa ¼ Liter (1 Schoppen) Milch angefeuchtet. Zugleich werden 210 Gr. (12 Loth) Butter mit 210 Gr. (12 Loth) Zucker recht ſchaumig gerührt und nach und nach 11 Eigelb, Gewürz, Citrone, Citronat, Pomeranzenſchale dazu gemengt. Zuletzt wird der Schnee von 11 Eiweiß, die Semmelbröſeln und 840 Gr. (1½ Pfund) Kirſchen dazu gerührt. Die Maſſe wird in Formen, am beſten Gogelhopfformen, welche gut mit Butter beſtrichen und mit Semmelbröſeln beſtreut ſein müſſen, gefüllt und langſam gebacken.

115. Weichſelkuchen.

Eine Form, deren Rand abzunehmen iſt, beſtreicht man gut mit Butter, be=ſtreut ſie ziemlich dick mit Semmelbröſeln uno legt ſie dann mit Mürbteig aus. Nun beſtreut man den Boden gut mit Biscuitbröſeln, damit die nachſtehende Crême nicht durchdringen kann. Zur Herſtellung der Crême ſchlägt man 5 Eier mit 105 Gr. (6 Loth) Zucker recht ſchaumig, ſtößt 18 Gr. (1 Loth) bittere Mandeln mit 35 Gr. (2 Loth) Mehl, rührt dieſelben hinzu, wie auch 70 Gr. (4 Loth) geſtoßene Semmel=bröſeln, etwas Zimmt, Citrone, Pomeranzenſchale und zuletzt noch ½ Liter (½ Maß) gute Milch. legt die Form mit Weichſeln aus und bringt die Crême darüber. Der Ofen darf, namentlich am Anfang, gut heiß ſein, damit der Boden gleich anbackt.

116. Obſtkuchen (Melangé.)

140 Gr. (8 Loth) Mehl, 140 Gr. (8 Loth) Butter, 105 Gr. (6 Loth) Zucker 105 Gr. (6 Loth) geſtoßene Mandeln, Citrone und Zimmt wird zuſammen an=gewirkt, und von der Hälfte des Teiges ein viereckiger nicht zu großer Boden aus=gerollt und um denſelben von gleicher Maſſe ein Rand herum geſetzt. Nun belegt man von ganzen eingedünſteten Früchten (ſiehe ſpäter) eine Reihe, Aprikoſen= Kirſchen, Reine=Clauden Mirabellen, Weichſeln und ſo wiederholt, bis das Ganze belegt iſt, beſtreut die Früchte mit Zucker und Vanille. macht von dem übrigen Teig einen Deckel, beſtreicht ihn mit Ei und läßt den Kuchen bei mittlerer Hitze backen.

117. Reiskuchen.

Eine mit Butter beſtrichene Form lege man mit Mürbteig aus, nachdem man vorher 105 Gr. (6 Loth) Reis mit Milch gut abgekocht hat, ſchlage nun in einem Keſſel 9 Eigelb mit 158 Gr. (9 Loth) Zucker nebſt entſprechend Citrone ſchaumig, menge ¼ Liter (1 Schoppen) süßen Rahm (oder Milch) und 18 Gr. (1 Loth) Puder hinzu und schlage das Ganze auf ziemlich starkem Kohlenfeuer, bis es anfängt breiartig zu werden. Vom Feuer abgenommen, setze man den Reis mit einem Gläschen Arac hinzu, fülle die Crême in die Form und backe den Kuchen in nicht zu heißem Ofen. Nach dem Backen wird er mit Punschglasur glasirt.

118. Englischer Kuchen.

210 Gr. (12 Loth) Butter wird schaumig gerührt, sodann 280 Gr. (½ Pfund) Zucker und nach und nach 14 Eigelb hinzugerührt. Nun schlägt man einen Schnee von 12 Eiweiß, mengt denselben, nachdem man vorher noch 70 Gr. (4 Loth) Rosinen, 70 Gr. (4 Loth) Weinbeeren und 70 Gr. (4 Loth) Citronat unter die Masse gerührt hat, mit 350 Gr. (20 Loth) Mehl darunter, füllt die Masse in eine Tortenform und backt sie langsam.

119. Englischer Kuchen anderer Art.

210 Gr. (12 Loth) Butter werden schaumig gerührt, sodann 210 Gr. (12 Loth) Zucker, das Gelbe einer Citrone, nach und nach 6 Eier mit 280 Gr. (½ Pfund) Mehl und zuletzt noch 210 Gr. (12 Loth) Weinbeeren 35 Gr. (2 Loth) Citronat und 35 Gr. (2 Loth) Pomeranzerschale hinzugemengt. Da dies eine sehr schwere Masse ist, so thut man gut, um sie leichter ausbacken zu können, kleine Tortenformen dazu zu nehmen.

120. Kaßler Kuchen.

8 Eiweiß schlägt man zu festem Schnee, mengt 122 Gr. (7 Loth) Zucker, 8 Eigelb, 70 Gr. (4 Loth) Mehl und das Gelbe einer Citrone mit dem Schneebesen darunter, rührt 70 Gr. (4 Loth) Puder und zuletzt noch 105 Gr. (6 Loth) kochende Butter mit einem Spatel hinzu, füllt die Masse in eine Tortenform und bestreut sie mit geschnittenen Mandeln und Hagelzucker. Nach dem Backen wird der Kuchen mit Zucker bestaubt.

121. Breslauer Kuchen.

280 Gr (½ Pfund Mehl), 280 Gr. (½ Pfund) Krume, 280 Gr. (½ Pfund) Zucker 105 Gr. (6 Loth) Butter, 4 Eier, etwas Zimmt, einige Tropfen Citronenöl und 4 Gr. (1 Quint) Ammonium werden zusammen angewirkt. Von der Hälfte des angewirkten Teiges wird ein Boden mit Rand gefertigt und derselbe nachdem er schwach angebacken ist, mit Früchten gefüllt. Von dem übrigen Teig legt man kreuzweise Streifen auf, backt den Kuchen aus und glasirt ihn mit Orangeglasur.

122. Himbeerkuchen.

Man fertige einen Mürbteigboden wie in 103, bestreiche denselben mit Himbeermarmelade (Abth. XVI.) und lege ein Gitter darüber, welches man mit Eigelb bestreicht. Oder man backe einen Boden, dessen Rand man vorher etwas umschlägt und mit 2 Fingern kneipt, belege ihn mit frischen Himbeeren, fertige von 4 Eiweiß und 140 Gr. (8 Loth) Zucker eine Schaummasse, spritze ein Gitter nebst Rand darauf, bestaube dasselbe mit Zucker und lasse es leicht anbacken. Soll die Torte hoch werden, so verfahre man wie bei der Erdbeeren-Torte (83), wozu sich namentlich frische Himbeeren eignen. Falls es wegen der Jahreszeit frische Himbeeren nicht gibt, nehme man Himbeermarmelade.

123. Johannisbeerkuchen.

Wie 122; nur daß die Obstsorte eine andere ist.

124. Erdbeerkuchen.

Man backt einen Boden mit Rand von Mürbenteig. Alsdann schlägt man von 6 Eiweiß 215 Gr. (14 Loth) Zucker eine Schaummasse, bestreicht den Boden mit durch ein Sieb geriebenen Erdbeeren, welche man mit Zucker versetzt hat, füllt in eine Düte von der Schaummasse, rührt unter die übrige 10 Eßlöffel voll Erd= beeren und färbt das Ganze etwas roth, bestreicht den Boden nun hoch damit und verziert ihn mit der weißen Schaummasse. Nun legt man den Kuchen auf ein Brett, bestaubt denselben und läßt ihn hellgelb backen. Hat man keine frischen Erdbeeren, so nimmt man von solchen, welche man zum Gefrorenen eingemacht hat. Siehe (Abth. XVI.).

125. Quittenkuchen.

Man fertige einen Mürbteigboden wie in 104, bringe so viel Quittenmar= melade (Abth XVI.) in eine kleine Schüssel, als man zum Füllen nöthig zu haben glaubt, rühre etwas geschnittene geröstete Mandeln, Citronat, Zimmt und Citronen= schale darunter, fülle damit den Kuchen und mache darüber ein Gitter von Mürb= teig oder von der Schaummasse in 122.

126. Apfelkuchen (oder Torte) in Gelée.

Man backe einen Boden von Mürbteig mit Rand, schäle 15 große Aepfel (Reinetten) oder 30 kleine (Borsdorfer), zerschneide erstere in Achtel, letztere in Hälften, nehme sorgfältig das Kernhaus heraus, setze etwa ½ Liter (½ Maß) Wasser mit 420 Gr. (¾ Pfund) Zucker auf's Feuer, lege die Aepfel hinein und lasse sie weich, jedoch nicht musig werden. Dann nehme man die Aepfel mit dem Schaumlöffel sorgfältig heraus, lege sie auf einer Schüssel auseinander, damit sie abkühlen, und koche unterdessen den Apfelsaft zur Geléeprobe (Abth. XVII.). Nun vertheile man die Aepfel regelmäßig auf den Boden, streue Weinbeeren und fein geschnittene Mandeln darüber und gieße die Gelée, welche schon einige Minuten gestanden hat, mit einem Löffel darüber, so daß die Aepfel ganz damit bedeckt sind. Besonders schön sieht dieser Kuchen aus, wenn die Gelée etwas roth gefärbt ist. (Abth. XI). Auch kann man etwas Citronenschale in der Gelée auskochen.

127. Traubenkuchen.

Man bestreue eine mit Butter bestrichene Tortenform mit Semmelbröseln und lege sie mit Mürbteig aus. Alsdann stoße man 105 Gr. (6 Loth) geschälte Mandeln mit 105 Gr. (6 Loth) Zucker recht fein, rühre 1 Ei, 4 Löffel voll süßen Rahm und etwas Zimmt darunter und streiche dies auf den Boden des Teiges, auf den man nun die abgepflückten Trauben, d. i. Beeren, legt. Hierauf schlägt man 105 Gr. (6 Loth) Zucker mit 2 ganzen Eiern und 6 Eigelb schaumig, mischt ⅛ Liter (½ Schoppen) süßen Rahm hinzu und gießt das Ganze auf die Trauben.

128. Traubenkuchen anderer Art.

Einen Mürbteigboden wie in 104 bestreut man gut mit Biscuitbröseln, belegt ihn mit abgepflückten Trauben, reibt mit Eiweiß eine Macaronenmasse von 105 Gr. (6 Loth) Mandeln, 210 Gr. (12 Loth) Zucker und entsprechend Citrone, spritzt davon ein Gitter darüber, sowie am Rande Tupfen, und läßt das Ganze backen.

129. Käsekuchen.

Man reibe 1 Kilogr. 120 Gr. (2 Pfund) süßen Käse im Reibstein zart, (ist er zu fest, so gieße man etwas Milch hinzu) rühre 140 Gr. (8 Loth) Zucker, 70 Gr. (4 Loth) Mehl, 35 Gr. (2 Loth) Citronat, 35 Gr. (2 Loth) Weinbeeren,

70 Gr. (4 Loth) heiße Butter und 3 Eier darunter, fülle die Masse in eine mit Mürbteig ausgelegte Form und bestreiche sie mit Eigelb.

130. Käsekuchen anderer Art.

Zu diesem Kuchen legt man die Form gewöhnlich mit Blätterteig aus, rührt 140 Gr. (¼ Pfund) Butter mit 175 Gr. (10 Loth) Zucker und 8 Eigelb schaumig, reibt 105 Gr. (6 Loth) Mandeln mit Eiweiß, mengt dies mit 560 Gr. (1 Pfund) zart geriebenen Käse, etwas Citronengelb und einem Glas Arac darunter, schlägt zuletzt 6 Eiweiß zu Schnee und melirt diesen unter die Masse. Nach dem Backen wird der Kuchen mit Punschglasur glasirt.

131. Käsekuchen (leicht.)

350 Gr. (20 Loth) Käse wird zart gerieben und mit 3 Eigelb, 88 Gr. (5 Loth) Zucker, etwas Vanille, gerührt, dann kommt ½ Liter (2 Schoppen) Milch und der Schnee von 5 Eiweiß hinzu; die Masse wird in eine mit Mürbteig ausgelegte Form gefüllt und langsam gebacken.

132. Mainzer Käsekuchen.

Hierzu wird ein Boden von Hefenteig (siehe Abth. 6) ausgerollt und mit dem 3. Theil der Masse (129), welche man mit etwas Milch verdünnt, bestrichen. Nachdem der Kuchen gegangen ist, bestreicht man ihn mit Ei und backt ihn im ziemlich heißen Ofen.

133. Mohnkuchen.

245 Gr. (14 Loth) weißer Mohn wird eingeweicht, mit etwas Milch gerieben und mit 140 Gr. (¼ Pfund) Zucker und 7 Eigelb schaumig gerührt. Nun schlägt man 7 Eiweiß zu Schnee, rührt diesen, nachdem man vorher noch 140 Gr. (¼ Pfund) heiße Butter hinzugegossen hat, mit 52 Gr. (3 Loth) Mehl darunter, füllt die Masse in eine mit Mürbteig ausgelegte Form und glasirt den Kuchen, nachdem man ihn langsam gebacken, mit Rosenwasserglasur.

134. Citronenkuchen.

Man rolle einen Boden von Blätterteig etwa 25—30 Centimeter (circa 10—12 Zoll) im Durchmesser, stoße vorher 245 Gr. (14 Loth) ungeschälte süße und 18 Gr. (1 Loth) bittere Mandeln mit 350 Gr. (20 Loth) Zucker, siebe sie durch das Hagelzuckersieb, mische das Gelbe einer auf dem Reibeisen abgeriebenen Citrone darunter, schäle 2 Citronen vollständig ab, so daß nur die Safthülse bleibt, und schneide diese in feine Scheiben. Nun bestreiche man den Boden ganz leicht mit Quittenmarmelade, lasse jedoch den Rand etwa 1¼ Centim. (½ Zoll) breit frei, streue die Hälfte der gestoßenen Mandeln darauf, lege die Citronenscheiben, deren Kerne man entfernt hat, darauf und streue die noch übrigen Mandeln darüber. Hierauf rolle man wieder Blätterteig, schneide 2 Centim. (¾ Zoll) breite Streifen zu einem Gitter und einen 2½ Centim. (1 Zoll) breiten Rand, der etwas dicker sein muß als das Gitter, lege letzteres und dann auch den Rand darüber, bestreiche das Ganze mit Eigelb, das man mit etwas Wasser verdünnt hat und backe den Kuchen. Nach dem Backen wird er mit Citronenglasur glasirt.

135. Citronenkuchen anderer Art.

Man rolle einen 25—30 Centim. (10—12 Zoll) großen Boden von Mürbteig, befestige am Rande einen dünnen Streifen, den man mit zwei Fingern kneipt, und backe den Boden vollständig aus. Nun reibe man eine Citrone auf Zucker ab, schabe das Abgeriebene in einen Kessel, lege 420 Gr. (¾ Pfund) Zucker dazu, begieße den letzteren mit Wasser und koche ihn zum Bruch. Vorher röste man 210 Gr. (12 Loth) geschälte und geschnittene Mandeln, schäle 2 Citronen vollständig ab, so daß nur die Safthülse bleibt, schneide diese in kleine Stücke, entferne die Kerne, menge Beides, nachdem der Zucker zum Bruch gekocht ist, mit 70 Gr. (4 Loth) Pomeranzenschale und etwa 350 Gr. (20 Loth) Quittenmarmelade zu dem Zucker hinzu, nehme den Kessel vom Feuer und rühre die Masse so lange, bis Alles gut mit einander vermengt ist. Hierauf bringe man sie in eine Schüssel, lasse sie erkalten, streiche sie auf den schon gebackenen Mürbteigboden, mache eine Schaummasse wie in 113 und verfahre weiter nach Anleitung von 113.

136. Crêmekuchen mit Citronen-Crême.

Man backe einen Boden wie in 126 und gieße nachstehende Crême darauf. Eine Citrone reibe man auf Zucker ab, schabe das Gelbe in einen Kessel, menge ½ Pfund (280 Gr.) Zucker, 4 ganze Eier und 10 Eigelb hinzu, presse 3 Citronen auf ein darüber gedecktes Sieb und gieße noch ¼ Flasche Rheinwein dazu. Nun bringe man das Ganze auf gelindes Kohlenfeuer, schlage es zu fester Crême, so daß die Masse stehen bleibt, wenn man sie mit dem Schlagbesen in die Höhe zieht, gieße diese auf den bereit stehenden Boden, streiche sie glatt, verziere sie mit Gelée und Früchten oder auch mit einem zurückbehaltenen Theil der Crême, den man in eine Düte füllt; oder man backe von Mürbteig 10–12 kleine Rosetten, die man mit Eigelb bestreicht, geschmackvoll darauf anbringt und mit Gelée belegt.

137. Aprikosenkuchen.

Hat man Aprikosen geschält, ausgekernt und in 2 Theile geschnitten, so verfertige man einen Mürbteigboden mit Rand (wie schon öfter erwähnt), bestreue ihn mit Biscuitbröseln, lege die Aprikosen darauf, bestreue sie mit Zucker und fein gehackten Mandeln, worunter einige bittere sein müssen, und backe den Kuchen. Wenn er gebacken, kann man auch noch nach Belieben ein Gitter von Schaummasse darüber machen.

138. Aprikosenkuchen anderer Art.

Von Mürbteig 102 wird ein Boden mit Rand gemacht, und derselbe mit Aprikosenmarmelade bestrichen, alsdann wird ein Deckel ausgerollt, dieser, nachdem mit einem Ausstecher 5 Löcher ausgestochen, darauf gelegt, ein Ring herum gesetzt und gebacken. Später wird das Ganze mit Vanillezucker bestaubt und die Löcher mit Aprikosenmarmelade ausgefüllt.

139. Lyonerkuchen.

¾ Pfund (420 Gr.) Zucker werden mit 18 ganzen Eiern und 6 Eigelb gehörig schaumig geschlagen, sodann gehackte alte Früchte, Zimmt, Citrone und zuletzt 1 Pfund (560 Gr.) Mehl hinzugemengt, welche Masse in eine mit Butter bestrichene Tortenform gefüllt, mit Mandeln und Weinbeeren bestreut und dann gebacken wird.

140. Stachelbeerkuchen.

Die Stachelbeerkuchen werden auf verschiedene Art bereitet. Nicht allein, daß man Böden bald von Mürb-, bald von Blätterteig dazu verwendet; auch die Behandlung der Stachelbeeren selbst ist eine verschiedene. Ich lasse zwei der allgemeinsten Behandlungsweisen folgen.

a. Hat man noch nicht ganz reife Stachelbeeren von Stielen und Blüthen befreit und gewaschen, so werfe man sie in kochendes Wasser und lasse sie darin weich werden. Hierauf schütte man sie auf ein Haarsieb, lasse sie gut ablaufen, bringe sie in eine Schüssel und setze so viel Zucker nebst etwas Zimmt hinzu, als nöthig, um sie süß zu machen.

b. Man kann die Beeren auch so behandeln, daß man sie gleich mit dem nöthigen Zucker in einem Kessel auf das Feuer bringt und unter fortwährendem Umrühren weich werden läßt.

Hat man die Stachelbeeren auf die eine oder die andere Weise zubereitet, so lege man sie auf einen schon angebackenen Boden und backe den Kuchen. Man kann auch noch ein Gitter von Schaummasse darüber machen.

141. Mozartkuchen.

Man belege eine Tortenform mit Mürbteig und fülle sie mit beliebiger Marmelade. Hierauf rühre man 88 Gr. (5 Loth) Butter zu Schaum, menge 88 Gr. (5 Loth) Zucker, 6 Eigelb, etwas Zimmt, Citrone und Nelken hinzu und melire darunter den Schnee von 5 Eiweiß mit so viel Zwiebackbröseln, daß die Masse sich noch gut auf die Marmelade streichen läßt. Nach dem Backen glasire man den Kuchen mit Citronenglasur und bestreue diese mit farbiger Nonpareille.

142. Münchener Puffert.

140 Gr. (8 Loth) Butter werden in 210 Gr. (12 Loth) Mehl gehackt; alsdann rühre man 140 Gr. (8 Loth) Zucker mit 10 Eigelb schaumig, rühre das Gelbe einer Citrone, 52 Gr. (3 Loth) Weinbeeren, 52 Gr. (3 Loth) Rosinen, welche vorher ausgesteint worden, und 35 Gr. (2 Loth) geschnittene geröstete Mandeln hinein, menge zuletzt noch steifen Schnee von 8 Eiweiß und das Mehl mit der hineingehackten Butter vorsichtig unter die Masse und backe letztere in einer hohen kupfernen Form in mäßiger Hitze.

143. Hamburger Puffert.

420 Gr. (3/4 Pfund) Zucker rühre man mit 24 Eigelb schaumig, schneide 210 Gr. (12 Loth) Butter unter 420 Gr. (24 Loth) Mehl in kleine Würfel, rühre unter die gerührten Eigelb den Schnee von 20 Eiweiß, 105 Gr. (6 Loth) Weinbeeren, 105 Gr. (6 Loth) Rosinen, die man vorher aussteint und in Stücke schneidet, 70 Gr. (4 Loth) Citronat, das Gelbe einer Citrone, etwas Gewürz und zuletzt das Mehl, in welches die Butter geschnitten ist, fülle nun die Masse in eine Bundform und lasse sie in schwacher Hitze backen.

144. Englischer Puffert.

210 Gr. (12 Loth) Butter werden mit 8 Eigelb schaumig gerührt, sodann 210 Gr. (12 Loth) Zucker nebst abgeriebener Citrone hinzugemengt und noch einige Zeit gerührt. Hierauf rührt man den Schnee von 6 Eiweiß mit 175 Gr. (10 Loth) Mehl behutsam darunter, füllt die Masse in eine mit Butter bestrichene, mit geschnittenen Mandeln ausgestreute und mit Mehl bestaubte Bundform und backt sie langsam.

145. Magdalenenkuchen.

210 Gr. (12 Loth) Zucker und ein wenig abgeriebene Citrone werden mit 8 Eigelb schaumig gerührt und ein Schnee von 7 Eiweiß, 210 Gr. (22 Loth) halb Mehl, halb Puder und zuletzt 105 Gr. (6 Loth) heiße Butter hinzugemengt. Ist die Masse in die Form gefüllt, so bestreut man sie mit geschnittenen Mandeln und Weinbeeren, backt sie langsam und bestaubt den gebackenen Kuchen mit Zucker.

146. Kaffeekuchen.

Man mahle 105 Gr. (6 Loth) gebrannten Kaffee, koche ihn mit 1/4 Liter (1 Schoppen) gutem Rahm und lasse ihn, nachdem er durchgeseiht, erkalten. Nun rühre man 105 Gr. (6 Loth) Zucker mit 2 Eigelb schaumig, menge den Schnee von 2 Eiweiß sammt dem Kaffee hinzu, fülle diese Masse in eine mit Blätterteig ausgelegte Form und lasse den Kuchen in heißem Ofen backen.

147. Krachkuchen.

350 Gr. (20 Loth) Butter rühre man mit 140 Gr. (¼ Pfund) Zucker, 1 Ei, 3 Eigelb und abgeriebener Citrone schaumig, menge 350 Gr. (20 Loth) Mehl hinzu und wirke das Ganze zu einem Teig an. Letzteren rolle man ziemlich dick aus, lege ihn in eine mit Butter bestrichene und mit Semmelbröseln ausge= streute Form, bestreiche den Kuchen mit Eigelb und bestreue ihn mit geschnittenen Mandeln und grob gestoßenem Hagelzucker. Nach dem Backen bestaube man ihn mit Zucker und Zimmt.

148. Englischer Hochzeitskuchen.

Man wiege ab: 560 Gr. (1 Pfund) Weinbeeren und Rosinen, 280 Gr. (½ Pfund) fein gehackte Mandeln, 4 Gr. (1 Quint) Muskatnuß, 4 Gr. (1 Quint) Muskatblüthe, 140 Gr. (¼ Pfund) Pomeranzenschale und 140 Gr. (¼ Pfund) Citronat. Nun rühre man 1 Kilogr. 120 Gr. (2 Pfund) frische Butter schaumig, menge hinzu zunächst 560 Gr. (1 Pfund) Zucker und nach und nach 16 Eigelb, sodann, wenn die Masse schaumig gerührt ist, sämmtliche Früchte und Gewürze, 1 Weinglas Rum und das Gelbe von 2 Citronen, endlich behutsam den Schnee von 16 Eiweiß und 1 Kilogr. 120 Gr. (2 Pfund) Mehl. Hierauf lege man eine bestrichene, ziemlich hohe Tortenform mit Papier aus, fülle den dritten Theil der Masse ein, belege diese mit Confekt, fülle dann das zweite Drittheil der Masse darauf, belege letztere wieder mit Confekt, streiche endlich das letzte Drittheil darüber, setze die Form auf ein gut mit Papier belegtes Blech, damit der Kuchen unten nicht zu braun wird, und lasse denselben in mäßiger Hitze ziemlich 1¼ Stunde backen.

149. Gesundheitskuchen (Natronbund).

210 Gr. (12 Loth) Butter, 210 Gr. (12 Loth) Zucker wird recht schaumig gerührt, dann kommen nach und nach 8 Eier, 12—15 Eßlöffel mit Milch, Citrone, 12 Gr. Natron, 15 Gr. Weinstein und 490 Gr. (28 Loth) Mehl hinzu. Die Masse wird in eine mit Butter bestrichene Rundform (Gogelhopfform) gefüllt und lang= sam 1 Stunde gebacken. Man kann auch das Eiweiß zu Schnee schlagen.

150. Silberkuchen.

210 Gr. (12 Loth) Butter, 210 Gr. (12 Loth) Zucker werden tüchtig schaumig gerührt, dann kommen nach und nach 4 Eier, Citronen, 1 Gläschen Arac, eine Messerspitze Ammonium, 280 Gr. (16 Loth) Mehl hinzu, die Masse wird in eine bestrichene mit Papier ausgelegte Tortenform gefüllt und bei mittlerer Hitze gebacken.

151. Osterkuchen (Osterfladen).

560 Gr. (1 Pfund) Mehl, 420 Gr. (24 Loth) Butter, etwas Salz wird mit Milch angewirkt. Von diesem Teig werden etwa eine Hand breit runde Böden ausgerollt und mit einem Rand, welchen man etwas in die Höhe drückt, versehen und um denselben ein Papierstreifen gemacht. Vorher stellt man 280 Gr. (16 Loth) Reis und 1 Liter (1 Maß) Milch in den Ofen und läßt ihn weich kochen, deß= gleichen stellt man in einem anderen Gefäß 70 Gr. (4 Loth) ausgesteinte Rosinen mit etwas Butter und Milch hinzu und läßt dieses recht heiß werden.

Nun reibt man 105 Gr. (6 Loth) Mandeln mit 2 Eiweiß, rührt alsdann den fein geriebenen Reis sowie ¼ Liter (1 Schoppen) Rahm und die Rosinen hinzu und zuletzt den Schnee von 6 Eiweiß. Mit dieser Masse werden nun die Törtchen fingerdick gefüllt, mit Ei bestrichen und recht gut ausgebacken.

gerührt, davon mit der Spritze Plätzchen von 2—4 Centim. Durchmesser auf Papier dressirt, diese mit gehackten Mandeln bestreut, gebacken und mit Vanilleglasur glasirt.

265. Plumpudding-Schnitten.

Rühre 175 Gr. (10 Loth) Butter gut schaumig, menge hinzu 175 Gr. (10 Loth) Zucker, das Gelbe einer Citrone und nach und nach 7 Eigelb. Ist das Ganze recht schaumig, so menge ferner hinzu 52 Gr. (3 Loth) ausgekernte und geschnittene Rosinen, 52 Gr. (3 Loth) Weinbeeren, 35 Gr. (2 Loth) Pomeranzenschalen, 35 Gr. (2 Loth) Citronat, etwas Zimmt und eine gute Messerspitze voll Ammonium. Endlich rühre hinzu Schnee von 7 Eiweiß mit 175 Gr. (10 Loth) Mehl. Fülle die Masse in eine Papierkapsel und backe sie in mittlerer Hitze. Hierauf glasire das Gebäck mit Punschglasur und schneide es in Schnitten.

266. Kaiser-Schnitten.

Wirke einen Teig von 280 Gr. (½ Pfund) Zucker, 52 Gr. (3 Loth) Pomeranzenschalen, 18 Gr. (1 Loth) Zimmt, 4½ Gr. (1 Quintchen) Nelken, ein wenig abgeriebene Citrone, eine Messerspitze voll Ammonium, 3 Eiern und 105 Gr. (6 Loth) gestoßenen ungeschälten Mandeln, die man mit 280 Gr. ½ Pfund Mehl durch ein mittelfeines Sieb getrieben hat. Rolle davon eine viereckige Platte, etwa 6 Millim. (¼ Zoll) stark, lege sie auf ein butterbestrichenes Blech, bestreiche sie mit Ei und backe sie. Schneide sie hierauf in schmale Stückchen und verziere diese mit Spritzglasur.

267. Crême-Biscuit.

¼ Liter (1 Schoppen) süßer Rahm wird zu Schnee geschlagen und zum Abtropfen auf ein Haarsieb gebracht, 140 Gr. (8 Loth) Zucker mit 5 Eigelb alsdann schaumig gerührt, recht steifer Schnee von 5 Eiweiß mit 105 Gr. (6 Loth) Mehl und dem Rahmschnee darunter gerührt, die Masse in Papierkapseln gefüllt, mit Zucker bestaubt und gebacken.

268. Nachgemachte Aepfel, Ananas und sonstige Früchte.

Von Biscuitmasse 235 dressirt man zu Aepfeln runde, zu Birnen längliche Böden, backt sie und bestreicht sie mit Aprikosen- oder Himbeermarmelade. Auf diese Böden spritzt man von fester Schaummasse zu 1 Eiweiß 70 Gr. (4 Loth) Zucker, Birnen, Aprikosen, Pfirsiche, Ananas rc., versieht sie mit Stielen aus Citronat, läßt sie mehr trocknen als backen, schmickt sie nach der Natur, glasirt sie mit Punschglasur und trocknet sie leicht.

269. Schneebälle.

Von steifer Schaummasse 229, mit etwas Vanillezucker angemacht, dressirt man auf Papier runde Häufchen, bestreut diese mit gehackten Mandeln, bestaubt sie, backt sie auf nassem Brett, bis sie sich abnehmen lassen, füllt sie mit eingemachten Früchten und doublirt sie.

270. Wiener Krapfen, auch Mohrenköpfe genannt.

280 Gr. (½ Pfund) Zucker rührt man mit 16 Eigelb gut schaumig und melirt darunter tüchtig steifen Schnee von 16 Eiweiß mit 280 Gr. (½ Pfund) Mehl. Davon dressirt man auf Papier oder Wachsbleche hochgewölbte runde Plätzchen von 3—4 Centimeter Durchmesser, die man langsam backt. Man thut wohl, den Ofen anfangs nicht ganz zu schließen. Nach dem Backen schneidet man sie vom Papier, höhlt die untere Seite aus, füllt sie mit Schlagrahm oder Vanillecrême, legt zwei und zwei zusammen und glasirt sie mit Chocoladeglasur

(Abth. XI). Zu bunten Schüsseln wechselt man ab mit Chocolade=, Maraschino=, Himbeer= und Vanilleglasur. Diese Krapfen sind sehr schmackhaft.

271. Schildkröten.

Von der Masse 270 dressirt man ovale Plätzchen in Form eines halben, der Länge nach durchschnittenen, großen Eies, etwa Gänseeies, und backt sie wie in 270 angegeben. Dann höhlt man sie ein wenig aus, füllt sie mit Citronen= crême, legt sie, die Wölbung nach oben, auf ovale Mürbteigboden, die man schon gebacken hat, glasirt sie mit Citronenglasur, besprengt sie mit Flecken und Linien von Chocoladeglasur und läßt sie trocknen. Zuvor spritzt man je einen Kopf und 4 Füße von Spritzglasur auf Glas oder Blech und steckt nun diese daran. Wer auf die Schildkrötengestalt kein Gewicht legt, läßt Köpfe und Füße weg.

272. Punschschnitten.

Sandmasse 39 backt man in einer ziemlich langen Papierkapsel, welche nicht ganz so breit ist wie die Breite eines halben Papierbogens. Gebacken muß die Sandmasse 2—3 Centimeter (1 Zoll) hoch sein Man löse das Papier ab, schneide die Kante egal und das Gebäck der Länge nach durch, bestreiche eine Hälfte davon mit Aepfel= oder Quittenmarmelade, gemischt mit einem Gläschen Punschessenz, lege die andere Hälfte darauf und glasire die obere Seite mit Punschglasur (Ge= trocknet und in Stücke geschnitten.

273. Punschschnitten anderer Art.

Sandmasse 39 bäckt man in einer länglich=viereckigen Kapsel, 12—16 Millim. (½ — ⅔) Zoll hoch, schneidet sie der Länge nach in 3 Streifen, bestreicht den einen mit Aprikosen, den zweiten mit Aepfelmarmelade, besprengt beide mit Arak, legt sie auf einander, dann den dritten darüber und schneidet davon schmale Stücke, deren hohe Seite man mit Punschglasur glasirt.

274. Roleaux.

Eine Mischung von 140 Gr. (¼ Pfund) Zucker, 140 Gr (¼ Pfund) halb Mehl halb Puder. 105 Gr. (6 Loth) heißer Butter und 8 Eiern in dünner Lage werden in einer Papierkapsel flüchtig gebacken; das Papier abgelöst, die untere Seite mit Gelée bestrichen, die gebackene Platte zu einer Rolle eng zusammen gewickelt, hievon dünne schräge Scheiben geschnitten und diese glasirt.

274. Wiener Waffeln.

105 Gr. (6 Loth) ungeschälte Mandeln werden mit Eiweiß gerieben, mit 105 Gr. (6 Loth) Butter, 210 Gr. (12 Loth) Zucker und 12 Eigelb schaumig ge= rührt, das Gelbe einer Citrone, etwas Zimmt. Nelken und 52 Gr (3 Loth) ge= riebene Chocolade wird hinzu gemengt, Schnee von 12 Eiweiß mit 140 Gr. (8 Loth) Mehl in die Masse gerührt, diese in eine Papierkapsel gefüllt und gebacken. Ge= backen, muß die Masse etwa 12 Millim. (½ Zoll) hoch sein.

Ferner backt man eine Biscuitmasse (entweder in einer Kapsel oder auf butter= bestrichenem Blech), doppelt so groß wie erstere Masse, von 210 Gr. (12 Loth) Zucker, 210 Gr. (12 Loth) Mehl und 8 Eiern. Sie darf nicht zu dick werden. Vor dem Backen wird sie mit Streifen von Spritzglasur, von rechts nach links und von oben nach unten, überzogen, so daß sie einem Waffelkuchen ähnlich wird. Sie darf nur flüchtig backen, damit sie nicht austrocknet. Diese flache Masse zerschneidet man in 2 Hälften, bestreicht die eine unten mit Himbeergelée, die andere, ebenfalls unten, mit Aprikosenmarmelade und legt zwischen beide Obstseiten die oben zuerst genannte Backmasse in die Mitte. Das Ganze wird beschnitten und zertheilt

276. Vanilletörtchen.

140 Gr. (8 Loth) weiße Mandeln mit 140 Gr. (8 Loth) Zucker werden recht fein gestoßen und mit 52 Gr. (3 Loth) Mehl und etwas Vanille unter den Schnee von 6 Eiweiß gerührt; diese Masse wird in runde, krause Förmchen gefüllt, welche mit Blätterteig ausgelegt sind, mit Zucker bestaubt, langsam gebacken, endlich mit Vanilleglasur glasirt..

277. Gekrümmte Haselnußstangen.

52 Gr. (3 Loth) Haselnüsse und 52 Gr. (3 Loth) Mandeln werden mit Eiweiß recht fein gerieben, etwas Vanille und 280 Gr. (½ Pfund) Staubzucker tüchtig darunter gemischt. Die Masse muß so fest sein, daß sie sich ausrollen läßt. Nun legt man etwa 4 Oblatentafeln zusammen, rollt jene Masse in gleicher Größe aus, bestreicht ihre obere Seite mit Eiweiß, befestigt die Oblaten darauf, kehrt die Platte um, so daß die Oblaten unten liegen, glasirt die obere Seite mit Eiweißglasur, schneidet davon schmale Streifen, legt diese auf Bleche, welche man heiß gemacht und mit Butter bestrichen hat, und backt sie in mittlerer Hitze. Zu den Blechen wählt man gern halbrund gebogene Formen.

278. Mandelstangen.

140 Gr. (8 Loth) ungeschälte Mandeln, die man geschnitten und im Ofen schön gelb geröstet hat, mischt man in einem Kessel mit 140 Gr. (8 Loth) gestoßenem Zucker, 70 Gr. (4 Loth) geschnittener Pomeranzenschale, 35 Gr. (2 Loth) Mehl, 4 großen Eiweiß und etwas Citrone und Zimmt. Auf gelindem Kohlenfeuer röstet man die Masse mittels Umrührens so weit, daß sie sich noch mit einem Messer auf Oblaten streichen läßt. Davon schneidet man fingerbreite Streifen, legt diese auf butterbestrichene halbrunde heiße Bleche und läßt sie eine Stunde auf dem Trockenofen trocknen. Sodann werden sie in mittlerer Hitze gebacken und endlich mit Läuterzucker (Abth. XXIV.) bestrichen.

279. Mandelstangen anderer Art.

210 Gr. (12 Loth) geschälte Mandeln werden mit 5 Eiweiß fein gerieben, mit 420 Gr. (24 Loth) feinem Zucker und entsprechender Citrone tüchtig gemischt, in eine Schüssel gebracht, 52 Gr. (3 Loth) Mehl darunter gerührt und die Masse 3 Messerrücken dick auf Oblaten gestrichen. Weiter wie 278. Nur schneidet man etwas größere Streifen und glasirt diese nach dem Backen mit Vanilleglasur.

280. Haselnußschiffchen.

Die viel bekannten Schiffchenformen werden mit Mürbteig 101 ausgelegt. Alsdann 105 Gr. (6 Loth) Haselnüsse mit Wasser gerieben, 105 Gr. (6 Loth) Zucker, etwas Vanille hinzugerührt und zuletzt der Schnee von 3 Eiweiß, das Ganze bestaubt und langsam gebacken, später mit Aprikosenmarmelade bestrichen und mit Vanilleglasur glasirt.

281. Nußschiffchen.

Dieselben Formen werden mit Mürbteig ausgelegt, wie in 280. Alsdann 105 Gr. (6 Loth) Wallnüsse, 70 Gr. (4 Loth) Mandeln mit Milch gerieben, 175 Gr. (10 Loth) Zucker, etwas Vanille darunter gemengt und die Masse in die Formen gefüllt, ein Deckel von Mürbenteig daraufgelegt und gebacken.

282. Nußschiffchen anderer Art.

140 Gr. (8 Loth) Nüsse, 35 Gr. (2 Loth) Mandeln werden mit Wasser fest gerieben und mit 175 Gr. (10 Loth) Butter, 122 Gr. (7 Loth) Zucker, 245 Gr. (14 Loth) Mehl, Vanille angewirkt. Die Formen werden nun mit

Butter bestrichen, die Masse in kleine Theile geschnitten und in dieselben hinein gedrückt, mit Ei bestrichen und in mittlerer Hitze gebacken. Hierauf werden sie mit Aprikosenmarmelade bestrichen, mit Vanilleglasur glasirt und mit fein ge= hackten Pistazien bestreut.

283. Kardinaltörtchen.

Runde, nicht zu große Förmchen werden mit Mürbenteig ausgelegt, alsdann 17 Gr. (1 Loth) bittere Mandeln mit 1 Eiweiß gerieben und diese mit 240 Gr. (14 Loth) Zucker, 122 Gr. (7 Loth) Butter, 122 Gr. (7 Loth) Mehl halb fest mit Eiweiß angerührt. Die Formen werden mit Aprikosen gefüllt, die Masse hinein gefüllt, gebacken und später mit Vanilleglasur glasirt.

284. Oriental.

Hierzu nimmt man längliche Blechformen, welche man mit Butter bestreicht. Nun reibt man mit Eiweiß 245 Gr. (14 Loth) weiße Mandeln, mengt 175 Gr. (10 Loth) Zucker, 70 Gr. (4 Loth) flüssige Butter, das Gelbe und den Saft einer Citrone hinzu, schlägt 6 Eiweiß zu Schnee, melirt 4 davon unter die Masse und rührt in die übrigen 2 Eiweiß so viel Zucker, daß es eine leichte Schaum= masse gibt, füllt nun die Masse in die Förmchen und spritzt von der Schaum= masse ein Gitter darauf, bestaubt das Ganze und backt es bei mittlerer Hitze. Hierauf wird das Gitter mit Aprikosenmarmelade ausgefüllt.

285. Elisentörtchen.

Runde zackige Formen werden mit Butterteig ausgelegt. Dann zieht man von 2 Eigelb, 35 Gr. (2 Loth) Zucker, etwas Citronengelb und Saft, ½ Wein= glas mit Wein auf dem Feuer eine Crême ab und füllt sie in die Formen. Nun macht man eine Mandelmasse von 52 Gr. (3 Loth) Mandeln, 52 Gr. (3 Loth) Zucker, 2 Eiweiß, 3 Gelbe, etwas Mehl und füllt die Formen damit voll; nach dem Backen werden sie mit Himbeergelée bestrichen und mit Citronenglasur glasirt. Man kann auch von Schaummasse vorher längliche Schnecken backen und eines in die Mitte legen, was sehr hübsch aussieht.

286. Wiener Törtchen.

104 Gr. (6 Loth) Butter wird tüchtig schaumig gerührt, dann kommt 175 Gr. (10 Loth) Zucker und nach und nach 4 Eier, zuletzt 140 Gr. (8 Loth) mit Wasser geriebene Mandeln, Citronen und 140 Gr. (8 Loth) Mehl hinzu. Die Masse wird in halb hohe, runde Formen, von welchen man den Boden mit Butterteig belegt und mit fester Marmelade bestreicht, gefüllt und bei mittlerer Hitze gebacken.

287. Früchte=Tortlets.

140 Gr. (8 Loth) Butter, 140 Gr. (8 Loth) Zucker, 210 Gr. (12 Loth) Mehl, Citronen werden angewirkt und davon kleine, rund zackige Förmchen aus= gelegt und gebacken. Später werden diese mit eingemachten ganzen Früchten hoch belegt, von dem Fruchtzucker etwas zum schwachen Faden (siehe unten) gekocht, und derselbe, wenn erkaltet, mit einem Löffel über die Früchte gegossen.

288. Mailänder Törtchen.

17 Gr. (1 Loth) Mehl, 17 Gr. (1 Loth) Butter, 35 Gr. (2 Loth) Zucker, 2 Eigelb, Vanille, ⅛ Liter Milch wird auf dem Feuer zu einer Crême gekocht, alsdann in Förmchen, welche mit Butterteig ausgelegt und mit Aprikosen gefüllt sind, gebracht und langsam gebacken.

289. Lufttörtchen.

140 Gr. (8 Loth) Staubzucker, etwas Vanille, 70 Gr. (4 Loth) geschnittene Mandeln, 35 Gr. (2 Loth) gehacktes Citronat, 35 Gr. (2 Loth) Mehl, etwas Zimmt wird zusammen gewogen; alsdann 6 Eiweiß zu steifen Schnee geschlagen, obiges darunter melirt, in hohe mit Mürbteig ausgelegte und Himbeer bestrichene Formen gefüllt, mit Zucker bestaubt und langsam gebacken. Nachher werden sie mit Hüftenmarmelade bestrichen und mit recht grobem Hagelzucker bestreut.

290. Narcisse.

Die Schiffchenformen werden mit Mürbenteig ausgelegt. Nun löst man mit etwas Milch etwa 140 Gr. (8 Loth) Chocolade im Ofen auf, gießt sie in die Formen, daß sie etwa halb voll werden, und bäckt dies, bis die Chocolade fest ist. Während dieser Zeit macht man etwas Schaummasse, rechnet auf 1 Eiweiß 52 Gr. (3 Loth) Staubzucker, spritzt mit der Sterntülle eine längliche Schnecke darauf, bestreut sie mit gehackten Pistazien, bestaubt sie und läßt sie langsam backen.

291. Zimmtstangen.

30 Eier und 840 Gr. (1½ Pfund) gestoßener Zucker werden in einem Kessel auf gelindem Feuer wie Biscuitmasse aufgeschlagen. Ist die Masse langsam wieder kalt geschlagen, so rührt man mittels eines Spatels 1 Kilogr. 400 Gr. (2½ Pfund) Mehl, 70 Gr. (4 Loth) Ammonium und etwas Zimmt dazu, dressirt lange Biscuits auf wachsbestrichene Bleche, bestreut sie mit grobem Hagelzucker und bäckt sie ziemlich heiß.

292. Zimmtsterne (gewöhnlich).

560 Gr. (1 Pfund) gestoßene Zuckerbröseln, 1 Kilogr. 120 Gr. (2 Pfund) Mehl, 700 Gr. (1¼ Pfund) Zucker, 18 Gr. (1 Loth) Zimmt, 105 Gr. (6 Loth) gehackte Pomeranzenschale, 35 Gr. (2 Loth) Ammonium und 12—14 Eier wirkt man zu einem Teig an, sticht alsdann Sterne aus und läßt sie auf butterbestrichenem Blech ziemlich heiß backen. Nachher werden sie mit einem Pinsel mit Glasur glasirt und abgetrocknet.

293. Pumpernickel (gewöhnlich).

Man wirkt zu einem Teig an 840 Gr. (1½ Pfund) gestoßene Zuckerbröseln, 1 Kilogr. 120 Gr. (2 Pfund) Mehl, 700 Gr. (1¼ Pfund) Zucker, 280 Gr. (½ Pfund) braune Mandeln, welche man mit einem Messer in Stücke hackt, 35 Gr. (2 Loth) Ammonium, 35 Gr. (2 Loth) Tortengewürz, einige Tropfen Citronen=Oel, 12 Eier und soviel Wasser, daß man einen ziemlich festen Teig erhält, wägt sodann diesen Teig in Theile von etwa 175 Gr. (10 Loth), rollt dieselben mit der Hand in lange Streifen, drückt sie etwa 3 Finger breit auf dem Blech auseinander, bestreicht sie mit Eigelb und läßt sie in ziemlich heißem Ofen backen. Hierauf werden sie rautenförmig in Stücke geschnitten.

294. Muscatzinnen (gwöhnlich).

560 Gr. (1 Pfund) gestoßene Zuckerbröseln, 560 Gr. (1 Pfund) Zucker, 560 Gr. (1 Pfund) Mehl, 18 Gr. (1 Loth) Ammonium, 18 Gr. (1 Loth) Gewürz und 10 Eier werden zu einem Teig angewirkt, daraus Portionen von etwa 150 Gr. (6 Loth) abgewogen, diese je in 8 Stücke getheilt, die Stücke in die bekannte Muscatzinnenform gedrückt, herausgenommen, mit Ei bestrichen, mit grobem Hagelzucker bestreut, auf butterbestrichene Bleche gelegt und gebacken.

295. Anisbögen.

Man wäge 12 Eier schwer Zucker in eine Schüssel, 11 Eier schwer Mehl auf Papier, rühre den Zucker mit 12 Eiern gut schaumig, rühre sodann das Mehl dazu, dressire davon mit dem Löffel auf butterbestrichene Bleche runde Plätzchen und lege sie nach dem Backen in die hohle Seite der Mandelbögenformen.

296. Magenkuchen.

840 Gr. (1½ Pfund) Zucker rührt man mit 16 Eiern recht schaumig, mengt hinzu 1 Kilogramm 680 Gr. (3 Pfund) gestoßene Zuckerbröseln, 280 Gr. (½ Pfund) Mehl, 18 Gr. (1 Loth) Tortengewürz, 70 Gr. (4 Loth) gehackte Pomeranzenschale, 18 Gr. (1 Loth) Ammonium und so viel Wasser, daß die Mischung die Consistenz einer gewöhnlichen Macaronenmasse bekommt, dressirt davon auf Oblaten Tupfen (circa 9 Stück) auf eine Tafel, drückt dieselben in ziemlich groben Hagelzucker, legt sie auf ein mit Papier belegtes Blech und läßt sie backen. Man thut gut, sie im zweiten Ofen aufgehen zu lassen.

297. Zahnstocher.

420 Gr. (¾ Pfund) Zuckerbröseln, 560 Gr. (1 Pfund) Zucker, 210 Gr. (12 Loth) Mehl, 280 Gr. (½ Pfund) Mandeln, 105 Gr. (6 Loth) gehackte Pomeranzenschale, 18 Gr. (1 Loth) Tortengewürz, das Gelbe einer Citrone und eine Messerspitze voll Ammonium wirkt man mit 5—6 Eiern zu einem Teig an, rollt davon 2 Streifen, legt diese auf ein bestrichenes Blech, drückt sie etwa hand= breit auseinander, bestreicht sie mit Ei und füllt sie in der Mitte mit Himbeer= marmelade. Nach dem Backen überzieht man die Fülle mit Citronenglasur und schneidet das Gebäck in Stücke.

298. Breslauer Kuchen.

280 Gr. (½ Pfund) Mehl, 140 Gr. (8 Loth) Zucker, 70 Gr. (4 Loth) Butter, 3 Eier und 9 Gr. (½ Loth) Ammonium wirkt man zu einem Teig an. Gleichfalls wirkt man zu einem Teig an 700 Gr. (1¼ Pfund) gestoßene Zucker= bröseln, 560 Gr. (1 Pfund) Zucker, 1 Kilogr. 400 Gr. (2½ Pfund) Mehl, 6 Eier, etwas Zucker und 52 Gr. (3 Loth) Ammonium. Diese Masse rollt man etwa 6 Millimeter (¼ Zoll) dick aus und bestreicht die Platte mit Apfel= oder Zwetschgenmarmelade. Nun rollt man ersteren Teig recht dünn aus, schneidet schmale Streifen davon, legt diese als Gitter auf die Marmelade, bestreicht das Ganze mit Ei und läßt den Kuchen in recht heißem Ofen backen.

299. Breslauer Kuchen anderer Art.

Man rollt 1 oder 2 Streifen von Mürbteig etwa 3 Finger breit aus, legt sie auf ein Blech, dressirt von fester Macaronenmasse durch eine Sterntülle 3 schmale Streifen der Länge nach über jeden Mürbteigstreifen hin und läßt das Ganze backen. Dann füllt man die Zwischenräume mit feiner Gelée, überzieht das Gebäck mit Citronenglasur nnd schneidet es in Stücke.

300. Muscatzinnen mit Haselnüssen.

140 Gr. (8 Loth) Haselnüsse und 140 Gr. Mandeln werden mit 4—5 Eiweiß gerieben und mit 700 Gr. (1¼ Pfund) feinem Zucker, 140 Gr. Mehl und etwas Vanille zu einem Teig angewirkt. Dieser wird in kleine Theile ge= schnitten, die Theile leicht in Zucker gerollt, in die Form gedrückt (294) auf Oblate gelegt und in ganz gelinde erwärmtem Ofen gebacken. Fließen sie auseinander, so ist der Ofen zu heiß.

301. Citronenschnitten.

Von Mürbteig (102) wird eine ziemlich große viereckige Platte ausgerollt. Außerdem werden 210 Gr. (12 Loth) Mandeln fein gehackt und in eine Schüssel gebracht. Man mengt hinzu 280 Gr. (½ Pfund) Zucker, das Gelbe einer Citrone, den Saft einer Citrone und so lange noch etwas Essig, bis die Mischung beim Herumrühren feucht wird. Diese Mischung wird auf die Platte gestrichen, ein Gitter von Mürbteig darüber gelegt, Alles mit Ei bestrichen und gebacken. Hat man kein Carrée, um es beim Backen herumzusetzen, so legt man hölzerne Stäbchen herum. Nach dem Backen wird das Gitter mit Citronenglasur glasirt und in Stücke geschnitten.

302. Anislaibeln anderer Art.

1 Kilogr. 120 Gr. (2 Pfund) Zucker mit 22 Eiern recht schaumig geschlagen und 1 Kilogr. 400 Gr. (2½ Pfund) Mehl, 27 Gr. (1½ Loth) Ammonium, etwas Anis und zuletzt ¼ Liter Wasser beigemengt. Von dieser Mischung werden Laibeln dressirt, die man in der oberen Backröhre aufgehen läßt, worauf sie heiß gebacken werden.

303. Chocoladebrod.

245 Gr. (14 Loth) Butter rührt man recht schaumig, mengt 280 Gr. (½ Pfund) Zucker dazu, rührt nach und nach 10 Eigelb und ein ganzes Ei darunter und mengt noch etwas Tortengewürz hinein, wie auch das Gelbe einer Citrone, 70 Gr. (4 Loth) gehackte Pomeranzenschale und eine Messerspitze voll Ammonium. Zuletzt setzt man 350 Gr. (20 Loth) Mehl hinzu. Die Masse muß ziemlich warm gehalten werden. Sie wird in eine lange Anisbrodkapsel gefüllt und recht langsam gebacken. Ist das Gebäck erkaltet, so schneidet man dünne Scheiben davon und glasirt diese mit Chocolade.

304. Pfauenaugen.

Unter einen recht steifen Schnee von 6 Eiweiß rührt man 175 Gr. (10 Loth) Zucker, 70 Gr. (4 Loth) gestoßene Mandeln, 35 Gr. (2 Loth) Mehl und etwas Zimmt. Aus dieser Mischung dressirt man Plätzchen auf ein butterbestrichenes Blech. Nur sticht man von eingemachter Pomeranzenschale ganz kleine Plätzchen aus, die man, je eines, in der Mitte auf die größeren legt. Bestaubt und langsam gebacken.

305. Richellieu.

Von Mürbteig (102) sticht man kleine Böden aus und läßt sie halb backen. Aus einer Biscuitmasse von 105 Gr. (6 Loth) Zucker, 7 Eiern und 140 Gr. (8 Loth) Mehl dressirt man mit einer halbgroßen Tülle einen Ring auf den Rand der Böden und läßt sie nun ausbacken. Den Biscuitrand bestreicht man sodann mit einem Pinsel mit Hagebuttenmarmelade von schön-rother Farbe, die man mit Wasser verdünnt hat und tunkt ihn in mittelfeinen Hagelzucker. Die Mitte wird mit Chocoladeglasur ausgefüllt.

306. Nelsontörtchen.

Von Mürbteig sticht man Böden aus, setzt ein dünnes Rändchen herum und läßt sie halb backen. 105 Gr. (6 Loth) Mandeln reibt man mit 3 Eiweiß, rührt das Geriebene mit 140 Gr. (8 Loth) Zucker und 8 Eigelb recht schaumig, und nun darunter den Schnee von 8 Eiweiß und 175 Gr. (10 Loth) Mehl. Aus dieser Mischung dressirt man Häufchen auf die Böden, läßt dieselben backen und glasirt sie mit Citronenglasur.

307. Orangenmacaronen.

140 Gr. (8 Loth) geschälte Mandeln reibe mit 4 Eiweiß und rühre darunter

4 *

280 Gr. (½ Pfund) Zucker, ein Liqueurglas voll Orangenblüthenwasser, 105 Gr. (6 Loth) Mehl und zuletzt den Schnee von 9 Eiweiß. Bringe die Masse vorsichtig in den Dressirsack, dressire Plätzchen auf Papier, bestaube diese mit feinem Zucker, backe sie langsam, glasire sie mit Orangenglasur und lasse sie leicht trocknen.

308. Tiroler Schnitten.

Zusammen angewirkt werden 350 Gr. (20 Loth) Mehl, 210 Gr. (12 Loth) Zucker, 140 Gr. (8 Loth) Butter, 70 Gr. (4 Loth) warmer Cacao, 3 Eiweiß, etwas Zimmet und eine Messerspitze voll Ammonium, aus dieser Masse ein langer, handbreiter Streifen ausgerollt, davon fingerbreite Stücke geschnitten, diese auf butterbestrichene Bleche gelegt, mit Eiweiß bestrichen und in mittlerer Hitze gebacken.

309. Balletschnitten.

Von Mürbteig rollt man einen handbreiten Streifen aus (oder auch deren zwei, je nach der Größe des Bleches, welches man zur Verfügung hat), setzt ein Rändchen von demselben Teig herum und läßt dies halb backen. Sodann bestreicht man das Gebäck mit einer Mischung von 70 Gr. (4 Loth) gestoßenen Mandeln, 105 Gr. (6 Loth) Zucker, 35 Gr. (2 Loth) heißer Butter, 88 Gr. (5 Loth) Mehl, dem Gelben einer Citrone und 3 Eiern, worauf man Alles ausbacken läßt. Mit Citronenglasur glasirt und geschnitten.

310. Nußlaibeln.

105 Gr. (6 Loth) mit 2 Eiweiß geriebene Nüsse werden mit 175 Gr. (10 Loth) Zucker und 2 Eiern schaumig gerührt, 105 Gr. Mehl dazu gemengt und davon mit dem Löffel auf butterbestrichene Bleche Laibeln dressirt, welche in mittlerer Hitze gebacken und mit Vanilleglasur glasirt werden.

311. Prophetenschnitten.

52 Gr. (3 Loth) Mandeln werden mit 3 Eiweiß gerieben, mit 105 Gr. (6 Loth) Zucker, 52 Gr. Butter und 52 Gr. Weinbeeren gut schaumig gerührt und diese Mischung mit 4 Eiweiß und 52 Gr. Mehl melirt, worauf Alles in einer etwa 4 Finger breiten Papierkapsel, welche am Boden mit Mürbteig ausgelegt ist, gebacken wird. Ist die Kapsel gebacken, so rührt man 88 Gr. (5 Loth) feinen Zucker und etwas Vanillezucker unter den Schnee von 2 Eiweiß und bestreicht damit das Gebäck, das man nun mit geschnittenen Mandeln bestreut und in Stücke schneidet. Diese Stücke läßt man in gelinde erwärmtem Ofen nochmals leicht anbacken und tunkt sie sodann in Vanilleglasur.

312. Orangenbrod.

Zusammen angewirkt werden 280 Gr. (½ Pfund) Zucker, 280 Gr. Mehl, 2 Eier, Zimmet, Citrone und eine Messerspitze voll Ammonium, davon Stangen formirt, diese mit Ei bestrichen und auf dieselben oben und unten der Länge nach ein Streifen von eingemachter Orangenschale gelegt.

313. Pariser Biscuit.

Unter ¼ Liter (1 Schoppen) halbsteif geschlagenen Schlagrahm rührt man 210 Gr. (12 Loth) feinen Zucker, etwas Vanillezucker, 210 Gr. (12 Loth) Mehl und zuletzt steifen Schnee von 6 Eiweiß. Aus dieser Mischung werden auf Wachsbleche Biscuits dressirt und diese langsam gebacken.

314. Preßburger Zwieback.

10 Eigelb werden mit 350 Gr. (20 Loth) Zucker tüchtig schaumig geschlagen;

mit 1 Kilogr. 120 Gr. (2 Pfund) Mehl und 35 Gr. (2 Loth) Ammonium zu einem nicht zu festen Teig angewirkt. Mit einem Ausstecher, der etwa 7—10 Centim. (3—4 Zoll) lang (fingerlang) und fingerbreit ist und gerundete Ecken hat, sticht man den ca. 18 Millim. ($^3/_4$ Zoll) dick ausgerollten Teig aus, bestreicht die ausgestochenen Streifen mit Eigelb, drückt sie in groben (erbsengroßen) Hagelzucker und geschnittene Mandeln, legt sie auf bestrichene Bleche, drückt sie breit und läßt sie recht heiß backen.

315. Preßburger Zwieback fein.

$^1/_2$ Liter Milch läßt man aufkochen und rührt so viel feines Mehl dazu, daß es einen ziemlich festen Teig gibt, etwa wie zu Windbeutel, während dieser Zeit löst man 105 Gr. (6 Loth) Hefe mit etwas Milch auf und arbeitet sie unter den abgebrühten Teig und läßt ihn aufgehen wie gewöhnlichen Hefenteig. Nun schlägt man 4 Eigelb, 280 Gr. ($^1/_2$ Pfund) Zucker auf gelindem Kohlenfeuer auf wie zu einer Biscuitmasse, gibt Citronen und Vanille dazu, schüttet die Masse zu den Hefenteig und arbeitet sie tüchtig darunter, bis das Ganze schön glatt wird, dann mengt man noch so viel warmes Mehl dazu, daß es einen nicht zu festen Teig gibt, welches ziemlich lange Zeit beansprucht und zuletzt noch 370 Gr. (12 Loth) geschmolzene Butter. Von dieser Masse dressirt man auf Butterbleche ziemlich lange Zwieback und backt sie, ohne daß man sie nochmals aufgehen läßt, in ziemlich heißem Ofen. Nachdem sie erkaltet, schneidet man sie in der Mitte durch, so daß es Kanten werden, also nicht in der Hälfte.

Nun nimmt man einen Theil ziemlich grob gehackte Mandeln, einen Theil groben Hagelzucker und einen Theil grob gesiebten Krümeln, Citronengelb, Vanille und macht dies mit Eiweiß zu einer ziemlich festen Masse an, schlägt mehrere Eier und etwas Milch in einen Teller und taucht die obere halbrunde Seite der Zwiebäcke hinein und drückt mit der Hand von der vorher erwähnten Masse so viel als möglich darauf, stellt sie auf ein mit Butter bestrichenes Blech und röstet sie in nicht zu heißem Ofen hellgelb und bis sie durchaus ganz hart sind.

316. Pechkränze.

Unter steifen Schnee von 9 Eiweiß rührt man 420 Gr. ($^3/_4$ Pfund) feinen Zucker, 105 Gr. (6 Loth) gehobelte und geröstete Mandeln und etwas Zimmet. Aus dieser Mischung werden auf Wachsbleche Ringe dressirt, diese mit Zucker bestaubt, langsam gebacken und mit Chocoladeglasur überzogen.

317. Kopenhagener Kuchen.

Ein ziemlich großes viereckiges Carré setzt man auf ein Blech, legt dasselbe mit Butterteig aus und füllt den Boden mit Himbeermarmelade. 210 Gr. (12 Loth) Zucker rührt man nun mit 7 Eigelb schaumig, rührt hinzu 70 Gr. (4 Loth) geriebene Mandeln, 70 Gr. Weinbeeren, 35 Gr. (2 Loth) Rosinen, den Schnee von 6 Eiweiß mit 140 Gr. (8 Loth) Mehl und zuletzt noch 105 Gr. (6 Loth) heiße Butter. Diese Mischung wird in das ausgelegte Carré gefüllt und Alles gebacken. Nachdem das Gebäck erkaltet ist, rührt man 262 Gr. (15 Loth) feinen Zucker unter steifen Schnee von 6 Eiweiß, überstreicht es damit und spritzt ein Gitter darüber. Das Ganze wird mit Zucker bestaubt und auf dem Brett nochmals langsam gebacken. Die inneren Rauten des Gitters werden mit rosafarbener Vanilleglasur ausgefüllt.

318. Bukarester Sandplätzchen.

11 Eigelb werden mit 420 Gr. (24 Loth) Zucker schaumig gerührt und Schnee von 11 Eiweiß mit 210 Gr. (12 Loth) Mehl und 210 Gr. Puder darunter

gerührt. Aus dieser Mischung werden Plätzchen dressirt, diese mit Hagelzucker und Weinbeeren bestreut und nicht sehr heiß gebacken.

319. Calcutta-Nußtörtchen.

88 Gr. (5 Loth) Haselnüsse werden mit 2 Eiweiß fein gerieben, mit 88 Gr. Zucker, etwas Vanille und 5 Eigelb schaumig gerührt und der Schnee von 4 Eiweiß mit 35 Gr. (2 Loth) Mehl und 35 Gr. Zuckerbröseln darunter gemengt. Diese Mischung wird in butterbestrichene runde Förmchen gefüllt und langsam gebacken. Die gebackenen Törtchen werden durchschnitten, ausgehöhlt und mit folgender Mischung gefüllt: 35 Gr. (2 Loth) Haselnüsse werden mit Milch recht fein gerieben und mit Milch und Vanillezucker ziemlich dünn angerührt. Die so gefüllten und wieder zusammengesetzten Törtchen werden in dünne Vanilleglasur getunkt und getrocknet. Auf jedes Törtchen legt man einen halben Wallnußkern.

320. Heidelberger Nußtörtchen.

Von 52 Gr. (3 Loth) Haselnüssen, 52 Gr. (3 Loth) Mandeln, 158 Gr. (9 Loth) Zucker, 8 Eigelb, 6 Eiweiß, 52 Gr. (3 Loth) Mehl macht man eine Masse, setzt 20—24 kleine Ringe auf Papier, füllt dieselbe hinein und läßt sie langsam backen. Sind die Törtchen aus dem Ofen und kalt geworden, schneidet man die Mitte durch, reibt noch 35 Gr. (2 Loth) Haselnüsse, löst 3 Blatt Gelatine in Wasser auf und rührt geschlagenen und versüßten Rahm hinzu, so viel man glaubt nöthig zu haben und zuletzt die Gelatine, welche man kräftig darunter rührt. Ist die Fülle auf sämmtliche Törtchen eingetheilt, so wird der Deckel leicht darauf gedrückt und kurze Zeit stehen gelassen, darauf mit Vanilleglasur überzogen, abgetrocknet und in die Mitte ein Haselnußkern gelegt.

321. Malakoff.

Etwa 24 kleine hohe Blechformen werden mit Butter bestrichen und mit Mehl bestaubt. Nun reibt man 105 Gr. (6 Loth) weiße Mandeln mit etwas Wasser, rührt sie mit 210 Gr. (12 Loth) Zucker, 12 Eigelb recht schaumig, gibt etwas Citronengelb hinzu, schlägt einen Schnee von 6 Eiweiß und rührt denselben mit 140 Gr. (8 Loth) Mehl und einer Tasse Milch darunter. Die Törtchen werden langsam gebacken und, wenn sie aus dem Ofen kommen, mit Punschglasur überzogen.

322. Citronenschnitten.

Von Mürbteig macht man ein oder zwei Streifen je nach Länge des Bleches, setzt einen Rand von denselben Teig herum und läßt dies halb backen. Während dieser Zeit rührt man 140 Gr. (8 Loth) Butter, 140 Gr. (8 Loth) Zucker, 140 Gr. (8 Loth) mit Wasser geriebene Mandeln, etwas Citronen, eine Messerspitze voll Ammonium, 1 Ei, 25 Gr. (1½ Loth) Mehl schaumig und streicht die Masse auf die Streifen. Nach dem Backen werden sie mit Citronenglasur glasirt.

323. Gravelotteschnitten.

Hierzu macht man Streifen wie in 322 und füllt sie mit Johannisbeeren. Nun gibt man in einen Kessel 140 Gr. (8 Loth) geröstete und geschnittene Nüsse, ebensoviel Mandeln, 420 Gr. (24 Loth) Zucker, etwas Citronen und Zimmet, 7—8 Eiweiß und röstet dies auf dem Feuer zum schwachen Faden. Die Masse wird schnell auf die Streifen gestrichen und dann gebacken, später mit dünner Vanilleglasur glasirt und in Stücke geschnitten.

324. Punschkuchen.

Man rollt einen Boden von Mürbteig aus und rührt mit Milch zu einer

Mischung an: 105 Gr. (6 Loth) gestoßene Mandeln, 105 Gr. Zucker, 105 Gr. Zuckerbröseln, etwas Citrone, Gewürz und Pomeranzenschale. Diese Mischung wird auf den Mürbteigboden gestrichen. Eine Mischung von 105 Gr. Zucker, 105 Gr. halb Mehl halb Puder, 6 Eiern, 52 Gr. (3 Loth) Butter und etwas Punscheffenz oder Arac füllt man darüber hin und läßt nun das Ganze langsam backen. Mit Punschglasur glasirt und in Stücke geschnitten.

325. Chocoladebrod anderer Art. Vergl. 303.

Rühre 210 Gr. (12 Loth) Zucker mit 14 Eigelb schaumig, melire damit steifen Schnee von 8 Eiweiß, dem Gelben einer Citrone, etwas Zimmt, Muscatblüthe, 70 Gr. (4 Loth) Weinbeeren und 245 Gr. (14 Loth) Mehl. Rühre noch 140 Gr. (¼ Pfund) kochende Butter hinein und fülle die Masse in Anisbrodformen, welche mit Papier ausgelegt sind. Die Masse wird ziemlich heiß gebacken und hierauf mit Chocoladeglasur überzogen.

326. Chocoladeringe.

35 Gr. (2 Loth) Butter und 140 Gr. (8 Loth) Zucker werden mit 2 Eiern und 1 Eigelb schaumig gerührt, dann 52 Gr. (3 Loth) Cacao aufgelöst und mit etwas Vanillezucker, 2 Messerspitzen Ammonium und zuletzt 245 Gr. (14 Loth) Mehl unter Rühren vermischt, von der angewirkten Masse Ringe formirt, diese mit Ei bestrichen, in Hagelzucker gedrückt und ziemlich heiß gebacken.

327. Chocoladekuchen.

140 Gr. (8 Loth) gute Butter wird recht schaumig gerührt, 140 Gr. (8 Loth) Zucker, 2 Eier und etwas Zimmt hinzugemischt und das Ganze eine Zeit lang gerührt. Zu dieser Masse werden 175 Gr. (10 Loth) Mehl, 70 Gr. (4 Loth) Chocolade hinzugerieben, davon auf Papier in Form großer Macaronen Plätzchen dressirt, diese mit Zucker bestaubt und in mittlerer Hitze gebacken. Damit die Masse nicht zu fest wird, kann man noch 1 oder 2 Eigelb beimischen.

328. Diezerbrod.

Rühre 350 Gr. (20 Loth) Zucker mit 10 Eigelb, mische damit etwas Zimmt, Citrone, 18 Gr. (1 Loth) Ammonium, eine kleine Kaffeetasse voll Milch und 700 Gr. (1¼ Pfund) Mehl. Die Masse wird zu einem nicht festen Teig angewirkt, Hörnchen davon geformt, diese mit Ei bestrichen, mit Hagelzucker bestreut und heiß gebacken.

329. Chocoladeplätzchen.

560 Gr. (1 Pfund) Staubzucker wird mit 5 Eiweiß zu einer Glasur angerührt und kurze Zeit stehen gelassen; 52 Gr. (3 Loth) warmer Cacao, 70 Gr. (4 Loth) Staubzucker und etwas Vanille hinzugerührt, davon auf Butterbleche Plätzchen dressirt von 3—4 Centimeter Durchmesser, welche man kurze Zeit trocknen läßt und in mittlerer Hitze backt.

330. Citronenschnitten anderer Art.

210 Gr. (12 Loth) geschälte Mandeln werden mit etwa 3 Eiweiß recht fein gerieben, hiemit das Gelbe einer Citrone und 420 Gr. (24 Loth) Staubzucker gehörig durchgerührt. Dieser Teig wird 3 Messerrücken hoch mit dem Rollholze ausgerollt, mit Eiweiß bestrichen, mit Oblate belegt, umgedreht, so daß die Oblate unten liegt, die obere Seite mit Eiweiß-Glasur und mit Citronensaft gemischt, glasirt, in Stücke geschnitten und diese in mittlerer Hitze gebacken.

331. Weinkuchen.

192 Gr. (11 Loth) Butter, 192 Gr. (11 Loth) Zucker, etwas Muscatblüthe und eine Messerspitze Ammonium werden schaumig gerührt, Milch hinzugegossen, um das Ganze mit 385 Gr. (22 Loth) Mehl zu einem Teig anwirken zu können. Mit einem 3 bis 4 Centimeter (1½ Zoll) weiten runden Ausstecher werden jetzt 6 Millimeter (¼ Zoll) dicke Plätzchen ausgestochen, diese mit Ei bestrichen und mit folgender Streusel dick bestreut: 140 Gr. (¼ Pfund) geschälte Mandeln mit 210 Gr. (12 Loth) Zucker gestoßen und mit etwas Zimmet und Citrone gemischt. Die Plätzchen werden auf bestrichenen Blechen gebacken, aber ziemlich weit auseinander, weil sie ausfließen.

332. Sandplätzchen.

70 Gr. (4 Loth) Butter, 140 Gr. (8 Loth) Zucker, 1 Ei, 3 Eigelb und etwas Citrone werden recht schaumig gerührt, 70 Gr. (4 Loth) Mandeln, die man mit Rosenwasser gerieben hat, und 105 Gr. (6 Loth) Mehl beigemischt und daraus mit einem Messer mittels hölzerner Schablone auf leicht bestrichene Bleche runde, etwa 5 Centim. (2 Zoll) breite Plätzchen gestrichen, in deren Mitte man eine eingemachte Amorelle legt, worauf Alles gebacken und mit Orangenglasur glasirt wird.

333. Chapeaux.

175 Gr. (10 Loth) Zucker, eben so viel Mehl, ein Ei und etwas Citrone werden zu Teig angewirkt, ausgerollt und Plätzchen davon ausgestochen, dann 140 Gr. (¼ Pfund) geschälte Mandeln mit 4 Eiweiß fein gerieben, 280 Gr. (½ Pfund) Zucker und etwas Zimmt beigemischt, worauf diese Masse in eine Düte gefüllt wird. Von derselben wird auf die Mitte der Plätzchen ein gewölbter runder Tupfen dressirt und der Rand nach Art eines altmodischen Hutes von der Seite nach der Mitte zu zusammengeschlagen. In mittlerer Hitze zu backen.

334. Sultankuchen.

Von 140 Gr. (¼ Pfund) Mandeln, mit Ei gerieben, 175 Gr. (10 Loth) Zucker, 350 Gr. (20 Loth) Butter und 420 Gr. (24 Loth) Mehl wird eine Teigmasse angewirkt, die etwas kühlen muß. Sodann werden kleine Kuchen ausgestochen, hellgelb gebacken, je zwei durch Gelée zusammengesetzt und mit Citronenglasur glasirt.

335. Muscatbrod.

Mische 280 Gr. (½ Pfund) Mehl, 105 Gr. (6 Loth) Zucker, 70 Gr. (4 Loth) Butter, 10 Eigelb, 1 Liqueurgläschen Arac und 2 geriebene Muscatnüsse, arbeite die Mischung mit der flachen Hand tüchtig durch. Der Teig muß ganz kurz werden und sich weich ballen lassen. Theile ihn in kleine Theile, forme Biscuits daraus und backe diese auf gestrichenen Blechen in recht heißem Ofen.

336. Apfelschnitten.

Von Mürbenteig (102) rolle eine länglich viereckige Platte aus, etwa 6 Millim. (¼ Zoll) stark, lege sie auf ein Blech und bestreiche sie mit Apfelmarmelade. Reibe 70 Gr. (4 Loth) ungeschälte Mandeln mit 2 Eiweiß fein, mische 140 Gr. (8 Loth) Zucker und etwas Zimmet hinzu und streiche diese Masse auf die Marmelade. Wird in mittlerer Hitze gebacken, dann mit Punschglasur glasirt und Stücke davon geschnitten.

337. Trierer Kuchen.

Von 210 Gr. (12 Loth) Mehl, 140 Gr. (8 Loth) Butter, 70 Gr. (4 Loth) Zucker, 1 Ei und etwas Ammonium wird ein Teig angewirkt, derselbe ziemlich dünn ausgerollt und etwa die Hälfte davon in fingerbreite Streifen zerschnitten; der Rest dient dem Backwerk als Boden. 210 Gr. (12 Loth) rohe Mandeln reibe nun mit Milch ziemlich fein, mische sie mit 210 Gr. (12 Loth) Zucker, 70 Gr. (4 Loth) geschmolzener Butter, 35 Gr. (2 Loth) Sultaninen, 35 Gr. Weinbeeren, 26 Gr. (1½ Loth) Citronat, etwas abgeriebener Citrone und Zimmet, streiche diese Mischung auf jenen Boden, lege die geschnittenen Streifen in Gitterform darüber, bestreiche sie mit Ei, an die Seite lege Stäbchen, damit die Füllung nicht ausfließe und backe in mittlerer Hitze.

338. Windbeutel.

210 Gr. (12 Loth) Butter werden mit ¼ Liter (1 Schoppen) Wasser ge= kocht, 280 Gr. (½ Pfund) Mehl hineingerührt, worauf die Masse vom Feuer ge= nommen und in ein anderes Gefäß gebracht wird, dem man nach und nach 8 Eier nebst dem nöthigen Zucker und etwas Vanille zusetzt. Von dem Teige werden kleine Haufen auf ein Blech dressirt, mit Ei bestrichen, gebacken, mit Vanilleglasur glasirt, dann die Stücke aufgeschnitten und mit Schlagrahm gefüllt.

339. Figuren von gebrühtem Teig.

In einem Kessel wird ¼ Liter (1 Schoppen) Milch mit 140 Gr. (8 Loth) Butter aufgekocht, 175 Gr. (10 Loth) Mehl und 35 Gr. (2 Loth) Zucker darunter gerührt, dem erkalteten Gemisch 5—6 Eier und etwas Vanille beigemengt und die Masse in eine Blechspritze gefüllt, welcher man eine Sterntülle vorsetzt. Auf Wachs= bleche dressirt man davon Figuren, z. B. S, C, O oder 8, die mit Ei bestrichen, mit gehackten Mandeln und grobem Hagelzucker bestreut und gebacken werden.

340. Figuren von Mandelmasse.

210 Gr. (12 Loth) geschälte Mandeln werden mit 4 Eiweiß sorgfältig ganz fein gerieben, 420 Gr. (24 Loth) feiner Zucker und das Gelbe einer Citrone tüchtig darunter gemengt. Die Masse muß schön zart werden. Fülle sie in eine Spritze mit Sterntülle und dressire Figuren (s. 339) auf mehlbestaubte butterbestrichene Bleche. Die Masse ist ziemlich fest, weshalb man mit der Hand nachformt. Man muß darauf sehen, daß der Stern schön erhalten bleibt. Nach dem Backen mit Vanilleglasur zu glasiren.

341. Dominosteine.

Sandmasse (39) wird in einer Kapsel gebacken und in Stücke geschnitten von 6 Centim. (2½ Zoll) Länge und 3—4 Centim. (1½ Zoll) Breite. Diese Stücke glasire zur Hälfte weiß, zur Hälfte mit Chocolaceglasur und spritze von Glasur Punkte darauf; weiß auf Chocolade und Chocolade auf weiß. Auch kann man nur weiß glasiren und von Chocoladeglasur Punkte spritzen oder umgekehrt. Ebenso kann man auch, dünn in einer Papierkapsel gebacken, andere Masse wählen.

342. Karlsbader Salzstangen.

245 Gr. (14 Loth) Mehl, 87 Gr. (5 Loth) Butter, 17 Gr. (1 Loth) Zucker, 10 Gr. aufgelöste Hefe, etwas Salz wird mit Milch zu einem festen Teig ange= wirkt und dann auf Eis gelegt, damit er ganz fest wird. Alsdann schneidet man kleine Stücke daraus, rollt Stangen in Größe und Länge eines Bleistiftes und legt sie auf den Tisch nebeneinander. Nun bestreicht man sie mit Wasser, bestreut sie mit Salz und Kümmel, legt sie auf ein mit Butter bestrichenes Blech und backt sie recht hart. Wenn die Stangen aus dem Ofen kommen, bestreicht man sie mit Butter.

343. Gallets.

420 Gr. (24 Loth) Mehl, 210 Gr. (12 Loth) Butter, etwas Salz wird

mit Milch angewirkt und dann einige Zeit auf Eis gelegt. Alsdann wird diese Masse mit dem Rollholz ausgerollt, Plätzchen in der Größe eines Dreimarkstückes ausgestochen, diese mit der Gabel gestupft und dann dunkelgelb gebacken.

344. Galetts d'Orangis.

Man wäge zusammen 140 Gr. (8 Loth) fein gehackte Orangenschale, 140 Gr. (8 Loth) Zucker, 52 Gr. (3 Loth) Mehl. Nun koche man $^2/_{10}$ Liter Milch, rühre Obiges dazu und, wenn die Masse etwas erkaltet ist, noch 3 Eßlöffel voll Spiritus. Davon werden auf Wachsblech dünne Plätzchen dressirt und dann heiß gebacken.

345. Duchesse.

350 Gr. (20 Loth) halb Haselnüsse, halb Mandeln, geröstet, werden mit Eiweiß gerieben und 700 Gr. (1¼ Pfund) Zucker darunter gemengt. Die Masse muß etwas weicher sein als die einer Macaronenmasse. Nun melirt man den Schnee von 7 Eiweiß dazu und dressirt auf Wachsblech längliche Plätzchen in Form eines kleinen Ei und backt sie bei schwacher Hitze. Alsdann reibt man mit Milch 140 Gr. (8 Loth) geröstete Haselnüsse, mengt 140 Gr. (8 Loth) feinen Zucker, Vanille, 105 Gr. (6 Loth) warme Chocolade hinzu, füllt die Plätzchen damit und setzt je zwei zusammen.

346. Backwerke aus Wiener Masse.

Wiener Masse nennt man die Masse von 39 (Rouleaux). Dieselbe in dünner Lage in einer Papierkapsel gebacken, eignet sich zu mancherlei Backwerken. Man kann sie z. B. doppelt zusammenlegen, füllen, mit verschiedenen Farben glasiren und schneiden, und hat dann Wiener Schnitten. Auch kann man von ihr mit besonderen Ausstechern Figuren ausstechen, z. B.:

347. Schmetterlinge.

Mit Gelée setzt man zwei und zwei Schmetterlingsfiguren auf einander, glasirt sie weiß, läßt sie trocknen und verziert sie. Der Leib wird von Chocolade= glasur aufgespritzt. Zeichnung und Färbung der Flügel mit Pfauenaugen u. s. w.

348. Johannisbeerbrod.

Von Wiener Masse 39 werden ovale Platten ausgestochen, auf den Rand Tupfen von Windmasse gesetzt und mit Zucker bestaubt, die Platten auf einem Brett leicht gebacken, mit eingemachten Johannisbeeren gefüllt und glasirt.

349. Bohnen, Rüben, Aepfel, Kirschen.

Man benutzt hiezu Wiener Masse 39 oder Mohrenkopfmasse 270. Bohnen z. B. kann man von Wiener Masse ausstechen oder sie von angeschlagener Mohrenkopfmasse spritzen und mit Marmelade füllen. Man glasirt sie weiß oder roth und macht seitwärts in der Mitte ein Pünktchen andersfarbiger Glasur. Auch kann man der ausgestochenen Wiener Masse mit fester Schaummasse die Bohnengestalt aufspritzen und sie dann glasiren. Um Rüben, Aepfel, Kirschen u. s. w. zu machen, dressirt man von Mohrenkopfmasse platte Formen dieser Früchte, füllt sie mit Marmelade, bespritzt sie mit Schaummasse, läßt sie auf einem Brett in gelindem Ofen trocknen, färbt und schminkt sie angemessen, glasirt sie, spritzt auch noch Blättchen daran.

350. Apfelrosetten.

Eine dünne Platte von Wiener Masse 39 lasse in einer Papierkapsel recht rasch backen, schneide sie in der Mitte durch, bestreiche die eine Hälfte mit Apfel=

marmelade, lege die andere Hälfte darauf, glafire das Ganze mit Punſchglaſur, ſtich mit einem Ausſtecher Roſetten aus und verziere ſie. In die Mitte lege ein Stückchen Quittengelée.

351. Pascowitz.

Von Mandelmaſſe dreſſire mit einem Löffel ovale Plättchen auf Papier, backe ſie, beſtreiche ſie mit Orangecrême (Abth. XIII), lege eine runde, quer abgeſchnittene Orangenſcheibe und dann noch ein zweites Plättchen darauf, glaſire das Ganze mit Orangenglaſur (Abth. XI.) und verziere es am Rand.

352. Maraschino-Krapfen.

560 Gr. (1 Pfund) Zucker koche zum Flug (Abth. XXIV), ſchlage unter= deſſen 6 Eiweiß zu ſteifem Schnee, laſſe durch eine zweite Perſon den kochenden Zucker langſam und unter fortwährendem Schlagen hineingießen, ſchlage die Maſſe noch langſam nach, bis ſie ziemlich erkaltet iſt, und rühre dann noch 52 Gr. (3 Loth) feinen Staubzucker und ein kleines Weinglas voll Maraſchino hinein. Von dieſer Maſſe dreſſire mit einer Blechſpritze kleine Krapfen auf Papier ſchön glatt, beſtreue ſie mit Hagelzucker und laſſe ſie trocknen auf naſſem Brett. Sie dürfen keine Backfarbe bekommen, ſondern müſſen weiß bleiben. Mit einem Meſſer nimm ſie vom Papier ab und ſetze zwei und zwei zuſammen. Sie ſind ſehr ſchmackhaft.

353. Citronencrêmetörtchen.

Von Mürbteig 102 ſtich runde Platten aus, 5 Centim. (2 Zoll) im Durch= meſſer, laſſe ſie halb backen und beſtreiche ſie mit Himbeermarmelade. Von feſtem Schnee, zu 1 Eiweiß 70 Gr. (4 Loth) Staubzucker, dreſſire mit einer ziemlich großen glatten Tülle um die Platten herum einen Rand und beſtaube denſelben mit Zucker. 6 Eigelb, 105 Gr. (6 Loth) Zucker, die Hälfte einer auf Zucker abgeriebenen Citrone, den Saft einer Citrone und ein Glas Weißwein ſchlage über gelindem Kohlenfeuer ſchön ſteif und laſſe die Maſſe ziemlich erkalten. Dieſe Citronencrême fülle auf die Platten und backe dieſe nun in ſchwacher Hitze auf papierbelegten Blechen aus.

354. Paganini.

Von Mürbteig ſtich 5 Centimeter (2 Zoll) große ovale Böden aus und laſſe ſie halb backen. 140 Gr. (¼ Pfund) weiße Mandeln reibe mit 3 Eiweiß fein und miſche 280 Gr. (½ Pfund) Zucker dazu. Von dieſer feſten Macronen= maſſe ſpritze an die Böden einen Rand und backe ſie nun flüchtig aus. Fülle ſie mit Marmelade und glaſire ſie.

355. Paganini anderer Art.

Die Böden 354 ſtich von Oblate aus, überſtreiche ſie vermittelſt eines Meſſers mit der Macaronenmaſſe 354 (nur nimm ſtatt 3 Eiweiß 4) und laſſe ſie auf Papier hellgelb backen. Nun wende das Gebäck um, ſo daß die Macaronen= maſſe den Boden bildet, beſtreiche die Oblate zur einen Hälfte mit Hagebutten=, zur anderen mit Quitten= oder Apfelmarmelade, durch die Mitte lege ein Streif= chen Citronat, glaſire die Törtchen mit Citronenglaſur, tauche den Rand in mittelſeinen Hagelzucker und laſſe ſie trocknen.

356. Magenlaibeln.

280 Gr. (½ Pfund) braunen Farin rühre mit 6 Eiern etwas ſchaumig, miſche hinzu 140 Gr. (8 Loth) Mehl, 560 Gr. (1 Pfund) geſtoßene Zuckerbröſeln,

52 Gr. (3 Loth) geschnittene Pomeranzenschale, eine Messerspitze Ammonium, etwas Zimmet, Nelken und Citrone, fülle die Masse in eine Spritze ohne Tülle, dressire Häufchen, schneide dieselben mit dem Messer ab, fülle deren Mitte leicht mit Himbeermarmelade und backe sie auf Butterblechen in ziemlich heißem Ofen. Sollten sie zu sehr ausfließen (ein Zeichen, daß die Zuckerbröseln zu fein waren), so menge noch etwas Mehl hinzu.

357. Rauten.

Zur Masse 356 mische noch fein gehackte alte Früchte, streiche davon eine Platte auf ein butterbestrichenes Blech, lege Hölzchen an die 4 Seiten, damit die Masse nicht ausfließe, backe sie, glasire sie mit Citronenglasur, bestreue sie leicht mit bunter Nonpareille (Abth. XXV.) und schneide spitzzulaufende Vierecke daraus.

358. Mandelbrod.

560 Gr. (1 Pfund) fein gehackte Mandeln werden mit 560 Gr. Zucker, 420 Gr. (24 Loth) Mehl, 140 Gr. (8 Loth) Butter und 4 Eiern angewirkt, die Masse ausgerollt, zu beliebigen Formen ausgestochen, mit Eigelb bestrichen, gebacken, und nach dem Backen mit Citronenglasur glasirt.

359. Bittere Mandelschnitten.

140 Gr. (8 Loth) geschälte bittere Mandeln reibe mit 5 – 6 Eiweiß fein, melire darunter 350 Gr. (20 Loth) feinen Zucker, rühre die Masse in einer Schüssel zart, menge noch 140 Gr. (8 Loth) Mehl dazu, und, wenn nöthig, noch etwas Eiweiß. Die Masse darf etwas weicher sein, wie gewöhnliche Macaronenmasse. Nun klebe Oblaten zusammen, ungefähr in der Größe eines Papierbogens, streiche die Hälfte der Masse darauf, setze eine zweite Platte von Oblate in derselben Größe darauf, streiche den Rest der Masse darüber und bedecke auch diese wieder mit Oblate. Der Deckel wird mit Eiweißglasur glasirt, das Ganze in Stücke geschnitten, auf jedes Stück eine Raute von Citronat gelegt, und die Stücke in ziemlich heißem Ofen gebacken.

360. Butterplätzchen.

Rühre 210 Gr. (12 Loth) Butter und das Gelbe einer Citrone recht schaumig, menge hinzu 210 Gr. Zucker, nach und nach 5 Eier, zuletzt 280 Gr. (1/2 Pfund) Mehl. Davon werden mit einem Löffel Plätzchen auf Papier dressirt und rasch gebacken. Man kann sie mit Hagelzucker bestreuen.

361. Biscott.

175 Gr. (10 Loth) Zucker, 10 Eier, 140 Gr. (8 Loth) heiße Butter, 175 Gr. (10 Loth) halb Mehl halb Puder nebst etwas Citrone werden angeschlagen wie Wiener Tortenmasse und davon eine Platte in einer Papier- oder Blechkapsel gebacken. Während dieser Zeit reibt man 105 Gr. (6 Loth) Mandeln mit 3 Eiweiß, mengt 175 Gr. (10 Loth) Zucker darunter, streicht diese Macaronenmasse auf die gebackene Platte, bestreut sie mit den Bröseln einiger Macaronen, welche man mit dem Rollholz zerdrückt hat, und läßt das Ganze auf einem Brett in rascher Hitze anbacken. Sodann schneidet man Stücke davon.

362. Eisenbahnschnitten.

Man backt eine Platte in einer Kapsel wie in 361, reibt sodann 140 Gr. (8 Loth) weiße Mandeln mit 3—4 Eiweiß und mengt 210 Gr. (12 Loth) Zucker

dazu. Die Platte wird mit Marmelade oder Gelée überstrichen, die Macaronen=
masse, (welche ziemlich fest sein muß) in eine Blechspritze gefüllt und davon mit
einer Sterntülle Streifen auf die Marmelade gezogen, der Länge nach und zwar
so, daß am Rande ein Streifen liegt, 5 Centim. (2 Zoll) entfernt 2 Streifen
ziemlich nahe neben einander, und so fort. Das Ganze läßt man auf einem
Brett rasch anbacken. Aus dem Ofen genommen, schneidet man die Platte der
Länge nach in Stücke, je zwischen den nahe neben einander liegenden Streifen,
glasirt die Marmelade mit einem Pinsel mit Citronenglasur und bestreut sie leicht
mit bunter Nonpareille.

363. Mandelhalbmond.

Von einer Macaronenmasse von 280 Gr. (½ Pfund) Mandeln und 560 Gr.
(1 Pfund) Zucker dressire mit dem Messer auf einem Spatel längliche Stritzeln
in Form eines Halbmondes, rolle diese in geschnittene weiße Mandeln, lege sie
auf Papier, lasse sie backen, bestreiche sie dann in der Mitte mit Aprikosenmar=
melade, tauche sie in Vanilleglasur und trockne sie leicht im Ofen.

364. Marschallkuchen.

Ein Teig wird angewirkt von 35 Gr. (2 Loth) Zucker, 70 Gr. (4 Loth)
Butter, 140 Gr. (8 Loth) Mehl, 1 Ei, etwas Citrone und einer Messerspitze
Ammonium. Davon werden Plätzchen ausgestochen von 3—4 Centimeter Durch=
messer und diese auf butterbestrichene Bleche gelegt. 3 Eiweiß und 140 Gr.
(8 Loth) Zucker schlägt man in einem Kessel auf gelindem Kohlenfeuer steif. Ist
die Masse unter fortgesetztem Schlagen wieder erkaltet, so rührt man 140 Gr.
(8 Loth) geschnittene Mandeln und etwas Vanille hinzu, theilt sie auf die Mürb=
teigplätzchen gleichmäßig aus und streicht sie mit dem Messer glatt. In mittlerer
Hitze zu backen.

365. Marschallkuchen anderer Art.

Mürbteigboden wie 364. 4 Eiweiß werden zu einem recht steifen Schnee
geschlagen, 105 Gr. (6 Loth) feiner Zucker, 70 Gr. (4 Loth) geschnittene Mandeln
und etwas Zimmet leicht darunter gemengt, diese Masse auf die Plätzchen ge=
strichen, mit Zucker bestaubt und dann gebacken.

366. Diplomatentörtchen.

Runde Förmchen, etwas größer als ein Eidotter, werden mit Mürbteig
ziemlich dick ausgelegt und mit einer in Zucker eingemachten Kastanie gefüllt.
Der übrige Raum wird mit Vanillecrême (Abth. XIII.) ausgefüllt, welcher man
beim Abkochen ein wenig Mehl beigemengt hat. Gebacken und mit Punschglasur
glasirt.

367. Marcellintörtchen.

140 Gr. (¼ Pfund) Mandeln werden mit 7 Eiweiß fein gerieben, 350 Gr.
(20 Loth) Zucker, 70 Gr. (4 Loth) Mehl, etwas Citrone dazu gemengt und die
Masse auf dem Feuer etwas abgeröstet, in Förmchen gefüllt, welche mit Zuckerteig
ausgelegt sind, von Zuckerteig ein Kreuz darüber gelegt und gebacken.

368. Nonnen=Nüsse.

175 Gr. (10 Loth) geschälte Mandeln werden mit 3 Eiweiß gerieben,
245 Gr. (14 Loth) Zucker, das Gelbe und der Saft einer Citrone darunter ge=
rührt, die Masse in eine Spritze gefüllt, in Größe einer Nuß auf Oblaten Häuf=
chen dressirt, diese Halbnüsse mit Eiweiß flach gedrückt und einige Stunden stehen

gelassen, damit sie trocknen. Hierauf schneidet man sie mit einem Messer kreuz=
weis, läßt sie in heißem Ofen backen, setzt je 2 zusammen und glasirt sie sodann
mit Citronenglasur.

369. Marcipan-Nüsse.

Gewöhnliche Marcipanmasse (siehe Abth. 5) drückt man in dazu gefertigte
Halbnußformen, setzt je 2 Halbnüsse zusammen, indem man sie innen mit Marmelade
bestreicht, läßt sie 8—10 Tage trocknen und backt sie in Schmalz hübsch braun.

370. Victoria-Brod.

In einer Kapsel backt man eine Platte von Sandmasse (38), eine gleich große
von Chocolademasse (26), setzt beide mit Marmelade zusammen, glasirt sie mit
Punschglasur, welche man roth färbt und belegt sie zierlich mit Früchten.

371. Biscuit-Kartoffeln.

Aus Biscuitmasse 270 (Mohrenkopfmasse) dressirt man Laibchen von 3—4
Centim. Durchmesser auf Papier und läßt sie backen. Sind sie erkaltet, so setzt
man je 2 zusammen, indem man eines davon unten mit Marmelade bestreicht. Den
Rand schneidet man mit scharfem Messer ab. Nun reibt man ungeschälte Mandeln
mit Eiweiß und mengt das Doppelte an Zucker und etwas Zimmet hinzu. Dieser
Mandelteig wird mit dem Rollholz ganz dünn ausgerollt, runde Platten davon aus=
gestochen, jene Kartoffelgestalt von Bisquit, die man mit Eiweiß bestrichen hat, damit
umwickelt und hierauf in zerriebener Chocolade gerollt. An irgend einer Stelle
schneidet man sie auf und drückt den Rand der aufgeschnittenen Stelle mit dem Messer
schräg zurück, wodurch das Backwerk einer aufgesprungenen Kartoffel ähnlich wird.
Auf den übrigen Seiten drückt man 4—5 runde Löcher ein.

372. Biscuit-Eier.

Ovale Blechförmchen in Form eines halben Eies bestreicht man mit Butter,
füllt sie mit der Biscuitmasse 35 und läßt sie langsam backen. Herausgenommen,
erkaltet und scharfrandig geschnitten, setzt man je 2 mit Marmelade zusammen.
Die Eier überzieht man mit rother oder weißer Glasur oder mit Chocolade und
verziert sie.

373. Mandel-Halbmonde anderer Art.

100 Gr. (6 Loth) Mandeln werden mit 1½ Eiweiß gerieben, mit 100 Gr.
Zucker, 100 Gr. Butter und 200 Gr. (12 Loth) Mehl zu einem Teig angewirkt,
ausgerollt, mit Eiweißglasur glasirt, davon Halbmonde ausgestochen, diese gebacken
und mit Citronenglasur glasirt.

374. Zimmet-Karten.

420 Gr. (24 Loth) Mehl, 280 Gr. (½ Pfund) Zucker, 210 Gr. (12 Loth)
Butter, 3 Eier, Zimmet und eine Messerspitze Ammonium werden zu einem Teig
angewirkt und davon eine messerrückendicke viereckige Platte gerollt. Diese Platte
schneidet man in Stücke in Größe einer gewöhnlichen Spielkarte, legt dieselben auf
Bleche, füllt sie in der Mitte mit Himbeermarmelade, bestreicht sie jedoch zuvor mit
Ei. Gebacken, werden die Karten über halbrunde Bleche gebogen. Letztere müssen
dabei jedoch wieder heiß gemacht werden, wodurch das Zerbrechen verhütet wird.

375. Damenzwieback oder Zimmetzwieback.

350 Gr. (20 Loth) Mehl, 280 Gr. (½ Pfund) Zucker, 3½ Ei, eine Messer=

spitze Ammonium und etwas Zimmet werden zusammen angewirkt, ein langer Stritzel, 7—8 Centim. (3 Zoll) breit, davon geformt, dieser mit Ei bestrichen, an seine Seite Stäbchen gelegt, damit er nicht ausfließe, und gebacken. Aus dem Ofen genommen, schneidet man schmale Scheiben davon, reibt sie ein mit Zucker und Zimmet und röstet sie hellgelb.

376. Spanische Kuchen.

280 Gr. (½ Pfund) Butter und 280 Gr. Zucker werden schaumig gerührt, nach und nach 4 Eier hinzugeschlagen und zuletzt 350 Gr. (20 Loth) Mehl bei= gemengt. Von dieser Masse dressirt man mit einem Löffel kleine Häufchen auf Papier in Größe einer Wallnuß, setzt sie nicht zu enge, weil sie ausfließen, bestreut sie mit gehackten Mandeln und läßt sie flüchtig backen.

377. Punsch=Kränze.

105 Gr. (6 Loth) braune Mandeln reibt man mit 1 Ei, rührt 280 Gr. (½ Pfund) Butter mit 140 Gr. (¼ Pfund) Zucker schaumig, mengt hinein die Mandeln, etwas Zimmet, Nelke, Citrone, ein Gläschen Rum und zuletzt 280 Gr. (½ Pfund) Mehl. Das Ganze wird zu einem Teig angewirkt, Kränze davon dressirt, diese mit Ei bestrichen, in Hagelzucker gelegt und auf einem Blech flüchtig gebacken.

378. Kaffee=Brod.

Mit 6 Eiweiß reibt man 280 Gr. (½ Pfund) ungeschälte Mandeln, mengt hinzu 420 Gr. (¾ Pfund) Zucker und 35 Gr. (2 Loth) fein gesiebten Kaffee, dressirt davon ovale längliche Stritzeln auf Papier und läßt diese in mittlerer Hitze backen. Nach dem Backen mit Vanilleglasur zu glasiren.

379. Berliner Brödchen.

3 Eier, 210 Gr. (12 Loth) Zucker, 280 Gr. (½ Pfund) Mehl, etwas Ammonium, Zimmet und Nelke werden zu einem Teig angewirkt, davon längliche Stritzeln dressirt, diese mit Ei bestrichen, auf Butterblechen ziemlich heiß gebacken und dann mit Citronenglasur glasirt.

380. Farinplätzchen.

560 Gr. (1 Pfund) brauner Farin wird mit 4 Eiern schaumig gerührt und etwas Zimmet, Nelke, Ammonium sowie etwa 560 Gr. Mehl beigemengt. Die Masse darf nicht zu fest werden. Der Teig wird ausgerollt, davon Plätzchen aus= gestochen und diese in mittlerer Hitze gebacken.

381. Gewürz=Theeconfect.

140 Gr. (¼ Pfund) Zucker rührt man mit 5 Eigelb schaumig, mengt hinzu etwas Citrone, Zimmet, Nelke, eine Messerspitze Ammonium und zuletzt 140 Gr. Mehl. Davon werden auf bestrichene Bleche Biscuitformen dressirt, diese mit Ei bestrichen und gebacken.

382. Muskatmuscheln.

140 Gr. (8 Loth) Mandeln werden mit 280 Gr. (½ Pfd.) Zucker fein ge= stoßen, mit 6 Eiern zusammengerührt, 105 Gr. (6 Loth) Mehl, Muskatnuß, Muskat= blüthe und etwas Ammonium hinzugemengt und so viel Zuckerbröseln beigemischt, daß ein ziemlich fester Teig gebildet wird. Man drückt die Masse in kleine Formen,

welche eine Muschel bilden. Herausgenommen, auf Oblate gelegt und gebacken. Nach dem Backen mit Citronen= oder Punschglasur zu glasiren.

383. Vanillebrod.

In einem Kessel schlägt man 5 Eier, 5 Eigelb und 280 Gr. (½ Pfund) Zucker auf gelindem Kohlenfeuer warm. Ist die Masse unter fortgesetztem Schlagen wieder erkaltet, mengt man etwas Vanille und 350 Gr. (20 Loth) Mehl hinzu. Auf Butterbleche dressirt man davon zwei lange Stollen, bestreicht sie mit Ei und läßt sie backen. Die Stollen werden darauf geschnitten und geröstet.

384. Bisquitschnecken.

4 Eiweiß, 3 Eier schwer Zucker, gut 1 Ei schwer Mehl und etwas Citrone wird zusammengerührt, davon auf Wachsbleche Schnecken dressirt, welche man nach dem Backen mit Chocoladeglasur glasirt.

385. Muskatbretzchen.

210 Gr. (12 Loth) Mehl, 140 Gr. (¼ Pfund) Butter, 140 Gr. Zucker, geriebene Muskatnuß und 1 Ei werden zusammen angewirkt, Bretzchen davon dressirt, diese mit Ei bestrichen und auf Butterblechen gebacken.

386. Linzer Bretzchen.

280 Gr. (16 Loth) Butter, 210 Gr. (12 Loth) Mehl, 140 Gr. (8 Loth) gestoßene Mandeln, 105 Gr. (6 Loth) Zucker und das Gelbe einer Citrone werden mit dem Rollholze angemacht und recht schaumig gearbeitet. Alsdann Bretzchen formirt, diese mit Ei bestrichen, mit gehackten Mandeln bestreut und ziemlich heiß gebacken.

387. Linzer Stangen.

175 Gr. (10 Loth) Mehl, 122 Gr. (7 Loth) Butter, 52 Gr. (3 Loth) Zucker, 3 Eigelb, das Abgeriebene einer halben Orange werden zusammen angewirkt, Stangen davon dressirt, diese mit Ei bestrichen, mit Hagelzucker und gehackten Mandeln bestreut, auf ein bestrichenes Blech gelegt und heiß gebacken.

388. Wienerbrod.

70 Gr. (4 Loth) weiße Mandeln werden mit 2½ Eiweiß gerieben, dann rührt man 105 Gr. (6 Loth) Zucker, 17 Gr. (1 Loth) Mehl dazu und zuletzt den Schnee von 3 Eiweiß. Davon dressirt man halbe Eiformen, bestaubt sie mit Zucker und läßt sie bei mittlerer Hitze backen. Vom Papier abgenommen, füllt man sie mit Himbeermarmelade, setzt je zwei zusammen, verziert sie mit fester Hüftenmarmelade und glasirt sie mit Vanilleglasur.

389. Bresiltortletz.

280 Gr. (16 Loth) Butter, 280 Gr. (16 Loth) Mehl, 140 Gr. (8 Loth) gestoßene Mandeln, 140 Gr. (8 Loth) Zucker werden angewirkt, runde Plätzchen davon ausgestochen, diese gebacken, hierauf je zwei mit Himbeergeleé zusammengesetzt und mit Zucker bestaubt.

390. Gewürz-Macaronen.

Hat man alte Biscuit, Brod oder Sandkapseln, so kann man sie hiezu verwenden.

Man schlägt von 18 Eiweiß einen recht steifen Schnee, rührt 560 Gr. Staub-zucker, Zimmet, Citronen und 840 Gr. gewürfelte Krümeln hinzu und setzt mit einem Löffel große Haufen auf Oblaten, bestaubt diese mit Zucker und backt sie langsam.

391. Chocolade-Biscuit.

Man erwärmt 420 Gr. Vanille-Chocolade und rührt $^1/_{10}$ Liter Wasser nach und nach darunter. Nun macht man eine warme Schaummasse von 4 Eiweiß, kocht 420 Gr. Zucker zum Bruch (siehe unten) und läßt den Zucker unter fortwährendem Schlagen auf den Schnee gießen. Ist die Masse fast kalt, so rührt man die Choco-lade darunter und noch etwa 17 Gr. Staubzucker. Nun werden Stangen auf Wachs-blech dressirt und in offenen heißen Ofen gebracht, damit sie eine Schale bekommen, (was etwa eine Minute Zeit beansprucht) und dadurch innen ganz weich bleiben. Man nimmt sie nun mit einem großen Messer vom Blech und legt sie auf einen Holzdeckel.

Es kommt vor, daß die Masse nicht gelingt, man mache deshalb immer zuvor erst eine Probe und rühre alsdann noch etwas Staubzucker hinzu.

Diese Biscuits schmecken sehr gut und werden an manchen Orten, namentlich in Frankreich, massenhaft fabrizirt.

392. Biscuit à la Violette.

Von 3 Eiweiß, 315 Gr. Zucker macht man eine Schaummasse und gibt $^1/_2$ Zehntel Veilchen-Syrup hinzu, die weitere Behandlung ist wie 391.

393. Rosen-Soufflé.

4 Eiweiß werden zu steifem Schnee geschlagen, dann 280 Gr. Staubzucker und 70 Gr. in Zucker eingemachte und gehackte Rosenblätter darunter melirt. Die Masse wird rosaroth gefärbt.

Nun werden kleine Häufchen auf butterbestrichenes Blech dressirt, mit Zucker bestaubt und langsam gebacken.

394. Eclairs.

Von der Windbeutelmasse (340) werden gut fingerlange Stangen dressirt und gebacken. Sind sie aus dem Ofen und kalt geworden, so schneidet man sie mit einer Scheere in zwei Hälften der Länge nach auf und füllt sie mit Schlagrahm (Sahne) welcher man dick eingekochte Kaffee-Essenz beisetzt. Nun macht man Fontant warm, gibt gleichfalls Kaffee-Essenz dazu und überzieht die Eclairs damit.

395 Eclairs anderer Art.

Dieselben Stangen (wie in 394) füllt man mit Vanillecrême, bestreicht sie mit Hüftenmarmelade und glasirt sie mit Vanilleglasur.

396. Crêmeschnitten.

Man rollt 2 lange Streifen von Butterteig aus und läßt sie gut durchbacken. Nun macht man eine Crême von 4 Eigelb, 70 Gr. Zucker, Vanille, 4 Blatt Ge-latine, $^1/_4$ Liter Milch, rührt dies auf dem Feuer, bis es zum Kochen kommt und rührt, nachdem die Masse schon ziemlich kalt ist, den Schnee von 4 Eiweiß dazu. Die Crême wird nun schnell auf einen Streifen gestrichen und solange stehen gelassen, bis sie fest ist. Nun schneidet man den anderen Streifen in beliebige Stücke, legt diese auf die Crême, schneidet sie nun ebenfalls durch und bestaubt sie mit Staub=Zucker.

397. Orangen=Crême=Schnitten.

Hiezu hat man ein viereckiges eisernes Carré nöthig. Man backt von Biscuit=masse (31) eine dünne Platte, schneidet diese nach dem Backen in zwei Theile, so groß als das Carré, und legt einen Theil in dasselbe hinein. Nun bringt man in einen Kessel 14 Eigelb, 280 Gr. Zucker, das Abgeriebene einer Orange, sowie den Saft derselben, den Saft zweier Citronen, $1/2$ Liter weißen Wein, 8—10 Blatt Gelatine und schlägt dies auf dem Feuer, bis es zum Kochen kommt, melirt nun noch den Schnee von 8 Eiweiß dazu, füllt die Crême in die Kapsel und setzt sie auf Eis oder an einen kühlen Ort, bis sie fest ist. Während dieser Zeit glasirt man die andere Hälfte der Biscuitkapsel mit Orangenglasur und schneidet sie in beliebige Schnitten. Ist nun die Crême fest, so schneidet man sie aus den Rahmen, legt die einzelnen Stücke darauf und schneidet nun das Ganze durch.

Man thut gut, das Messer öfter in Wasser zu tauchen, damit die Crême nicht daran hängen bleibt. Zuletzt wird jedes Stück mit einer carmelirten Orangenscheibe belegt.

Ebenso macht man auch Citronen=Crême=Schnitten, nur nimmt man statt Orangen=, Citronengeschmack.

398. Erdbeer=Tortletts.

Von 8 Eiweiß, 560 Gr. Staubzucker macht man eine Schaummasse und dressirt davon hohe schneckenförmige Tupfen, bestaubt diese mit Zucker, legt sie auf ein nasses Brett und läßt sie bei ganz schwacher Hitze backen, bis sie sich vom Papier abnehmen lassen.

Nun nimmt man das Innere der Schaummasse mit einem Löffel heraus und läßt sie darauf nochmals im Ofen hellgelb backen. Hierauf backt man von Biscuit oder Mandelmasse Plätzchen oder sticht von einer dünnen Kapsel solche aus, so groß wie die Schnecken sind, füllt solche mit Schlagrahm (Sahne), welchen man mit frischen oder eingemachten Erdbeeren vermengt und deckt die Plätzchen darauf, legt sie auf ein Gitter und überzieht sie mit rother Glasur.

399. Punschkrapfen.

Von Mandelmasse 15 backt man eine Kapsel und sticht davon kleine längliche Böden aus, setzt sie mit Apfelmarmelade, worunter man Rum mengt, zusammen und überzieht sie mit Punschglasur.

400. Haselnuß=Soufflé.

175 Gr. halb Haselnuß, halb Mandeln werden geröstet und mit etwas Zucker gestoßen, alsdann 10 Eiweiß zu Schnee geschlagen, Alles mit 280 Gr. Staubzucker, Vanille, darunter melirt und auf bestrichenem Blech kleine Biscuit dressirt, diese mit Zucker bestaubt und langsam gebacken. Hierauf werden sie mit Aprikosenmarmelade gefüllt und doublirt.

401. Butterbrod anderer Art.

Von Brodtortenmasse (28) backt man in einer halbrunden Mandelbogenform eine Kapsel, schneidet sie in Scheiben, setzt sie mit Himbeermarmelade zu je zwei zusammen, stellt sie wieder nebeneinander und überzieht sie mit Chocolade, nimmt sie hierauf auseinander und glasirt die obere Seite mit Citronenglasur, welche man etwas gelb färbt.

402. Englisches Butterbrod.

140 Gr. Zucker, Vanille, wird mit 9 Eigelb gerührt, alsdann 175 Gr. Mehl dazu melirt und in einer Mandelbogenform gebacken. Später in Scheiben geschnitten und mit Vanilleglasur gebacken.

403. Englisch-Brod.

122 Gr. Mehl, 105 Gr. gestoßene braune Mandeln, 105 Gr. Zucker, 106 Gr. Butter, 1 Eiweiß, etwas Vanille wird zusammen angewirkt, alsdann in circa 30 Theile getheilt und Stritzeln davon dressirt auf Butterbleche gelegt, mit einem spitzigen Messer 5—6 mal von oben nach unten eingedrückt, mit Eigelb bestrichen und bei mittlerer Hitze gebacken.

404. Biscuit à la Portugaise.

280 Gr. geschälte Mandeln werden mit 3 Eier fein gerieben und mit 280 Gr. Butter, 280 Gr. Zucker, 12 Eigelb recht schaumig gerührt, gibt als Geschmack etwas Orangenblüthe dazu, schlägt von 12 Eiweiß einen recht steifen Schnee und melirt denselben mit 105 Gr. Mehl dazu. Die Masse wird in eine Papierkapsel gefüllt und bei mäßiger Hitze gebacken, nachher wird sie in schmale längliche Stücke geschnitten, in weiße oder rosa Punschglasur getunkt und leicht abgetrocknet.

405. Biscuit de Portugal.

140 Gr. Zucker, 87 Gr. Aprikosenmarmelade und das Gelbe einer halben Citrone wird mit 9 Eigelb schaumig gerührt, alsdann schlägt man den Schnee von 9 Eiweiß und melirt denselben mit 180 Gr. Mehl, füllt die Masse in eine Papierkapsel, bestaubt sie leicht mit Zucker und verfährt weiter wie in der vorigen Nummer.

406. Plum-Cakes.

280 Gr. Butter, 280 Gr. Zucker wird recht schaumig gerührt, dann werden nach und nach 4 Eier dazu gerührt und zuletzt 30 Gr. Ammonium, 280 Gr. Weinbeeren, 125 Gr. fein geschnittenen Citronat, 70 Gr. Sultaninen, das Gelbe einer Citrone, etwas Zimmt, $1/16$ Liter Milch, 625 Gr. Mehl. Die Masse wird in zwei nicht zu lange Blechformen gefüllt, mit Staubzucker bestaubt und bei mäßiger Hitze gebacken.

407. Englischer Käs.

420 Gr. Butter wird mit 560 Gr. Mehl recht schaumig gerührt, welches ziemlich lange Zeit erfordert, dann rührt man nach und nach 420 Gr. Zucker und 12 Eier hinzu und zuletzt 420 Gr. halb Weinbeere, halb Sultaninen, 70 Gr. Citronat, 70 Gr. Orangenschale, das Gelbe einer Citrone und 35 Gr. Ammonium. Die Masse wird in zwei längliche Blechformen gefüllt, mit Ei bestrichen und bei mittlerer Hitze gebacken. Wenn die Masse etwas angebacken ist, nimmt man ein spitziges Messer und schneidet sie der Länge nach durch, worauf die Kuchen schön auseinander reißen.

408. Rauten.

560 Gr. Mehl, 280 Gr. Zucker, 4 Eier, 10 Gr. Ammonium wird zu einem Teig angemacht, nachher wird derselbe in dünnen länglichen Platten ausgerollt, in

Rautenformen geschnitten (oder mit einem ähnlichen Blechausstecher ausgestochen), mit Ei bestrichen und mit gehackten Mandeln, groben Hagelzucker und Krumen bestreut und ziemlich heiß gebacken.

409. Freimaurer.

140 Gr. geschälte Mandeln reibt man mit 3—4 Eiweiß recht fein, mengt 420 Gr. Zucker, 52 Gr. Mehl, etwas Zimmt und Citrone dazu und noch soviel Eiweiß, daß sich die Masse leicht auf Oblaten streichen läßt, schneidet sie in länglich viereckige Stücke, belegt sie in der Mitte mit Citronat, bestaubt sie leicht mit Staubzucker und läßt sie langsam backen.

410. Pariser Törtchen.

140 Gr. weiße Mandeln werden mit 7 Eiweiß fein gerieben, dann gibt man 280 Gr. Zucker, 70 Gr. Mehl, etwas Citrone hinzu und röstet die Masse auf dem Feuer ab, vorher legt man runde Förmchen mit Mürbenteig aus, füllt sie etwas mit Himbeermarmelade, füllt obige Masse hinein, legt ein Kreuz von Mürbenteig darauf und läßt sie wie Macaronen backen.

411. Russische Schnitten.

105 Gr. Butter, 105 Gr. Zucker, wird recht schaumig gerührt, dann kommen nach und nach 7 Eigelb hinzu, zuletzt der Schnee von 7 Eiweiß und zuletzt 280 Gr. gestoßene Krümmel. Die Masse wird auf einen Mürbteigboden, welchen man mit Himbeermarmelade füllt, gestrichen und bei mittlerer Hitze gebacken. Nachher mit Citronenglasur glasirt und in längliche Stücke geschnitten.

412. Kastanien = Törtchen.

Von Nußtortenmasse backt man eine fingerdicke Kapsel und sticht nachdem runde Plättchen aus, etwa so groß wie ein Fünf=Markstück. Dieselben werden in Vanilleglasur getunkt und leicht abgetrocknet. Nun reibt man gekochte Kastanien durch ein Haarsieb, gibt etwas Zucker mit Vanille dazu und spritzt mit der Sterntülle Ringe auf die Platten, in das Innere werden vom Schlagrahm hohe Tupfen gespritzt und dann auf die Spitze ein rundes Stückchen rothes Gelée gelegt.

413. Schneemacaronen.

105 Gr. weiße Mandeln werden mit Eiweiß gerieben und dann mit 315 Gr. Staubzucker zu einer nicht zu festen Macaronenmasse angerührt, alsdann schlägt man den Schnee von 6 Eiweiß und melirt denselben mit 108 Gr. Mehl, etwas Vanille dazu und dressirt die Masse mit einem Gummibeutel in der Form von halben Eiern auf bestrichene Bleche, bestaubt sie mit Zucker und läßt sie langsam backen, nachher wird die untere Seite mit Aprikosenmarmelade bestrichen und mit Vanilleglasur dünn glasirt.

414. Chocoladebretzen.

70 Gr. Cacao wird mit 35 Gr. Butter im warmen Ofen aufgelöst und dann mit noch 35 Gr. Butter, 280 Gr. Mehl, 280 Gr. Zucker, 3 Eier, etwas Vanille, zwei Messerspitzen voll Ammonium angewirkt, kleine Bretzen davon auf bestrichene Bleche gelegt und nach dem Backen mit Vanilleglasur glasirt.

415. Rosenstern.

420 Gr. Mehl, 420 Gr. Butter, 210 Gr. Zucker, 70 Gr. braune Mandeln, welche man mit etwas Wasser fein reibt, wird zusammen angewirkt und

mit einem runden zackigen Ausstecher Blättchen ausgestochen, auf Bleche gelegt und dann gebacken, nachher mit rosarother Glasur glasirt.

416. Aprikosenstern.

420 Gr. Mehl, 315 Gr. Zucker, 210 Gr. Butter, 70 Gr. weiße mit Wasser geriebene Mandeln, 2 Eier, etwas Ammonium wird zusammen angewirkt, dann mit dem Rollholze ausgerollt und mit einem runden Ausstecher Plättchen ausgestochen, mit Ei bestrichen und mit gehackten Mandeln bestreut. In die Mitte wird ein Tupfen von Aprikosenmarmelade gespritzt und dann ziemlich heiß gebacken. Die Marmelade wird nach dem Backen mit Punschglasur glasirt.

417. Münchener Seelenzöpfe.

Von 280 Gr. Zucker, 280 Gr. Mehl, 140 Gr. Puder, 20 Eiweiß, 16 Gelbe wird eine steife Biscuitmasse gemacht und mit dem Gummibeutel ovale Dessins auf Papier dressirt, dann mit Zucker bestreut und gebacken. Wenn sie vom Papier abgeschnitten sind, werden je zwei mit Marmelade zusammengesetzt und mit folgender Windmasse und Sterntülle bespritzt. 16 Eiweiß werden zu recht steifem Schnee geschlagen und 1 Kilo 120 Gr. Zucker, welchen man zum starken Flug kocht, langsam hinzu gegossen. Sind die Zöpfe leicht angetrocknet, werden sie mit Aprikosenmarmelade bespritzt und mit Früchten und Gelée stark belegt.

IV. Abtheilung.

Macaronen-Gebäcke.

---

418. Süße Macaronenmasse.

280 Gr. süße weiße Mandeln werden im Reibstein mit 8 Eiweiß fein gerieben. Dann werden 560 Gr. Zucker kräftig darunter gearbeitet, damit die Masse schön zart wird. Auch wird das Gelbe einer Citrone hinzu gerieben. Man bringt die Masse in eine Schüssel und rührt sie mit einem Spatel gut durch. Wenn man sie mit dem Spatel in die Höhe zieht, so muß sie stehen bleiben wie halbausgeschlagener Eiweißschnee. Sollte sie zu fest sein, so mischt man noch ein wenig Eiweiß hinzu.

419. Süße Macaronen.

Macaronen dressirt man entweder mit einer Spritze, die vorn eine Scheibe mit rundem oder länglichem Loche hat, oder auch mit dem Spatel, indem man etwas von der Masse darauf nimmt und mit einem Messer runde oder ovale Häufchen davon abnimmt. Man setzt sie auf Papier oder auf Oblate und backt sie bei mittlerer Hitze entweder auf guter Papierunterlage oder auf doppeltem Blech. Das Papier näßt man mit nassem Schwamm ab, indem man die Unterseite damit beſtreicht. Die Oblate dagegen löſt man nicht herunter; dieſelbe bricht man nur ringsum ab.

Bemerkung. Alle Macaronen müſſen recht vorſichtig gebacken werden. Iſt der Ofen zu heiß, ſo gehen ſie nicht gehörig auf. Iſt er nicht heiß genug, ſo trocknen ſie aus und reißen nicht ſchön.

420. Gefüllte Macaronen.

Runde Macaronen von der Maſſe 418 füllt man, ehe man ſie in den Ofen bringt, mit Himbeer= oder ſonſtiger Marmelade. (Auf andere Art: die Füllung be= deckt man wieder mit Macaronenmaſſe.) Nach dem Backen glaſirt man ſie ſchwach.

421. Zimmet=Macaronen.

Unter die Maſſe 418 mengt man etwas Zimmet und färbt ſie mit Bolus röthlich. Nach dem Backen glaſirt man die Macaronen mit Zimmetglaſur (Abth. XI.)

422. Bittere Macaronenmaſſe.

Wie 418; nur ſtatt 560 Gr. Zucker und 280 Gr. ſüße Mandeln: 840 Gr. Zucker, 245 Gr. ſüße und 170 Gr. bittere Mandeln.

423. Haſelnuß=Macaronenmaſſe.

Wie 418; nur ſtatt Mandeln Haſelnüſſe, oder auch halb Mandeln, halb Haſelnüſſe. Man ſetzt Vanille=Geſchmack zu.

424. Piſtacien=Macaronenmaſſe.

140 Gr. Piſtacien mit Eiweiß gerieben, 280 Gr. Zucker dazu gemengt.

425. Vanille=Macaronen.

In die Maſſe 418 mengt man etwas Vanille. Die gebackenen Macaronen glaſirt man mit Vanilleglaſur (Abth. XI.)

426. Beſtreute Macaronen.

Macaronen von der Maſſe 418 beſtreut man mit gehackten weißen Mandeln. Gebacken, kann man ſie mit Vanilleglaſur glaſiren.

427. Chocolade=Macaronenmaſſe.

Zur Maſſe 418 rührt man 140 Gr. Chocolade, welche man zuvor auf dem Trockenofen gewärmt hat. Da hiedurch die Maſſe feſter wird, ſo mengt man noch etwas Eiweiß hinzu.

428. Chocolade=Macaronen anderer Art.

280 Gr. geſchnittene Mandeln werden mit 70 Gr. Zucker gemengt und auf einem Blech im Ofen hellgelb geröſtet. Sodann reibt man 280 Gr. Staubzucker mit 2 1/2 Eiweiß im Reibſtein durcheinander und mengt 140 Gr. warme Chocolade und etwas Vanille hinzu. Hierauf rührt man mit einem Spatel die geröſteten Mandeln darunter. Die Maſſe bringt man auf einen Tiſch (womöglich Marmor= tiſch), den man gut mit Waſſer genäßt hat, rollt lange Streifen, ſchneidet davon mit dem Meſſer kleine Theile, ſetzt dieſe auf Papier und läßt ſie in nicht zu heißem Ofen backen.

429. Ordinäre Macaronenmaſſe.

Auf 280 Gr. Mandeln nimmt man 1 Kilogr. 120 Gr. Zucker und 280 Gr. Mehl und verfährt nach 418.

430. Eidotter-Macaronen.

210 Gr. Mandeln werden mit 8—10 Eidotter gerieben und 280 Gr. Zucker nebst 105 Gr. Mehl hinzu gemengt. Weiter wie 419.

431. Rosen-Macaronen.

In die Masse 418 gießt man einen Tropfen Rosenöl und färbt sie etwas roth. Die gebackenen Macaronen glasirt man mit Rosenwasserglasur.

432. Citronen-Macaronen.

280 Gr. ungeschälte Mandeln reibt man mit Eiweiß wie in 418, mengt 560 Gr. Zucker dazu, rührt hinein das Gelbe einer Citrone, Zimmet, gehackte Pomeranzenschale und 35 Gr. Mehl, dressirt davon mit Spatel und Messer (419) ovale Macaronen auf Oblate und glasirt sie, gebacken, mit Citronenglasur.

433. Wiener Macaronen.

Die Masse 418 streicht man mit dem Messer auf Oblate, schneidet Stückchen daraus, bestreut sie mit gehackten Mandeln und glasirt sie mit Vanilleglasur.

434. Belegte Macaronen.

Auf ovale Macaronen (419) legt man in die Mitte eine Scheibe Citronat.

435. Macaronen-Thürmchen.

280 Gr. Mandeln reibt man mit Eiweiß und mengt das Abgeriebene einer Citrone nebst 420 Gr. Zucker hinzu. Die Masse muß sehr fest bleiben, so daß sie sich mit der Hand ballen läßt. Man füllt sie in eine Spritze mit Sterntülle und dressirt auf Papier hohe Häufchen, welche jedesmal mit dem Messer abgeschnitten werden. Gebacken werden sie nur ganz leicht. Hierauf werden sie mit dünnem Gummi bestrichen, mit rother Glasur einige Pünktchen darauf gespritzt und eine Silberpille obenauf gesetzt.

436. Schnee-Macaronen.

105 Gr. weiße Mandeln werden mit Eiweiß gerieben, dann 315 Gr. Staub= zucker, Vanille, 105 Gr. Mehl dazu gerührt und zuletzt der Schnee von 6 Eiweiß davon längliche Plätzchen dressirt, mit Zucker bestaubt und gebacken. Hierauf wird der Boden mit Aprikosenmarmelade bestrichen und mit Vanilleglasur glasirt.

437. Macaronen-Confect.

560 Gr. weiße Mandeln reibt man mit 14—15 Eiweiß und reibt 1 Kilogr. 120 Gr. Zucker und das Gelbe von 1½ Citronen dazu. Diese Masse füllt man in eine Blechspritze und dressirt davon auf Papier verschiedene Figuren. (Siehe die Zeichnungen auf Tafel 25—26.) Nach dem Backen drückt man mit einem runden Stäbchen, wo es sich anbringen läßt, kleine Vertiefungen ein und füllt diese mit verschiedenfarbiger Gelée. Die Gelée bestreicht man mit ziemlich fester Citronenglasur und läßt das Ganze eine Minute im Ofen trocknen. Nun bespritzt man das Confect geschmackvoll mit dreierlei Glasuren, die man dazu in Düten füllt: rothe Himbeer= glasur, weiße Citronenglasur und braune Chocoladeglasur. Diese Glasuren müssen ziemlich fest mit Staubzucker angerührt sein, damit sie nicht ablaufen. Man bringe womöglich auf jedem Stück die drei Glasuren an. Auch diese Glasuren werden 1 Minute im Ofen getrocknet, wodurch sie einen schönen Glanz bekommen. Zuletzt bringt man noch Verzierungen von weißer Spritzglasur an.

438. Macaronen-Confect anderer Art.

Diese Sorte empfiehlt sich durch ihr gefälliges Aussehen. (Die Zeichnungen der Figuren siehe auf Tafel 27—30). Nr. 1—4 bestehen aus fester Macaronenmasse. Man reibt 210 Gr. Mandeln mit Eiweiß und mengt Citronengelb und 420 Gr. Zucker dazu. Die Masse muß so fest sein, daß sie sich mit dem Rollholz ausrollen läßt. Die Tischplatte bestreut man dazu mit etwas Zucker. Diese Masse theilt man in 4 Theile.

Zu Nr. 1 rollt man einen langen, 5 Centim. breiten Streifen aus, schneidet ihn mit dem Messer scharfkantig, überstreicht ihn mit Eiweißglasur, schneidet schmale Streifen davon, legt diese auf halbrunde Bleche (auf denen auch die Mandelbögen gebacken werden) und läßt sie leicht backen. Nach dem Backen spritzt man von rother Vanilleglasur in die Mitte einen Punkt und auf denselben von weißer Glasur ein Pünktchen. Auf beide Seiten innen der Länge nach werden grüne Blättchen gelegt.

Zu Nr. 2 rollt man eine Platte zwei Messerrücken dick und sticht davon runde Plätzchen aus, die 24 Millim. im Durchmesser halten. Das Abgefallene rollt man wieder zusammen und sticht davon gleich große Plätzchen, denen man aber mit einem kleineren Ausstecher die Mitte aussticht, so daß ein Ring gebildet wird. Das Plätzchen bestreicht man nun rings mit Wasser und setzt den Ring darauf. Nach dem Backen legt man in die Oeffnung eine eingemachte Weichsel, überzieht diese mit Citronenglasur und spritzt um sie her ein Kränzchen von rother oder weißer Spritzglasur.

Nr. 3 rollt man 3—4 Messerrücken dick aus, sticht mit einem ovalen Ausstecher Plätzchen aus und legt diese auf halbrunde butterbestrichene Bleche. Bevor man sie backt, spritzt man von Spritzglasur ein Kränzchen ziemlich am Rande herum. Aus dem Ofen genommen, füllt man das Innere mit Punschglasur und spritzt von Chocolade Tupfen darauf.

Nr. 4 Haselnüsse. Man rollt eine längliche Platte aus und schneidet mit zackigem Rädchen schmale Streifen, die man mit Wasser bestreicht und mit denen man geschälte Mandeln umwickelt, doch so, daß deren Kopf frei bleibt. Je drei so umwickelte Mandeln setzt man mit Wasser in entgegengesetzter Richtung zusammen, setzt eine vierte aufrecht darauf und läßt sie über Nacht trocknen, worauf man sie flüchtig backt. Sogleich nach dem Backen bestreicht man sie mit aufgelöstem Gummi und bestreut sie, da wo sie zusammengesetzt sind, mit feinem grünen Hagelzucker.

Zu allen übrigen Sorten wird die Unterlage, in der Figur, wie sie die Zeichnung ergibt, von der Masse (418) dressirt, gebacken und mit Aprikosenmarmelade gefüllt. Mit Schaummasse von 6 Eiweiß, 560 Gr. Staubzucker und Vanille dressirt man auf die Unterlage dann nochmals die Figur.

Von den Ringen bestreut man einige mit Zimmet und Chocolade, während man die anderen, nachdem sie getrocknet sind, mit rother Glasur überzieht. Die Mitte füllt man mit Chocolade aus, auf der man Verzierungen anbringt.

Aepfeln und Birnen steckt man am Kopfe eine Korinthe ein, unten einen Stiel von Citronat. Rüben steckt man da, wo die Blättchen angebracht werden, ebenso ein Stückchen Citronat ein. Nachdem sie in ganz gelindem Ofen festgetrocknet sind, schminkt man sie mit heller Cochenillefarbe, glasirt sie durch Eintauchen in Citronen- oder Punschglasur und spritzt grüne Blättchen daran.

Bohnen glasirt man mit Chocolade, spritzt ein grünes Kränzchen mit rothen und weißen Tupfen darauf und an die Seite einen größeren weißen Punkt.

Manche dieser Gegenstände kann man auch aus Schaummasse (z. B. aus rother) dressiren, dieselben auch mit Hagelzucker bestreuen. Die Phantasie hat dabei keine Grenzen. Einem Jeden muß sein eigener guter Geschmack dabei zur Richtschnur dienen. (Vergl. Abth. VII.)

439. Haselnuß-Confect.

280 Gr. Haselnüsse werden mit Eiweiß gerieben und 560 Gr. Zucker und Vanille hinzugemengt. Die Masse wird ausgerollt, Stangen, Ringe, Halbmonde, Figuren wie S, C, 8, O, Posthorn ꝛc. daraus geformt, mit Spritzglasur nochmals dieselbe Form darauf gespritzt und das Confect leicht gebacken.

Auch kann man 2 Platten ausrollen, die eine mit Aprikosenmarmelade füllen, die andere daraufsetzen, sie mit Eiweißglasur glasiren, Vierecke oder Rauten davon schneiden und diese gebacken, verzieren.

V. Abtheilung.
Marzipan.

440. Wassermarzipan oder Wasserzucker.

3 Kilogr. 360 Gr. recht weißen Zucker und 35 Gr. Ammonium rührt man mit 1⁴⁄₁₀ Liter Wasser kurze Zeit, rührt dann etwa 5 Kilogr. 600 Gr. trockenes feines Mehl hinzu und wirkt das Ganze zu einem Teig an. Dieser wird mäßig dick ausgerollt, in Formen gedrückt, herausgenommen, mit dem Messer scharfkantig geschnitten, auf Bretter gelegt und 6—7 Stunden an einem nicht zu warmen Orte getrocknet, bis der Rand anfängt, weiß zu werden. Hierauf backt man in mittlerer Hitze. Den ausgerollten Teig kann man auch mit Puder einreiben oder auch die Form damit bestauben, was namentlich zur Weiße dieses Confects beiträgt. An Mehl braucht nicht gerade 5 Kilogr. 600 Gr. verwendet zu werden, sondern nur so viel, als eben hinreicht, um den Teig recht fest zu machen. Ein gar zu fester Teig würde schlecht aufgehen und statt weiß, grau werden. Beim Backen muß man vorsichtig zu Werke gehen. Nicht gehörig trockener Teig wird beim Backen grau. Ist er nach 6—7 Stunden nicht gehörig trocken geworden, so läßt man ihn deßhalb entweder noch etwas länger stehen oder man legt ihn auf warme Bleche, welche man ganz leicht mit Butter oder Wachs bestrichen hat. (An manchen Orten bestreut man das Blech, bevor man den Teig darauf legt, mit Anis.) Fließt der Teig beim Backen aus, so ist er entweder noch nicht gehörig trocken geworden, oder es ist, was man sogleich sieht, zu viel Ammonium beigemengt.

Will man den Wasserzucker feiner haben, so nimmt man auf 3 Kilogr. 360 Gr. Zucker nur 3½—4 Kilogr. Mehl, etwas weniger Wasser und nur 22 Gr. Ammonium.

441. Eiermarzipan oder Eierzucker.

3 Kilogr. 360 Gr. Zucker rührt man mit 30 Eiern, welche man nach und nach beimengt, ½ Stunde lang tüchtig schaumig, mischt ein kleines Gläschen Rum, 13 Gr. Ammonium, 3 Kilogr. 360 Gr. Mehl dazu und wirkt einen Teig an, den man in die dazu gestochenen Holzformen drückt und nach 440 behandelt.

442. Zimmetmarzipan.

Der Masse 441 wird Zimmet zugesetzt; man färbt sie mit Bolus roth.

443. Lichtenauer Rosenwassermarzipan.

Mit 22 Eiern rührt man 3 Kilogr. 360 Gr. Zucker gut schaumig, mengt ⁴/₁₀ Liter Rosenwasser, 18 Gr. Ammonium und 3 Kilogr. 360 Gr. Mehl hinzu und wirkt einen Teig davon, den man 3—4 Messerrücken dick ausrollt. Davon sticht man mit Blechausstechern, die etwa 5 Centim. Durchmesser halten, Figuren, Ringe, Herzen, Rauten, Halbmond, Posthorn, Malthefer Kreuz u. s. w. aus, kneift dieselben mit einem unten gezackten blechernen Zwicker 3—4 Mal ein, da= mit sie etwas höher stehen, legt sie auf Bretter und läßt sie trocknen, wie den Eier= oder Wassermarzipan Nach dem Baken (nach Anleitung von 440) wird die Fläche mit Eiweißglasur, welcher Rosenwasser zugesetzt ist, mit dem Pinsel glasiert, getrocknet und mit roth und grüner Farbe bemalt. Dieser Marzipan bekommt einen sehr schönen Fuß, wenn er richtig getrocknet und gebacken ist. Nur selten übrigens läßt man den Teig weiß; meistens färbt man ihn mit Bolus roth.

444. Gewürztes Mandelmarzipan.

1 Kilogr. 680 Gr. weiße Mandeln werden mit Wasser fein gerieben und mit 1 Kilogr. 400 Gr. Zucker auf Kohlenfeuer abgeröstet. Ist die Masse erkaltet, so mengt man 140 Gr. fein gehackte Pomeranzenschale und Citronat nebst etwas Zimmet hinzu, wie auch soviel Staubzucker und Mehl, daß die Masse sich aus= rollen läßt. Man drückt sie in Formen wie in 440, legt die wiederherausge= nommenen Figuren auf Butterbleche, läßt sie über Nacht trocknen und backt sie in heißem Ofen. Um den Figuren schönen Glanz zu geben, bestreicht man sie, sobald sie aus dem Ofen kommen, mit aufgelöstem Gummi.

445. Einfaches Mandelmarzipan.

4 Kilogr. 480 Gr. Mandeln werden mit siedendem Wasser übergossen, zu= gedeckt und einige Minuten darin stehen gelassen, bis sie sich gut schälen lassen. Dann wird das Wasser abgegossen und die Mandeln in frisches gelegt. Ein Zuwiderhandeln würde dem schönen Weiß der Masse schaden. Nun werden sie geschält und mehrmals mit frischem Wasser gewaschen. Dann läßt man sie über Nacht in Wasser stehen. Anderen Tages nimmt man mit einem Schaumlöffel jedesmal soviel davon her= aus, als man zur Zeit reiben kann. Dann werden sie recht fein gerieben. Zum Reiben ist jedoch ein steinerner Mörser durchaus nothwendig. Wasser beizumischen ist dabei nicht nöthig, weil sie die nöthige Feuchtigkeit schon eingesaugt haben. Die geriebenen 4 Kilogr. 480 Gr. Mandeln bringt man nun in einen flachen Kessel, mengt 3 Kilogr. 360 Gr. fein gestoßenen Raffinatzucker bei, setzt die Masse auf Kohlenfeuer und röstet sie unter fortwährendem Umrühren, jedoch vorsichtig, damit sie nicht anbrennt. Ist sie so weit, daß nichts mehr am Kessel hängen bleibt, oder am Finger klebt, wenn man diesen hineintaucht, so setzt man sie ab, schwingt sie im Kessel zu einem Ballen, wobei man feinen Zucker unterstreut, und bewahrt sie zum Gebrauch auf. Sobald man solchen von ihr machen will, legt man ein Quantum davon auf eine Marmorplatte und mengt zu 500 Gr. noch etwa 250 Gr. feinen Zucker. Dann ist sie zum Verarbeiten fertig.

Von dieser Masse werden unzählige Gegenstände verfertigt. Namentlich das sogenannte Naturell=Confect bietet ihr ein weites Feld. In 448 werde ich anführen, auf welche Weise wenigstens einige Stücke dieses Gebäcks verfertigt werden. Dem Conditor bleibt es dann überlassen, nach dem Muster der beschriebenen Backwerke auch die übrigen auszuführen.

446. Lübecker Mandelmarzipan.

Hierzu ist eine schöne weiße Masse erforderlich. Ein Quantum Masse 445 wird 6 Millim. dick ausgerollt und mit einem größeren runden Ausstecher ausgestochen. Von röthlich gefärbter Masse rollt man alsdann einen 12 Millim. breiten Streifen, bestreicht den Rand des ausgestochenen Bodens mit Eiweiß, stellt den Streifen aufrecht herum und krauselt ihn mit dem Rücken eines Messers. Nun rollt man von weißem Marzipan einen Rand aus, so dick als das rothe Rändchen hoch ist, bestreicht letzteres mit Eiweiß und setzt den Rand, horizontal abstehend wie der Rand eines Tellers, herum. Man kneift denselben geschmackvoll mit dem Kneifeisen, oder schneidet mit der Scheere Blätter, die Spitze nach außen zulaufend, und hilft mit dem Bossierzeug, soweit nöthig, nach. In die Mitte legt man ein in einer Form ausgedrücktes Brustbild oder modellirt dort ein flaches Körbchen mit Blumen oder Früchten. Auch kann man Glasurblumen anbringen. Die Blumen und Früchte von Marzipan läßt man in der Regel weiß; nur selten schminkt man sie. Diese Marzipane werden in allen Größen verfertigt und werden dieselben namentlich in Norddeutschland von $\frac{1}{4}$ Mark an bis zu 30 Mark das Stück und noch höher verkauft. Will man diese Marzipane auf Oblate legen, so bestreicht man die Masse mit Eiweiß und klebt die Oblate darauf. Hat man dieselben 1 Tag in nicht zu warmen Trockenofen stehen lassen, so schneidet man schließlich die Oblate am Rande gleich.

Von derselben Masse verfertigt man auch Hasenbraten, Gänsebraten, gebratenen Kapaun u. s. w., selbst in Lebensgröße.

447. Königsberger Mandelmarzipan.

Ein Quantum Masse 445 wird 6 Millim. dick ausgerollt und verschiedene Figuren davon ausgestochen, z. B. Herzen, Sterne, Rosetten u. s. w. Auf den Rand derselben setzt man 6 Millim. hohe Rändchen, welche man vorher mit Eiweiß bestreicht, und läßt sie 2 Tage trocknen. Hierauf legt man sie auf ein Brett, bringt sie in den heißen Ofen, bis die Ränder leichtbräunlich sind, was nicht viel Zeit erfordert und belegt den Boden mit eingemachten Früchten. Oder man bestreicht den Boden mit Gelée und glasirt die Gelée mit fester Rosenwasserglasur, welche man eine Minute lang im Ofen trocknen läßt. Schließlich belegt man dann die Gegenstände noch mit eingemachten Früchten.

Um Stücke einer runden Torte zu verfertigen, sticht man aus einer runden Platte, welche man ausgerollt hat, in der Mitte ein kleines Rondell heraus, schneidet das Aeußere in etwa 8 Theile und umgibt diese Stücke, wie angegeben, mit Rändern. Weitere Behandlung wie oben.

448. Naturell=Confect von Mandelmarzipan.

Dieses Confekt bietet eine große Auswahl von Gegenständen dar. Man bildet dieselben nach der Natur, theils in Formen, theils aus freier Hand.

Namentlich Früchte können täuschend nachgeahmt werden, z. B. Aepfel und Birnen. Mit der hohlen Hand gibt man der Masse 445 die natürliche Form der gewählten Obstsorte und drückt bei Aepfeln oben und unten, bei Birnen oben ein kleines Loch hinein. Die so geformten Gegenstände läßt man mehrere Tage trocknen, schminkt sie und befestigt mit etwas Glasur den Stiel.

Rüben kann man von weißer, rother oder gelber Marzipanmasse machen. Oben befestigt man etwas grünes Moos.

Besonders K i r s c h e n können täuschend nachgemacht werden. Das Corpus dazu muß tüchtig getrocknet werden, 4 Wochen, auch noch länger. Dann färbt man aufgelöstes Gummi arabicum mit Fernambuk=Farbe, taucht die Kirschen hinein und läßt sie trocknen, was einige Male wiederholt wird. Als Stiel steckt man wirkliche Kirschenstiele hinein. Zu schwarzen Kirschen löst man Cacao mit etwas Cacaobutter auf, rührt etwas Zucker darunter und tunkt die Kirschen hin=ein. Sind sie erkaltet, so bestreicht man sie mit Chocolade=Firniß (Abth. XXVI). Himbeeren und Erdbeeren werden gleichfalls mit rothem Gummi gefärbt.)

Noch zu unendlich vielen anderen paßlichen und geschmackvollen Gegenständen bietet die Natur das Modell. Ich nenne z. B. Lamm, Pudel, Windspiel, Täub=chen, Storch, Vogelnest mit Eiern, Fisch, Nuß, Blumenkranz, Husar, Jäger.

Leicht ausführbar und von gefälligem Aussehen sind auch Schweinsköpfe auf dem Teller. Sie werden in Chocolade getunkt und mit weißer Spritzglasur verziert. Die Zunge färbt man fleischfarbig, die Augen weiß mit dunklem Punkt. Hasen=braten wird mit weißer Spritzglasur gespickt. Zu Spinat auf dem Teller färbt man die Masse grün (Abth. XI) und pausirt sie durch ein Drahtsieb.

Ich nenne ferner Nachahmungen von Kunsterzeugnissen, z. B. Trommel, Baß=geige, Posthorn, Kaffeetopf mit Milchtöpfchen und Tasse, Krone. Alle diese Gegen=stände kann man auch in beträchtlicher Größe herstellen.

449. Backwaaren von Mandelmarzipan.

Unter die Masse 445 arbeitet man einige Tropfen Rosenöl, bildet daraus, entweder in Formen oder aus freier Hand, Nachahmungen von Bretzeln, Semmeln und sonstigen Brodarten, gibt ihnen mit dem Messer noch verschiedene Einschnitte u. s. w., läßt sie trocknen, bestreicht sie mit Eigelb und läßt sie flüchtig backen.

Oder: man mengt etwas Rosenwasser unter die Masse, bildet dann jene Nach=ahmungen, legt sie in weißen Hagelzucker und läßt sie, ohne sie erst zu trocknen, in heißem Ofen auf einem Brett rasch anbacken.

450. Ordinärer Wassermarzipan zu bunten Figuren.

1 Kilogr. 120 Gr. gelber Farinzucker, 35 Gr. Ammonium, 2 Eier und ¹/₂ Liter Wasser werden kurze Zeit miteinander umgerührt, dann 2 Kilogr. 240 Gr. Mehl hinzugemengt und das Ganze zu einem ziemlich festen Teig angewirkt. Davon rollt man kleine Theile aus, drückt sie in Holzformen, schneidet den oberen Theil der Masse mit scharfem Messer ab, legt die wiederherausgenommenen Stücke auf Butterbleche und läßt sie backen. Nach dem Backen wird ein Teil in weiße, ein anderer in rothe, braune u. s. w. Glasur getunkt, mit bunter Nonpareille bestreut und in heißem Ofen getrocknet.

451. Bemalte Figuren aus ordinärem Wassermarzipan.

Die Masse 450 rollt man 3—4 Messerrücken dick aus, sticht mit kleinen Aus=stechern Figuren aus, z. B. Vogel, Hase, Hund, Guitarre, Körbchen, und backt diese in heißem Ofen. Sodann tunkt man sie in weiße Glasur, läßt sie trocknen, schminkt und bemalt sie.

452. Mandelmarzipan mit gespritzten Figuren.

560 Gr. Mandeln reibt man mit Wasser und wirkt dann 840 Gr. Zucker und 1 Kilogr. 260 Gr. Mehl dazu. Die Masse wird in Formen gedrückt oder ausgestochen, etwas getrocknet, gebacken, mit Gummiarabicum dünn bestrichen,

damit die Glasur sich nicht ablöst, endlich mit der Düte irgend eine Figur von Glasur aufgespritzt.

453. Ordinärer Wassermarzipan mit gespritzten Figuren.

1 Kilogr. 680 Gr. gelben Farinzucker und 26 Gr. Ammonium löst man mit ⁴/₅ Liter Wasser auf und rührt 3 Kilogr. 360 Gr. Mehl hinzu. Weiter wie 452; nur backt man, ohne zuvor zu trocknen.

454. Verzierte Wassermarzipanfiguren, ordinär.

3 Kilogr. 360 Gr. gelber Farinzucker, 5 Eier, 175 Gr. Ammonium und 1½ Liter Wasser (vielleicht etwas mehr) wird aufgelöst und gemengt, 3 Kilogr. Mehl hinzugewirkt, davon Figuren ausgestochen, Ring, Herz, Rosette, Posthorn u. s. w., bei den Ringen mit kleinerem Ausstecher die Mitte herausgenommen, und diese Figuren in ganz heißem Ofen gebacken. Gebacken, glasirt man sie mit rother und weißer Glasur (Abth. XI) und bespritzt sie weiß, roth und blau. Auch kann man auf jedes Stück eine kleine gedruckte Papierdevise kleben.

Von dieser Masse werden auch wohl größere, rothe Herzen gemacht, oben eine gelbe Flamme angebracht, das Ganze glasirt, hie und da mit kleinen Bildern belegt, mit buntem Hagelzucker bestreut und verziert.

VI. Abtheilung.

Hefen- und Schmalz-Gebäcke.

455. Hefe und Mehl.

Hefe gibt es zweierlei: Preßhefe und Bierhefe. Erstere ist vorzuziehen. Der Bierhefe, wenn auch noch so oft gewässert, läßt sich kaum ihr bitterer Geschmack nehmen, welcher für die Gebäcke einigermaßen nachtheilig ist. Bei der Preßhefe läßt sich auch das richtige Verwendungs-Quantum sicher bestimmen. Man verwendet nämlich zu 560 Gr. Mehl 35 Gr. gute Preßhefe. Bei der Bierhefe läßt es sich dagegen nur annäherungsweise bestimmen. Zu 560 Gr. Mehl verwendet man nämlich 2 bis 3 Eßlöffel voll Bierhefe. Sieht man dann beim Vorteig, daß die Hefe nicht die richtige Hebekraft besitzt, so mengt man noch einen Löffel voll hinzu. Hefenteig fordert in erster Reihe ein gutes, trockenes weißes Mehl. Vor dem Gebrauche ist dieses durchzusieben. (Vergl. auch Abth. XXVIII. Künstliche Hefe.)

456. Grundteig oder Hefenteig.

In die Mitte von 2 Kilogr. 240 Gr. Mehl in einer Schüssel macht man eine Höhlung, löst 140 Gr. Hefe in lauwarmer Milch auf, gießt diese Mischung mit so viel Milch hinein, daß etwa vom dritten Theil des Mehles ein weicher Teig angerührt werden kann, und stellt nun diesen angerührten Teig zum Aufgehen an einen warmen Ort, jedoch an keinen zu heißen, weil sonst die Hefe verbrennen würde. Man läßt ihn so lange stehen, bis er ziemlich hoch gestiegen ist, was, wenn die Hefe gut ist, etwa eine halbe Stunde erfordert. Nun mengt man 8 Eier, 210 Gr. Zucker, 210 Gr. Butter und etwas Salz hinzu, fügt das noch übrige Mehl mit etwas lauwarmer Milch bei und arbeitet alles tüchtig durcheinander, bis ein schöner, zarter Teig entsteht. Derselbe hat die Festigkeit eines Kuchenteiges. Von diesem Teig kann man nun verschiedene Kuchen und sonstiges Backwerk anfertigen.

457. Zwieback, länglich.

Zwiebackteig ist am wenigsten mit Butter versetzt, weshalb man den Grundteig 456 ohne weiteres dazu verwenden kann. 140 Gr. Teig schneidet man in 4 Stückchen, also das Stückchen zu 35 Gr. Jedes Stückchen einzeln zu wiegen, wäre natürlich zu umständlich. Mit der hohlen Hand rollt man diese Stückchen etwa 7—10 Centimeter lang, legt sie auf Bleche, bedeckt sie mit Papier oder mit einem Tuche, stellt sie zum Gähren an einen warmen Ort und backt sie in heißem Ofen. Sind sie abgekühlt, schneidet man sie je in zwei Hälften und röstet sie goldgelb.

458. Glasirter Zwieback.

Zwiebäcke 457, welche in zwei Hälften getheilt wurden, bestreicht man auf der geschnittenen Seite mit Glasur, die man aus mehreren Eiern mit gelbem Farinzucker recht schaumig gerührt hat, und röstet sie in nicht zu heißem Ofen.

459. Runder Zwieback.

Zwiebäcke 457; nur rund angefertigt.

460. Englischer Zwieback.

Vom Teig 456 schneidet man Stückchen wie in 457 und rollt eben so lange Stritzeln. Nur legt man sie nebeneinander in einen langen Streifen und läßt diesen gähren. Nach dem Backen schneidet man schräge, schmale Scheiben davon und röstet sie.

461. Schweizer Zwieback.

Die Zwiebackhälften 457 schneide man noch einmal durch, so daß also der ganze Zwieback in 4 Stücke zerfällt, schlage eine feste Schaummasse, bestreiche damit diese Stücke ziemlich hoch, bestreue sie mit geschnittenen Mandeln, bestaube sie mit Zucker und lasse sie auf einem Brett langsam anbacken.

462. Kinderzwieback.

560 Gr. Mehl mit 35 Gr. Hefe gemengt, läßt man aufgehen, setzt hinzu 105 Gr. Butter, 35 Gr. Zucker, etwas Salz und gestoßenen Anis, arbeitet dies mit der noch nöthigen Milch zu steifem Teig, rollt davon eine lange Stritzel, setzt diese auf ein butterbestrichenes Blech, läßt sie gähren und backt sie ziemlich heiß. Ist sie abgekühlt, schneidet man Scheiben daraus, reibt diese ein mit Zucker und Zimmet oder Vanille und röstet sie goldgelb.

463. Kranz von Hefenteig.

560 Gr. Mehl mit 35 Gr. Hefe gemengt, läßt man gähren, setzt hinzu 100—150 Gr. Butter, 35 Gr. Zucker, das Gelbe einer Citrone und etwas Salz,

arbeitet dies zu steifem Teig und mischt noch 70 Gr. Weinbeeren, 70 Gr. ausgesteinte Rosinen und 35 Gr. Citronat darunter. Den tüchtig abgearbeiteten Teig
theilt man in 3 oder 4 Theile, rollt diese in lange Stritzeln aus, flicht davon einen
Kranz, legt diesen auf ein butterbestrichenes Blech, läßt ihn gähren, bestreicht ihn
hierauf mit Ei, bestreut ihn mit geschnittenen Mandeln und Hagelzucker, läßt ihn
backen und bestaubt ihn endlich mit Zucker.

464. Kranz ohne Früchte.

Wie 463, nur ohne Weinbeeren, Rosinen und Citronat. Auch den Grundteig
456 kann man dazu verwenden. Dann setzt man noch ein wenig Butter und Citrone hinzu und arbeitet dies tüchtig hinein.

Ueberhaupt können die meisten Gegenstände vom Teig 456 gemacht werden.
Die übrigen Ingredienzien kann man hineinmengen.

465. Gefüllter Haselnußring.

840 Gr. Grundteig 456 rollt man mit dem Rollholz etwas aus, schlägt, wie
beim Blätterteig (154) 140 Gr. Butter ein und rollt ihn zweimal aus, wie beim
Blätterteig ausgerollt wird Dann streicht man eine Fülle darauf, bestehend aus
105 Gr. gerösteten und mit süßem Rahm geriebenen Haselnüssen, 70 Gr. Zucker
und etwas Vanille, welche Mischung einen dicken Brei bildet. Man streut 50—90 Gr.
gehackte Pomeranzenschale hinzu, schlägt den Teig zu, rollt ihn lang aus und legt
ihn zu einem Ringe oder Kranze zusammen. Dieser wird auf ein Blech gelegt, die
beiden Enden mit Ei zusammengesetzt und ein butterbestrichener Blechring außen, ein
kleinerer innen herumgesetzt. Nachdem man ihn hat gähren lassen, wird er mit Ei
bestrichen, mit Mandeln bestreut, gebacken, endlich mit Vanilleglasur glasirt.

466. Kaffeekuchen.

1 Kilogr. 680 Gr. Grundteig 456, 105 Gr. Butter, 52 Gr. Zucker und das
Gelbe einer Citrone wird tüchtig untereinander gearbeitet, welche Masse man an
einem warmen Ort ein wenig aufgehen läßt. Davon rollt man einen Kuchen
6 Millimeter dick aus, legt ihn auf ein Butterblech, bestreicht ihn mit Butter, läßt
ihn vollständig aufgehen, bestreicht ihn mit Ei, bestreut ihn mit Zucker, Mandeln und
Zimmet und backt ihn in ziemlich heißem Ofen. Gebacken, kann man ihn mit Vanilleglasur bestreichen.

467. Kaffeekuchen mit Früchten.

Arbeite durcheinander 840 Gr. Grundteig 456, 70 Gr. Butter, 35 Gr.
Zucker, Citrone, 52 Gr. Weinbeeren, 52 Gr. ausgesteinte Rosinen, 18 Gr. Citronat
und 18 Gr. Pomeranzenschale, und zwar mit etwas Milch, damit der Teig einigermaßen weich wird. Darauf fülle ihn in runde, flache, zackige, butterbestrichene, mit
Semmelbröseln bestreute Blechformen, lasse ihn gähren, bestreiche ihn mit Ei, bestreue
ihn mit Mandeln und lasse ihn backen. Dann bestreiche das Gebäck mit Vanilleglasur.

468. Theekuchen.

35 Gr. Hefe löst man mit ¼ Liter lauwarmer Milch auf, rührt so viel
Mehl dazu, bis sich ein weicher Brei bildet und läßt diesen an einem warmen Orte
aufgehen. Zugleich rührt man 315 Gr. Butter tüchtig schaumig, mengt 52 Gr.
Zucker, 3 Eier, 4 Eigelb, Citrone und etwas Salz hinzu und arbeitet dies nach

und nach unter jene Breimasse, nachdem dieselbe aufgegangen ist. Dabei setzt man noch soviel Mehl hinzu, daß der Teig sich mit dem Rollholz ausrollen läßt. Jedoch muß er immer weich gehalten werden. Man bildet von ihm einen runden Kuchen, legt diesen auf ein butterbestrichenes Blech, setzt einen Ring herum, bestreicht den Kuchen mit Butter und bestreut ihn mit Zucker, Mandeln und Zimmet. Ist er auf= gegangen, backt man ihn in ziemlich heißem Ofen und bestaubt ihn dann mit Zucker.

469. Kaffeebrod.

Zum Teig 456 verwendet man 420 Gr. Butter anstatt 210 Gr. Ist der Teig tüchtig abgearbeitet, theilt man ihn in kleine Theile und formt davon ver= schiedenes kleines Backwerk. Zu Hörnchen z. B. rollt man eine lange Stritzel aus, zerschneidet diese der Länge nach in 2 Theile, dreht diese zusammen und legt sie in Hufeisenform auf das Blech. Auch Ringe werden doppelt gedreht. Die Form S, Bretzchen u. a. m. läßt man einfach. Runde oder ovale Plätzchen sticht man mit einem Ausstecher aus und setzt ein kleineres Plätzchen obenauf, welches man mit Eiweiß befestigt. Die Plätzchen kann man auch mit geschnittenen Mandeln bestreuen u. s. w. Ist das Backwerk aufgegangen, bestreicht man es mit Ei, backt es in heißem Ofen und glasirt es endlich mit Vanilleglasur.

470. Plunderbretzeln.

Ein Quantum Grundteig 456 rollt man flach aus und schlägt gut gewaschene Butter hinein, zu 400 Gr. Teig 100 Gr. Butter (zu 1 Pfund Teig ¼ Pfund Butter). Der Teig wird wie Blätterteig (154) gerollt, jedoch nur dreimal zusammen= geschlagen. Nach dem letzten Ausrollen bestreicht man die ganze Platte mit Butter, streut Zucker und Zimmet darauf, schneidet lange Streifen davon, rollt diese, mit der einen Hand nach oben, mit der andern nach unten drehend, und legt dieselben in Bretzelform zusammen. Nachdem diese Bretzeln aufgegangen sind, bestreicht man sie mit Ei, backt sie und glasirt sie endlich mit Wasserglasur.

471. Bemerkung.

Hefenteig, in welchen Butter gerollt ist, darf, wenn man ihn gähren läßt, nicht zu warm gestellt werden, da sonst die Butter herauslaufen würde.

472. Schnecken.

Vom Teig 470, den man mit Butter bestrichen hat, schneidet man lange Streifen, streut Weinbeeren, Citronat, Zucker und Zimmet darauf, dreht die Streifen zusammen und legt sie in Schneckenform. Weiter wie 470. Die Schnecken kann man auch auf andere Art machen. Man rollt den fertigen Teig in eine längliche Platte, bestreut diese mit Weinbeeren u. s. w., rollt sie zusammen, schneidet Stücke daraus, legt sie auf Blech und verfährt wie schon oben bemerkt.

473. Vanillehörnchen.

Eine ausgerollte Platte vom Teig 470 schneidet man in 10—12 Centimeter breite Streifen, bestreicht diese mit Butter und bestreut sie mit Vanillezucker. Auch kann man sie mit Himbeermarmelade füllen. Nun schneidet man Dreiecke davon, die man nach der äußersten Spitze zulaufend, zusammenrollt. Man läßt sie aufgehen, backt sie und glasirt sie mit Vanilleglasur.

474. Rosenkuchen.

Von 560 Gr. Mehl setzt man in einer Schüssel etwa die Hälfte, wie beim Grundteig, mit 35 Gr. Hefe und der nöthigen warmen Milch an, stellt diesen Teig an, stellt diesen Teig an einen warmen Ort und läßt ihn in die Höhe gehen. Dann mengt man 70 Gr. Butter, 35 Gr. Zucker, 2 Eier, Salz und Citrone hinzu und mischt das Ganze mit dem noch übrigen Mehl und etwas Milch zu einem nicht zu festen Teig. Diesen Teig rollt man flach aus, legt 105 Gr. gewaschene Butter darauf, schlägt den Teig darüber und rollt ihn aus wie Blätterteig (154), nur daß letzterer viermal, Hefenteig dagegen stets nur dreimal gerollt wird. Beim letzten Rollen trachtet man nach einem nicht zu dünnen, länglichen Viereck, bestreicht dasselbe mit Butter, bestreut es mit Weinbeeren, gewürfelten Mandeln, Pomeranzenschale, Zucker und Zimmet, schneidet der kürzeren Seite entlang 36 Millim. breite Streifen und rollt diese auf, wobei man die Enden mit Ei befestigt. Diese Rollen legt man auf ein butterbestrichenes Blech, in Kreisen, eine in die andere, doch so, daß zwischen den Rollen stets ein kleiner Zwischenraum bleibt, setzt einen Ring herum und läßt das Ganze an nicht zu warmen Ort in die Höhe gehen, wobei Alles zu einem einzigen Kuchen zusammengehen wird. Bevor man diesen backt, bestreicht man ihn mit Ei. Später glasirt man den Kuchen mit Rosenwasserglasur und bringt ihn nochmals in den heißen Ofen, bis die Glasur weiß wird und zu springen anfängt.

475. Ulmer Brod.

420 Gr. Mehl setzt man mit 52 Gr. Hefe an. Ist der Teig aufgegangen, so setzt man hinzu 105 Gr. Butter, 88 Gr. Zucker, 4 Eier, 1 Gläschen Rum, Anis, Citrone, etwas Salz und Pomeranzenschale. Diese Masse wird mit der noch fehlenden Milch tüchtig abgearbeitet. Man formt daraus 12—14 Stollen, etwa 10 Centim. lang und 7½ Centim. breit. Nachdem diese aufgegangen sind, bestreicht man sie mit Ei und backt sie.

476. Kissinger Kaffeebrod.

Von 12 Pfund Mehl wird ein Theil mit 280 Gr. Hefe und Milch angesetzt, dann kommt hinzu 315 Gr. Zucker, 105 Gr. Salz, 840 Gr. Butter, 12 Eier, worauf alles zu einem nicht zu festen Teig angemacht wird. Aus diesem Teig werden Bretzeln, Stöcke, Ringe formirt, dieselben zum Aufgehen warm gestellt und dann gebacken.

477. Butterlaibel.

210 Gr. gute Butter rührt man tüchtig schaumig und mengt nach und nach 11 Eier und 455 Gr. Mehl hinzu, und zwar so, daß man mit jedem Ei einen Eßlöffel voll Mehl einrührt. Sind auf diese Weise mehrere Eier mit Mehl tüchtig unter die Butter gearbeitet und wird die Masse allmählig zu fest, so gießt man abwechselnd einen Löffel voll warme Milch hinzu. Zuletzt rührt man bei 35 Gr. aufgelöste Hefe, 70 Gr. Zucker, etwas Salz und das Abgeriebene einer Citrone, und füllt die Masse in eine Gogelhopfform, welche man gut mit Butter bestrichen, mit Mandeln bestreut und mit Mehl bestaubt hat. Die Masse muß gerade die Festigkeit haben, daß sie, wenn man mit dem Löffel ein wenig nachhilft, leicht und glatt in die Form läuft. Beim Aufgehen darf die Form nicht zu warm gestellt werden. Diese Masse gebraucht zum Aufgehen immer 2—3 Stunden, zum Backen ziemlich 1 Stunde. Da sie sehr fett ist, so muß man beim Backen vorsichtig zu Werke gehen, damit das Gebäck nicht speckig wird. Der Ofen darf nicht zu heiß sein und darf während des Backens nicht unnöthig geöffnet werden. Gebacken, wird das Laibel mit Zucker bestaubt.

478. Gogelhopf.

Ein Theil von 420 Gr. Mehl wird mit 18 Gr. Hefe angesetzt. Während man diesen Teig aufgehen läßt, rührt man 140 Gr. Butter schaumig und mengt sie mit 3 Eiern, 2 Eigelb, 52 Gr. Zucker, Salz und Citrone. Ist jener Vorteig aufgegangen, so rührt man ihn mit Milch und dem übrigen Mehl ziemlich fest an, schlägt ihn tüchtig ab, arbeitet nach und nach das Gemenge hinzu und füllt die Masse in eine butterbestrichene und mehlbestaubte Gogelhopfform. Nachdem sie darin aufgegangen ist, wird sie langsam gebacken.

Dieser Kuchen hat fast in jeder Gegend andere Benennung: Gugelhupf, Kugelupf, Bund, Aschkuchen, Ratenkuchen, Rabahnkuchen u. s. w.

479. Gogelhopf, gerührt.

420 Gr. Butter und 140 Gr. Schmalz werden tüchtig schaumig gerührt und nach und nach 16 Eigelb darunter gemengt, wobei man etwa 280 Gr. Mehl, ebenfalls nur nach und nach, beimengt. Sodann 35 Gr. Hefe in etwa $^1/_{16}$ Liter warmer Milch aufgelöst und mit 140 Gr. Zucker, Citrone, Salz und mit abermals etwa 280 Gr. Mehl in obige Masse hinein gearbeitet. Zuletzt steifer Schnee von 16 Eiweiß kräftig unter die Masse gerührt und diese in eine butterbestrichene und mit Semmelbröseln bestreute Form gefüllt. Ist die Form aufgegangen, so wird sie in guter Hitze gebacken.

480. Gerührter Gogelhopf anderer Art.

175 Gr. Butter und etwas Schmalz wird recht schaumig gerührt und nach und nach 12 Eier und mit jedem Ei ein Eßlöffel voll Mehl beigemengt. So viel Mehl, daß im Ganzen 420 Gr. verwendet sind, wird mit 26 Gr. aufgelöster Hefe, 70 Gr. Zucker, Citrone und Salz eingerührt. Auch kann man Muskatblüthe hinzusetzen. Die Masse wird in eine gestrichene und bestaubte Form gefüllt und, nachdem man sie hat gähren lassen, gebacken.

Ist die Masse zu fest, so muß man Milch beimengen. Die Eier legt man vorher in lauwarmes Wasser. Nach dem Backen bringt man den Gogelhopf auf ein Sieb.

Ist man nicht sicher, ob der Gogelhopf ausgebacken ist, so sticht man mit einem runden Hölzchen hinein, bleibt kein Teig daran hängen, so ist er ausgebacken.

481. Babas.

1 Kilo 120 Gr. Mehl setzt man in der Mitte mit 70 Gr. Hefe und Milch an und läßt dieses in die Höhe gehen. Sodann vermengt und verarbeitet man damit 420 Gr. Butter, 10 Eier, 140 Gr. Zucker, 70 Gr. Weinbeeren, 70 Gr. ausgesteinte Rosinen, 70 Gr. Citronat, ein wenig Salz und Citrone. Milch ist wenig oder keine nöthig. Den Teig läßt man in der Schüssel an einem warmen Orte noch ein wenig in die Höhe gehen, rührt dann mit einem Löffel die Masse leicht durch und füllt sie in Gogelhopfformen. Aus dieser Masse macht man gern kleine Gogelhöpfchen. Die gebackenen Gogelhöpfchen bestreicht man mit Vanilleglasur.

482. Leipziger Stollen.

70 Gr. Hefe wird mit Milch aufgelöst und von 1 Kilo 120 Gr. Mehl so viel angerührt, als zu einem Hefenstück erforderlich ist. Ist letzteres aufgegangen,

so vermengt und verarbeitet man damit 280 Gr. geschmolzene Butter, 105 Gr. Zucker, 140 Gr. Rosinen, 105 Gr. Weinbeeren, 35 Gr. feingeschnittenen Citronat, 70 Gr. geschnittene Mandeln, worunter einige bittere, Citrone, Zimmet und das übrige Mehl. Alles zusammen läßt man noch einmal in die Höhe gehen und rollt davon eine Stolle. Diese Stolle darf nur wenig aufgehen und muß langsam gebacken werden. Vor dem Backen bestreicht man sie leicht mit Wasser, darauf mit Butter und bestreut sie mit Zucker.

483. Gogelhopf mit bitteren Mandeln.

Von 525 Gr. Mehl setzt man einen Theil mit 35 Gr. Hefe an. Während dies zum Gähren hingestellt wird, rührt man 140 Gr. Schmalz und 140 Gr. Butter, mit 70 Gr. Zucker und 8 Eiern recht schaumig und vermengt damit zuletzt 52 Gr. geschälte, mit Milch geriebene, bittere Mandeln. Nachdem das Hefenstück gegangen ist, schlägt man dieses Gemisch kräftig hinein, gießt so viel Milch hinzu, daß ein gelinder Teig entsteht, füllt die Masse in eine butterbestrichene Gogelhopfform, welche mit Mandeln und Semmelbröseln bestreut ist, läßt das Ganze noch etwas in die Höhe gehen und backt es in guter Hitze.

484. Streuselkuchen.

Vom Teig 466 rollt man einen runden Kuchen 24 Millim. dick aus, legt ihn auf ein Blech, setzt einen Blechring herum und läßt ihn aufgehen. Die Streuseln bereitet man so: 52 Gr. süße und 18 Gr. bittere Mandeln reibt man mit etwas Eiweiß und wirkt sie an zu festem Teig mit 70 Gr. Mehl, 70 Gr. Zucker, 70 Gr. Butter und Zimmet. Diese Masse wird entweder auf dem Reibeisen gerieben oder durch ein so großes Sieb getrieben, daß sie zu etwa erbsengroßen Kugeln wird. Ist der Kuchen gegangen, so bestreicht man ihn mit Butter und streut die Streuseln darauf. Er wird ziemlich heiß gebacken.

485. Streuselkuchen mit Mandeln.

Ist der Kuchen 484 gegangen und bereit zum Backen, so stößt man 210 Gr. Mandeln mit 315 Gr. Zucker, mischt 18 Gr. Zimmet dazu und bestreut ihn damit.

486. Brioche.

Von 560 Gr. Mehl setzt man den vierten Theil mit 35 Gr. Hefe und warmen Wasser ziemlich fest an, macht ein rundes Laibchen davon, schneidet mit dem Messer ein Kreuz hinein, schlägt das Laibchen in ein Tuch und läßt es warm gehen.

Nun wiegt man zu dem anderen Mehl 17 Gr. Zucker, 12 Gr. Salz, 5—6 Eier und arbeitet dies auf dem Tisch zu einem recht zarten Teig, was dadurch geschieht, daß man denselben mit beiden Händen abzwickt und ihn dann wieder auf die Masse schlägt. Ist der Teig nun recht zart, so kommen 367 Gr. Butter hinzu und wird er nochmals recht tüchtig durchgearbeitet, zuletzt gibt man das Dampferl darunter und vermengt es gut mit dem übrigen Teig, wickelt ihn in ein Tuch, läßt ihn kalt gehen, schlägt ihn dann nochmals leicht zusammen und legt ihn dann über Nacht auf das Eis.

Nun schneidet man Stücke in Größe eines Eies, rollt sie mit der flachen Hand recht glatt, drückt mit dem Finger ein tiefes Loch hinein und setzt noch ein kleines Köpfchen darauf, legt sie auf butterbestrichenes Papier und läßt sie möglichst kalt gehen, jedoch nur wenig, bestreicht sie dann mit Ei und backt sie heiß. Bevor man sie in den Ofen gibt, kann man sie auch mit der Scheere öfter einzwicken, dann reißen sie schön.

487. Brioche in Formen.

Brioche macht man bis zur Größe eines Gogelhopfes. Man nimmt dazu hohe Blechformen, formt den Teig schön rund und setzt oben einen Kopf darauf, je nach Größe der Form.

Ist der Teig gut angegangen, welches jedoch nicht bei großer Wärme bewerk= stelligt werden darf, so wird er in heißem Ofen gebacken. Die Form muß jedesmal gut mit Butter bestrichen werden. Ist der Brioche schön, so darf der Kopf nicht hineinsinken, sondern schön hoch darauf sitzen.

488. Brioche-Kranz.

Vom Teig 486 nimmt man einen Theil, macht drei bis vier Kugeln davon und rollt sie in lange Stritzeln, flechtet davon einen Kranz, legt ihn in eine mit Butter bestrichene Saverinform und läßt ihn gehen. Der Kranz wird hernach mit Ei bestrichen und mit Hagelzucker und geschnittenen Mandeln bestreut.

489. Saverin.

140 Gr. Mehl wird mit Milch und 35 Gr. Hefe angesetzt und zum Gehen= lassen warm gestellt. Während dieser Zeit rührt man 420 Gr. Butter, 52 Gr. Zucker, etwas Salz recht schaumig und dann nach und nach 420 Gr. Mehl mit 8 Eiern hinzu, sowie das Gelbe einer Citrone, 35 Gr. Citronat, 70 Gr. Weinbeer, etwas Muscatnuß und zuletzt das Dampferl. Die Masse wird in die bekannten Saverinformen gefüllt, gähren lassen und dann gebacken. Ist der Kranz aus dem Ofen, so macht man Läuterzucker (siehe unten), welchem man noch etwas Wasser und Punschessenz beigibt, heiß, und begießt ihn mehrere Male, bis er ganz getränkt ist, damit. Auch kann man als Geschmack Maraschino oder Curacao verwenden.

490. Speckkuchen.

Von Grundteig 456 fertigt man einen Kuchen mit Rand, den man nur wenig aufgehen läßt. 6—8 Eier, welche man mit dem Schneebesen durchgeschlagen hat, gießt man dann darüber, streut in Würfel geschnittenen Speck darauf, auch etwas Salz und Kümmel und bäckt ihn flüchtig.

491. Speckkuchen anderer Art.

Man entnimmt vom Bäcker 600—800 Gr. fertigen schwarzen Brodteig und rollt davon ganz dünn einen viereckigen Kuchen mit Rand. Ein Quantum Gries, je nach Bedarf, brüht man mit Milch ab zu einem ziemlich dicken Brei, den man erkalten läßt. Dann rührt man 5—6 Eigelb, etwas Salz, Kümmel, Schnittlauch und recht viel Prießlauch darunter und zuletzt den steifen Schnee von 5 Eiweiß. Mit dieser Masse bestreicht man den Kuchen, überstreicht die Masse, weil sie etwas weich ist, vorsichtig mit Ei, bestreut sie dick mit gewürfeltem Speck und läßt den Kuchen rasch backen.

Dieser Speckkuchen, warm gegessen, mit einem Glas Liqueur, gibt ein vortreffliches Frühstück.

492. Zwiebelkuchen.

Aehnlich wie 490. Man schneidet Zwiebeln fein, röstet sie in heißem Schmalz und läßt sie abkühlen. Dann rührt man einige Eier, Kümmel, Zucker und Salz hinein, streicht die Masse auf den Kuchen und läßt ihn backen.

Auch dieser Kuchen ist zu empfehlen, gleichfalls warm gegessen zu werden.

493. Spritzkuchen.

122 Gr. Butter, 35 Gr. Zucker und ³/₄ Liter Wasser kocht man in einem Kessel auf kräftigem Feuer. Beim Beginn des Siedens rührt man 245 Gr. Mehl hinein, röstet die Masse, bis sie sich vom Kessel löst, nimmt sie vom Feuer, bringt sie in eine Schüssel und läßt sie erkalten. Hierauf rührt man nach und nach 6—7 Eier hinzu und mengt das Gelbe einer Citrone oder einen Tropfen Citronenöl hinein. Ein Theil der Masse wird in eine Blechspritze gefüllt, welcher man eine flache Stern= tülle vorsteckt. Auf ein rundes, fettbestrichenes Papier von der Größe der Pfanne, worin die Spritzkuchen gebacken werden sollen, werden nun mit dieser Spritze Stritzeln oder Ringe dressirt, die man mit dem Messer oder mit der Gabel abstreicht. Wenn das Schmalz in der Pfanne die richtige Hitze zum Backen hat, so legt man das Papier mit den daran klebenden Spritzkuchen hinein, indem man es jedoch umkehrt. Das Papier löst sich schnell, wird entfernt und die Kuchen unter Umkehren hellgelb gebacken. Nimmt man einige heraus und fühlt, daß sie gehörig und gleichmäßig hart sind, so legt man sie auf ein Sieb und bestreut sie mit Zucker und Zimmet. So verfährt man, bis die Masse verbraucht ist.

Bemerkung 1. Außer dieser Masse hat man noch verschiedene andere, deren Behandlung jedoch stets dieselbe ist. Zwei derselben werde ich anführen, obschon die vorstehende vor allen den Vorzug verdient.

Bemerkung 2. Zu allen Schmalzbäckereien muß das Fett richtige Hitze haben. Ist es zu heiß, so wird das Gebäck braun, ohne ausgebacken zu sein; ist es dagegen zu kalt, so bringt zu viel Fett ein und die Waare verliert an Geschmack. Die richtige Hitze ist dann vorhanden, wenn man ein Hölzchen in das Schmalz hineinhält und das Schmalz um dasselbe herum leicht zu kochen anfängt.

494. Spritzkuchen geringerer Qualität.

70 Gr. Butter, 35 Gr. Zucker, ¹/₄ Liter Wasser, 280 Gr. Mehl, Citrone und 5—6 Eier. Behandlung wie 493.

495. Spritzkuchen mit Milch.

140 Gr. Butter, 52 Gr. Zucker, etwas Vanille, ein klein wenig Salz, ¹/₄ Liter Milch, 7 Eier und 315 Gr. Mehl. Behandlung wie 493. Die Masse darf nicht zu weich werden; wenn sie dressirt ist, muß der Stern schön stehen bleiben.

Bemerkung. Nicht immer sind die Eier gleich groß. Man muß deßhalb Acht geben ob man das siebente noch nehmen darf.

496. Faschingskrapfen.

In ²/₅ Liter warme Milch löst man 35 Gr. Hefe auf und rührt damit von Mehl einen nicht zu festen Teig an, den man in die Höhe gehen läßt. Während dessen rührt man 88 Gr. Butter recht schaumig und vermengt damit 4 Eigelb, Ci= trone, Salz und 52 Gr. Zucker. Diese Mischung wird nun unter das aufgegangene Hefenstück gerührt und noch so viel Mehl zugesetzt, daß sich ein weicher Teig bildet. Ist das Ganze gut abgeschlagen, so rollt man die Hälfte der Masse in einen schmalen, langen, nicht zu dünnen Streifen aus, zeichnet die Größe der rund auszustechenden Krapfen mit dem Ausstecher leicht an, füllt die Mitte der angezeichneten Stücke mit Aprikosenmarmelade und bestreicht den Rand mit Ei. Nun schlägt man die andere Hälfte der Masse darüber, sticht jetzt die Krapfen aus, so daß die Fülle sich in der Mitte befindet, legt auf ein Brett ein Tuch, bestaubt dasselbe leicht mit Mehl, legt die Krapfen darauf, deckt ein zweites Tuch darüber und läßt sie an einem warmen Orte aufgehen. Dann setzt man das bereit stehende Schmalz auf's Feuer, legt zuerst einen

Krapfen hinein, um zu sehen, ob das Fett die richtige Hitze hat und backt sie so=
dann unter wiederholtem Umwenden hellgelb. Nach dem Backen bestreut man sie
mit Zucker und etwas Zimmet. Sollen sie schön sein, so müssen sie da, wo sie
zusammengesetzt sind, ein weißes Kränzchen haben. Man kann sie auch zudecken,
bis sie zum Umkehren fertig sind.

497. Berliner Pfannkuchen.

Von 1 Kilo 680 Gr. Mehl wird mit 105 Gr. Hefe ein Grundteig ange=
setzt, d. i. gewöhnlicher Hefenteig, den man in die Höhe gehen läßt. 315 Gr.
Butter, 210 Gr. Zucker, 9 Eigelb, ein wenig Salz und Citrone wird tüchtig ge=
rührt und, nachdem der Teig gegangen ist, das Ganze mit dem noch übrigen
Mehl und der nöthigen Milch zu einem nicht zu festen Teig verarbeitet. Den
Teig läßt man im Ganzen noch einmal gehen und schlägt ihn sodann wiederholt
kräftig durch. Davon macht man Theile von 40 bis 50 Gr., rollt sie mit der
hohlen Hand glatt, drückt mit dem Finger in die Mitte eine kleine Vertiefung,
welche man mit Himbeermarmelade füllt, zieht mit den Fingern den Teig von
unten nach oben wieder zusammen und legt die zusammengezogene Seite nach
unten. Auf einem Tuch läßt man sie aufgehen u. s. w. wie 496.

498. Krapfen ungefüllt.

Von Teig 497 macht man Theile von 40—50 Gr., rollt sie mit der Hand
glatt, läßt jedoch die Fülle weg. Oder man rollt den Teig mit dem Rollholz
aus und schneidet davon mit dem Rädchen viereckige Stücke.

Bemerkung. Bei all' diesen Krapfen ist darauf zu sehen, daß sie gut aufgehen.

499. Rädergebackenes.

350 Gr. Butter rührt man mit 315 Gr. Zucker recht schaumig und ver=
mengt damit nach und nach 20 Eigelb und das Gelbe einer Citrone. Nun gießt
man 1 Glas Wein hinzu und rührt 980 Gr. Mehl darunter. Hat man den
Teig kurze Zeit stehen gelassen, so rollt man ihn ziemlich dünn aus, schneidet
davon mit dem Backrädchen Streifen, etwa 24 Millim. breit und 24—30 Centim.
lang, legt diese wie Schleifen zusammen, backt sie in Schmalz und bestreut sie mit
Zucker.

500. Waffeln mit Hefe.

420 Gr. Butter wird schaumig gerührt, nach und nach 12 Eier hinzuge=
mengt unter Zusatz von je einem Löffel voll Mehl bei jedem Ei. Diese Masse
vermengt und verarbeitet man mit 140 Gr. Zucker, 3 Löffel voll Bierhefe,
Salz, Citrone oder Muscatblüthe, einer Tasse lauwarmer Milch und mit so viel
Mehl, daß im Ganzen 560 Gr. Mehl verwendet werden. Ist Alles gut durch=
einander gerührt, so läßt man den Teig etwas gehen.

Dann macht man das Waffeleisen heiß, bestreicht es mit einer Speckschwarte
oder mit Schmalz, setzt einen Löffel voll Teig in die Mitte des Eisens, schließt
dasselbe und läßt den Inhalt auf hellem Feuer backen, wobei man das Eisen
umwendet. Hat das Gebäck, die Waffel, schöne gelbe Farbe angenommen, so
nimmt man es heraus. Zu jeder neuen Waffel wird das Eisen leicht bestrichen.
Nachdem die Waffeln erkaltet sind, bestreut man sie mit Zucker und Zimmet.

501. Waffeln anderer Art.

280 Gr. Butter wird schaumig gerührt, damit vermengt, und verarbeitet
70 Gr. Zucker, 9 Eigelb, Citrone, ein wenig Salz, 2 Löffel voll Bierhefe, ½ Tasse
süßen Rahm, 350 Gr. Mehl und zuletzt Schnee von 6 Eiweiß. Weiter wie 500.

502. Waffeln ohne Hefe.

560 Gr. Butter wird mit 24 Eigelb schaumig gerührt und damit vermengt und verarbeitet 560 Gr. Mehl (bei jedem Eigelb ein kleiner Löffel voll), 140 Gr. Zucker, Muscatblüthe und Citrone. ¼ Liter dicken Rahm, der schon etwas säuerlich sein darf, schlägt man zu steifem Schaum und rührt ihn hinzu, wie auch den Schnee von 16 Eiweiß. Weiter wie 500.

503. Zimmetwaffeln.

210 Gr. Butter schaumig gerührt, damit vermengt und verarbeitet 210 Gr. Zucker, nach und nach 5 Eier, 18 Gr. Zimmet und 315 Gr. gesiebtes Mehl. Weiter wie 500.

504. Mandelwaffeln.

210 Gr. geschälte Mandeln werden mit ganzen Eiern gerieben und in eine Schüssel gebracht. Damit vermengt man 105 Gr. Zucker, ein Gläschen Maraschino, 70 bis 90 Gr. geschmolzene Butter und einige Hand voll geriebene Semmelbröseln. Das Ganze wird mit lauwarmen Rahm etwas verdünnt. Weiter wie 500.

505. Aepfel in Schmalz.

Große Aepfel werden geschält und nachdem das Kernhaus herausgestochen, in federspulenstarke Scheiben geschnitten. 3 Eier, etwas Wein, 2 Löffel voll Hefe und Mehl verarbeitet man zu einer dünnen Masse, welche langsam vom Löffel fließt und läßt sie etwas gehen. Die Apfelscheiben taucht man ganz hinein, backt sie in heißem Schmalz und bestreut sie mit Zucker und Zimmet.

506. Croqignoles oder die Wiener-Patience-Bäckerei.

Gestanzte Bleche die geschlossene Arabesken, Buchstaben und Zahlen tragen, gehören hiezu. Dieselben werden mit salzfreier Butter ausgestrichen, so daß die Masse vollständig erkaltet, bei leichtem Aufschlagen auf die Backtafel herausspringen. Das Einfüllen der Masse kann mit dem Gummibeutel mit glatter Tülle oder Spritze geschehen. Das Verhältniß der Größe der Masse richtet sich nach der Zahl der Formen.
Das Verhältniß der Masse ist: 2 Pfund Staubzucker werden in eine Schüssel mit 8—10 Eier etwas doch nicht zu viel schaumig gerührt, alsdann werden 2 Pfund feines Mehl mit etwas Vanille dazu gerührt. Die Hauptsache ist, daß die Masse die erforderliche Weichheit hat, sie muß eben glatt fließen und dies ist durch die Zahl der Eier, die ja größer und kleiner sind, zu regeln.

507. Patience anderer Art.

Von 6 Eiweiß und 1 Pfund Zucker wird eine gewöhnliche warme Windmasse gemacht; ist dieselbe erkaltet, werden 20 Loth Mehl dazugerührt und mit Couleure gefärbt. Die Masse wird mit dem Gummibeutel auf Wachsbleche dressirt und zwar Arabesken, Buchstaben 2c und dann getrocknet. Die Masse darf die Festigkeit wie Vanillebisquit haben.

VII. Abtheilung.

Schaumconfect und Auflauf von Zucker.

508. Vorbemerkungen über Anfertigung von Schaumconfect.

a) Bei der Herstellung von Schaumconfect ist zunächst auf Reinlichkeit der Gefäße zu sehen. Ein Kessel, worin der Schnee zur Schaummasse geschlagen werden soll, muß durchaus blank sein.

b) Beim Ablassen des Eiweiß darf kein Eigelb mit ablaufen. Dies würde der Steife des Schnees hinderlich sein.

c) Wollte man den Zucker sogleich mit einrühren oder einschlagen, so würde man eine schmierige Masse erhalten.

d) Es kommt vor, daß beim Schneeschlagen das Eiweiß gerinnt. Dann allerdings schlägt man einige Handvoll Zucker hinein. Hauptsächlich bei warmer Schaummasse ist dies zu empfehlen.

e) Nur vollkommen weißer, feiner Raffinatzucker ist zu verwenden.

f) Schon in früheren Abtheilungen ward wiederholt von Schaummasse gesprochen, die zu Torten u. s. w. zu verwenden war. Auch dort ist die hier empfohlene Behandlung erforderlich.

g) Hier ist die Rede von drei verschiedenen Grundmassen: kalte, warme und gerührte Schaummasse. Die kalt geschlagene läßt sich weniger umständlich verfertigen, steht auch besser in der Figur. Die warm geschlagene dagegen hat mehr Glanz. Die gerührte Masse, welche kaum anders verwendet wird als zu Unterlagen von Confect und zu Figuren, welche sonst zerbrechlich sein würden, ist schwerer von Gewicht, fester und dauerhafter als die beiden anderen. Aus diesen Gründen ist zu manchen Gegenständen die eine dieser drei Massen geeigneter als die beiden anderen.

h) Die Größe des Schaumconfects beträgt gewöhnlich 3 1/2—5 Centim.

i) Zur Ausschmückung des Schaumconfects eignen sich da, wo es gut angebracht ist, Goldborten, Brillanten (Zinnspitzen) und Aehnliches.

Um Anhaltspunkte zu geben, sind diesem Buche einige Tafeln mit Figuren beigegeben, welche sich zu Schaumconfect eignen.

509. Kalte Schaummasse.

16 Eiweiß schlägt man zu recht steifem Schnee und rührt 1 Kilo 120 Gr. feinen, trockenen Staubzucker vorsichtig hinein. Auch kann man 140 Gr. Puder dazu rühren. Sind jedoch die Eiweiß sehr groß, so läßt man 1 oder 2 Eiweiß weg oder setzt etwa 140 Gr. Zucker hinzu.

510. Warme Schaummasse.

2 Kilo 240 Gr. Zucker schlägt man in Stücke, taucht sie in reines Wasser und legt sie in einen Kessel oder eine Pfanne, um sie darin zu kochen. Eingetauchter Zucker saugt nämlich gerade so viel Wasser ein, um gut aufgelöst zu werden. Fängt er an zu kochen, so schäumt man ihn ab und kocht ihn zum starken Flug. Während dessen schlägt man 16 Eiweiß zu recht steifem Schnee, schlägt zwei Handvoll feinen Zucker hinein und läßt unter fortwährendem Schlagen

von einem Anderen den heißen Zucker in langem Strahl hineingießen. Die Masse wird sodann kalt geschlagen und auf Bleche dressirt, die mit weißem Wachs bestrichen sind.

511. Gerührte Schaummasse.

In einer Schüssel rühre man gut durcheinander etwa 4 Eiweiß und 1 Kilo 120 Gr. feinen Staubzucker. Etwas Essigsäure wird beigemischt und Alles zu weißem, flaumigen Schaum gerührt. Diese Schaummasse bedeckt man bis zum Verbrauch mit einem feuchten Lappen.

512. Figuren von kalter Schaummasse.

Man füllt die Masse in eine Blechspritze oder Papierdüte, dressirt auf Wachsbleche zunächst die Unterlagen der zu wählenden Figuren, dann die Figuren, läßt sie über Nacht im Trockenofen trocknen, macht das Blech im Ofen heiß, damit man die Figuren lösen kann, legt sie auf Papier und glasirt sie. (Glasur siehe Abth. XI.)

Beispiele zu den Figuren: Soldaten zu Fuß und zu Pferd in allen Waffengattungen, Marketenderin, Tiroler und Tirolerin, Jäger, Gärtner und Gärtnermädchen, Balldame, Bauernbursch und Bauernmädchen, Hanswurst, Postillon mit Posthorn, Handwerker, als: Schlosser, Maurer, Bäcker, Conditor, Thiere, Früchte, Blumen, Muscheln u. s. w. Ueberhaupt läßt sich hierin alles Mögliche sehr gut ausführen. Zu diesen Arbeiten pflegt man jedoch ältere, geübtere Gehilfen zu verwenden.

Anders verfährt man mit nachstehenden Figuren von kalter Schaummasse.

Erdbeeren dressirt man auf Papier und bestreut sie mit rothem Streuzucker. Ein kleiner, niederer Tupfen wird mit grünem Streuzucker bestreut und ein Stiel hinein gesteckt. Auf nassem Brett wird beides in warmem Ofen getrocknet und dann zusammengesetzt.

Eicheln: ebenso, nur bestreut man sie gelb.

Ringe bestreut man mit allen Farben, läßt sie ein wenig trocknen und bäckt sie in ganz gelindem Ofen, so daß sie Fuß, jedoch nicht Backfarbe bekommen.

Zu Aepfeln und Birnen dressirt man zunächst eine Hälfte auf Papier, steckt oben eine Korinthe hinein, unten einen Stiel aus Citronat. Nachdem diese Hälfte getrocknet ist, wird sie abgenäßt, die andere Hälfte darauf gespritzt und glatt gestrichen. Später schminkt oder bestreut man sie noch mit feinem, gelben Streuzucker, an einer Seite jedoch mit rothem.

Auf dieselbe Weise lassen sich auch Kirschen, Pflaumen und andere Obstsorten darstellen.

513. Figuren von warmer Schaummasse.

Da diese Masse den Vorzug hat, daß sie besonders schönen Glanz erhält, so läßt sie sich sehr gut schminken und malen. Man dressirt die Sachen gewöhnlich doppelt auf einander, wodurch sie mehr Halt bekommen und auch an Ansehen gewinnen.

Sehr schön lassen sich Vögel ausführen: Papagei, Ente, Hahn, Brieftaube, Tauben im Neste, Pfau, Gold- und Silber-Fasan.

Ferner Körbchen in verschiedener Façon. Eine Sorte davon ist namentlich zu empfehlen. Man dressirt einen unten breiten, nach oben spitzig zulaufenden, runden Tupfen und läßt ihn fest trocknen. Dieser bildet den Fuß des Köpfchens. Dann dressirt man einen größeren, runden Tupfen, steckt jenen Fuß hinein, läßt ihn auf einem Brett im Ofen trocknen, bis er sich abnehmen läßt, wendet ihn herum, befestigt an ihm einen Henkel von Goldborte und bestreut ihn innen mit grünem Hagelzucker. Man kann Tauben oder Hühner, auch Früchte oder Blumen hineinsetzen.

Andere Beispiele zu geeigneten Figuren sind: Pferd, Pudel, Windhund, auf Polster, Lamm, Hase, Reh, Affe, Schildkröte, Frosch, Schmetterling, Raupe, Blumenstrauß, Füllhorn, Teller mit Speisen, Lyra, Harfe, Blasinstrument, Messer und Gabel, flammendes Herz, Wickelkind, Posthorn. Hier ist der Phantasie der weiteste Spielraum gelassen.

514. Figuren von gerührter Schaummasse.

Davon werden vorzugsweise solche Gegenstände gemacht, die sonst zu zer= brechlich sein würden, als: Buchstaben, Arabesken, die Tauben zu den eben be= schriebenen Körbchen, Schwäne u. s. w.

515. Sandoninplätzchen.

Zu Schaummasse von 10 Eiweiß und 1 Kilo 120 Gr. Zucker (513) rührt man, nachdem die Masse kalt geschlagen ist, 18 Gr. Sandonin, welchen man mit etwas Zucker fein gerieben hat, und noch 105 Gr. Staubzucker. Weiter wie 516.

516. Wurmkuchen.

Zu recht steifem Schnee von 8 Eiweiß rührt man 560 Gr. Staubzucker und 70 Gr. Wurmsamen. Davon werden mit der Sterntülle Tupfen auf Papier dressirt und diese im Trockenofen getrocknet.

517. Mandelauflauf.

105 Gr. bittere Mandeln reibt man mit Eiweiß recht fein, schlägt 6 Ei= weiß zu steifem Schnee und vermengt damit 1 Kilo 680 Gr. feinen Staubzucker und die geriebenen Mandeln. Die Masse wird etwa federspulenstark ausgerollt; beliebige Figuren werden davon ausgestochen, diese auf mehlbestaubte Bleche gelegt und dann in mäßiger Hitze gebacken. Ist die Masse richtig behandelt, so gehen die Figuren beim Backen 24 Millim. in die Höhe. Endlich glasirt man sie mit Wasser= oder Eiweißglasur und verziert sie mit bunter Spritzglasur.

518. Mandelauflauf anderer Art.

Man reibt 105 Gr. geschälte süße Mandeln mit 2½ Eiweiß fein und mengt 560 Gr. ganz trockenen Staubzucker hinein, sowie etwas Citronenschale. Die Masse wird mit Zucker ausgerollt (wie überhaupt alle Aufläufe), die Figuren ausgestochen, auf Wachsbleche gelegt und gebacken.

519. Citronenauflauf.

4 Eiweiß schlägt man in einem Kessel ein wenig mit einem Schneebesen. Man mengt hinein das Gelbe einer Citrone und soviel feinen Staubzucker, daß die Masse sich ausrollen läßt. Sind die Figuren ausgestochen und auf Wachs= blech oder Papier gelegt, so läßt man sie etwas trocknen und backt sie in gelind erwärmtem Ofen.

520. Orangeblüthenauflauf.

Wie 519; nur statt Citronengelb ein Gläschen fleur d'orange.

521. Rosenauflauf.

Wie 519; nur statt Citronengelb einige Tropfen Rosenöl. Man färbt die Masse mit Cochenillefarbe. Gebacken, glasire man die Figuren mit weißer Ei= weiß= oder mit Rosenwasserglasur und verziere sie mit bunter Spritzglasur.

522 Zimmetauflauf.

Wie 519; nur statt Citronengelb 35 Gr. gestoßenen Zimmet beigemengt.

523. Vanilleauflauf.

Wie 519; nur mit Vanillegeschmack.

524. Chocoladeauflauf.

Wie 519; nur 280 Gr. geriebene Chocolade beigemengt. Gebacken und mit bunter Glasur verziert.

525. Gefüllter Auflauf.

Von der Masse 518 sticht man runde Kränzchen aus, setzt diese auf gleich große Platten von derselben Masse und legt in die Mitte eine eingemachte Kirsche oder dgl. Gebacken und verziert.

526. Haselnußauflauf.

105 Gr. Haselnüsse hellgelb geröstet, von der Schale befreit, mit etwas Eiweiß gerieben, und mit steifem Schnee von 6 Eiweiß vermengt. Weiter wie 519.

527. Pistazienauflauf.

Wie 518; nur statt Mandeln oder Haselnüsse Pistazien, ohne sie jedoch zu rösten.

528. Traganthauflauf.

18 Gr. Traganth weicht man in ein viertel Liter Wasser auf und preßt ihn durch ein Tuch. Man reibt ihn im Reibstein mit der Keule recht schaumig, setzt nach und nach feinen Staubzucker nebst 1 Glas Arac hinzu und noch so viel Zucker, daß die Masse sich ausrollen läßt. Weiter wie 517.

Beim Ausstechen des Auflauf's ist es gut, den Ausstecher öfters in Spiritus zu tauchen.

VIII. Abtheilung.
Lebkuchen und Pfeffernüsse.

529. Anfertigung von Lebkuchen*), auch Pfefferkuchen genannt.

Dieser Kuchen, der in manchen Gegenden in großen Massen verfertigt wird, erfordert einen guten Syrup, den man einige Mal aufkocht, bis er den schwachen Faden bekommt und dann mit gewöhnlichem Semmelmehl anrührt. (Nur zu besonders feinen Sorten nimmt man Honig, z. B. 534 und 535; zu weißem Pfefferkuchen Zucker, z. B. 536. Dieser Teig bildet den Grundteig. Das Mehl darf erst dann in den Syrup eingerührt werden, wenn derselbe schon abgekühlt

*) Das Wort „Lebkuchen" stammt vom lateinischen Wort „libum." Libum war ein Kuchen, der aus Mehl und Honig bestand. Diese Honigkuchen pflegte man in Rom zu Geburtstagen zu backen und in den ältesten Zeiten selbst den Götterbildern als Speise vorzusetzen. Zucker gab's damals noch nicht.

und nur noch lauwarm ist. Die richtige Festigkeit hat der Teig, wenn er keine entschiedene Neigung zum Auseinanderlaufen mehr zeigt. Er wird gewöhnlich in Holzgefäßen aufbewahrt. Es ist gut, wenn er vor der Verwendung ¼ Jahr und darüber alt ist.

Als Hebestück verwendet man Pottasche, jedoch auch Ammonium, oder halb und halb. Pottasche ist billiger. Auch backt sich das Gebäck sogar besser damit. Man erhält sie gewöhnlich hart. Dann ist es schwierig, sie hinreichend fein zu pulverisiren. Man begießt sie deshalb mit Branntwein, was auch sonst noch seinen Nutzen hat. Mittelst der Breche wird Pottasche und Grundteig tüchtig untereinander gearbeitet. Bei gewöhnlichen Lebkuchen genügt für 560 Gr. Grundteig 13 Gr. Pottasche, welches Quantum jedoch nicht immer ausreicht, namentlich wenn die Pottasche alt ist. Man macht deßhalb zuerst Proben; werden die Lebkuchen nicht gehörig hoch, so mengt man noch etwas Pottasche hinzu.

Zu feinerem Gebäck arbeitet man in den Grundteig Gewürz, Pomeranzenschale, Nelke, Nelkenpfeffer, (z. B. 531), Pfeffer (z. B. 532), Mandeln 2c., gleichfalls durch die Breche. Dann verbraucht man den Teig jedoch noch am nämlichen Tage.

Beim Verarbeiten rollt man ein schweres Stück aus und schneidet es in so viel Theile, als man Lebkuchen herstellen will. Zu größeren Lebkuchen thut man besser, für jeden einzelnen den Teig abzuwägen. Bei ungeübten Leuten ist dies überhaupt erforderlich.

Beim Backen bedient man sich hölzerner oder blecherner Formen, welche ziemlich tief eingestochen sind. Solche, die nicht gehörig mit Stichen bedeckt sind, blasen gern in die Höhe. Zu gewöhnlichen Lebkuchen bohrt man kleine Löcher in nicht eingestochene Holzformen, 6 Millim. weit auseinander.

Am besten gerathen die Lebkuchen, wenn man sie in einem großen Bäckerofen backt, in welchem schon vorher einige Mal gebacken ist. Doch lassen sie sich auch in einem kleineren herstellen.

Wenn der Teig im Ofen zusammenfällt, so mengt man noch Grundteig hinzu, ohne Pottasche.

530. Das Glasiren der Lebkuchen.

Von den gebackenen Lebkuchen wird das Mehl, worauf sie gebacken wurden, abgefegt und die obere Seite mit Glanzglasur glänzend gemacht, (glasirt). Dies geschieht auf verschiedene Weise:

a) Man kann Gummi arabicum mit Wasser auflösen und sie damit bestreichen. Bekommen sie davon keinen hinreichenden Glanz, so läßt man das Gummi ein wenig einkochen und bestreicht sie nochmals.

b) Man kann auch 560 Gr. braunen Tischlerleim und 280 Gr. Gummi arabicum mit 3¼ Liter Wasser auflösen. Ist der Guß zu dünn, so läßt man ihn einkochen. Im umgekehrten Falle gießt man noch Wasser nach.

c) Man kocht Zucker, etwas stärker als zum Karamel (siehe unten), bis er sich überall vom Kessel gelöst hat, und rührt endlich noch ein wenig im Ofen gebräuntes Stärkemehl hinzu.

d) Geröstetes Stärkemehl rührt man mit Wasser an, läßt es einige Male aufkochen, bis sich eine Haut darüber bildet, bestreicht die Lebkuchen damit und trocknet sie in heißem Ofen.

e) Auch Milch, mit Eiern vermischt, kann dazu benutzt werden.

531. Braune Nürnberger Lebkuchen.

13½ Kilo Grundteig (529) legt man auf die Breche, vermengt und verarbeitet damit 315 Gr. Pottasche, 1½—2¼ Kilo länglich geschnittene Mandeln,

280 Gr. gehackte Pomeranzenschale, 280 Gr. gehackten Citronat, 52 Gr. Zimmet, 18 Gr. Nelken, 18 Gr. Cardamom, 35 Gr. Piment und 18 Gr. Sternanis. Die Masse wird abgewogen, ausgerollt, in Formen gedrückt, auf mehlbesiebte Bleche gelegt, mit Blättchen von Citronat belegt, in ziemlicher Hitze gebacken, endlich glasirt wie 530.

532. Thorner Lebkuchen.

Auf 6³/₄ Kilo Grundteig nimmt man 158 Gr. Pottasche, 560 Gr. grobgeschnittene Mandeln, 35 Gr. Zimmet, 13 Gr. Nelken, 9 Gr. Nelkenpfeffer, 9 Gr. Muskathblüthe, 9 Gr. Cardamom, 9 Gr. Sternanis und 3 Muskatnüsse. Ist der Teig gut durchgebrochen, wird er geformt und gebacken. Sind die Kuchen sämmtlich gebacken, so kocht man Zucker zum schwachen Faden (siehe unten), bestreicht sie schwach damit und läßt sie trocknen.

533. Dicke Lebkuchen.

Unter 560 Gr. Grundteig bricht man 9 Gr. Pottasche (nicht 13 Gr., wie gewöhnlich) und legt dicke Rollen davon neben einander auf ein Blech, welches mit einem Rand umgeben ist. Man backt sie in nicht zu heißem Ofen und bestreicht sie sodann mit Glanzglasur 530.

534. Feine Baseler Lebkuchen.

1 Kilo 120 Gr. Honig läßt man mit 1 Kilo 120 Gr. Farinzucker aufkochen. Nachdem die Mischung aufgelöst ist, rührt man 2¹/₂ Kilo Semmelmehl darunter. Unter diesen Grundteig bringt man, sobald man ihn verarbeiten will, 70 Gr. Pottasche, 560 Gr. geschnittene Mandeln, 140 Gr. gehackte Pomeranzenschale, 140 Gr. gehackten Citronat, 35 Gr. Zimmet, 18 Gr. Nelken, 18 Gr. Muscatblüthe, 2 Muscatnüsse und das Gelbe von 2 Citronen. Der Teig wird halb fingerdick ausgerollt, in glatte Formen gedrückt und ziemlich heiß gebacken. Nach dem Backen kocht man Zucker zum Faden, womit man das Gebäck bestreicht.

Auf andere Art: Den Teig rollt man in der vollen Größe des Blechs halb fingerdick aus und läßt die ganze Platte backen. Hat man sie nach dem Backen mit Butter bestrichen, so läßt man sie im Ofen wieder warm werden und schneidet Stücke davon.

535. Baseler Lebkuchen anderer Art.

2 Kilo 240 Gr. Honig, 1 Kilo 120 Gr. Zucker, 1 Kilo 120 Gr. gehackte braune Mandeln, 560 Gr. Citronat, 560 Gr. Orangenschalen, 87 Gr. Zimmet, 43 Gr. Nelken von 4 Citronen das Gelbe und den Saft, 4 Muscatnüsse, ²/₅ Liter Kirschwasser, 70 Gr. Pottasche und etwa 5—6 Pfund Mehl. Die Behandlung wie in 534.

536. Französische Lebkuchen.

1 Kilo 120 Gr. Honig läßt man aufkochen und vermengt damit zunächst 560 Gr. Farinzucker, sodann 1 Kilo 680 Gr. Mehl, 2 Eier, 280 Gr. länglich grobgeschnittene Mandeln, 18 Gr. Zimmet, 9 Gr. Cardamom, 18 Gr. Piment, 140 Gr. Pomeranzenschale und 70 Gr. Pottasche. Die Masse wird geformt, in guter Hitze gebacken und sodann mit Glanzglasur bestrichen.

537. Mandellebkuchen.

560 Gr. Zucker rührt man mit 7 Eiern schaumig, und vermengt damit zu einem Teig: 560 Gr. Mehl, 210 Gr. gestoßene Mandeln, Citrone, Zimmet, Nelken, Cardamom und etwas Ammonium. Der Teig wird ausgerollt, auf Butterbleche gelegt und in heißem Ofen gebacken.

538. Macaronenlebkuchen.

Man mengt zu einem Teig: 210 Gr. mit Eiweiß geriebene Mandeln, 420 Gr. Zucker, 140 Gr. Biscuitkrumen, 52 Gr. Mehl, etwa 18 Gr. Ammonium, Citrone, Zimmet, Nelken und Cardamom. Auf Oblate gestrichen, in mittlerer Hitze gebacken und mit Glasur bestrichen.

539. Augsburger Lebkuchen.

280 Gr. gestoßene Mandeln, 140 Gr. Krumen, 420 Gr. Zucker, 280 Gr. Mehl, 52 Gr. Pomeranzenschale, 52 Gr. Citronat, 13 Gr. Muscatnuß, 35 Gr. Tortengewürz und das Gelbe einer Citrone werden mit 5 Eiern zu einer Masse angewirkt, diese ausgerollt, in Stücke geschnitten, von Lebkuchengröße und auf bestrichenen Blechen gebacken. Nach dem Backen kocht man Zucker zum starken Faden, den man mit dem Pinsel unter starkem Reiben auf die Lebkuchen streicht. Getrocknet und verziert.

540. Elisen-Lebkuchen.

Man mengt zu einer Masse: 560 Gr. ungeschälte Mandeln, die man mit 560 Gr. Zucker fein gestoßen hat, steifen Schnee von 11 Eiweiß, 105 Gr. geschnittenen Citronat, 35 Gr. Mehl, 18 Gr. Zimmet, 4½ Gr. Nelken, das Gelbe einer Citrone und eine Messerspitze voll Ammonium. Diese Masse streicht man auf rund geschnittene Oblaten. Nach dem Backen glasirt man sie mit brauner Chocolade-, rother Rosen- und weißer Citronenglasur und bestreut sie mit Nonpareille. Zu diesem Gebäck hat man gewöhnlich runde, farbige Schachteln, deren jede ½ Dutzend Lebkuchen faßt.

541. Macaronen-Elisen-Lebkuchen.

560 Gr. Mandeln werden mit Eiweiß fein gerieben, 1 Kilo 680 Gr. Zucker beigemengt, und die Masse in eine Schüssel gebracht. Ferner wird beigemengt: 105 Gr. Cacao, 17 Gr. in Wasser aufgelösten rohen Traganth, Citrone, Zimmet, Nelken und Cardamom. Die Masse wird nun auf Oblate gestrichen, ein Stückchen Citronat in die Mitte gelegt, nach dem Backen mit Citronenglasur glasirt und mit Nonpareille bestreut, auch, wenn man will mit eingemachten Früchten belegt.

542. Weiße Pfefferkuchen.

Von 1 Kilo 120 Gr. Mehl, 560 Gr. Zucker, 8 Eiern, 18 Gr. Ammonium, 18 Gr. Zimmet, 9 Gr. Nelken und Citrone wird ein Teig angewirkt, dieser ausgerollt, in Formen gedrückt, und auf bestrichenen Blechen heiß gebacken.

543. Weiße Lebkuchen, feinste Sorte.

In Schnee von 7 Eiweiß rührt man 7 Eigelb mit 420 Gr. Zucker und schlägt die Masse auf Kohlenfeuer heiß. Ist die Masse wieder kalt geschlagen, rührt man hinzu: 5—6 Gr. Ammonium, 52 Gr. gehackte Pomeranzenschale, 210 Gr.

gehackte und geröstete Mandeln, Citrone, 22 Gr. Tortengewürz und 280 Gr. Mehl. Die Masse wird ausgewogen, auf Oblaten gestrichen, und ein Stückchen Citronat in die Mitte gelegt. Die Stücke werden auf Blech mit Papier-Unterlage in mittlerer Hitze gebacken.

Diese Masse ist unstreitig die feinste. Beim Heißschlagen muß die richtige Hitze getroffen werden. Ist die Masse nicht fest genug, so reißen die Kuchen und fließen auseinander. Ist daher beim Aufstreichen die Masse zu weich, so läßt man sie eine Viertelstunde trocknen.

544. Weiße Lebkuchen, kalte Masse.

Man mengt zu einer Masse: 36 Eigelb, die man mit 2¼ Kilo Zucker recht schaumig gerührt hat, den Schnee von 36 Eiweiß, 280 Gr. Pomeranzen-schale, 420 Gr. gehackte und geröstete Mandeln, 35 Gr. Ammonium, 52 Gr. Zimmet, 18 Gr. Nelken, 18 Gr. Cardamom, das Gelbe von 2 Citronen und 2½ Kilo Mehl. Die Masse wird ausgewogen, auf Oblate gestrichen, mit Citronat belegt, mit Zucker bestaubt, gut getrocknet, und in mittlerer Hitze gebacken.

545. Weiße Lebkuchen anderer Art.

Man mengt zu einer Masse: 32 Eigelb, die man mit 1 Kilo 680 Gr. Zucker schaumig gerührt hat, den Schnee von 32 Eiweiß, 560 Gr. geschnittenen Citronat, 630 Gr. geröstete Mandeln, 35 Gr. Zimmet, 9 Gr. Nelken, 9 Gr. Cardamom, etwas Citrone, 35 Gr. Ammonium und 1 Kilo 680 Gr. Mehl. Weiter wie 544.

546. Ordinäre weiße Lebkuchen.

Man mengt zu einer Masse: 10 Eigelb, die man mit 560 Gr. Zucker angerührt hat, steifen Schnee von 10 Eiweiß, 18 Gr. Zimmet, 9 Gr. Nelken, das Gelbe einer Citrone, 18 Gr. Ammonium und 1 Kilo 120 Gr. Mehl. Auf Oblate gestrichen, mit Zucker bestaubt, getrocknet und in guter Hitze gebacken.

547. Weiße Nürnberger Lebkuchen.

Man mengt zu einer Masse: 8 ganze Eier, die man mit 840 Gr. Zucker schaumig gerührt hat, 210 Gr. Mandeln, 210 Gr. Citronat, 105 Gr. Pomeranzen-schale, 18 Gr. Zimmet, 9 Gr. Nelken, 9 Gr. Cardamom, 1 Muscatnuß, Citrone und 840 Gr. Mehl. Auf Oblate gestrichen und sogleich flüchtig gebacken.

548. Weiße Lebkuchen ohne Mandeln.

1 Kilo 120 Gr. Zucker koche mit ½ Liter Milch zum Faden. Wenn der Zucker etwas abgekühlt ist, so vermenge ihn mit 35 Gr. Tortengewürz, 18 Gr. Ammonium und Mehl zu einem nicht zu festen Teig. Dieser Teig wird 6 Millim. stark ausgerollt, in Tafeln geschnitten, auf bestaubten Blechen heiß gebacken, endlich mit weißer oder rother Eiweißglasur glasirt und verziert.

549. Feine weiße Pfeffernüsse.

Man mengt zu einem nicht zu festen Teig: 30 Eier, die man mit 3 Kilo 360 Gr. Zucker schaumig gerührt hat, 9 Gr. Ammonium, 280 Gr. gehackte Po-meranzenschale, 140 Gr. Tortengewürz, 1 Gläschen Arac, Citrone, etwas Pfeffer und Mehl. Der Teig wird 6 Millim. stark ausgerollt, mit Mehl bestaubt und mit runden hölzernen Stempeln von 2—3 Centim. Durchmesser, welche gestochene Figuren enthalten, ausgestochen. Die ausgestochenen Plätzchen werden auf Bretter gelegt, und, wenn sie Abends gemacht wurden, über Nacht zum Trocknen hingestellt. Man backt sie auf Butterblechen in schwacher Hitze.

550. Haselnußlebkuchen, leichte Masse.

30 Eiweiß werden zu steifem Schnee geschlagen 3 Pfund Staubzucker die Hälfte mit dem Schneebesen darunter geschlagen, die andere Hälfte mit dem Spatel darunter gerührt, dann wird noch dazu melirt 2 Pfund gehobelte und geröstete Haselnüsse, 280 Gr. Mehl, 160 Gr. Puder und Vanille. Bei schwacher Hitze gebacken.

551. Pfeffernüsse, gewöhnliche.

Man mengt zu einem Teig: 2¼ Kilo gelben Farin, den man mit 16 ganzen Eiern (oder auch 32 Eigelb) schaumig gerührt hat, 140 Gr. gehackte Pomeranzenschale, 140 Gr. Tortengewürz, 140 Gr. Anis, das Gelbe von 3 Citronen 70 Gr. Ammonium, etwas Wasser und 3 Kilo 360 Gr. Mehl. Ausgerollt, ausgestochen, getrocknet und in guter Hitze gebacken.

552. Ordinäre weiße Pfeffernützchen.

3 Kilo 360 Gr. Zucker, 6 Kilo 160 Gr. Mehl, 131 Gr. Ammonium, 70 Gr. Piment und 70 Gr. Anis werden mit Wasser angewirkt, ausgerollt, ausgestochen und sogleich auf Butterblechen in heißem Ofen gebacken.

553. Weiße und rothe ordinäre Pfeffernützchen.

1¼ Liter Milch, 114 Gr. Ammonium und 2 Kilo Zucker rührt man kurze Zeit durcheinander und mengt nicht ganz 4 Kilo Mehl hinein. Die Hälfte der Masse färbt man mit Anilin roth. Der Teig wird ziemlich dick ausgerollt, mit Ausstechern von 2 Centim. Durchmesser ausgestochen und die ausgestochenen Nützchen auf Butterblechen ganz hell gebacken.

554. Nürnberger Plätzle.

Gut 2 Liter Syrup lasse aufkochen mit 560 Gr. Farin. Nachdem die Mischung erkaltet ist, menge 280 Gr. gestoßenen Melis, 70 Gr. Tortengewürz, 3 Eier, 140 Gr. Pomeranzenschale, ein entsprechendes Quantum Mehl und jenes erkaltete Gemisch zu einer Masse, die sich ausrollen läßt. Arbeite sodann noch etwas Ammonium darunter. Rolle nun zunächst erst einen kleinen Theil ziemlich dick aus und mache damit eine oder einige Proben. Backe Plätzchen* davon auf Butterblech in heißem Ofen. Wenn dieselben wie Macaronen reifen, so ist die Masse in richtigem Verhältniß zusammengesetzt. Andernfalls menge noch etwas Ammonium hinzu

555. Plätzle anderer Art.

Menge zu einer Masse: 1 Kilo 400 Gr. Farin, 2 Eier, 35 Gr. Ammonium, 140 Gr. gehackte Pomeranzenschale, 105 Gr. Tortengewürz, 1 Kilo 680 Gr. Mehl und so viel

---

*) Man schreibt richtiger „Plätzchen" als, wie einige thun, „Blätzchen". Das Wort stammt vom lateinischen Wort „placenta", welches überhaupt „Kuchen" bedeutet.

Wasser, daß ein fester Teig gebildet wird. Arbeite nun noch 3 Kilo 360 Gr. Grundteig 529 tüchtig darunter, mache einige Proben und verfahre nach 554.

556. Pflastersteine.

Ein Quantum Grundteig 529 mengt man mit Ammonium, zu 560 Gr. Grundteig, 13 Gr. Ammonium und mit entsprechend Gewürz und Citronat. Davon werden Plätzchen ausgestochen, gebacken und dann mit dreierlei Farben glasirt: braun mit Chocolade, weiß mit Citrone, roth mit fleur d'orange. Dies geschieht, indem man in einem Kessel Zucker zum Faden kocht, sodann die Plätzchen hineinlegt und sie umrührt, bis der Zucker anfängt, abzusterben. Man bringt sie dann auf ein Blech zum Trocknen. Zur ersten Portion der Plätzchen setzt man dem Zucker ein Quantum Cacao hinzu, zur zweiten einige Tropfen Citronenöl, zur dritten etwas fleur d'orange und färbt ihn roth.

IX. Abtheilung.
Pasteten.

557. Verschiedene Pastetenteige.

Zu kleinen Pasteten verwendet man den Blätterteig 154. Auch das große Pastetenhaus läßt sich davon verfertigen. (Siehe 535). Zu einer gewissen Art der Pasteten jedoch, z. B. zu den in Formen gebackenen, läßt er sich nicht verwenden. Er würde nicht ausbacken und unverdaulich bleiben. Hier verwendet man den sogenannten abgebrannten Pastetenteig oder jenen, zu dem man das Mehl mit der Butter anwirkt.

558. Abgebrannter Pastetenteig.

$^1/_8$ Liter Wasser, 70 Gr. Butter und 70 Gr. Zucker läßt man in einem Kessel aufkochen, rührt dann 280 Gr. Mehl hinzu und röstet die Masse gut ab. Ist sie erkaltet, wirkt man sie zum Gebrauch noch mit Mehl an.

559. Butterteig ungerollt.

560 Gr. Mehl, 280 Gr. Butter, 1 Ei und etwas Salz wirkt man mit Wasser zu einem nicht zu festen Teig an, den man vor dem Gebrauch kurze Zeit ruhen läßt.

560. Butterteig fein.

In 280 Gr. Mehl, 2 Eigelb, etwas Salz hackt man 280 Gr. Butter und macht dies mit Milch zu einem Teig, doch so, daß die Butter noch in Stücken bleibt. Alsdann rollt man den Teig wie 154.

561. Kleine Fleischpasteten.

Ein Quantum Blätterteig 154 rollt man etwa 6 Millim. stark aus und sticht davon runde Platten aus, gut 7 Centimeter im Durchmesser. Den beim Ausstechen abfallenden Teig drückt man leicht zusammen, legt ihn auf ein frisches Stück Teig, rollt beides zusammen nochmals aus, doch etwas dünner als das erste Mal, macht davon auf's neue Platten, so viel als man schon hat, legt die neuen dünneren Platten auf ein Blech, bestreicht oben deren Rand mit Wasser, füllt die Mitte mit der Farce 562, legt nun die zuerst ausgestochenen Platten als Deckel darauf, bestreicht dieselben oben mit Ei und läßt das Ganze backen. Der Ofen muß ziemlich heiß sein, namentlich anfangs, damit der Blätterteig schön aufgeht. Man muß darauf sehen, daß die Pasteten gut ausbacken.

562. Farce.

280 Gr. gehacktes Bratwurstfleisch, das Fleisch von 12 Sardellen, welches man von den Gräten gerissen hat, 2 Zwiebeln, 35 Gr. Kappern, etwas Salz, Pfeffer, Muscatnuß und Citrone: Alles zusammen fein gehackt und ein Ei dazu gemengt.

563. Farce anderer Art.

In die Masse 562 hackt man noch eine 3-Pfennig-Semmel, welche man im Wasser aufgeweicht und dann ausgedrückt hat, läßt in einer Pfanne 70 Gr. Butter schmelzen, bringt die Farce hinein und röstet sie darin gut ab. Bevor die Pasteten mit ihr gefüllt werden, muß sie abkühlen.

564. Farce von Kalb- und Schweinefleisch.

Halb Kalb-, halb Schweinefleisch kocht man mit etwas Salz weich, löst die Knochen davon, hackt es mit entsprechend Zwiebeln und Sardellen und setzt das erforderliche Gewürz hinzu: Pfeffer, Muscatnuß und Citrone, auch 1 Ei und 1 Gläschen Madeira, sowie, wenn die Masse zu fest ist, ein wenig Fleischbrühe. Das Quantum des Gewürzes läßt sich nicht genau angeben. Man kostet die Farce und richtet sich nach dem Gaumen.

565. Großes Pastetenhaus.

Wie 557 bemerkt, läßt sich diese Pastete vom Blätterteig 154 bereiten. Man rollt davon einen Boden nicht zu dick aus und legt ihn auf einen Bogen Papier. Von Papierspänen, welche man in einen weißen Bogen Druckpapier fest einwickelt, bildet man nun einen Ballen (von der Größe des ausgerollten Bodens), den man mit einem Faden über Kreuz zubindet, damit er fest zusammenhält. Diese halbrunde Kugel legt man auf den ausgerollten Boden. Die Teigabfälle von dem rund zugeschnittenen Boden und noch ein Quantum Teig werden nun zu einem Stück Teig ausgerollt, welchen man jedoch noch einmal zusammenschlägt. Hievon rollt man eine womöglich runde, nicht zu dünne Platte, welche bestimmt ist, den Deckel der Pastete zu bilden, über die Kugel. (Das nochmalige Zusammenschlagen ist nothwendig, weil man sonst riskiren würde, daß im Ofen der Deckel abläuft). Den Deckel drückt man unten von allen Seiten an den Boden an und schneidet dann das Ueberflüssige davon ab. Das Gebäude wird nun mit Ei bestrichen. Unten wird ein 2 Finger breiter Rand herumgesetzt, den man zuvor in der erforderlichen Länge von demselben Blätterteig geschnitten hat. Dieser Rand wird ebenfalls mit Ei bestrichen. Will man den Rand recht hoch haben, so setzt man noch einen zweiten Streifen darauf, wobei aber die Oberfläche des unteren mit Wasser oder Ei bestrichen sein muß. Man kann die Pastete noch mit kleinen Teigstücken verzieren, welche man ebenfalls mit

Ei bestrichen hat. Beim Bestreichen des Randes darf kein Ei an die Kante gestrichen werden. Dies würde dem Aufgehen hinderlich sein.

Das Pastetenhaus wird nun im heißem Ofen schön gelb gebacken, wobei darauf zu sehen ist, daß der Rand gut durchgebacken wird, was am besten dadurch geschieht, daß man dasselbe, nachdem es einmal angebacken ist, in die zweite, etwas weniger heiße Backröhre bringt. Ist es gebacken, so schneidet man mit scharfem Messer oben etwa ein Drittel ringsum ab, schneidet den Faden durch und nimmt vorsichtig die Papierspäne und den Papierbogen heraus. Es wird nun mit zubereiteten Tauben, Hühnern ꝛc. ꝛc. gefüllt und, nachdem der Deckel darauf gelegt ist, auf die Tafel gebracht.

Statt der Kugel von Papierspänen kann man auch eine Serviette verwenden. Doch ist erstere vorzuziehen.

Den Deckel darf man nicht zu dünn ausrollen, auch den Ofen nicht zu kalt halten. Beides würde beim Backen das Abreißen befördern.

566. Straßburger Gänseleberpastete.

6 große weiße Gänselebern wässert man ein wenig aus, legt sie einige Stunden lang in Milch, spickt sie mit fein geschnittenem Speck und frischen Trüffeln und marinirt sie mit Provenceröl, Kräuterpulver und Citronensaft. Sodann bereitet man eine Füllung von einigen gekochten Hühnerbrüsten oder 280 Gr. Kalbfleisch, 280 Gr. Trüffeln, 280 Gr. Speck und entsprechend Chalottenzwiebeln, indem man all' dieses zerhackt, 280 Gr. Butter mit 2 Eiern gut abrührt, das Gehackte mit etwas Salz und mit 2 Schöpflöffel voll Fleischbrühe hineinmengt und Alles gut durcheinander rührt. Nun formt man ein Pastetenhaus von Blätterteig und streut auf den Boden desselben 140 Gr. geriebenen Parmesankäse. Die Hälfte der Füllung wird darüber gestrichen, die Gänselebern darauf gelegt, die Marinade darüber gegossen, die übrige Füllung obenauf gestrichen, das Ganze mit Speckscheiben belegt, der Deckel von Blätterteig darüber gebracht, mit Ei bestrichen und nun die Pastete gebacken.

Diese Pastete ist berühmt wegen ihres ganz vorzüglichen Wohlgeschmacks.

567. Kapaunenpastete.

Zwei Kapaunen werden wie zu einem Ragout zerlegt. Sodann wird etwas Mehl in Butter braun geröstet, 12 gereinigte Sardellen gehackt und damit zusammengerührt, etwas gehackte Citronenschale, Muskatblüthe, gehackte Zwiebeln, ein wenig Wein, Salz und Pfeffer beigemengt, nun die Kapaunenstückchen hineingelegt und Alles ein wenig eingekocht. Man füllt das Ganze in ein Pastetenhaus, welches man auf eine flache Schüssel gestellt hat, drückt noch etwas Citronensaft dazu, setzt den Deckel darauf, und die Pastete ist fertig.

568. Sauce zu Wildpret- und anderen Pasteten.

Etwas Mehl röstet man in Butter braun, gießt etwas Fleischbrühe und Weinessig dazu und vermengt damit etwas Salz, Nelken, Pfeffer, einige gehackte Zwiebeln und etwas gestoßenen Zucker. Alles zusammen läßt man kochen und durch ein Haarsieb laufen. In diese Sauce wirft man noch geschnittene Champignons, Citronenscheiben, Kappern und ein Stückchen Butter und läßt Alles noch einmal aufkochen.

569. Wildpretpastete.

Gekochtes Wildpretfleisch, von den Knochen befreit, wird mit Zwiebeln und Speck gehackt und mit Salz, Pfeffer und Nelken gemengt. Auf eine zinnerne Schüssel legt man alsdann einen Rand von Blätterteig, belegt ihren Boden mit

7*

Stückchen Butter, füllt das gehackte Fleisch darauf, legt einen Deckel von Blätterteig darüber, bestreicht denselben, sowie den Rand mit Ei und läßt die Pastete in starker Hitze backen. Das Wildpretfleisch kann man auch, anstatt gehackt, in Stücke ge=schnitten hineinlegen.

Dieser Pastete wird die Sauce 568 beigegeben.

570. Taubenpastete.

Tauben werden gerupft, von den Federn gereinigt, ausgenommen, in Viertel geschnitten und gewässert. Ein Stück Butter, etwas Brühe, Salz, Zwiebeln, Ge=würz, Citronenscheiben und die in Stücke geschnittenen Tauben läßt man in einer Kasserolle gut zugedeckt fast gar dämpfen. In eine Schüssel gebracht, läßt man Alles erkalten. Leber und Magen werden nicht mitgekocht, sondern gehackt und mit aufgekochter Kälbermilch und klein geschnittenen Champignons vermischt. Krebse werden in Wasser und Salz gesotten, ausgeschält und Fleischklöschen gemacht. Auf einen Boden von gebranntem Teig 557 streicht man das Gehackte; darüber rangirt man das Uebrige, wobei man einige Löffel voll Sauce hinzugießt. Von gleichem Teig wird ein Deckel darüber gelegt, mit Ei bestrichen und die Pastete in mäßiger Hitze gebacken.

571. Fischpastetchen.

Man hackt das Fleisch von Fischen einer beliebigen Art mit Champignons und Krebsschwänzen, würzt es mit Pfeffer, Salz, Muskatblüthe, Zwiebeln und Kappern, vermengt es hinlänglich mit Butter, füllt damit Förmchen, die man mit Butterteig 559 ausgelegt hat, und läßt diese Pastetchen backen.

572. Austernpastetchen.

So viel Pastetchen man backen will, so viel Austern löst man aus den Schalen. In einer Kasserolle läßt man alsdann etwas Butter schmelzen, rührt einige Löffel voll Mehl und etwas geriebene Semmel hinzu und läßt dies hellbraun rösten. Dann mischt man entsprechend Citronensaft hinzu, legt die Austern hinein und läßt sie mit durchschmoren. Nachdem das Ganze erkaltet ist, legt man auf jeden Pastetchen=boden eine Auster mit etwas Farce, legt einen Deckel darüber, bestreicht diesen mit Ei und läßt die Pastetchen backen. Das Anfertigen dieser Pastetchen geschieht wie bei 561; nur macht man sie etwas kleiner.

573. Caviarpastetchen.

Eine Hülse wie bei 561 füllt man mit Caviar, drückt etwas Citronensaft darauf, legt ein wenig gehackte Zwiebeln darüber, setzt einen Deckel darauf, bestreicht denselben mit Ei und läßt die Pastetchen backen. Man ißt sie kalt.

574. Klöse zu Pasteten.

560 Gr. Kalbsbrust, 280 Gr. Schweinefleisch, 140 Gr. Speck, 210 Gr. Sardellen und etwas Citronenschale fein gehackt; Pfeffer, Kappern, 2 Eier, etwas geriebene Semmel und etwas Bouillon beigemengt, und daraus Klöschen gemacht. Auch Magen und Leber von Geflügel kann man sehr gut mit dazu verwenden.

575. Krebsbutter zu Pasteten.

Krebsen nimmt man die Eingeweide aus, welches dadurch geschieht, daß man ihnen die mittlere Schwanzfeder herausreißt, wirft sie rasch in kochendes Wasser mit Salz und läßt sie darin, bis sie ganz roth sind. Dann löst man die Schale von

Schwänzen und Scheeren und mengt das innere Fleisch unter das Pasteten=Fricassée. Das Uebrige reinigt man von der Galle, stößt es in einem Mörser fein und läßt es mit wenig Wasser und etwas Butter durchkochen. Dies wiederholt man noch einmal, nachdem man die Masse schon einmal durch ein Sieb hat ablaufen lassen, und verwendet die abgelaufene, röthlich gewordene Krebsbutter kalt, theils in Pasteten, theils zur Sauce.

576. Rindszungepastetchen.

Eine Ochsenzunge wird mit Salz weich gekocht, geschält und in dünne Scheiben geschnitten. Das Gehäuse macht man von gewöhnlichem Blätterteig. Es besteht aus Boden, Kranz (platt liegend) und Deckel: Boden 7 Centim. Durchmesser, Deckel 5 Centimeter Durchmesser. Zuerst rollt man eine ziemlich dicke Platte aus, aus der man mit Ausstechern die Kränze heraussticht. Die herausgestochenen inneren Stücke werden mit frischem Teig wieder verrollt. Nun rollt man eine ziemlich dünne Platte aus, aus der man die Böden und die Deckel heraussticht. Die Böden werden am Rand mit Ei bestrichen, die Kränze darauf gesetzt, gleichfalls mit Ei bestrichen und in heißem Ofen gebacken. Die Deckel backt man besonders. Auch sie bestreicht man mit Ei. In dieses Gehäuse legt man nun eine Scheibe Zunge, begießt sie mit der Pasteten=Sauce 568 und setzt den Deckel darauf.

Die Zunge kann man auch, anstatt sie zu schneiden, fein hacken, mit etwas Gewürz, Pfeffer, Salz, Citronenschale und Ei vermengen und dann mit Butter auf dem Feuer leicht schmoren.

577. Krammetsvögelpastetchen.*)

Zu jedem Vogel macht man eine Hülse mit Rand, so groß, daß man den Vogel mit der nöthigen Farce hineinlegen kann. Diese Pastetchen werden gewöhnlich ohne Deckel servirt. Vor dem Auftragen steckt man in jede Hülse einen Krammets=Vogel und füllt ihm die Augen mit Farce aus. Innerhalb des Randes wird das Pastetchen mit Trüffelstückchen garnirt, dann mit dicker Sauce überzogen.

578. Pastetchen von verschiedenen Fleischarten.

Auf dieselbe Art lassen sich von der verschiedensten Fleischarten schmackhafte Pastetchen herstellen. Das gehackte Fleisch vermengt man mit dem nöthigen Gewürz, schmort es und füllt es in das Gehäuse.

579. Blätterteigrand anstatt eines Pastetenhauses.

Will man bei großen Pasteten sich die Mühe ersparen, ein Pastetenhaus zu verfertigen, so begnügt man sich damit, einen etwa 4 Centim. hohen Rand zu machen, so weit im Umfang, wie die Schüssel, den man verziert, backt und auf die Schüssel setzt. Die Füllung bringt man hinein und belegt dieselbe oben mit Sternen, Rauten, Halbmonden und sonstigen Figuren von Blätterteig. (Fleurons; 172).

580. Aalpastete.

Ein Aal wird gereinigt und einige Minuten mit Salz gekocht. Etwa 1 Kilo 120 Gr. Aal, 280 Gr. Speck, 280 Gr. rohes Schweinefleisch, Zwiebeln, Kappern, geriebene Semmel und Gewürz wird zusammen fein gehackt und diese Aalfarce mit

---

*) Schon bei den Feinschmeckern des alten Rom waren die Krammetsvögel sehr beliebt. Ein römischer Dichter sagt: „Cum sit obeso nil melius turdo." Das ist: „Daß es nichts Besseres gibt, als einen fetten Krammetsvogel."

Fleischbrühe fertig gemacht. Vom Butterteig 559 rollt man einen Boden aus oder belegt mit diesem Teig eine flache Zinnschüssel. Nun streicht man die Farce darüber, legt Citronenscheiben, Champignons und Kappern darauf, deckt die Füllung zu mit Butterteig, verziert den Deckel mit Sternen u. s. w. und bestreicht ihn mit Ei. Diese Pastete muß langsam, aber gut ausgebacken werden.

Den Aal kann man auch in Scheiben schneiden und diese auf den Butterteig= boden legen, anstatt der Aalfarce.

581. Hechtpastete und Forellenpastete.

Ein Hecht wird ausgenommen und womöglich von den Gräten befreit. Man legt ihn in Essig und Citronenscheiben und läßt ihn mehrere Stunden beizen. Nun mengt man untereinander: 2 Eier, die man mit Butter schaumig gerührt hat, Salz, Pfeffer, Muskatnuß, geriebene Semmel, die gehackte Leber des Hechts und einige kleine Stücke feinen Fleisches. Dies bildet die Farce. Von Blätterteig rollt man einen Boden aus, legt einige Stückchen Butter darauf, streicht einen Theil der Farce darüber, legt das übrige in Stücke zerlegte Fischfleisch darauf, darüber Champignons, Citronenscheiben, Kappern und Morcheln, dann wieder Farce, und so fort, bis alles hügelartig aufeinander geschichtet ist. Auf die letzte Schicht Farce gießt man einige Löffel voll Fleischbrühe. Dann setzt man den Deckel oben auf und läßt Alles 1½ Stunden backen.

Man kann auch die Sauce 568 mit hineinbringen und ihr noch ein Glas Madeira zusetzen.

Forellenpastete wird auf dieselbe Weise zubereitet.

582. Eierpastetchen.

9 hart gesottene Eier und 9 geschälte Borsdorfer Aepfel hackt man recht fein, vermengt damit 280 Gr. Nierenfett, einige in Milch aufgeweichte Semmeln, etwas Weinbeeren, Gewürz, 1 Gläschen Wein, etwas Salz und ein wenig Zucker. Diese Masse schmort man auf und füllt sie in die Gehäuse 561.

583. Gewürz=Salz zu Pasteten.

Wenn in einem Geschäft Pasteten oft vorkommen, so thut man gut, eine größere Mischung von Gewürzsalz bereit zu halten. Bei kleinen Verhältnissen wird gar leicht von einem Stück zu viel, von einem anderen zu wenig genommen. Deßhalb trockne und pulverisire man 35 Gr. Nelken, 52 Gr. Majoran, 140 Gr. Pfeffer, 35 Gr. Basilicum, 6 Stück Muskatnüsse, 35 Gr. Thymian, 70 Gr. ungefärbtes oder Neu= Gewürz und 52 Gr. Ingwer. Dieses zusammen mische man mit 2¼ Kilo Salz.

584. Kräuterpulver zu Fricassé.

Lorbeerblätter, Basilicum, Thymian, Beifuß und Salbei zusammen pulverisirt und in verschlossener Büchse aufbewahrt.

X. Abtheilung.

Figurentorten und Tafelaufsätze.

---

585. Figurentorten und Tafelaufsätze überhaupt.

Figurentorten nennt man Torten, welche eine besondere Figur bilden. Tafel=
aufsätze sind solche Figuren von Confectmasse, welche man nicht mehr Torte nennen
kann. Nachstehend führe ich von beiden einige Beispiele an.

586. Buch.

Von beliebiger Tortenmasse backt man in einer Kapsel ein längliches Viereck
in Buchformat, oder auch zwei, die man mit Gelée, eins auf das andere gelegt,
zusammensetzt. Nun schneidet man das Gebäck scharfkantig. Von Marzipan rollt man
eine dünne Platte aus, bestreicht das Gebäck leicht mit Gelée und umwickelt es von
drei Seiten mit dieser Platte, so daß dieselbe den Umschlag des Buches bildet. Da=
bei läßt man diesen Marzipanumschlag, wie bei einem Buch, überall etwas vorstehen.
Die beiden Seitenflächen glasirt man mit weißer Eiweißglasur, die Ecken und den
Rücken mit Chocolade, den Schnitt mit rother, grüner, gelber oder marmorirter
Glasur. Sonstige Verzierungen macht man dem Gegenstande angemessen.

587. Schlüssel.

Man backt, wie in 586, in einer Kapsel zwei nicht zu hohe längliche Torten=
stücke, schneidet von Pappendeckel die Form eines großen Schlüssels, schneidet danach
die Tortenstücke aus und setzt sie mit Gelée zusammen, worauf man das Ganze
glasirt und verziert.

588. Schmetterlinge.

Von einem Kapselgebäck 586 schneidet man die Form eines Schmetterlings
mit ausgebreiteten Flügeln; den Leib überspritzt man mit Windmasse, steckt in den
Kopf 2 Borsten als Fühlhörner und spritzt auf die Flügel Pfauenaugen oder sonst=
igen entsprechenden Zierrath. Nachdem die Schaummasse angetrocknet ist, kann man
den Leib leicht bemalen, auch die Flügel mit ganz kleinen Früchten oder Gelée belegen.

589. Lyra.

Aus Kapselgebäck 586 wird die Form einer Lyra ausgeschnitten, mit Schaum
überspritzt, mit kleinen Früchten belegt und mit Gelée verziert.

590. Schinken.

In einer Thonform, die man vom Töpfer hat anfertigen lassen, backt man
von Biscuitmasse die Figur eines angeschnittenen Schinkens, glasirt dieselbe mit
Chocoladeglasur, an der Schnittseite jedoch mit weißer Glasur, die man, nachdem
sie getrocknet ist, in der Mitte, um das angeschnittene Fleisch darzustellen, roth bemalt.

591. Fruchtkorb aus Macaronenmasse.

Der Korb läßt sich rund oder auch oval herstellen. Mit der Blechspritze und Sterntülle dressirt man aus fester Macaronenmasse Ringe auf Bleche, die man mit Butter oder Mehl bestrichen hat. Hat man den ersten, unteren Ring gespritzt, so macht man den zweiten, dritten und vierten, je um einen halben Finger breit schmäler, als den vorhergehenden. Diese bilden den Fuß des Korbes. Von da ab macht man jeden Ring wieder etwas größer, bis der Korb, nachdem die Ringe mit Glasur zusammengesetzt sind, eine angenehme Form erhalten hat. Auf eine Marmorplatte spritzt man einen längeren und entsprechend breiten Streifen, der als Henkel dienen soll. Zucker, den man etwas roth färbt, kocht man zum Karamel. Mit diesem Karamelzucker wird jener Streifen, den man zu einem halbrunden Bogen zusammenbiegt, als Henkel an den Korb befestigt. Von gewöhnlicher Macaronenmasse backt man eine Platte, so groß als die obere Weite des Korbes, setzt sie hinein und belegt sie mit karamelirten Früchten und Blättern. Der Korb wird sodann noch passend verziert.

592. Blumenkorb von schwerer Schaummasse.

Aehnlich wie 591. Man dressirt Ringe, setzt sie aufeinander, bringt Henkel und obere Platte an, belegt letztere mit Blumen und Blättern und verziert den Korb geschmackvoll mit Glasur und farbiger Gelée.

593. Füllhorn.

In einer Thonform, die man vom Töpfer hat anfertigen lassen, backt man von beliebiger Tortenmasse die Figur eines Füllhorns, überspritzt dieselbe mit Schaummasse oder glasirt sie, belegt die Figur am breiten Ende mit Früchten und verziert Alles geschmackvoll.

594. Macaronenaufsatz von 2 Etagen.

Von fester Macaronenmasse dressirt man verschiedene Schnörkel, z. B. 6 Stück S zur unteren Etage, 6 Stück C, welche man um $\frac{1}{3}$ kleiner macht, zur oberen. Dann bereitet man 4 Ringe, nämlich 2 so groß als die Platte, auf der der Aufsatz stehen soll, und 2 kleinere, um zwischen der ersten und zweiten Etage zu liegen. Dies Alles setzt man mit flüssig gemachtem Zucker zusammen, und bringt dazwischen verschiedenen Zierrath an: als Blumen, Silberpillen, farbige Mandeln, Mandelblätter, grüne Blätter von Papier und dergl. Oben auf die Krone setzt man ein Fruchtkörbchen oder stellt eine Figur darauf.

Die Mandelblätter macht man auf folgende Art: Etwas übrig gebliebene Macaronenmasse verdünnt man mit Eiweiß und rührt ein wenig Mehl dazu; davon dressirt man durch Schablonen die Blätter dünn auf bestrichene Bleche, backt sie hellgelb, legt sie heiß über ein halbrundes Blech und verziert sie leicht mit weißer Spritzglasur.

Den Zucker zum Befestigen der sämmtlichen Gegenstände bereitet man auf folgende Weise: In einem flachen Pfännchen auf dem Feuer rührt man gestoßenen Zucker, bis er sich auflöst und flüssig wird. Die Theile, welche zusammengesetzt werden sollen, taucht man ein und befestigt sie. Dies muß schnell geschehen, weil der Zucker sonst erstarrt. Den Zucker im Pfännchen rührt man von Zeit zu Zeit auf dem Feuer wieder flüssig. Man muß jedoch darauf sehen, daß er nicht anbrennt, wodurch er braun werden und einen bitteren Geschmack annehmen würde.

595. Mandelberg mit Verzierung.

Von Oblate schneidet man 16—18 Ringe aus, solchergestalt, daß der nächst=
folgende immer etwas kleiner ist und bei dem Zusammensetzen eine Pyramide bildet.
Diese Ringe werden auf ein leicht mit Butter bestrichenes und gut mit Mehl be=
staubtes Blech gelegt. Alsdann reibt man 52 Gr. Mandeln mit Eiweiß, wiegt auf
ein Papier zusammen 315 Gr. Staubzucker, 245 Gr. geschnittene Mandeln, 17 Gr.
Mehl, 70 Gr. geschnittenen Citronat, das Gelbe einer Citrone und etwas Zimmet.
Nun schlägt man 3—4 Eiweiß zu Schnee, läßt etwas Schnee zurück, rührt zuerst
die geriebenen Mandeln darunter und dann die übrigen Ingredienzien dazu. Sollte
die Masse noch etwas zu fest sein, so meliert man noch von dem zurückgelassenen
Schnee dazu, sie darf aber nicht zu weich sein, damit man sie noch mit der Hand
ausrollen kann. Nun macht man Streifen und belegt die Oblatenringe damit, bringt
sie in schwache Hitze und, wenn sie angebacken sind, in etwas stärkere. Doch dürfen
die Streifen nur schwach gebacken werden, damit sie innen recht saftig bleiben. Nun
reibt man von 140 Gr. geschälten Mandeln, Eiweiß und 175 Gr. Staubzucker eine
zarte, feste Spritzmasse, dressirt durch die Sterntülle lange Streifen und legt davon
in gleicher Größe und auf bestrichenem Blech wie in 594 sechs S, weiter sechs C,
welche zur zweiten Etage etwas kleiner sein müssen und dann noch sechs kleine s,
welche die dritte Etage bilden und eine Lyra, sowie mehrere kleine Ringe. Die übrige
Macaronenmasse verdünnt man mit Eiweiß, gibt etwas Mehl hinzu, macht durch
die Schablone Blätter in verschiedenen Größen und legt sie nach dem Backen auf
halbrunde Bleche.
Nun setzt man auf eine Platte mit hübschem Tortenpapier zuerst die Ringe
mit gebranntem Zucker zusammen, alsdann außen herum die sechs S, hernach setzt
man die sechs C zusammen und befestigt sie auf der Spitze der Pyramide, legt zwei
kleine Ringe von der Spritzmasse darauf und dann die kleinen s, hierauf werden
wieder zwei kleine Ringe gelegt und zum Schluß oben darauf die Lyra befestigt.
Nun setzt man die verschiedenen Blätter dazwischen, verziert die Schnörkel mit Fon=
dantblumen, farbigen Mandeln, grünen Blättern ꝛc.; auch kann man einige Fähnchen
hineinstecken, und verziert das Ganze leicht mit weißer Spritzglasur. Statt der Lyra
kann man auch eine beliebige Traganthfigur anbringen. (Hauptsächlich ist bei dem
Zusammensetzen aller Aufsätze zu beobachten, daß Alles gut mit gebranntem Zucker
verbunden wird).

596. Aufsatz mit Füllhorn.

Von der Masse 595 macht man 6 Ringe und setzt sie mit Zucker aufein=
ander. Um diese Ringe setzt man sechs Schnörkel S von Spritzmasse und sechs
Croquantebögen, welche ebenso lang sind, als die ersteren und macht oben darauf
eine große Croquantenplatte. Zur zweiten Etage drückt man nun in einer Blech=
form vier Füllhörnchen aus und gießt von Karamel und Conserve vier Amor.
Nun macht man von Croquante eine fingerdicke Säule, die so lang ist wie die
Füllhörnchen und die Amor, befestigt die Säule in Mitte der Platte und setzt
um dieselbe die Figuren. Oben darauf macht man eine Schale von Croquante.
In dieselbe stellt man nun wieder eine etwas kürzere Säule, setzt vier Delphine
von Karamel herum und auf dieselben wieder eine kleine Schale, in welche man
wieder eine Säule macht und um dieselbe vier S von Croquante befestigt. Obenauf
macht man ein kleines rundes Plättchen, und stellt ein Füllhorn oder eine Tra=
ganthfigur darauf. Nun bringt man noch verschiedene Croquantebögen an, füllt
die Schalen mit Fondantblumen, grünen Blättern ꝛc. In die Füllhörnchen steckt
man ein Sträußchen von lebenden Blumen oder füllt sie mit karamelirten Früch=
ten und verziert den ganzen Aufsatz mit Spritzglasur.

597. Croquante.

Von Croquante laſſen ſich viele Aufſätze herſtellen: Es iſt da namentlich darauf zu ſehen, daß ſie eine gleichmäßige hellgelbe Farbe erhalten. Man kann die Croquante von geſchnittenen oder gehackten Mandeln herſtellen, in beiden Fällen iſt darauf zu ſehen, daß die Mandeln recht trocken ſind. Das richtigſte Verhältniß iſt, wenn man auf 245 Gr. Mandeln, 280 Gr. Zucker nimmt; der Zucker wird mittelſt Umrührens auf ſtarkem Feuer aufgelöſt, die Mandeln dann darunter gerührt und das Gemenge, wenn es gut melirt iſt, auf eine mit Butter oder Oel beſtrichene Marmorplatte gebracht und mit dem Rollholz je nach den zu formenden Gegenſtänden ausgerollt. Wird nun die Maſſe zu feſt, ſo legt man ſie auf ein Blech und bringt ſie einen Augenblick in den heißen Ofen. Vorher muß man ſich die Schablonen von Pappendeckel machen für die Gegen= ſtände, welche man herſtellen will, weil man ſie dann nur darauflegen kann, um ſie darnach zu ſchneiden. Wie ſchon bemerkt, laſſen ſich davon verſchiedene Ge= genſtände herſtellen, die man entweder nach Schablonen ſchneidet oder in Blech= formen drückt, z. B. Muſcheln, Schmetterlinge, Blumenvaſen, Füllhorn, Korb, Lyra, Harfe u. ſ. w.

598. Croquante=Aufſatz.

Von Croquante 597 fertigt man eine runde Platte und macht um dieſelbe einen zwei= bis dreifingerbreiten Rand. Nun dreht man über ein fingerdickes Stäbchen, welches etwa die Länge eines Bleiſtiftes hat, ſechs Säulen und ſetzt dieſelben etwas entfernt vom Rand auf die Platte, welche den Fuß bildet. Oben darauf ſetzt man eine ſechseckige Platte, welche jedoch etwas über die Säulen hervorſpringen muß. Nun macht man zur zweiten Etage ſechs längliche viereckige Platten und ſchneidet in die Mitte die Form eines gothiſchen Fenſters heraus, ſetzt dieſe auf die Platte der erſten Etage und oben darauf wieder eine ſechseckige Platte, jedoch etwas kleiner als die untere. Auf dieſe Platte macht man in eine Blechform eine Kuppel und ſetzt auf dieſelbe ein etwa vier Finger breites rundes Thürmchen, macht eine runde Platte darauf, auf welcher man als Spitze eine Figur von Traganth ſtellt. Nun macht man zwiſchen jeder Säule ein Poſtament und ſtellt auf daſſelbe eine Traganthfigur — oder man gießt von Karamel Amors oder ſonſtige Figuren. Nun macht man auf Glas von Spritzglaſur in ſechs Theile die Teraſſe, läßt dieſe trocknen und ſetzt ſie um die erſte Etage herum; ähnlich verfährt man bei der zweiten, — oder man ſetzt um dieſe eine Verzierung von Croquante. Das Ganze wird nun noch mit Mandeln, Silberpillen und Spritzglaſur verziert.

599. Aufſatz mit Früchtenbuſch.

Man macht einen Fuß von Croquante wie in 598. Alsdann karamelirt man eingemachte Früchte von verſchiedener Farbe, Orangenſchnitz und einige ſchön rothgefärbte ausgeſtochene Roſetten von Marzipan, beſtreicht eine hohe nicht zu weite Blechform mit Butter und ſetzt die karamelirten Früchte im Innern der Form in einer Reihe hoch auf einander, ſtürzt den Früchtenbuſch heraus und ſetzt ihn auf den Croquantefuß. Hierauf macht man eine Platte von Croquante. Nun gießt man ſechs Schnörkeln von Karamel und ſetzt ſie zuſammen auf die zweite Etage und legt gleichfalls ein Plättchen von Karamel oben darauf, ſtellt nun eine Fontäne (ſiehe 601) darauf und umhängt das Ganze leicht mit ge= ſponnenem Zucker; vorher verziert man den Aufſatz mit Croquante, Traganth und grünen Blättern, ſowie Mandeln u. ſ. w.

600. Schnörkel=Aufſätze.

Dazu läßt man ſich ein Geſtell machen, nämlich eine Holzplatte, in deren Mitte ein Stock befeſtigt iſt, der mit weißem Papier umwickelt wird. Man macht nun verschiedene Schnörkel von Spritzmasse, (Ringe) und befestigt sie direkt am Stocke, setzt auf das Ende der Schnörkel Traganthfiguren, obenauf ein Füllhorn mit Blumen, bringt Croquantebögen, sowie Blätter von Traganth, Mandel und grüne an und verziert das Ganze noch mit farbigen Mandeln, Spritzglasur ꝛc.

601. Karamelaufsatz (Bonbonaufsatz).

Zu diesem Aufsatz hat man gewöhnlich Zinnformen, welche man mit Provenceröl bestreicht, bevor der Karamel hineingegossen wird. Die verschiedenen einzelnen Figuren werden dann mit Karamelzucker zusammengesetzt und noch verziert mit bunten Mandeln, Blumen ꝛc., wenn dieselben sich geeignet anbringen lassen.

Diese Aufsätze von Karamel lassen sich jedoch auch ohne Formen herstellen. Man schneidet die verschiedenen Schnörkel von Pappendeckel aus, legt sie auf den bestrichenen Bonbonstein, spritzt von Spritzglasur einen starken Faden an der Kante des Schnörkels herum, nimmt den Pappendeckel heraus, gießt Karamel hinein, legt den Pappendeckel an eine andere Stelle, macht es wieder ebenso, und so fort, bis man genug hat. Dann setzt man die verschiedenen Karamelstücke zusammen und bespritzt deren äußere Kante mit Spritzglasur. Man kann die Stücke auch farbig machen, z. B. weiß und roth. Oben auf den Aufsatz stellt man gewöhnlich eine Karamel-Figur.

Man kocht dazu einen schönen Raffinatzucker zum Karamel, vermengt damit einige Tropfen Essigsäure, eine Messerspitze voll cremor Tartari und, wenn der Zucker schon die Probe hat, einen Tropfen Ultramarin. Die Ultramarinfarbe darf nicht mitkochen, sonst wird der Zucker statt schön weiß, grünlich. Den Zucker stellt man, wenn er vom Feuer genommen ist, in kaltes Wasser, damit er nicht nachbrennt und nicht gelb wird. Er darf jedoch nicht lange darin bleiben, weil er sonst gar zu schnell erkalten würde. Nun gießt man etwas Zucker in einen Blechlöffel und zieht davon auf den bestrichenen Stein Fäden, ohne abzusetzen, und zwar in langgestreckten Ovallinien, die oben etwas spitzig zulaufen, und nach unten immer kürzer, aber etwas weiter werden. Ein Faden muß sich jedoch immer wieder mit dem anderen verbinden. Hat man davon 6—8 Theile gegossen, so löst man sie mit dem Messer vom Stein ab. Auf den Stein gießt man ein Plättchen Zucker von 4—6 Centim. Durchmesser. Auf dieses Plättchen stellt man nun die Theile aufrecht und setzt sie rasch zusammen, so daß bei jedem Theil die Spitze in der Mitte steht. Diese zusammengesetzten Theile stellen täuschend eine F o n t a i n e dar.

Ferner befestigt man auf einem Tische zwei dünne Walzen, und zwar so, daß sie etwa 44 Centim über den Tisch hinausragen, und bestreicht sie mit etwas Provenceröl. Sodann taucht man einen Drahtbesen in Karamel, zieht damit von einer Walze zur anderen, dort, wo sie über den Tisch hinausragen, mit ausgestrecktem Arme Fäden, taucht den Besen nochmals ein, zieht nochmals Fäden, und so fort, bis sich ein ziemlich dicker Wulst gebildet hat. Von diesem Wulst schneidet man mit der Scheere Theile ab, mit denen man den Aufsatz behängt; jedoch nicht zu dick. Der Behang muß nämlich durchsichtig bleiben und einem h e r a b s t ü r z e n d e n W a s s e r gleichen.

602. Pyramide von Windbeutel.

Von der Windbeutelmasse 338 dressirt man Windbeutel, sticht, nachdem sie gebacken sind, mit einem gespitzten Holz am Boden ein kleines Loch hinein und füllt sie mit Vanillecrème (siehe unten); dies geschieht dadurch, daß man die Crème in einen Dressirsack, welchem man eine kleine Tülle vorsteckt, füllt und sie auf diese Weise hineinspritzt. Nun wird die obere Seite in Karamelzucker getunkt und der Windbeutel thurmähnlich mit gebranntem Zucker aufeinander gesetzt.

603. Pyramide von Windbeutel anderer Art.

Von 338 werden mittelgroße Windbeutel gebacken und nach dem Backen wie in 602 zusammengesetzt. Bevor man die Spitze darauf macht, füllt man das Innere mit geschlagenem Rahm.

604. Palmbaum.

Diese Bäume werden zum Eis gegessen, statt Hohlhippen, Bisquit u. s. w. Das Gefäß, in welches der Baum zu stehen kommt, hat die Form eines mittel= großen Blumentopfes; man macht einen kleinen und etwas größeren Ring von Croquante, desgleichen drei Stäbchen, um welch' letztere man die zwei Ringe setzt. Nun setzt man außen herum länglich viereckige Wienerwaffeln und auf die Fugen halbrunde. Oben auf die Waffeln befestigt man kleine Dreiecke, welche man von Croquante geschnitten hat. Jetzt wird eine Platte von Croquante gemacht, so groß wie der Topf oben ist und in dieselbe ein Loch gestochen, in welches der Baumstamm zu stehen kommt. Den Baumstamm macht man von Croquante, indem man einen langen Streifen ausrollt und über ein spitziges Stöckchen dreht. Nun werden von Hohlhippenmasse Blätter von verschiedener Größe gemacht, halb= rund über Bleche gebogen und an den Stamm von oben nach unten in die Höhe stehend angesetzt; unterhalb der Blätter setzt man kleine Dreiecke von Croquante.

Diesen Baum kann man auch ohne Gefäß machen, man verwendet das Gestell 600 und setzt unten herum Croquantebögen.

605. Aufsatz mit Schweizerhaus.

Von Dessertstückchen macht man auf einer Glasplatte einen Berg und stellt ein Schweizerhäuschen, welches man aus Wiener Waffeln macht, darauf, zwischen die Dessert's steckt man kleine und große Hohlhippen, sowie etwas grünes Gesträuch.

606. Blumenvasen.

Die Vase (siehe unten) aus gesponnenem Zucker ist am Fuße mit sechs Füllhörnern aus Karamel mit darin befindlichen karamelirten Weintrauben um= geben. Darüber sind abwechselnd karamelirte Apfelsinenschnitze mit weißen Mar= zipanblättern angebracht. Unter dieser Einfassung befinden sich karamelirte Früchte in Kapseln. Verdeckte Mandelspäne, welche theils mit karamelirten Apfelsinen= schnitten, theils mit Halbmonden aus Marzipan, (die letzteren mit rothen Gelée ausgegossen), abwechseln, bilden den Grundstein. Die Mitte der Vase nimmt ein Adler ein; ebenso ruhen auf den rechts und links zur Seite befindlichen Doppelhenkeln, welche aus Karamel gegossen sind, Adler aus Marzipan. Die um die Vase sich herumschlingenden Guirlanden, bestehen wiederum aus kara= melirten Weintrauben und Marzipanblättern. Den offenen Theil der Vase schmücken einerseits karamelirte Weintrauben, andererseits karamelirte Apfelsinenstücke, während die Mitte von einem Aufbau von karamelirten Früchten sinnreich verziert wird. (Die Vase läßt sich auch von Croquante herstellen).

607. Tafelaufsatz.

Dieser Aufsatz stellt eine weibliche, Früchte spendende Figur in mittelalter= lichem Kostüm dar; dieselbe kann aus Traganth oder Chocolade hergestellt werden. Die zwei Consolen, welche aus gesponnenem Zucker gefertigt sind, enthalten zwischen Blumen, Blättern und Gräsern caramelirte Früchte. Unter den

Consolen sind Chateaux melés in den verschiedenen Geschmacks und Formen angegeben. Die Mitte ziert ein Wappen aus Chocolade oder Traganth mit den bezüglichen Angaben. Um die Consolen legen sich festonartige Guirlanden, aus Blättern und karamelirten Früchten bestehend.

608. Lämmer.

Gewöhnlicher Biscuitmasse setzt man noch etwas Mehl zu, damit sie etwas schwerer wird. Diese Masse füllt man in irdene Formen von der Gestalt eines liegenden Lammes, welche aus zwei Theilen bestehen. Nachdem man beide Theile der Form mit Butter bestrichen und mit Semmelbröseln ausgestreut hat, bindet man dieselben fest zusammen und füllt durch eine angebrachte Oeffnung die Masse hinein. Sollte die Form nicht schließen, so klebt man über die Fuge einen Papierstreifen. Die Formen stellt man auf ein Blech, den Kopf nach unten und läßt sie langsam backen. Sind die Lämmer aus den Formen herausgenommen, so bestaubt man sie mit Zucker oder spritzt ihnen Wolle von Schaummasse an, setzt sie auf einen Biscuitrasen, welchen man mit Spritzglasur bestreicht und mit grünem Hagelzucker bestreut, spritzt ihnen Augen und Fußspitzen von Glasur, spritzt ihnen ferner ein grünes Kränzchen auf den Kopf und ein rothes Halsband um den Hals, steckt ihnen Ohren ein von Traganth, welche man schon vorher gemacht und getrocknet hat, gibt ihnen auch eine Fahne oder Flagge bei. Auch kann man von Traganth in einer Form eine Krone ausdrücken, solche vergolden und sie einen der Lämmer auf den Kopf setzen.

609. Baumkuchen.

Baumkuchen wird auf einer Walze gebacken, auf welcher man Teigmasse aufträgt, während die Walze an einer Holzfeuerflamme gedreht wird. Baumkuchen zu backen ist nicht ganz leicht. Nicht immer wird schon der erste Versuch gelingen, zumal, wenn die dabei erforderlichen Einrichtungen nicht sämmtlich genau hergestellt sind. Erforderlich sind nämlich folgende Gegenstände:

a) Eine Walze von 44—58 Centim. Länge, die oben etwa 12—14 Centim., unten 17—19 Centim. dick ist. Sie muß von hartem Holz und schön rund gedrechselt sein. Durch die Mitte geht ein eiserner Spieß, welcher an beiden Enden 10—12 Centim. länger ist als die Walze. Auf einer Seite ist der Spieß gekrümmt und mit einem Holzgriff versehen, wie ein Kaffeebrenner, damit man die Walze gleichmäßig drehen kann. Hierzu sind zwei eiserne Böcke nöthig, in welche die Walze auf beiden Seiten eingelegt werden kann. Das Holz der Walze wird mit Papier und darüber mit Bindfaden umwickelt. Das Ende beider Umwickelungen (Bindfaden und Papier) wird oben und unten an der Walze mit einem kleinen Nagel befestigt.

b) Eine eiserne oder kupferne Pfanne, die so lang ist als die Walze, um die Teigmasse, die beim Auftragen auf die Walze etwa wieder abläuft, aufzufangen.

c) Ein Heerd, auf dem der Baumkuchen gebacken werden soll. Die richtige Einrichtung dazu ist ein 73 bis 88 Centim. hohes Eisenblech, das etwas länger ist als die Walze, unten einen Fuß hat und oben sich ein wenig nach vorn biegt, damit die aufsteigende Hitze des Feuers sich oben stößt und auf die Walze fällt. In Ermangelung eines solchen Blechs errichtet man das Feuer an einer Wand und stellt daneben Backsteine in die Höhe.

d) Recht trockenes, fein gespaltenes Holz, welches nicht viel Rauch gibt, da Rauch dem Geschmack des Kuchens schaden würde. Ist das Feuer einmal in Brand, so stellt man das Holz, welches nöthig, um ein gleichmäßiges Feuer fortzuerhalten, aufwärts an die Wand.

Die Walze stellt man gut handbreit vom Feuer entfernt und läßt sie bei langsamen Drehen recht heiß werden. Das Papier bestreicht man mit Butter. Dann trägt man 2 Löffel voll Teigmasse auf die Walze auf, d. h. auf das Papier, während die Walze von einer zweiten Person gedreht wird. Man verwendet die Masse 610 oder 611 in dem dort angegebenen Quantum. Zuerst bildet man Ringe in ziemlich naher Entfernung von einander, und läßt sie hellgelb backen, was nur einige Minuten Zeit erfordert. Nun trägt man wieder 2 Löffel voll Masse auf. So fährt man fort, bis sämmtliche Masse aufgetragen ist. Immer sucht man die schon gelb gebackenen Stellen zu decken, weil diese sonst braun werden und an Geschmack verlieren würden. Auch jene Masse, welche inzwischen in die Pfanne hinabgelaufen ist, trägt man noch mit auf. Durch das Drehen bilden sich Zapfen, welche kleinen Baumästen ähnlich sind. Je schöner diese gerathen, desto mehr gewinnt der Kuchen an Schönheit. Jede Lage muß gut gebacken werden, da sie sonst speckig werden würde. Ist die noch nicht aufgetragene Masse durch langes Stehen zu fest geworden, so setzt man ihr ½ Tasse Milch hinzu, was namentlich beim letzten Auftragen dienlich ist, weil sich dann die Zapfen desto schöner bilden und die niederen Stellen, die sich etwa eingestellt haben, noch zu Zapfen auslaufen können. Hat man die ganze Masse aufgetragen, was etwa eine Stunde erfordert, so läßt man das Ganze auf Kohlen schön hellgelb ausbacken und glasirt es mittels eines Pinsels mit Rosenwasserglasur. Ist der Kuchen ziemlich erkaltet, so schneidet man auf der Walze den Bindfaden und die befestigten Stellen des Papiers durch, hebt den Kuchen mit dem Papier von der Walze ab, löst das Papier aus seinem Innern heraus und gibt ihn zur Tafel.

Obenauf kann man ein Aufsätzchen stellen, namentlich von Karamel. Dazu schneidet man den Kuchen noch auf der Walze mit scharfem Messer oben rund ab. An dieser Stelle kann man dann das Aufsätzchen leicht befestigen.

Die Teigmasse zum Baumkuchen macht man verschieden. Zu empfehlen sind folgende zwei Arten derselben.

610. Baumkuchenmasse.

560 Gr. Butter wird recht schaumig gerührt; dann rührt man hinzu 560 Gr. Zucker und nach und nach 28 Eigelb. Hiemit vermengt man das Gelbe einer Citrone, etwas Muskatnuß, Zimmet, eine Tasse Milch, den Schnee von 28 Eiweiß, 280 Gr. Puder und 560 Gr. Mehl.

611. Baumkuchenmasse anderer Art.

560 Gr. Zucker rührt man mit 32 Eigelb recht schaumig und setzt Citrone, Vanille und etwas Muskat hinzu, zuletzt noch 1 Tasse Milch. Unterdessen macht man 560 Gr. Butter recht heiß. Dann mengt man unter obige Masse steifen Schnee von 32 Eiweiß, 280 Gr. Puder, 280 Gr. Mehl und zuletzt die heiße Butter.

XI. Abtheilung.

Glasuren und Farben.

612. Vorbemerkung über Glasuren.

Es gibt 4 Arten von Glasuren, je nachdem man Staubzucker anrührt mit Wasser, mit Läuterzucker, mit Eiweiß oder mit Fruchtsaft. Zur Fruchtsaftglasur gehört z. B. Citronenglasur, 614, Himbeerglasur u. s. w.

Alle 4 Arten erfordern einen recht feinen Staubzucker, namentlich die Spritz= glasuren. Der Zucker wird gestoßen und durchgesiebt. Er muß aber recht trocken sein; feuchter Zucker würde das Sieb verstopfen. Solch feine Siebe müssen durch eine sogenannte Trommel verschlossen sein.

Vorzuziehen ist jedoch die Fondantglasur, welche zu allen Glasuren, mit Aus= nahme von Spritzglasur (Eiweißglasuren) zu verwenden ist, und wer einmal diese Glasur gewöhnt ist, verwendet gewiß keine andere mehr. Die Bereitung der Fondant ist in Nr. 620 angegeben. Man braucht da nur einen Löffel voll Staubzucker und den betreffenden Geschmack dazu zu rühren.

613. Wasserglasur und Läuterzuckerglasur.

Wasser, oder statt dessen geläuterter Zucker, wird mit Staubzucker dick, d. i. breiartig, angerührt.

Kalte Gegenstände glasirt man damit, indem man die Masse mit einem Messer aufträgt und die Gegenstände im Ofen trocknet. Warme dagegen überstreicht man mit dem Pinsel, und hier ist ein Trocknen nicht nöthig.

Dieser Glasur kann man Oele oder Essenzen als Geschmack beigeben, z. B. Citronenöl, Rosenöl, Vanille=Essenz, Zimmet=Essenz, Orangenblüthenwasser. Ebenso kann man ihr die in diesem Abschnitte angegebenen Farben zusetzen.

614. Citronen= oder Apfelsinen-Glasur.

Eine Citrone oder Apfelsine reibt man auf Zucker ab und schabt das Abgeriebene in ein wenig Wasser, preßt den Saft der Frucht hinzu und rührt die Masse brei= artig mit Staubzucker an. Apfelsinenglasur vermengt man meist noch mit dem Saft einer Citrone.

615. Rosen-Glasur.

Staubzucker rührt man mit Rosenwasser an; oder man setzt gewöhnlicher Wasserglasur etwas Rosenöl zu und färbt die Masse roth.

616. Vanille-Glasur.

a) Gewöhnlicher Wasserglasur setzt man fein gestoßene Vanille zu.

b) Auf andere Art. In eine Flasche steckt man mehrere Stangen (Schoten) Vanille, übergießt sie mit Läuterzucker und läßt sie einige Tage stehen. Diesen Läuterzucker rührt man dann mit Staubzucker an.

617. Punschglasur.

Wasser, Saft einer Citrone und Arac (oder Punscheſſenz, Maraſchino ꝛc.) mit Staubzucker angerührt.

618. Chocolade-Glaſur.

a) 140 Gr. Cacaomaſſe läßt man in einer Kaſſerole warm werden und rührt ſie mit 560 Gr. Zucker und ⅛ Liter Waſſer auf dem Feuer tüchtig durcheinander, bis die Cacaomaſſe ſich völlig aufgelöſt hat. Nun gießt man noch etwas Waſſer hinzu, kocht die Maſſe zum Faden, nimmt ſie vom Feuer und tablirt ſie. Die zu glaſirenden Gegenſtände überzieht man noch warm, möglichſt ſchnell. Dieſelben werden eine Minute lang der Wärme ausgeſetzt, wodurch die Glaſur einen ſchöneren Glanz erhält.

b) Auf andere Art. 280 Gr. Chocolade, in Stückchen zerbrochen und 560 Gr. Zucker begießt man mit warmem Waſſer, ſetzt die Miſchung auf's Feuer, bis die Chocolade unter fortwährendem Umrühren ſich aufgelöſt hat, gießt noch etwas Waſſer nach und kocht die Maſſe zum Faden. Weiter wie unter a.

c) Auf noch andere Art. 300 Gr. Chocolade, die man gerieben hat, und 300 Gr. Staubzucker rührt man mit Waſſer zu einer breiartigen Conſiſtenz.

619. Chocolade-Glaſur mit Eiweiß.

2 Eiweiß rühre mit feinem Staubzucker an, rühre 140 Gr. gewärmte Chocolade tüchtig darunter und verdünne die Maſſe mit Läuterzucker.

620. Fondant-Glaſur.

Ein Quantum ſehr guten, weißen Zucker löſt man mit Waſſer auf, kocht ihn zum ſchwachen Flug, gießt ihn auf eine Marmorplatte, läßt ihn erkalten, und tablirt ihn: d. h. mit einem breiten hölzernen Löffel oder Spatel ſtreicht man ihn ſo lange hin und her, bis er anfängt, feſt und trocken zu werden. Dann gießt man ſüßen Rahm oder Milch hinzu und tablirt ihn nochmals, bis er ſchön zart geworden iſt, füllt ihn dann in einen Topf, und bedeckt ihn mit naſſem Tuche. Den ſo zubereiteten flüſſigen Milchzucker nennt man Fondant. Sobald man eine Glaſur bereiten will, rührt man Staubzucker unter ein Quantum dieſer Maſſe und gibt ihr den gewünſchten Geſchmack als Zuſatz (Citrone, Vanille, Arac u. ſ. w.)

621. Fondant-Glaſur, warm.

Man nimmt ein Quantum von 620 in eine Kaſſerole und macht ſie auf gelindem Feuer lauwarm, jedoch nicht heiß, gibt den gewünſchten Geſchmack dazu, tunkt die Chauteaux oder Deſſert hinein, legt ſie auf Gitter und trocknet ſie leicht ab. Iſt die Fondant ſo dick, ſo gibt man etwas Läuterzucker hinzu, hat man viel zu überziehen, ſo hält man ſie immer gleichmäßig warm, welches am beſten auf Gasfeuer zu bewerkſtelligen iſt.

Dieſe Glaſur iſt den Waſſerglaſuren bei weitem vorzuziehen. Waſſerglaſuren werden leichter brechen als dieſe. Wenn das Gebäck, das mit ihnen glaſirt iſt, einige Zeit geſtanden hat, ſchneidet man es ab.

622. Glaſur zu ordinären Gegenſtänden.

Schnee von 8 Eiweiß mengt man mit 560 Gramm Staubzucker, ⅛ Liter Eſſig und ⅛ Liter Waſſer und ſchlägt die Maſſe auf gelindem Kohlenfeuer gehörig in die Höhe und warm. Iſt ſie wieder kalt geſchlagen, so rührt man 560 Gr. Puder dazu. Die Masse muß ziemlich steif geschlagen werden, sonst wird sie, wenn der Puder darunter gerührt wird, leicht schmierig. Um mit ihr glasiren zu können, setzt man ihr etwas aufgelöstes Gummi oder geläuterten Zucker zu, was den Glanz erhöht, wie auch noch das nöthige Wasser. Die zu glasirenden Stücke werden hineingeworfen, mit dem Messer abgestrichen, auf Bleche gelegt und sogleich im warmen Ofen getrocknet.

Diese Glasur bekommt schönen Glanz, wenn sie die richtige Dicke hat. Ob dies der Fall ist, kann man durch einige Proben leicht herausfinden.

Will man sich weniger Mühe machen, so rührt man 1 Kilo 120 Gr. Staubzucker mit einem entsprechenden Quantum Eiweiß zu einer nicht steifen Masse, der man 280 Gr. Puder und das nöthige Wasser zusetzt.

623. Spritz-Glasur.

Um eine gute, steife, weiße Spritzglasur zu erhalten, muß das Gefäß, in welchem man sie anrühren will, durchaus rein und von allem Fettstoff befreit sein.

Damit die fertige Glasur nicht eintrocknet, muß sie beständig zugedeckt sein, sei es mit einem naß gemachten reinen Tuche, oder mit einem Gypsdeckel, welcher das Gefäß genau schließt.

In das Gefäß bringt man 3 Eiweiß, jedoch darf durchaus nichts Gelbes mit hineinlaufen. Darunter rührt man feinen weißen Reffinadezucker, den man durch ein Seidenhaarsieb gesiebt hat, zu dickem Brei, gießt einige Tropfen Citronensaft oder Essigsäure hinzu und rührt die Masse mit einem hölzernen Spatel steif und schaumig.

Um farbige Spritzglasur zu erzielen, setzt man dieser Masse einen der Farbstoffe zu, welche 627 und folgende beschrieben sind.

624. Puder-Glasur.

70 Gr. Puder rühre man mit kaltem Wasser zu dickem Brei an. Dann gieße unter fortwährendem Gähren kochendes Wasser daran, bis das Ganze zusammenfährt und steif steht, wie Spritzglasur.

625. Bemerkung über Uebung im Garniren.

Es muß als eine Hauptsache betrachtet werden, daß die jungen Leute in der Lehre sich im Garniren üben. Will man zu diesem Zweck nicht gern Zuckerglasur verbrauchen lassen, so kann vorstehende Puderglasur hiezu verwendet werden. Diesem Buche sind Zeichnungen angehängt, nach welchen sich ein junger Mann auch ohne Anweisung im Garniren üben kann.

626. Bemerkung über Farben.

In der Conditorei dürfen natürlich nur giftfreie Farbstoffe verwendet werden und ebenso nur solche, die keinen widrigen Geschmack hinterlassen. Die nachstehend beschriebenen sind sämmtlich in der Conditorei erlaubt, wie auch zum Färben der Liqueure.

627. Cochenille-Farbe, gerieben.

35 Gr. Cochenille stoße in einem kleinen Mörser, siebe sie durch ein feines Haarsieb, reibe sie auf einer Marmorplatte mit Regenwasser zu dickem Brei recht fein und reibe noch hinzu: 35 Gr. sal Tartari, 140 Gr. cremor Tartari und 35 Gr. pulverisirten, gebrannten Alaun. Um die Masse trocken aufzubewahren, mache einen langen dünnen Streifen, stelle diesen einige Tage auf den Trockenofen und formire davon kleine Kugeln. Um Gebrauch davon zu machen, löse eine

dieser Kugeln mit warmem Wasser auf. Um damit zu malen, setze etwas aufge=
löstes Gummi zu.

Mit Zinn oder Blech darf diese Farbe nicht in Berührung kommen, weil sie
dadurch violett wird.

Diese Farbe ist verwendbar zum Bemalen, zu rothen Glasuren, zu Liqueuren
und zu Karamel, weniger zu Spritzglasur, weil sie dieselbe flüssig macht. Statt
ihrer pflegt man hier Anilin zu verwenden, welches sehr schön färbt und außer=
ordentlich reich an Farbstoff ist.

628. Cochenillefarbe, gekocht.

In gut 2 Liter Wasser läßt man 140 Gr. gestoßene Cochenille und 13 Gr.
Weinstein 8 Minuten lang kochen, setzt sodann 18 Gr. gestoßenen Alaun hinzu,
läßt die Masse noch einige Mal aufkochen und gießt den fertigen Farbstoff in einen
Porzellantopf, damit er sich absetzt.

629. Carmin=Auflösung.

Zu gutem Carmin gießt man in einen Farbennapf Salmiak, reibt die Mischung
fein und tröpfelt einige Tropfen Citronensäure darauf. Die Masse braust in die
Höhe und die Farbe ist fertig.

630. Fernambuk=Roth.

140 Gr. geraspeltes Fernambukholz, gut 2 Liter Fluß= oder Regenwasser
(oder auch Milch) und 35 Gr. gebrannten Alaun kocht man fast um die Hälfte ein.
Die Masse wird filtrirt und 140 Gr. aufgelöstes gummi arabicum zugesetzt. Mit
dieser Farbe bemalt man Kirschen und Erdbeeren ꝛc.

631. Rothe Zinnfarbe.

Bestandtheile: 280 Gr. Fernambuk, 70 Gr. Alaun, 70 Gr. geraspeltes eng=
lisches Zinn, 13 Gr. Salpeter, 9 Gr. Salmiak und 280 Gr. Scheidewasser. Das
Fernambuk wird mit Wasser und mit dem Alaun 3—4 Mal ausgekocht und durch
ein leinenes Tuch filtrit. Das englische Zinn, Salpeter und Salmiak wird mit dem
Scheidewasser aufgelöst. Diese Auflösung rührt man nach und nach in die filtrirte
Masse und rührt das Ganze mit einem hölzernen Spatel vorsichtig um. Diese Masse
läßt man über Nacht stehen, wodurch sie sich vollständig setzt. Anderen Tages gießt
man das darüber stehende Wasser ab und frisches darüber. Hiemit fährt man fort,
bis die Masse gut ausgewaschen ist, d. i. keine salzigen Theile mehr hat, nämlich
bis das Wasser als reines abläuft.

632. Gelb.

Zu Gelb hat man mehrere Farbstoffe, z. B. Saffran, Curcuma, Gelbholz und
Kreuzbeere, welche sämmtlich mit Spiritus ausgezogen werden und sich namentlich
zu Liqueuren und Bonbons gut eignen. Zu Glasuren nimmt man gelben Carmin.
Auch das schöne Anilin hat man jetzt in roth, blau und gelb. Man kann es auf=
gelöst beziehen. Anderen Falles muß man es, gleichfalls in Spiritus, erst auflösen.

633. Gelbe Zinnfarbe.

Bestandtheile: 280 Gr. Kreuzbeeren, 35 Gr. Alaun, 70 Gr. geraspeltes eng=
lisches Zinn, 9 Gr. Salpeter, 13 Gr. Salmiak und 280 Gr. Scheidewasser. Be=
handlung wie 631.

634. Blau.

Um Zucker blau zu kochen, verwendet man aufgelösten Indigo, den man in Apotheken und Droguerien haben kann. Anderen Falls wird der Indigo erst in Schwefelsäure aufgelöst. Um die Säure wieder zu entfernen, setzt man Kreide und Wasser zu und läßt die Masse später eindampfen. Glasuren färbt man blau mit ultramarinblauem Carmin oder mit Anilin.

635. Violett.

Man mischt blau und roth.

636. Grün.

Man mischt blau und gelb, gewöhnlich Indigo und gelben Carmin. Doch gibt es auch das bekannte Saftgrün. (Krongelb und Pariserblau bildet zwar das schönste Grün; doch darf ersteres wegen der Giftstoffe, die es enthält, in der Conditorei nicht verwendet werden). Liqueure färbt man grün mit Spinat. Derselbe wird im Mörser gestampft (oder auch zu dickem Muß gekocht) und durch ein Tuch gepreßt.

637. Braun.

Um Liqueure zu färben, zum Ueberziehen von Liqueur-Haselnüssen 2c. 2c. verwendet man Zucker-Couleur (siehe unten), zu Glasuren Umbra und Bolus.

638. Vom Zuckerfärben.

Hagelzucker und Nonpareille wird auf folgende Weise gefärbt. Den Zucker, den man färben will, schüttet man in einen Kessel, gießt von der dickflüssigen Farbe dazu und rührt ihn tüchtig durcheinander, so lange, bis er ziemlich trocken ist, oder rührt ihn, damit er schneller trocknet, auf gelindem Kohlenfeuer. Die Farbe dazu darf nicht zu dünn gehalten werden.

XII. Abtheilung.

Mehlspeisen und Puddings.

639. Omeletten.

6 Eigelb, 35 Gr.*) Zucker und 52 Gr. Mehl rühre man gut durcheinander und vermenge vorsichtig damit den Schnee von 6 Eiweiß. Nun macht man Schmalz heiß in flacher Pfanne und gießt ein Quantum von der Masse hinein, so daß ein kleiner, runder Kuchen gebildet wird. Diesen backt man hellgelb oder auch hellbraun, bestreicht ihn mit Gelée, rollt ihn zusammen und bestreut ihn mit Zucker und Zimmet.

---

*) Wiederholt wird bemerkt, daß in diesem Buche unter Loth und Pfund das frühere bayerische Gewicht verstanden wird.

8*

640. Apfel-Strudeln.

Menge zu einem Teig: 560 Gr. Mehl, 35 Gr. Butter, 35 Gr. Zucker, 3 Eier und 2 Eigelb. Diesen Teig rolle dünn aus, forme Böden davon und bestreiche dieselben mit Butter. Streue auf diese Böden: kleingeschnittene Würfel von Aepfel, Zucker und Zimmet, Weinbeeren, Pomeranzenschale und Mandeln, rolle die Böden zusammen, lege diese Rollen in gut bestrichene Formen, gieße Rahm darüber, so daß etwa die Hälfte der Rollen bedeckt ist und lasse die Formen ³/₄ Stunde backen.

641. Reis-Pudding.

140 Gr. Reis koche mit Milch so weich, daß er dicken Brei bildet. Rühre recht schaumig: 105 Gr. Butter, 105 Gr. Zucker und 10 Eigelb, menge hinein: das Abgeriebene einer Citrone, den Reis, 1 Gläschen Arac und zuletzt den Schnee von 5 Eiweiß. Die Masse wird in einer bestrichenen Puddingform etwa eine Stunde gebacken.

642. Englischer Pudding oder Plumpudding.

Menge zu einer Masse: 210 Gr. kleingerührtes Rindermark, 280 Gr. Zucker, 8 Eigelb, das Gelbe einer Citrone, 280 Gr. Weinbeeren, 280 Gr. Rosinen (ausgesteinte), 140 Gr. Pomeranzenschale und Citronat (zusammengehackt), 70 Gr. süße und 70 Gr. bittere Mandeln, mit Eiweiß gerieben, Zimmet, Nelken, Piment und Cardamomen, 1 Weinglas Rum, 280 Gr. Mehl und zuletzt Schnee von 3 Eiweiß. Diese Masse fülle in eine Serviette, binde sie fest, hänge sie in kochendes Wasser und lasse sie 2 Stunden kochen. Man kann sie jedoch auch in einer Puddingform backen, was etwa 1¹/₂ Stunde erfordert.

643. Brod-Pudding.

Menge zu einer Masse: 210 Gr. geröstetes, fein gestoßenes mit Wein angefeuchtetes Schwarzbrod, 175 Gr. Zucker, der mit 12 Eigelb recht schaumig gerührt ist, 105 Gr. süße Mandeln, die mit Ei gerieben sind, Schnee von 8 Eiweiß und etwas Tortengewürz. Diese Masse fülle in eine bestrichene Puddingform und lasse sie ³/₄ Stunden backen. Den gebackenen Pudding begieße mit ³/₈ Liter Wein, welchem man kochend 105 Gr. Zucker zugesetzt hat.

644. Brod-Pudding mit Aepfeln.

Menge zu einer Masse: kleingeschnittene oder gehackte Würfel von Aepfeln, Zucker und Zimmet, Pomeranzenschale, Weinbeeren und Mandeln. Eine mit Butter gut bestrichene Form bestreue fingerdick mit geriebenem Schwarzbrod, streue eben so viel von jener Masse darauf, dann eine Lage Brod, dann wieder Masse und so fort, bis die Form gefüllt ist. Die obere Lage muß wieder Brod sein. In mittlerer Hitze 1 Stunde gebacken.

645. Brod-Pudding anderer Art.

Man füllt eine Puddingform mit Brodtortenmasse 28 und läßt sie backen, darauf wird der Pudding auf eine Glasplatte gelegt und mit Weincrême übergossen. Crême: Man reibt eine Citrone auf Zucker ab und bringt das Gelbe, sowie den Saft in einen Kessel, gibt 6 Eigelb, 105 Gr. Zucker und 1 Weinglas mit Wein hinzu und röstet dies auf dem Feuer zu einer Crême, zuletzt kommt der Schnee von 3 Eiweiß hinzu.

646. Mandel-Pudding.

Dieser Pudding wird gemacht wie 645, nur statt Brodmasse, Mandelmasse.

647. Mandel-Pudding fein.

140 Gr. Mehl und ⅛ Liter kochende Milch rühre zusammen auf dem Feuer, bis die Masse abgeröstet ist und sich vom Kessel löst. Vermenge damit: 140 Gr. Butter, die mit 10 Eigelb und 140 Gr. Zucker recht schaumig gerührt ist, 35 Gr. süße und 18 Gr. bittere geriebene Mandeln, Citrone und zuletzt Schnee von 8 Eiweiß. Diese Masse fülle in eine bestrichene Puddingform und lasse sie in mittlerer Hitze 1 Stunde backen.

648. Mandel-Pudding anderer Art.

Menge zu einer Masse: 140 Gr. süße und 18 Gr. bittere Mandeln, die mit Eiweiß gerieben und mit 158 Gr. Zucker und 9 Eigelb tüchtig schaumig gerührt sind, Citrone, Zimmet, Schnee von 5 Eiweiß und 52 Gr. Mehl. Gebacken wie 647. Man kann die Masse mit Cochenille röthlich färben.

649. Chocolade-Pudding.

Menge zu einer Masse: 140 Gr. Zucker, der mit 8 Eigelb tüchtig schaumig gerührt ist, Schnee von 8 Eiweiß, 105 Gr. geriebene Chocolade, 70 Gr. Mehl und 35 Gr. kochende Butter. Den gebackenen Pudding überzieht man mit Chocolade-Glasur, bestreut ihn mit weißer Nonpareille und trocknet die Glasur leicht im Ofen.

650. Apfelsinen-Speise.

Von Biscuit- oder Sandmasse (siehe oben) backe in einer Kapsel eine Platte, lasse dieselbe erkalten, schneide sie in Stücke, rangire diese auf einer flachen Schüssel, reibe 2 Apfelsinen auf Zucker ab, zerlege dieselben in Spelten oder schneide sie in dünne Scheiben und lege diese auf die Stücke. Das Abgeriebene der Apfelsinen löse mit Weißwein auf und gieße noch soviel Wein hinzu, daß die Stücke damit völlig benetzt werden können.

XIII. Abtheilung.

Crêmes.

(Mit und ohne Gelatine.)

---

651. Citronen-Crême.

Menge zusammen: das Gelbe einer auf Zucker abgeriebenen Citrone, 210 Gr. Zucker und 12 Eigelb, schlage dies zusammen recht schaumig, rühre hinzu: Saft von 1½ Citrone und ⅛ Liter Wein (Rheinwein) und schlage die Masse auf gelindem Kohlenfeuer in die Höhe, wie Biscuitmasse. Unter die erkaltete Masse rühre mit dem Schneebesen den Schnee von 4 Eiweiß. Diese Crême fülle in kleine Schalen und verziere die Crêmes obenauf entweder mit Geduldbiscuit, farbigen Fruchtstückchen u. dergl. oder mit Eiweißschnee, in welchen Zucker hineingerührt ist. Diese Schaummasse kann man noch mit buntem Hagelzucker bestreuen.

652. Gestürzte Crêmes jeder Art in Formen.

Diese erfordern Formen von Blech oder Zinn, welche Figuren vorstellen können, z. B. Krebs, Fisch, Löwe, Stern, Posthorn, Rosette 2c. 2c. Die Formen werden, bevor man die Crême hineinfüllt, leicht mit Provenceröl bestrichen. Die Mischung erfordert Zusatz von Gelatine.

653. Gestürzte Citronen-Crême.

Menge zusammen: das Gelbe einer auf Zucker abgeriebenen Citrone, 350 Gr. Zucker und 16 Eigelb, schlage dies zusammen recht schaumig, rühre hinzu: 18 Gr. Gelatine, die man mit Wasser übergossen und im Ofen vollständig aufgelöst hat, Saft von 3 Citronen und ¼ Liter Wein (Rheinwein), fülle die Masse in Formen (652) und lasse dieselbe an kaltem Ort oder auf Eis fest werden. Die festgewordene Crême löse mit dem Finger von der Form ein wenig los und stürze sie auf eine flache Schüssel.

654. Apfelsinen-Crême.

Behandlung einer Apfelsine ganz wie die einer Citrone in 551. Nur verwende man den Saft nicht nur der Apfelsine, sondern setze auch noch eben soviel Citronensaft hinzu.

655. Gestürzte Apfelsinen-Crême.

Menge zusammen: das Gelbe einer auf Zucker abgeriebenen Apfelsine, 140 Gr. Zucker und 6 Eigelb, schlage dieses zusammen schaumig, rühre hinzu: 18 Gr. aufgelöste Gelatine (653), Saft von 2 Citronen, 1/16 Liter Wein (Rheinwein) und zuletzt Schnee von 3 Eiweiß, welchen man mit dem Schneebesen kräftig hineinrührt, fülle die Hälfte der Masse in Formen (652) halbvoll, lege dünne Apfelsinenscheiben darauf und fülle den Rest der Masse darüber. Weiter wie 653.

656. Vanille-Crême.

Schlage schaumig: 16 Eigelb, 210 Gr. Zucker und eine gestoßene Vanillestange, menge hinzu: 26 Gr. Puder und ½ Liter Rahm oder Milch und schlage davon auf gelindem Kohlenfeuer eine Crême. Nachdem die Masse erkaltet ist, schlage Schnee von 8 Eiweiß darunter, fülle die Crême in eine Assiette und verziere sie wie 651.

657. Gestürzte Vanille-Crême.

Wie 656; nur läßt man den Schnee weg und setzt 26 Gr. aufgelöste Gelatine hinzu 653.

658. Citronen-Weincrême.

Menge zusammen: das Gelbe einer auf Zucker abgeriebenen Citrone, 3 Eier, 6 Eigelb, 210 Gr. Zucker, Saft von 2 Citronen und $\frac{1}{8}$ Liter Wein und schlage die Masse auf gelindem Kohlenfeuer. Wird sie gehörig langsam in die Höhe geschlagen, so steht sie zuletzt ungefähr wie Biscuitmasse. Man verwendet sie zu Crême-Torten, Citronenkuchen u. dgl.

659. Arac-Crême.

Wie 651; nur gießt man, wenn die Masse gehörig in die Höhe geschlagen, ist, nach und nach $\frac{1}{2}$ Weinglas Arac hinzu.

660. Punsch-Crême.

Wie 651; nur nehme man etwas weniger Citrone und $\frac{1}{2}$ Weinglas Punsch-Essenz. Vgl. 659.

661. Kirsch-Crême.

Menge zusammen: 280 Gr. Zucker, den man mit 16 Eigelb schaumig geschlagen hat, Saft von 2 Citronen, $\frac{1}{8}$ Liter Rothwein und $\frac{1}{16}$ Liter frischen Saft von Sauerkirschen; nach Belieben auch einige fein gestoßene bittere Mandeln. Die Masse wird auf gelindem Kohlenfeuer zu Crême geschlagen und in eine Schale gefüllt.

662. Mandel-Kirschcrême.

Wie 661; nur setze hinzu: 70 Gr. süße und 18 Gr. bittere Mandeln, die mit Milch fein gerieben sind.

663. Reis-Pudding, gesulzt.

In eine Casserolle gibt man $1\frac{1}{10}$ Liter süßen Rahm, 280 Gr. Zucker, 1 Stange Vanille und 280 Gr. vorher weich gekochten Reis und kocht dies unter währendem Rühren ziemlich dick; unterdessen löst man in Wasser 35 Gr. Gelatine oder Hausenblase in Wasser auf, läßt dieselbe durch ein feines Haarsieb laufen und mengt sie zu der Masse, welche man nun kalt rührt. Nun gibt man schnell $\frac{1}{2}$ Liter Rahmschnee, sowie ein Weinglas Maraschino dazu, melirt das Ganze vorsichtig und füllt die Masse in eine Puddingform, welche man nun in Eis setzt. Während dieser Zeit passirt man $1\frac{1}{10}$ Liter frische Himbeeren durch ein Haarsieb, gibt 420 Gr. Staubzucker dazu, sowie etwas kaltes Wasser, daß es eine breiartige Sauce gibt und stellt auch dieses auf Eis. Beim Anrichten wird der Pudding auf eine flache Schüssel gestürzt und die Himbeer-Sauce in einer Saucière zu Tisch gegeben.

664. Mandel-Crême, gesulzt.

140 Gr. frisch abgezogene Mandeln, gemischt mit einigen bitteren Mandeln, reibt man mit Milch recht fein, gibt in einen Kessel 280 Gr. feinen Zucker, sowie $\frac{3}{4}$ Liter gute Milch hinzu und läßt dies unter fortwährendem Rühren mit dem

Schlagbesen, so lange auf mäßigem Feuer bis sich der Rücken des Holzlöffels, welchen man zur Probe eintaucht, zu überziehen anfängt. Nimmt alsdann den Kessel vom Feuer und schlägt die Masse noch kurze Zeit und läßt sie durch ein Haarsieb in eine Schüssel laufen. Nun löst man 60 Gr. Gelatine mit $^1/_{10}$ Liter Wasser, auf gelindem Feuer auf, gießt sie zur Masse und läßt sie unter währendem Rühren, bevor man sie in die Form füllt, halb abkühlen. Weiter wie 663.

665. Kaffee-Crême, gesulzt.

Die Kaffee-Crême wird eben so bereitet, wie die Mandel-Crême in der vorhergehenden Nummer; die Zusammenstellung ist die folgende: 280 Gr. Zucker, 75 Gr. frisch gebrannten Kaffee, 52 Gr. Gelatine, welche man in etwas Wasser aufgelöst hat, 8 Eigelb, $^3/_4$ Liter Milch.

Der gebrannte Kaffee wird in die vorher abgekochte Milch gegeben, zugedeckt und dann nach 5—6 Minuten alles zusammen auf das Feuer gebracht und weiter behandelt wie in voriger Nummer.

Bevor man sie in die Form füllt, wird sie mit Couleur lichtbraun gefärbt.

666. Apfel-Crême.

Menge zusammen: Schnee von 3 Eiweiß, 210 Gr. Zucker, 2 Löffel voll Arac, etwas Citronenschale und zuletzt das durch ein Sieb getriebene Fleisch von 4 gebratenen Aepfeln.

667. Schlagrahm.

Der Rahm hiezu darf nicht mit Milch vermischt sein. Bevor er geschlagen wird, ist er an einen kühlen Ort oder auf Eis zu stellen. Man schlägt ihn mit einem Drahtbesen in einen Kessel. Man muß ihn möglichst kurz schlagen, so daß er möglichst wenig in die Höhe spritzt.

$^1/_2$ Liter süßen Rahm schlage man, bis er so steif steht wie Schnee von Eiweiß, bringe ihn dann sogleich auf ein Haarsieb, damit das Flüssige, das sich etwa noch in ihm befindet, ablaufe und schlage noch 210 Gr. Staubzucker hinein, nebst etwas gestoßener Vanille.

Diesen Schlagrahm verwendet man zum Füllen von Rahmtorten, Baisers, Wiener Krapfen, Windbeutel 2c. Auch servirt man wohl eine Tasse Chocolade mit ein wenig Schlagrahm obenauf gefüllt.

668. Schlagrahm mit Macaronen.

Man zerdrücke süße, etwas geröstete Macaronen, benetzt die Bröseln mit Maraschino und mengt sie zu Schlagrahm 667, den man nun in eine Schale füllt und mit einfachem Schlagrahm verziert.

669. Schlagrahm mit zerdrückten Erdbeeren.

420 Gr. frische Erdbeeren, die man durch ein Sieb getrieben hat, damit die Kerne zurückbleiben, mische unter 350 Gr. Zucker und setze Schlagrahm (667) von $^1_2$ Liter Rahm hinzu.

670. Schlagrahm mit Früchten.

Mische frische oder eingemachte Früchte unter Schlagrahm 667. Von eingemachten muß erst der Zucker gut ablaufen. Größere zerhackt man. Von frischen verwendet man meist Himbeeren oder Erdbeeren.

671. Schlagrahm mit Chocolade.

Zu Schlagrahm 667 von $^1/_2$ Liter Rahm schlage 245 Gr. feinen Zucker und dann 210 Gr. feine Vanille-Chocolade, die man warm mit ein wenig Wasser aufgelöst hat, fülle die Masse in eine Crêmeschale und verziere sie geschmackvoll mit einfachem Schlagrahm oder mit kleinem Confect.

672. Chocolade=Crême.

Wie 656; nur wird in der warmen Milch zuvor 280 Gr. Chocolade aufgelöst.

673. Gestürzte Chocolade=Crême.

Unter die Masse 671 oder auch 672 mengt man 52 Gr. mit Milch aufgelöste Gelatine. Die Form oder Schale, in welche man die Masse hineingefüllt hat, wird auf Eis gestellt.

674. Gestürzte russische Crême.

Menge zu einer Masse: 12 Eigelb, die mit 280 Gr. Zucker schaumig geschlagen sind, das Gelbe einer auf Zucker abgeriebenen Citrone, Saft von 2 Citronen, Schnee von 6 Eiweiß, ¼ Liter Rheinwein, 1 Weinglas Rum und 48 Gr. aufgelöste Gelatine. Die Form, in welche man die Masse hineingefüllt hat, wird an einen kühlen Ort oder auf Eis gestellt.

675. Maraschino=Crême.

Menge zu einer Masse: Schlagrahm von ½ Liter 280 Gr. Staubzucker, 1 Weinglas Maraschino und 44 Gr. Gelatine. Die Form, in welche man die Masse hineingefüllt hat, wird auf Eis gestellt.

676. Crême de rose.

Wie 675; nur statt Maraschino einige Tropfen Rosenöl und die Masse mit Cochenille röthlich gefärbt.

677. Kastanien=Crême.

1 Kilo 120 Gr. Kastanien werden weich gekocht, alsdann geschält, in Reibstein mit etwas Milch gerieben und dann durch ein Haarsieb pausirt. Dieses Purré gibt man in eine Schüssel, rührt 420 Gr. Staubzucker, sowie Vanillezucker dazu und noch etwa eine Tasse Milch. Ist die Masse schön glatt gerührt, gibt man noch 280 Gr. eingemachte Weichsel, von welchen man vorher den Zucker gut ablaufen läßt, sowie 280 Gr. gereinigte Sultaninen, welche man vorher in Wasser aufkochen läßt, dazu, löst auf gelindem Feuer in einer kleinen Pfanne mit etwas Wasser 35 Gr. Gelatine auf, rührt die breiartige Kastanienmasse, gleichfalls etwas warm und rührt alsdann die Gelatine dazu. Zuletzt zieht man noch sehr vorsichtig $^8/_{10}$ Liter geschlagenen Rahm darunter. Die Masse wird in eine große oder zwei kleine Kuppelformen gefüllt, mit dem Deckel geschlossen und in gestoßenes und gut gesalzenes Eis gethan. Nach 1 Stunde ist sie fest, wird herausgenommen, in lauwarmes Wasser getunkt, abgewischt und auf eine Glasplatte gestürzt.

678. Kuppel von Kastanien=Purré.

1 Kilo 120 Gr. Kastanien werden weich gekocht, geschält und durch ein feines Haarsieb gerieben. Nun wiegt man die Masse und wirkt auf 560 Gr. Purré 175 Gr. Staubzucker, sowie etwas Vanillezucker, so daß es einen ziemlich festen Teig bildet. Nun stellt man unter ein nicht zu feines Haarsieb eine Kuppelform und pausirt die Masse hinein. Ist die Kuppel nun hoch aufgefüllt, so drückt man sie mit einem Messer leicht hinein, streicht sie oben ab und stürzt sie auf einen Glasteller heraus; nun schlägt man ¼ Liter, oder auch etwas mehr, je nachdem die Form groß ist, Rahm, gibt entsprechend Zucker mit Vanille dazu, füllt ihn in einen Dressierbeutel, welchen man eine weite Sterntülle vorsteckt und bespritzt die ganze Form damit.

679. Blanc manger von Mandeln.

Menge in einem Kessel zu einer Masse: 280 Gr. recht weiße Mandeln, die in gut ausgewaschenem Reibstein mit Milch ganz fein gerieben sind, 210 Gr. Zucker von feiner Sorte, 1 Stange Vanille und 1 Liter Milch oder Rahm, bringe den Kessel auf das Feuer, lasse die Masse unter fortwährendem Rühren aufkochen, setze 52 Gr. aufgelöste Hausenblase hinzu (oder auch Gelatine), gieße die Masse durch ein Haarsieb in eine Form oder Schale und stelle diese an einen kühlen Ort oder auf Eis.

680. Blanc manger von Chocolade.

Wie 679; nur statt Mandeln 210 Gr. erwärmte Cacaomasse oder Chocolade; Zucker 280 Gr. Gelatine.

681. Blanc manger dreifarbig.

In eine größere Form gießt man etwas Masse 680, stellt die Form auf Eis, läßt sie fest werden, gießt etwas weiße Masse 679 darüber, läßt diese ebenfalls fest werden, gießt hierüber rothgefärbte Masse 679, der man einige Tropfen Rosenöl zugesetzt hat, beginnt sodann wieder mit Masse 680 und fährt so fort, bis die Form gefüllt ist. Jeder Guß muß gehörig fest sein, bevor man den folgenden über ihn gießt. Sonst würden beide in einander fließen.

682. Apfelsinen mit blanc manger gefüllt.

Von schönen, großen Apfelsinen schneidet man oben ein rundes Plättchen ab von 2—3 Centimeter Durchmesser, nimmt mit einem Messer oder kleinen Löffel alles Fleisch heraus, füllt die ausgehöhlten Apfelsinen nach Anleitung von 681 mit 2 oder 3 verschiedenen Sorten von blanc manger und setzt das Plättchen wieder auf. Bei Tafel werden diese Apfelsinen so in Spelten zerlegt, daß eine jede verschiedenfarbig ist.

683. Damenbrett von blanc manger.

In eine viereckige Schüssel, welche mit einem Rand versehen ist, gießt man Masse 679, läßt diese fest werden, theilt die so entstandene Platte in 32 Vierecke, nimmt mit dem Messer ein Viereck über das andere (schrägüber) vorsichtig heraus, läßt diese herausgenommenen Stücke im Ofen wieder flüssig werden, mengt aufgelöste Chocolade hinein, gießt diese braune Masse in die entstandenen 16 Löcher und läßt alles wieder fest werden.

684. Charlotte russe.

Boden und Rand einer etwas hohen Tortenform werden mit gebackener Biscuitmasse ausgelegt. Von gewöhnlicher Biscuitmasse dressirt man nämlich mit der Spritze (mit nicht zu enger Tülle) Stangen, die so lang sind, als die Form hoch und eine runde Platte. Diese streicht man mit dem Messer auf Papier, so groß, als der Boden der Form. Gebacken, glasirt man die Stangen braun, roth und weiß, die Bodenplatte in beliebiger Farbe desgleichen. Ist alles gut getrocknet, so legt man die Platte auf den Boden der Form und setzt die Stangen aufrecht an den Rand herum, indem man sie mit Spritzglasur an einander befestigt. Nun mengt man zu einer Masse: Schlagrahm von ½ Liter Rahm, 245 Gr. Zucker, 6 Eigelb, Vanille, und 30 Gr. aufgelöste Gelatine, füllt diese Masse in die Form und stellt sie auf Eis oder an einen kühlen Ort. Nachdem die Masse fest geworden, wird das Ganze auf einen flachen Teller gestürzt und verziert.

XIV. Abtheilung.

Gefrorenes.

685. Erforderliche Geräthschaften.

Die Zubereitung von Gefrorenem ist ein Hauptzweig der Conditorei. Zu derselben sind folgende Geräthschaften erforderlich.

a) Hölzerner Gefrierkübel. Je nach Bedarf groß oder klein. Unten, etwa 24 Millim. über dem Boden, muß er mit einem Loch versehen sein, welches man mit einem Spunde verschließt und zuweilen öffnet, um das sich ansammelnde Wasser abfließen zu lassen. Oft befindet sich an einer Seite eine Handhabe von Holz. Vorzuziehen ist jedoch eine oben angebrachte eiserne, welche sich umschlagen läßt, wie die der gewöhnlichen Wassereimer. Eine hölzerne ist beim Gefrieren= lassen hinderlich.

b) Gefrierbüchse. Am besten von Kupfer und gut verzinnt. Auch Zinn= oder Blechbüchsen sind verwendbar; jene ist jedoch vorzuziehen. Die Büchse hat einen Deckel mit Bayonnetverschluß, welcher mit dicker Handhabe versehen ist.

c) Steinerner Trog.

d) Hölzerner Stampfer, um damit im Troge das rohe Eis zu verstampfen.

686. Verfahren bei Herstellung von Gefrorenem.

Ein etwas abgerundetes Stück Eis legt man auf den Boden des Kübels streut eine Hand voll Viehsalz darüber (oder Kochsalz oder auch Salpeter), setzt die Büchse darauf, füllt den handbreiten Raum zwischen Büchse und Kübelwand mit Eis und Salz, indem man auf jede Lage Eis eine Hand voll Salz streut und jede Lage Eis ein wenig feststampft und fährt damit fort, bis der Kübel zum Rande gefüllt ist.

Die zum Gefrierenlassen bestimmte (kalte oder erkaltete) Masse gießt man in die Büchse, setzt den Deckel darauf und dreht sie rasch von rechts nach links. Hat man sie 10 Minuten lang gedreht, so öffnet man den Deckel, um mit einem hölzernen Spatel das Gefrorene abzustoßen, welches sich ringsum an der Seite und am Boden inzwischen bereits gebildet und festgesetzt hat. Dann schließt man die Büchse, dreht sie wieder 5 Minuten lang, öffnet sie von Neuem, um von allen Seiten das neugebildete Eis abzustoßen und es mit dem Spatel unter die noch ungefrorene Masse zu mischen. Hat sich auf diese Weise eine ziemlich feste consistente Masse gebildet, so dreht man mit dem Spatel die Büchse offen, indem man ihn innen an die Wand derselben drückt, mit einer Hand ihn am Rande der Büchse festhält und mit zwei Fingern der anderen Hand ihn oben leicht spielen läßt. Von Zeit zu Zeit stößt man das Eis ab und arbeitet es tüchtig unter einander. Wenn bei diesem Prozeß des Gefrierens das rohe Eis theilweise schmilzt, so läßt man durch das Spundloch das Wasser ablaufen, stampft das noch übrige Eis wieder fest und setzt noch so viel Eis und Salz hinzu, daß der Kübel wieder gefüllt ist. Schließlich bedeckt man die Gefrierbüchse mit einem nassen Lappen und läßt sie im Kübel stehen, bis das Gefrorene servirt werden soll.

Das Gefrorene muß weich und schaumig, nicht stückig sein und sich glatt wie Butter verarbeiten.

687. Vanille-Gefrorenes.

Menge in einen Keffel zu einer Maffe: 5 ganze Eier und 10 Eigelb (oder auch im Ganzen 20 Eigelb), die man mit 420 Gr. Zucker ein wenig schaumig geschlagen hat, 1 Liter Rahm (Sahne) und 1 Stange Vanille, d. i. das ausgeschabte Innere und die in Stücke geschnittene Schale. Diese Maffe läßt man unter fortwährendem Rühren auf dem Feuer nicht ganz zum Kochen kommen, gießt fie durch ein Haarfieb und läßt die durchgelaufene Maffe, nachdem fie erkaltet ift, in der Gefrierbüchfe gefrieren nach Anleitung von 686.

Das Sicherfte ift, die Maffe dann vom Feuer zu nehmen, wenn man einen Rührlöffel hineintauchen kann, von dem fie nicht mehr wäfferig abläuft, sondern auf demfelben ein wenig ftehen bleibt. Man hüte fich vor dem wirklichen Kochen.

688. Mandel-Gefrorenes.

Menge in einem Keffel zu einer Maffe: 280 Gr. gefchälte, recht weiße Mandeln, worunter einige bittere, die mit Milch recht fein gerieben find, 420 Gr. Zucker, 12 Eigelb, 1 Liter Rahm und 1 Stückchen Vanille. Weiter wie 687.

689. Haſelnuß-Gefrorenes.

Wie 688; nur ftatt Mandeln hellgelb geröftete Haſelnüffe.

690. Wallnuß-Gefrorenes.

Wie 689; nur ftatt der Haſelnüffe Wallnüffe, welche man jedoch nicht röftet.

691. Chocolade-Gefrorenes.

Wie 687; nur 280 Gr. geriebene füße Chocolade zugefetzt.

692. Macaronen-Gefrorenes.

Wie 688; nur läßt man die Vanille weg und rührt 280 Gr. zerkrümelte bittere Macaronen in die vom Feuer genommene Crême.

693. Caramel-Gefrorenes.

420 Gr. grob geftoßener Zucker wird im Keffel ohne Waffer auf dem Feuer bei beftändigem Umrühren gelbbraun aufgelöft. Dann menge hinzu: 15 gefchlagene Eigelb, 1 Liter Rahm und etwas Citrone. Behandlung wie 687.

694. Maronen-Gefrorenes.

Menge in einem Keffel zu einer Maffe: 280 Gr. Maronen (eßbare Kaftanien), die in Waffer weich gekocht, gefchält und mit $1/4$ Liter Milch gerieben find, 5 ganze Eier, 10 Eigelb, 560 Gr. Zucker, 1 Stange Vanille und 1 Liter Rahm. Behandlung wie 687.

695. Gefrorenes à la **Nesselrode**.

Unter 694 oder 687 mengt man, nachdem es feft gefroren ift, 70 Gr. fein gehackte Pomeranzenschale, 70 Gr. fein gehacktes Citronat, 140 Gr. ausgefteinte Rofinen und 70 Gr. gereinigte Weinbeeren.

696. Kaffee-Gefrorenes, braun.

$1/2$ Liter kochenden Rahm gießt man über 140 Gr. hell gebrannten, grob geftoßenen Kaffee, deckt die Schüffel zu und läßt fie ftehen. Dann mengt man in einem Keſſel zu einer Maſſe: 3 ganze Eier, 4 Eigelb (oder zuſammen 10 Eigelb), 245 Gr. Zucker und den ziemlich erkalteten, mit Rahm gemiſchten Kaffee. Dieſe Maſſe läßt man auf dem Feuer unter fortwährendem Rühren etwas anziehen und gießt ſie durch ein Haarſieb.

697. Kaffee=Gefrorenes, weiß.

12 Eiweiß, 420 Gr. Zucker und 1 Liter Rahm wird auf dem Feuer be= handelt wie 696. 280 Gr. Kaffee wird hell gebrannt, grob geſtoßen und, wenn die Crême fertig iſt, dazu geſchüttet. Man läßt die Maſſe eine Zeit lang zugedeckt ſtehen und dann durch ein Sieb laufen.

698. Chee=Gefrorenes.

Ueber 18 Gr. feinen Pecco=Thee gießt man einige Taſſen voll kochendes Waſſer, gießt daſſelbe aber ſogleich wieder ab. Dann gießt man nochmals 2—3 Taſſen kochendes Waſſer darauf und läßt den Thee damit ziehen, bis man ſtarken Abſud hat. Nun bereitet man die zum Gefrieren beſtimmte Crême aus 5 Eiern, 8 Eigelb, 560 Gr. Zucker, 1 Stange Vanille (vgl. 696) 1 Liter Milch und dem Theeabſud

699. Liqueur=Gefrorenes. Vorbemerkung.

Die Liqueure dürfen der Crêmemaſſe erſt in der Gefrierbüchſe zugeſetzt werden, und zwar erſt dann, wenn die Maſſe ſchon recht ſteif ausgefroren iſt. Durch Spiri= tuoſenzuſatz wird nämlich das Ausfrieren einer noch nicht gefrorenen Maſſe weſentlich erſchwert.

700. Maraſchino=Gefrorenes.

12 Eiweiß, 420 Gr. Zucker und 1 Liter Rahm wird auf dem Feuer behandelt wie 687. Ein Glas Maraſchino wird zugeſetzt.

Oder: 687 mit Weglaſſung von Vanille und nachträglichem Zuſatz von 1 Glas Maraſchino.

701. **Fleur d'orange-Gefrorenes; Punſchgefrorenes u. ſ. w.**

Wie 700; nur ſtatt Maraſchino Orangenblüthwaſſer. Ebenſo kann man auch Punſcheſſenz verwenden, Arac u. ſ. w.

702. Kirſchgeiſt=Gefrorenes.

Wie 687 mit Weglaſſung von Vanille und mit Zuſatz von 1 Glas Kirſch= Geiſt. Vergl. 699. Jedoch braucht hier die Crême nur ziemlich feſt gefroren zu ſein.

703. Spaniſche Milch.

Menge zu einer Crême: 140 Gr. recht weiße Mandeln, worunter einige bittere, die mit Milch fein gerieben ſind, 210 Gr. Zucker und ½ Liter Rahm oder Milch. Man läßt die Crême nur halb gefrieren.

704. Erdbeer=Gefrorenes.

560 Gr. Saft von friſchen Erdbeeren, die man durch ein Sieb getrieben hat, wird mit 1 Kilo 120 Gr. Staubzucker gemiſcht, in Flaſchen gefüllt, gut gepfropft, gebunden und ohne gedünſtet zu werden, zum ſpäteren Gebrauch an kühlem Orte aufbewahrt. Eine Flaſche dieſes Saftes, vermengt mit ebenſoviel Waſſer und mit dem Saft von 2 Citronen, läßt man durch ein Haarſieb laufen und gefrieren.

Oder: 1 Liter frische Erdbeeren treibt man durch ein Sieb, setzt hinzu: eben=
soviel Wasser, den Saft von 2 Citronen und 840 Gr. Zucker, rührt Alles gut durch=
einander, läßt es durch ein Haarsieb laufen und gefrieren.

705. Zuckerwaage.

Frucht=Gefrorenes, das man nach Gutdünken oder nach dem Geschmack zube=
reitet, wird leicht so süß ausfallen, daß es nur schwer gefriert. In diesem Falle
gießt man Wasser nach. Am sichersten geht man, wenn man Frucht=Gefrorenes nach
der Zuckerwaage anfertigt. Erdbeer=Gefrorenes z. B. hält man auf 18 Grad.

706. Erdbeer=Gefrorenes mit Rahm.

Wie 704; nur statt Wasser, Rahm und ohne Citronensaft.

707. Himbeer=Gefrorenes.

Menge zu einer Masse: 1 Flasche in Dunst gekochten Himbeersaft, ebensoviel
Läuterzucker, den Saft von 3 Citronen, 2 Eiweiß, welche man mit etwas Wasser
zerschlägt, und $\frac{1}{2}$ Liter Wasser. Diese Mischung hält man auf 20 Grad. Auch
kann man Rahm anwenden, wie 704. Bei frischen Himbeeren ist das Verfahren
dasselbe, nur daß man den Saft einfach auspreßt.

708. Pfirsich=, Maulbeer= und Johannisbeer=Gefrorenes.

Wie 707. Zu Johannisbeer=Gefrorenem verwendet man jedoch höchstens den
Saft von einer Citrone oder gar keinen Citronensaft.

709. Weichsel=Gefrorenes.

Schöne, große Weichseln, von denen man die Stiele entfernt hat, stößt man
im Mörser mit den Kernen zusammen und preßt sie durch ein Sieb. Weiter wie 707.
Auch kann man die Weichseln entweder ganz oder auch den zubereiteten Saft
eindünsten und zum Gebrauch aufbewahren.

710. Das Eindünsten der Früchte zu Gefrorenem.

Man thut gut, sämmtliche Früchte, die man zu Gefrorenem benutzen will, ohne
Zucker in Dunst einzukochen, weil sie auf diese Weise ihren natürlichen Geschmack
besser beibehalten und deßhalb wohlschmeckender sind, als Früchte oder Fruchtsäfte,
die in Zucker eingekocht sind. Ueber das Verfahren beim Eindünsten der Früchte
siehe Abtheilung XVIII. XIX.

711. Ananas=Gefrorenes.

Man mischt zusammen: $\frac{1}{4}$ Liter Ananas=Saft, d. i. Saft, den man von einer
eingemachten Ananas abgießt, 560 Gr. Zucker, den man mit $\frac{1}{2}$ Liter Wasser auf=
gelöst hat, 1 Eiweiß, welches man mit etwas Wasser zerschlägt und den Saft von
3 Citronen, läßt die Mischung durch ein Haarsieb laufen und gefrieren.
Man kann Ananas=Gefrorenes auch zubereiten wie Erdbeer=Gefrorenes (704.)

712. Citronen=Gefrorenes.

Von 2 Citronen schneidet man das Gelbe so dünn, daß nichts Weißes mit
abgeschnitten wird, weil dies bitteren Geschmack hervorbringen würde. Das Abge=
schnittene mischt man mit $\frac{1}{2}$ Liter Läuterzucker, läßt die Mischung eine halbe Stunde
stehen und setzt hinzu: den Saft von 4 Citronen, $\frac{1}{4}$ Liter Wasser und 1 Eiweiß.
Das Ganze läßt man durch ein Haarsieb laufen und gefrieren.

Nach der Zuckerwaage kann man die Mischung auf 18 Grad halten. Hat sie mehr Grade, so setzt man Wasser hinzu, hat sie weniger, Läuterzucker.

713. Orangen-Gefrorenes.

Man mischt zusammen: das Gelbe von 2 Orangen, die man auf Zucker abgerieben hat, 700 Gr. Zucker, ½ Liter Wasser, den Saft der 2 Orangen, den Saft von 3 Citronen und 2 Eiweiß, läßt die Mischung durchlaufen und gefrieren. Man kann Orangen-Gefrorenes auch zubereiten wie Citronen-Gefrorenes (712.)

714. **Tutti-frutti-**Gefrorenes.

Wenn Citronen-Masse (oder auch Ananas- oder Vanille-Masse) in der Gefrierbüchse schon ziemlich fest gefroren ist, mischt man ihr feingeschnittene eingemachte Früchte verschiedener Art bei, so daß sie recht bunt aussieht und läßt sie dann völlig gefrieren.

715. Aprikosen-Gefrorenes. Melonen-Gefrorenes.

Man mischt zusammen: 560 Gr. reife, saftige Aprikosen oder Melonen, die man auskernt und durch ein Haarsieb reibt, 18 Gr. bittere Mandeln, die man mit Wasser recht fein reibt, 420 Gr. Zucker, den Saft von einer Citrone und ¼ Liter Wasser, rührt Alles gut durcheinander, gießt es durch ein Haarsieb und läßt es gefrieren. Nach der Zuckerwaage hält man die Mischung auf 17 Grad.

716. Weintrauben-Gefrorenes.

560 Gr. reife Muskateller-Trauben reibt man durch ein Sieb, setzt 420 Gr. Zucker hinzu und so viel Wasser, daß die Mischung nach der Zuckerwaage 18 Grad hat.

717. Champagnerpunsch-Gefrorenes.

Man mischt zusammen: das Gelbe von 2 Citronen, die man auf Zucker abgerieben hat, 560 Gr. Zucker, den Saft von 3 Citronen, 1 Flasche Champagner und ¼ Liter Arac und läßt die Mischung gefrieren. Das Eis hiezu muß tüchtig gesalzen werden, weil hier wegen des Aracs eine recht kräftige Kälte erforderlich ist.

718. Punsch à la glace; gefrorener Punsch; Eispunsch.

Unter Citronen- oder Ananas-Masse mischt man, wenn sie in der Gefrierbüchse schon tüchtig fest geworden ist, ¼ Liter Punschessenz. Hält man das Eis für den Verkauf im Laden, so wird jedes Glas besonders gemischt.

719. Punsch à la Romaine; römischer Eispunsch.

Unter Citronen-, Ananas- oder auch Vanille-Masse mischt man, wenn sie in der Gefrierbüchse schon tüchtig gefroren ist, 1 Weinglas voll feinen Rum und ½ Flasche Madeira oder ½ Flasche Champagner, und rührt noch Schaummasse von 5 Eiweiß und 280 Gr. Zucker behutsam hinein. Dieser Eispunsch wird ebenfalls in Gläsern servirt.

Da er sich wegen der Schaummasse nicht lange hält, so mischt man ihn erst kurz vor dem Gebrauch.

720. Gefrorener Maitrank, Eismaitrank.

In ³/₄ Liter Rheinwein, mit ¼ Liter Läuterzucker gemischt, läßt man eine Hand voll gereinigten Waldmeister kurze Zeit ziehen. Dann mischt man hinzu: den Saft und das auf Zucker abgeriebene Gelbe von 2 Orangen und läßt die Mischung durch ein Haarsieb in die Gefrierbüchse ablaufen. Sobald die Mischung anfängt, sulzig zu werden, rührt man eine Schaummasse von 5 Eiweiß und 280 Gr. Zucker vorsichtig hinein. Dieser Eismaitrank wird ebenfalls in Gläsern servirt. Man mischt ihn (wie 719) erst kurz vor dem Gebrauch.

Nach der Zuckerwaage hält man die Mischung auf 14 Grad.

721. Schlagrahm-Eisberg.

Man mischt zusammen: gut 1 Liter Rahm, den man steif geschlagen hat, 420 Gr. Zucker, 35 Gr. Vanillezucker und feingeschnittene, eingemachte Früchte verschiedener Art. Diese Mischung bringt man in eine Blechkapsel, bestehend aus Rand und 2 Deckeln, oben und unten, welche gut schließen müssen. Die Kapsel setzt man ganz in Eis, welches stark gesalzen ist. Nach einer Stunde ist die Mischung fest gefroren. Man taucht nun die Kapsel in lauwarmes Wasser, trocknet sie ab, entfernt den einen Deckel, stürzt die Kapsel auf eine Platte, entfernt den anderen, schneidet den Rand, wenn nöthig, mit dem Messer los und verziert diesen Eisberg mit rosagefärbtem Schlagrahm.

722. Brennender Eisberg.

Wie 721. Statt der Schlagrahmverzierung wird jedoch eine Kuppel von gesponnenem Zucker obenauf gesetzt und darüber ein oder mehrere kleine Gefäße angebracht, die man mit Spiritus füllt, welchen man anzündet. Man bringt den Eisberg brennend zur Tafel.

723. Gefrorener Schlagrahm mit Haselnuß-Croquante.

Von 105 Gr. gerösteten und geschnittenen Haselnüssen und 122 Gr. Zucker macht man Croquante, bringt ihn auf ein etwas bestrichenes Blech, rollt ihn mit dem Rollholz dünn aus und schneidet ihn mit einem Wiegmesser in kleine Würfel. Nun schlägt man ½ Liter Rahm recht steif, rührt 70 Gr. Zucker, gut Vanille und den Croquante hinzu, legt eine runde hohe, bekannte Bombenform mit dünnen weißen Papier aus, füllt die Form damit und legt, bevor man die Form schließt, noch ein Papier darauf. Die Form wird nun in Eis gesetzt und tüchtig gesalzen!

Nun spinnt man Zucker, macht etwa 6 Säulen davon und eine Kuppel. Ist nun der Rahm gefroren, so wird die Form in warmes Wasser getunkt, auf eine Glasplatte gestürzt, das Papier davon entfernt und die Säulen herumgesetzt. Dazwischen setzt man kleine Hohlhippen, füllt sie mit Rahm und setzt obenauf eine crellirte Haselnuß. Man kann nun das Ganze noch mit Rahm oder Hagenbuttenmarmelade verzieren.

724. Gefrorener Rahm mit Maronen.

1 Kilo Maronen werden geschält, gekocht, nochmals geschält und dann durch ein Haarsieb gerieben. Nun schlägt man ³/₄ Liter Rahm, rührt 210 Gr. Staubzucker, gut Vanille und etwa die Hälfte von den Maronen dazu, legt eine niedere runde Kapsel, sowie eine kleine Bombenform mit Papier aus und füllt die Masse hinein, belegt sie oben mit Papier, setzt den Deckel darauf, streicht die Fuge zwischen Deckel und Form mit alten Schmalz

ober Butter aus, damit kein Salzwasser hineinbringen kann und setzt die Formen in gut gesalzenes Eis.

In der übrigen Maronenmasse wirkt man etwas Zucker mit Vanille, doch nicht zu viel, weil sie sonst zu weich wird, formirt Maronen daraus und überzieht sie mit Chocoladecaramel, (280 Gr. Zucker, 35 Gr. Cacao.) Werden nun die Formen gestürzt, so legt man am Fuße, sowie zwischen beide Formen einen Kranz von den caramelirten Maronen herum und oben darauf einen Stern. Das Ganze wird noch mit Rahm und Hagenbuttenmarmelade verziert.

725. Birn-Gefrorenes.

15 bis 20 reife Muskateller oder Bergamotte-Birnen werden geschält und in Wasser weich gekocht, alsdann durch ein Haarsieb gerieben, mit 560 Gr. Staubzucker, ½ Liter Wasser, dem Saft einer Citrone vermengt und nach der Waage auf 20 Grade gestellt.

726. Bisquit-Gefrorenes.

Wenn das Vanille-Gefrorene 687 fertig gefroren ist, werden 1 Centim. große, in Würfel geschnittene, französische Bisquits darunter melirt.

727. Granit von Orangen.

Orangen-Gefrorenes 713 stellt man auf 22 Grad. Dasselbe wird vor dem Gebrauch halb ausgefroren und dann in Gläsern servirt. Auf diese Art werden alle Granit-Gefrorenen von frischen Früchten bereitet.

728 Kaffee Gefrorenes.

20 Eigelb, 560 Gr. Zucker, 1 Liter starker Kaffee, 1 Liter Rahm wird auf dem Feuer abgezogen wie Vanille-Eis. Nach dem Erkalten kommt die Crème in die Gefrierbüchse und wird halb ausgefroren Beim Serviren wird das Glas 2 Drittheile mit Kaffee-Eis gefüllt, das Uebrige mit geschlagenem Rahm.

Dieser Kaffee ist sehr beliebt.

729. Monte-Christo.

Von 70 Gr. Mandeln, 140 Gr. Zucker, 35 Gr. Mehl und Eiweiß wird eine Hohlhippenmasse gemacht. Nun streicht man auf ein Butter bestrichenes Blech eine dünne Platte in der Größe eines kleinen Tellers, sowie einen ziemlich breiten Streifen, schneidet Beides nach dem Backen scharfkantig zu, dreht den Streifen zusammen und setzt ihn mit Gummi auf die Platte. Diese Hülse füllt man entweder mit gewöhnlichem Schlagrahm, oder man gibt Erdbeer, Maraschino oder Kaffee-Geschmack hinzu. Vorher wird die Hülse mit Vanille-Kaffee oder Erdbeer-Glasur glasirt. Das Ganze wird mit gesponnenem Zucker, Rahm und Hüftenmarmelade verziert.

730. Kaffee-Rahm gefroren.

Man macht eine gute Kaffee-Essenz und gefriert sie in eine Eisbüchse mittelst Umrührens, bis sie sulzig wird. Alsdann rührt man Schlagrahm 667 hinzu.

731. Sorbet von Ananas mit Champagner.

1½ Liter Ananas-Gefrorenes wird bereitet; ist dasselbe fest ausgefroren, wird kurz vor dem Serviren eine halbe Flasche Champagner darunter gemengt und dann in Gläsern servirt.

732. Sorbet von Erdbeeren mit Steinwein.

Unter 1½ Liter Erdbeergefrorenes wird eine halbe Flasche Steinwein melirt. Weiter wie 731.

733. Sorbet von Johannisbeeren.

Unter 1½ Liter Johannisbeereis wird eine halbe Flasche Hochheimer melirt. Weiter wie 731.

734. Sorbet von Himbeeren.

Unter 1½ Liter Himbeereis wird eine halbe Flasche Burgunder melirt. Weiter wie in 732.

735. Gefrorenes in Figuren. Formen dazu.

Hiezu sind Zinnformen erforderlich. Dieselben müssen völlig schließen, damit, wenn sie in Eis gelegt sind, kein Salzwasser eindringe. Diese Formen stellen bei= spielsweise dar: Früchte, Blumen, Thiere oder Kunstgegenstände; Apfel, Birne, Traube, Nuß, Melone 2c. 2c., Rose, Tulpe, Narcisse 2c. 2c., Löwe, Hund, Hirsch, Taube, Schwan, Papagei, Vogelei, Vogelnest mit Eiern, Fisch, Krebs 2c. 2c., Korb, Füllhorn, Puddingform, Kirche mit Thurm, Pyramide 2c. 2c.

736. Gefrorenes in Figuren. Anfertigung.

Soll z. B. eine Schale mit Früchten angefertigt werden, so füllt man Eis= masse von verschiedenen Sorten, die schon tüchtig fest gefroren ist, in die verschiedenen Formen, und zwar Vanille=Gefrorenes in die Formen, welche Aepfel, Birnen und Aprikosen darstellen, dagegen in die Formen rother Früchte, z. B. Kirschen, Trauben und Erdbeeren, Erdbeer=, Himbeer= oder Johannisbeer=Gefrorenes. Alle Formen werden mit Papier umwickelt und in gestoßenes, gut gesalzenes Eis gelegt. Nach einer Stunde nimmt man sie heraus, eine nach der anderen, nimmt das Papier ab, taucht sie einen Augenblick in lauwarmes Wasser, öffnet sie, hebt mit der Gabel das Innere heraus und taucht jede dieser Eisfrüchte einen Augenblick in einen Topf mit eiskaltem Wasser, in welches man einige Stücke reines, rohes Eis gelegt hat, damit es eiskalt bleibe. Dadurch werden die Eisfrüchte spiegelglatt und glänzend, und lassen sich schön schminken oder bemalen. Jedoch soll man nur so wenig als irgend möglich Schminke und Farbe anwenden. Auch hat man sich dabei möglichst zu beeilen und in recht kaltem Raum zu arbeiten, damit einem nicht die Frucht unter dem Pinsel zerschmelze. Aepfel und Birnen schminkt man mit Carmin, steckt ihnen von Pomeranzenschale einen Stiel ein und bringt oben eine Corinthe an. Trauben bemalt man leicht blau 2c. 2c. Jede bemalte Frucht wird noch einmal in kaltes Wasser getaucht, damit auch die Farbe Glanz erhält. Sämmtliche Früchte legt man in eine recht kalte Porzellan= oder Glasschale und verziert sie mit Blättern, sei es mit solchen von Papier, sei es mit ächten.

Für einen Schwan, eine Taube 2c. 2c. kann man von Zucker ein Nest spinnen und sie hineinsetzen.

Zu jeder Figur verwendet man die der Farbe nach ähnliche Eissorte und fügt, soweit erforderlich, noch Schminke und Farbe hinzu.

Auch ziemlich große und kunstvolle Figuren lassen sich auf diese Weise von Eis herstellen, selbst Tafelaufsätze, nach Art der oben beschriebenen.

737. Conservir=Geschirr zu Eisfiguren.

Zu weiterer Versendung oder auch im Sommer u. s. w. zum Hinübersenden zur Tafel bedarf man eines Conservirgeschirres. Dasselbe besteht aus einem nicht sehr hohen Kübel von Blech und hat einen Deckel mit aufwärts stehendem Rand, auf welchen rohes Eis gelegt wird. Auf den Boden des Kübels legt man ebenfalls rohes Eis. Die Platte oder Schale mit den Eisfiguren wird auf dieses Eis ge= stellt und der Kübel mit dem eisbedeckten Deckel geschlossen.

XV. Abtheilung.

Früchte in Zucker eingemacht.

738. Gekochter Läuterzucker zum Einmachen von Früchten.

Man muß guten Brodzucker dazu verwenden, weil sich sonst die Früchte nicht halten. Zu gewöhnlichen Marmeladen kann man geringeren Zucker verwenden, doch auch nicht zu ordinären, weil dieser zu wenig Süßigkeit enthält.

Man löst den Zucker in Wasser auf, zu 1680 Gr. Zucker etwa ½ Liter Wasser, schäumt ihn ab, gießt noch etwas Wasser nach und kocht ihn zur bestimmten Probe, wie in den folgenden Nummern angegeben ist, z. B. zum Faden, zum Flug.

Auch kann man auf 560 Gr. Zucker 140 Gr. Glykos (Traubenzucker) nehmen. Wenn man die fertige Frucht in Gläser oder Töpfe füllt, streut man eine Messerspitze voll Salicylsäure darauf, welche die Gährung verhindert.

739. Kirschen.

Schöne, große Kirschen werden von den Stielen befreit. Solches geschieht mit einem Hölzchen oder besser mit einem zu einer Schleife zusammengebogenen Draht. Zu 560 Gr. Kirschen kocht man 420 Gr. Zucker mit Wasser (vgl. 738) zum Flug, schüttet die Kirschen hinein, läßt sie einige Male mit aufkochen und schäumt sie ab. Das Ganze wird in eine Schüssel gebracht und mit einem Bogen Papier zugedeckt. Man läßt es so über Nacht stehen. Folgenden Tages gießt man Alles auf einen Durchschlag, damit der Zucker gut abläuft, kocht denselben zum Faden und gießt ihn heiß wieder über die Kirschen. Am dritten Tag läßt man den Zucker wieder ablaufen, kocht ihn zum ganz starken Faden, bringt die Kirschen wieder hinein, läßt sie noch einige Male mit aufkochen, beseitigt den Schaum und füllt Alles in Gläser oder Töpfe. Der Zucker nach der Waage 38%.

740. Weichseln. Amorellen oder Ammern.

Wie 739; nur statt 420 Gr. Zucker 570 Gr.

741. Weichseln in Essig.

Die Stiele der Weichseln schneidet man halb ab, bringt letztere in Töpfe oder Gläser und übergießt sie mit so viel Essig, daß solcher sie überdeckt. Dieses Quantum Essig gießt man wieder ab, setzt auf gut 1 Liter Essig 560 Gr. Zucker zu und läßt es aufkochen, nachdem man etwas ganzen Zimmet und Nelken, in einem Lappen gebunden, mit hineingelegt hat. Den Essig, sobald er erkaltet ist, gießt man nun wieder über die Weichseln und läßt sie über Nacht stehen. Dann wird der Essig wieder abgegossen, aufgekocht, abgeschäumt und wieder darüber gegossen. Nach einigen Tagen läßt man ihn nochmals aufkochen, schäumt ihn ab und läßt auch die Weichseln etwas mit ihm aufkochen.

742. Stachelbeeren.

Zum Einmachen eignet sich am besten diejenige Sorte, welche im reifen Zustande grün ist und grüne Adern hat. Schöne, große und ausgewachsene Stachel-

9*

beeren von dieser Sorte, welche aber noch hart sind, befreit man von Blüthen und Stielen, schneidet an der Seite einen länglichen Schnitt hinein, nimmt mit einem Hölzchen die Kerne heraus und legt die ausgekernten Beeren in Wasser. Die Kerne werden nicht mit verwendet. In einem Kessel wird Wasser mit etwas Salz auf= gekocht und die Stachelbeeren in das kochende Wasser gebracht. Sie bleiben so lange darin, bis alle in die Höhe gestiegen sind. Nun gießt man das bisherige Wasser ab, legt sie in frisches und tauscht das Wasser noch 4—5 Mal um, damit der salzige Geschmack beseitigt wird. Hat man schließlich alles Wasser ablaufen lassen, so gießt man soviel kalten Läuterzucker 738 darüber, daß alle Stachelbeeren bedeckt sind. Mit einem Bogen Papier zugedeckt, läßt man sie 24 Stunden stehen. Anderen Tages gießt man den Zucker ab und kocht ihn zum Faden. (Da der Zucker etwas dünn geworden ist, so kann man ein Stückchen Brodzucker mit darin auflösen.) Ist der Zucker erkaltet, so gießt man ihn wieder darüber und läßt ihn über Nacht stehen Am 3. Tage wird das Aufkochen wiederholt, gut abgeschäumt, der Zucker aber heiß darüber gegossen. Am 4. Tage wird der Zucker abgegossen, unter fortwährendem Abschäumen zum Faden gekocht, die Stachelbeeren hineingelegt und einmal mit zum Aufkochen gebracht. Am 5. Tage wird der Zucker wieder zum Faden gekocht und die Stachelbeeren einige Minuten lang langsam mit durchgekocht. Ist aller Schaum entfernt, so bringt man Alles in Geschirre. Den Zucker beim ersten Aufguß hält man auf 20%, am zweiten Tage 25%, den dritten Tag 28%, den vierten 32%, zuletzt 38%.

743. Reine=Clauden.

Das Verfahren ist ähnlich wie bei Stachelbeeren. Ausgewachsene, aber noch harte Reine=Clauden durchsticht man ziemlich oft mit einer Gabel, wirft sie in Wasser, welchem man Salz und Indigo=Tinktur zusetzt, damit sie schön grün werden, und blanchirt sie darin (kocht sie weich). Sind sie so weich, daß sie von selbst herunter= fallen, wenn man sie auf eine Nadel sticht, so gießt man das Wasser ab und wässert sie 4—5 Mal mit frischem Wasser aus. Ist das letzte Mal alles Wasser abgelaufen, so rangirt man sie in eine Schüssel und gießt kalten Läuterzucker 738 darüber; weiter wie 742.

744. Mirabellen.

Wie 743. Die Früchte müssen zwar ausgewachsen, aber noch fest und hart sein.

745. Schwarze Nüsse.

Ausgewachsene, grüne Wallnüsse, deren innere Schale noch nicht hornartighart ist, werden mit einer Gabel ziemlich oft durchstochen und in frisches Wasser gelegt, welches man 8—10 Tage nach einander wechselt. Dann werden sie in Wasser, dem man Alaun zugesetzt hat, blanchirt, d. h. so weich gekocht, daß die Nuß, wenn man sie auf eine Nadel sticht, von selbst abfällt. Nun legt man die Nüsse noch einen halben Tag in Wasser, welches man recht oft wechselt, und gießt es ab. Jede Nuß besteckt man mit einer Nelke und einem Stückchen Zimmet (oder verfährt nach 741), rangirt sie in eine Schüssel und gießt kalten Läuterzucker darüber; weiter wie 742.

746. Weiße Nüsse.

Wie 745; nur werden die Wallnüsse geschält.

747 Aprikosen. Pfirsiche

Ausgewachsene, aber noch harte Aprikosen oder Pfirsiche werden geschält, durch= geschnitten, vom Kern befreit und in Wasser blanchirt, wobei man aber vorsichtig verfahren muß, weil sie, wenn sie zu weich gekocht sind, im Zucker musig werden. Einzeln nimmt man sie vorsichtig mit dem Schaumlöffel heraus, legt sie in frisches Wasser, läßt sie kurze Zeit darin liegen, rangirt sie in eine Schüssel und gießt kalten Läuterzucker darüber; weiter wie 742.

748. Melonen.

Ziemlich reife Melonen schneidet man in Theile, schält sie, befreit sie von den Kernen, blanchirt sie in Wasser, kühlt sie in frischem Wasser ab, legt sie in eine Schüssel und gießt kalten Läuterzucker darüber; weiter wie 742.

Dem Zucker kann man Essig zusetzen, wodurch der Geschmack gehoben wird.

749. Feigen.

Feigen werden mit einer Gabel öfters gestochen und in Wasser blanchirt. Dem Wasser kann man Salz und Essig zusetzen. Dann bringt man sie in frisches Wasser, das man 5—6 Mal umtauscht, um die Säure wieder zu entfernen, legt sie in eine Schüssel und gießt kalten Läuterzucker darüber; weiter wie 742.

Feigen müssen ziemlich weich blanchirt sein, damit sie nicht zusammenschrumpfen.

750. Birnen.

Zum Einmachen eignet sich am Besten die poire blanche und die Muskateller=Birne. Birnen, die noch hart sind, werden geschält, halbirt, von Stiel und Kern=haus befreit, mit der Gabel öfters durchstochen, in Wasser, dem man etwas Alaun zugesetzt hat, weich gekocht und in kaltes Wasser gebracht, in welchem man sie einige Zeit stehen läßt. Bevor man den Läuterzucker darüber gießt, läßt man das Wasser gut ablaufen. Man legt die Birnen in eine Schüssel, in der man sie über Nacht stehen läßt. Weiter verfährt man an den folgenden Tagen nach 742.

Will man die Birnen roth, so färbt man den Zucker mit Cochenille.

751. Quitten.

Quitten gibt es zweierlei: Quitten=Birnen und Quitten=Aepfel.*) Zum Ein=machen eignet sich besser die Quitten=Birne. Vor dem Einmachen läßt man diese Frucht einige Wochen liegen, weil sie sehr hart ist. Mit einem dicken Tuche reibt man ihr den Pelz ab, schält sie und schneidet sie in 4 bis 6 Theile; weiter wie 750; nur ohne Alaun.

752. Quittengelée.

In dem Wasser, worin die geschälten Quitten blanchirt sind, kocht man noch die Schale und verwendet dieses Wasser zu Quitten=Gelée.

753. Hüfen (Hagebutten.)

Ist die Hüfe (Hagebutte) ganz reif, so schneidet man sie der Länge nach auf (oder halbirt sie), befreit sie von den Kernen, kocht sie mit Wasser gut weich, legt sie in frisches Wasser, läßt auch dieses wieder gut ablaufen, übergießt sie mit Läuter=zucker, gießt folgenden Tages den Zucker durch einen Durchschlag wieder ab, kocht ihn auf, schäumt ihn gut ab, gießt den erkalteten Zucker nochmals über die Frucht, bedeckt sie mit einem Bogen Papier, verfährt so noch zweimal, kocht das letzte Mal den Zucker zum Faden, läßt ihn erkalten, gießt ihn wieder über die Frucht, läßt das Ganze noch einen Tag im Trockenschrank stehen und füllt es in Töpfe.

---

*) Lateinisch malum Cydonium. Die Quitte war schon bei den Römern geschätzt. Sie wurde jedoch mit Honig eingemacht, da die Römer unseren Zucker nicht kannten.

754. Mandeln, grüne.

Da grüne Mandeln haarig sind, so wird, um die Haare zu beseitigen, von Holzasche und Wasser eine Lauge gefertigt, in der man die Mandeln eine Zeit lang liegen läßt. Sobald die Haare sich leicht lösen, nimmt man die Mandeln heraus, reinigt sie, legt sie in frisches Wasser, sticht sie mehrfach mit der Gabel und blanchirt sie; jedoch bei zugedecktem Kessel, damit sie schön grün bleiben; weiter wie 742.

755. Bohnen.

Bohnen macht man ein nicht wegen des besonderen Wohlgeschmackes, sondern wegen ihrer schönen grünen Farbe, die sie zum Garnieren unentbehrlich macht. Zarten, grünen Schwertbohnen schneidet man Stiel und Spitze ab, legt sie in eine Schüssel oder ein Fäßchen, übergießt sie mit scharfer Salzsohle, läßt sie 3 Wochen darin, (in Conditoreien, in denen viel davon gebraucht wird, auch noch länger), nimmt sie heraus, bringt sie in Flußwasser, kocht sie weich, theilt sie in ihre zwei Hälften, nimmt die Böhnchen heraus, legt solche in frisches Wasser, wechselt das Wasser noch mehrere Male, läßt dasselbe schließlich gut ablaufen und gießt Läuterzucker darüber: weiter wie 742 oder 743.

756. Erdbeeren, Himbeeren, Johannisbeeren.

Diese Früchte werden nur selten eingemacht, weil sie leicht musig werden. Wenn man sie jedoch vorsichtig behandelt, so lassen sie sich ebenfalls einmachen. Man verfährt wie bei Kirschen (742.)

757. Orangenblüthen.

Von frischen Orangenblüthen entfernt man die kleinen Blättchen, kocht die Blüthen in Wasser, mit etwas Alaun gemischt, daß sie sich zerdrücken lassen, legt sie in frisches Wasser, läßt dieses wieder ablaufen, rangirt sie in eine Schüssel, gießt kalten Läuterzucker darüber, bedeckt sie mit einem Bogen Papier und läßt sie über Nacht stehen; weiter wie 742 oder 753.

758. Rosen, Veilchenblätter.

Wie 757.

759. Apfelsinen, ganz eingemacht.

Apfelsinen werden mit einer Gabel öfters durchstochen und in Flußwasser weich gekocht. Nun bringt man Läuterzucker zum Kochen, legt die Apfelsinen hinein, läßt sie einige Male darin aufkochen, legt sie in eine Schüssel, deckt sie mit Papier zu und läßt sie über Nacht stehen. Anderen Tages kocht man den Zucker etwas stärker und läßt die Frucht wieder einige Mal mit aufwallen. Die zwei folgenden Tage verfährt man wieder so; jedesmal kocht man den Zucker etwas stärker. Den fünften Tag kocht man den Zucker zum Flug, legt die Apfelsinen hinein, läßt sie einige Male mit aufkochen, schäumt und füllt sie ab und füllt sie in Gläser oder Töpfe.

760. Pomeranzenschalen.

Man schneidet Pomeranzen bis auf das Fleisch 4—6 Mal ein, nimmt die Schale ab und kocht sie weich; weiter wie 759.

761. Calmus.

Frischen Calmus schält man, schneidet ihn in $2\frac{1}{2}$—$3\frac{1}{2}$ Centim. lange Stücke, legt ihn in Wasser, kocht ihn recht weich, legt ihn in frisches Wasser, läßt den Calmus über Nacht stehen, darauf das Wasser ablaufen, bringt ihn in eine Schüssel und gießt kalten Läuterzucker darüber; weiter wie 742, 753 oder 759.

762. Aepfel.

Reife Rosenäpfel befreit man von Blüthen und Stielen, stößt mit einem runden Hölzchen die Mitte durch, um die Kerne herauszubringen, legt die Aepfel in kochendes Wasser und kocht sie weich. Dabei muß man vorsichtig sein, weil sie leicht aufspringen. Sind sie weich, so bringt man sie in frisches Wasser, läßt dieses wieder ablaufen und gießt kalten Läuterzucker darüber; weiter wie 742.

763. Zwetschgen.

Von schönen reifen Zwetschgen schneidet man den Putzen von den Stielen, durchsticht sie mehrmals mit einer Gabel, kocht sie in Flußwasser weich, läßt das Wasser ablaufen, bringt sie in eine Schüssel, gießt kalten Läuterzucker darüber, kocht folgenden Tages den wiederabgegossenen Zucker etwas stärker, schäumt ihn ab, läßt ihn erkalten, gießt ihn wieder darüber, kocht ihn am dritten Tage etwas stärker, schäumt ihn ab läßt die Zwetschgen einige Male mit aufkochen, verfährt am vierten Tag ebenso, kocht am fünften Tage den Zucker zum kleinen Flug, läßt die Zwetschgen leicht mit aufkochen, schäumt sie ab und füllt sie zum Aufbewahren in Töpfe oder Gläser.

764. Zwetschen in Essig.

Gut 1 Liter guten Weinessig kocht man mit 280 Gr. Zucker auf, läßt ihn erkalten, legt Zweschgen in einen Topf, streut Zimmet und Nelken darauf, gießt den Zucker-Essig darüber, bindet den Topf fest zu, kocht nach 8 bis 10 Tagen den wiederabgegossenen Essig nochmals auf, schäumt ihn ab, gießt ihn erkaltet wieder darüber und bindet den Topf wieder fest zu.

765. Gurken in Essig.

Ganz kleine Gurken befreit man von den Stielen, wäscht sie, reibt sie mit einem Tuche ab, legt sie gepreßt in ein Geschirr, gießt starkes Salzwasser darüber, läßt sie in diesem Zustande zwei Tage stehen und gießt das Salzwasser ab. Das Geschirr belegt man nun mit Lorbeer- und Traubenblättern, legt eine Lage dieser Gurken darauf, streut Pfeffer und Fenchel darüber, legt wieder Blätter darauf und so fort. Zuletzt gießt man gesottenen und wieder erkalteten Weinessig darüber, legt obenauf Blätter und bindet das Geschirr fest zu.

766. Andere Früchte.

Auch andere Früchte, als die obengenannten, lassen sich in Zucker einmachen, z. B. Cornelkirschen, Maulbeeren, Brombeeren, selbst Früchte des Gemüsegartens, z. B. gelbe Rüben (Möhren), Blumenkohl, halbreife sog. große Bohnen. Dem Geschmack und der Liebhaberei sind hier keine Grenzen gesetzt.

767. Das Einfüllen eingemachter Früchte in Gefäße und deren Schließung.

Die Gefäße (Gläser oder Töpfe), in welchen eingemachte Früchte, Marmelade und Gelée aufbewahrt werden sollen, müssen recht rein und auch recht trocken sein. Nachdem die Früchte in die Gefäße eingefüllt und erkaltet sind, schneidet man ein Stück Papier rund, so groß als das Innere des Gefäßes, befeuchtet (tränkt) es mit Arac, deckt es über die Früchte und bindet darauf den Topf fest zu mit doppeltem Papier, (womöglich mit Wachs getränkt) oder mit einer Blase. Dem Verbinden der Gefäße muß man volle Aufmerksamkeit zuwenden. Die Haltbarkeit der Früchte hängt davon ab.

768. Aufbewahrungsort.

Alle in Zucker eingemachten Früchte und Marmeladen müssen an trockenem und kühlem Ort aufbewahrt werden. Gelée, Säfte, sowie Früchte, welche in Flaschen gedünstet sind, legt man dagegen am besten in den Keller.

769. Verdünnung und Verdickung des Zuckers eingemachter Früchte während der Aufbewahrung.

Von Zeit zu Zeit sehe man nach, ob beim Einkochen nicht der Fehler vorgekommen sei, daß der Zucker zu stark oder zu schwach gekocht wurde.

Ist ersteres der Fall, so candirt er; er wird körnig und setzt sich an die Frucht. Diese verliert dadurch zwar nicht an Güte und Geschmack, wohl aber an Schönheit. In diesem Falle erwärmt man den Topf (am besten im Ofen), damit sich der Zucker ablöst. Sodann bringt man die Früchte mit dem Zucker in einen Kessel auf das Feuer, gießt etwas Wasser hinzu und läßt die Früchte bei öfterem Herumschütteln mehrere Male mit aufkochen, bis der Zucker wieder die Probe der Perle hat. Die Töpfe müssen wieder gut ausgewaschen und getrocknet sein, bevor die Früchte wieder hineingebracht werden. Sie werden wieder mit Papier bedeckt und verbunden, wie 767.

War der Zucker zu schwach gekocht, oder war der Schaum nicht gehörig abgenommen, so gehen die Früchte in Gährung über und verlieren dadurch Ansehen und Geschmack. Sobald dieser Fall eintritt, gießt man den Zucker durch einen Durchschlag, so daß die Früchte zurückbleiben, gibt etwas Läuterzucker hinzu, kocht den Zucker so stark wie vorschriftsmäßig zum letzten Mal beim Einmachen, schäumt ihn gut ab, und läßt dann die Früchte einige Mal mit aufkochen. Auch bildet sich leicht Schimmel bei zu schwach gekochtem Zucker.

XVI. Abtheilung.
Marmeladen.

770. Vorbemerkungen.

a) Marmelade nennt man das mit Zucker breiartig eingekochte Fleisch (Mark) von Früchten.

b) Von Himbeeren und Johannisbeeren entfernt man die Kerne nicht. Von Erdbeeren dagegen müssen sie beseitigt werden, weil sie der Marmelade bitteren Geschmack verleihen würde. Zu feinerer Marmelade werden die Früchte jedesmal durch ein Haarsieb getrieben.

c) Man beachte 767 und 768.

771. Probe beim Kochen.

Die Probe, wann die Marmelade vom Feuer genommen werden muß, ist eine verschiedene.

a) Bei festerer Marmelade, z. B. von Aepfeln, Aprikosen und Quitten, streicht man die Masse mit dem Spatel, womit man sie umrührt, ziemlich rasch von einer Seite des Kessels zur anderen. Wird dabei der Boden des Kessels sichtbar, so ist die Marmelade fertig. Oder: man häuft mit dem Spatel die Masse aufeinander. Bleibt sie ein wenig stehen, so ist sie fertig.

b) Himbeeren und Johannisbeeren kocht man zur Gelée-Probe. (Siehe unter 782.)

772. Himbeer-Marmelade.

560 Gr. Himbeeren (ganz oder durchgeriebene) kocht man mit 420 Gr. Zucker auf ziemlich starkem Feuer unter fortwährendem Umrühren zur Gelée-Probe 782.

773. Johannisbeer-Marmelade.

Wie 772; jedoch 400 Gr. Zucker zu 400 Gr. Johannisbeeren.

774. Erdbeer-Marmelade.

Wie 772; 400 Gr. durchgeriebene Erdbeeren zu 400 Gr. Zucker. Da Erdbeeren nicht geliren (nicht zu Gelée werden), so ist die Probe 771a anzuwenden.

775. Aepfel-Marmelade. Quitten-Marmelade.

Weinsauere Aepfel oder Quitten schneidet man in vier Theile, bringt sie in einen Kessel, gießt so viel Wasser darüber, daß die oberen etwa noch halb im Wasser liegen, setzt sie auf's Feuer, deckt sie zu, kocht sie weich, reibt sie durch ein Haarsieb und kocht sie mit Zucker zur Probe 771a; zu 400 Gr. Masse (Mark) 300 Gr. Zucker.

776. Kirsch-Marmelade.

Kirschen werden von den Stielen befreit, am besten auch ausgekernt, im Kessel unter fortwährendem Rühren zerkocht, durch ein Drathsieb gerieben und mit Zucker zu Marmelade gekocht: zu 400 Gr. Masse (Mark) 300 Gr. Zucker. (Vergl. 786.)

777. Aprikosen-Marmelade. Reine-Clauden-Marmelade.

Reife ausgekernte Aprikosen oder Reine-Clauden kocht man in Wasser weich, reibt sie durch ein Haarsieb, so daß nur die Schalen zurückbleiben, und kocht sie (400 Gr. Mark, 400 Gr. Zucker) zur Probe 771a.

778. Hüfen- oder Hagebutten-Marmelade.

Eignet sich namentlich zum Verzieren der Torten.

Hüfen läßt man ausgekernt 3—4 Tage stehen, damit sie weich werden, und gießt warmes Wasser darüber, damit sie sich leichter durchreiben lassen. Sind sie noch nicht weich genug, so läßt man sie nochmals einige Tage stehen. Auf 400 Gr. durchgeriebene Masse (Mark) verwendet man 400 Gr. Zucker. (Wenn die Marmelade bald verbraucht werden soll, so sind 300 Gr. Zucker hinreichend.) Den Zucker löst man mit Wasser auf, kocht ihn zum starken Flug, gießt ihn unter fortwährendem Rühren unter das durchgeriebene Mark und röstet das Ganze noch einige Zeit auf dem Feuer, jedoch ohne es aufkochen zu lassen.

779. Zwetschgen-Marmelade (Zwetschgen-Mus).

Reife ausgekernte Zwetschgen kocht man unter fortwährendem Rühren, reibt sie durch einen Durchschlag oder ein weites Sieb und kocht sie mit ordinärem Zucker oder Farin dick. Auf 400 Gr. Mark verwendet man 200 Gr.

XVII. Abtheilung.
Gelée.

---

780. Vorbemerkungen.

a) Gelée ist ausgepreßter, mit Zucker dick eingekochter, elastisch fest gewordener Fruchtsaft.

b) Nur frisch gepflückte Früchte sind zu verwenden, die noch nicht in Gährung übergegangen sind; auch nicht überreif gewordene. Sonst würde die Gelée zähe werden.

c) Das Auspressen geschieht mittelst eines starken Tuches oder einer Presse.

d) Nicht jeder Fruchtsaft gelirt (wird zu Gelée). Denjenigen Früchten, deren Saft nicht gelirt, z. B. Erdbeeren, müssen daher solche beigemischt werden, deren Saft diese Eigenschaft besitzt, z. B. Himbeeren oder Johannisbeeren.

e) Man beachte 767 nnd 768.

781. Zubereitung.

Himbeeren, Johannisbeeren, Berberisbeeren u. dgl. werden in rohem Zustande ausgepreßt, Aepfel dagegen, Quitten u. s. w. müssen zuvor in Wasser gekocht werden. Ist der klare Fruchtsaft hergestellt, so setzt man ihm Zucker zu (Melis guter Sorte oder Raffinade), zu 400 Gr. Saft etwa 300 Gr., läßt ihn im Kessel unter öfterem Umrühren zum Kochen kommen und nimmt sorgfältig den Schaum ab. Die Mischung steigt in die Höhe; weshalb der Kessel nicht mehr als bis zur Hälfte angefüllt sein darf. Nach einiger Zeit des Kochens fällt sie von selbst wieder zusammen; der Augenblick der Geléeprobe ist nahe.

782. Gelée-Probe.

a) Man taucht den Schaumlöffel in den Saft und beobachtet, wie die Tropfen abfallen. Fließt die Masse in kleinen wässerigen Tropfen rasch ab, so ist sie noch nicht fertig. Fließt sie dagegen langsam ab, etwa wie Honig, in dicken Tropfen, deren herabhängender Rückstand sich wieder in die Höhe zusammenzieht, oder fällt sie in ganzen Lappen langsam herab, so ist die Probe getroffen, und der Kessel muß sofort vom Feuer abgenommen werden.

Die Probe a erfordert einige Uebung. Für den Anfänger eignen sich mehr b und c.

b) Man taucht den Schaumlöffel in den Saft und läßt den letzten Tropfen davon auf Porzellan laufen. Wenn er nicht mehr zerfließt wie Wasser, sondern stehen bleibt, so ist die Gelée fertig.

c) Man läßt einen Tropfen in ein Glas Wasser fallen. Gelangt er auf den Boden hinab, ohne zu zerfließen, so ist die Gelée fertig.

Auf die Gelée-Probe ist große Aufmerksamkeit zu richten. Zu schwach gekocht, wird Gelée nie hinreichend fest. Zu stark gekocht, wird die Gelée anbrennen und bitter werden.

783. Himbeer-Gelée.

Zum Auspressen des Saftes ist hier fast unumgänglich eine Presse erforderlich. Den klaren Himbeersaft kocht man mit gutem Zucker (300 Gr. auf 400 Gr. Saft) zur Geléeprobe nach Anleitung von 781 und 782. Man beachte auch 780 b und e.

784. Johannisbeer-Gelée.

Wie 783. Auch Johannisbeeren lassen sich fast unmöglich durch ein Tuch pressen. 400 Gr. Zucker zu 400 Gr. Saft.

785. Erdbeer-Gelée.

Erdbeer-Gelée läßt sich ungemischt nicht herstellen, und darum auch nicht mit ungemischtem Erdbeergeschmack. Erdbeersaft gelirt nicht. Man muß daher Himbeer- oder Johannisbeersaft zusetzen. Johannisbeersaft gelirt am besten. In Folge des Zusatzes schmeckt freilich die Johannisbeere der Erdbeere ziemlich stark vor.

Entweder preßt man ein Quantum Erdbeeren aus, oder man bestreut 400 Gr. Erdbeeren, die man ein wenig zerdrückt, mit etwa 200 Gr. Zucker. Der Zucker saugt allen Saft sehr schnell heraus. Den ausgepreßten Saft gießt man durch ein Sieb, setzt ihm ein gleiches Quantum Johannisbeersaft zu, sowie den nöthigen Zucker, und kocht den gemischten Saft zur Geléeprobe nach Anleitung von 781 und 782. Den in Zucker aufgesogenen Saft mischt man mit Johannisbeersaft und kocht die Mischung zur Geléeprobe.

786. Kirsch-Gelée.

Am besten eignet sich dazu die Weichsel.

Ausgekernte Weichseln kocht man mit Zucker, (zu 400 Gr. Kirschen 300 Gr. läßt den Saft durch ein feines Haarsieb laufen, setzt etwas Johannisbeersaft, sowie den etwa noch nöthigen Zucker hinzu und kocht die Mischung zur Geléeprobe.

Die zurückgebliebene Weichselmasse treibt man durch ein größeres Sieb, setzt den etwa noch nöthigen Zucker hinzu und kocht sie zu Marmelade. (776.)

787. Stachelbeer-Gelée.

Ausgewachsene, aber noch nicht ganz reife Stachelbeeren werden in Wasser gänzlich zerkocht. Den Saft läßt man durch ein Sieb ablaufen. Man kocht ihn mit Zucker (zu 200 Gr. Saft 100 Gr.) unter öfterem Abschäumen zur Geléeprobe.

788. Aepfel-Gelée.

Am besten eignet sich dazu der Borsdorfer Apfel. Doch ist auch jeder andere saftige und wohlschmeckende Apfel tauglich.

Man schneidet Aepfel in 4 Theile, übergießt sie mit Wasser, so daß die oberen noch halb im Wasser liegen, kocht sie weich und läßt durch ein Sieb den klaren Saft ablaufen. Diesen kocht man mit Zucker (zu 400 Gr. Saft 300 Gr. zur Geléeprobe.

Dieser schönen weißen Gelée kann man durch Zusätze röthliche oder gelbröthliche Farbe, wie auch angenehmen Beigeschmack geben, letzteres z. B. durch Zusatz von auf Zucker abgeriebener Citrone oder Orange oder durch Zusatz des Saftes dieser Früchte.

Die zurückgebliebenen Aepfel reibt man durch ein gröberes Sieb und verwendet sie zu Marmelade.

789. Quitten-Gelée.

Es eignet sich dazu die Apfel- und auch die Birn-Quitte. Man schneidet sie in kleine Theile u. s. w. wie 788. Zu 400 Gr. Saft 300—400 Gr. Zucker. (Vergl. 752.)

790. Pfirsichen-Gelée.

Pfirsiche werden geschält, in Stücke geschnitten, mit Wasser übergossen, so daß solches fast darüber geht, u. s. w. wie 788. Dem Saft wird der vierte Theil Aepfelsaft zugesetzt. Zu 400 Gr. Saft 300 Gr. Zucker.

791. Birnen=Gelée.

Läßt sich ungemischt schwierig herstellen. Man setzt ein gleiches Quantum Aepfelsaft zu. Wie 788. Zu 400 Gr. Saft 300 Gr. Zucker.

792. Berberisbeeren=Gelée.

Der ausgepreßte Saft von rohen Berberisbeeren (Berberitzen) wird zur Gelée=probe gekocht. Zu 100 Gr. Saft 100 Gr. Zucker.

793. Gelée von sonstigen Früchten.

Noch mehrere Früchte lassen sich nach obiger Anleitung zu Gelée kochen. Die angeführten sind die hauptsächlichsten. (Vgl. auch Aprikosengelée unter Aprikosen=Compot.)

XVIII. Abtheilung.

Das Eindünsten von Früchten und von Gemüse.

794. Verfahren beim Eindünsten.

Man füllt rohe Früchte 2c. in Flaschen mit weiten Hälsen, in Einmachegläser oder in Blechbüchsen, mit oder ohne Uebergießung von Läuterzucker. Flaschen werden fest verkorkt und mit einem Kreuzband fest gebunden oder mit einer Blase verschlossen. Bei größeren Einmachegläsern befestigt man den Kork mit Draht. Blechbüchsen werden zugelöthet oder mit Gummiverschluß versehen. Die gefüllten Flaschen, Gläser und Büchsen umwickelt man mit Stroh oder Heu, legt in einen Kessel eine Lage Heu, stellt die Flaschen 2c. 2c. darauf, gießt soviel Wasser in den Kessel, daß es den Flaschen bis an den Hals geht, setzt den Kessel auf's Feuer, läßt das Wasser langsam zum Kochen kommen, läßt vom Beginn des Kochens an die Früchte noch 15—20 Minuten lang auf dem Feuer stehen, setzt sie ab, läßt die Gläser 2c. im Wasser erkalten, überzieht den Verschluß, da er völlig luftdicht sein muß mit Siegellack (was bei zugelötheten Blechbüchsen nicht nöthig ist) und bewahrt die Gläser 2c. an kühlem Orte auf. — Zum Eindünsten größerer Früchte, z. B. Aepfel, Birnen, Ananas, auch Zwetschgen, kann man Töpfe von Steingut verwenden.

795. Vorzüge des Eindünstens.

Das Verfahren ist so einfach und kurz, daß es überall ohne Schwierigkeit und rasch ausgeführt werden kann.

Eingedünstete Früchte behalten ihr feines Aroma, welches beim Einmachen wegen der oft wiederholten Behandlung verloren geht.

796. Kirschen in Dunst ohne Zucker.

Kirschen (oder Weichseln) dünstet man ein, um auch außerhalb der Kirschenzeit Kirschkuchen bereiten zu können.

Man befreit die Kirschen von Stielen und Kernen, füllt sie gedrängt voll in Flaschen, ohne Uebergießung von Läuterzucker u. s. w. wie 794.

797. Andere Früchte, Pfirsiche u. s. w. ohne Zucker.

Auch Zwetschgen, Aprikosen, Reineclauden, Pfirsiche, Aepfel, Birnen, Himbeeren, Johannisbeeren, Maulbeeren u. s. w. lassen sich ohne Zucker eindünsten.

798. Aepfel und Quitten in Dunst mit Zucker.

Kleine Rosenäpfel oder Quitten werden geschält und in Wasser weich gekocht. Nachdem das Wasser gut abgelaufen ist, legt man sie in Gläser, gießt dünnen Läuterzucker darüber, bindet sie mit einer Blase zu u. s. w. wie 794.

799. Birnen in Dunst mit Zucker.

Schöne Muscateller = Birnen, die noch ziemlich hart sind, werden geschält, in Alaunwasser weich gekocht, abgekühlt, abgetrocknet und in Gläser gelegt. Man gießt dünnen Läuterzucker darüber und kocht sie ein. Vgl. 798.

800. Zwetschgen in Dunst mit Zucker.

Noch nicht ganz reife Zwetschgen werden weich gekocht, abgekühlt und in Gläser gelegt. Man gibt ihnen ganzen Zimmet und Nelken bei, gießt dünnen Läuterzucker darüber u. s. w. wie 794. Man kann sie auch, ohne vorher zu kochen, eindünsten.

801. Zwetschgen. Bemerkung.

Zwetschgen, wie überhaupt größere Früchte, lassen sich besser in zwei oder mehrere Theile zerschnitten eindünsten. Man nimmt dann die Kerne heraus.

802. Nüsse in Dunst mit Zucker.

Wallnüsse werden mit der Gabel gestochen und gewässert, wie die mit Zucker eingemachten, weich gekocht, in dünnen Läuterzucker gelegt, worin man sie einige Tage läßt, mit dem Zucker in Gläser gefüllt und gedünstet. (745).

Weiße Nüsse werden gleich Anfangs geschält.

803. Ananas mit Dunst in Zucker.

Die Ananas ist, was den Geschmack betrifft, die feinste Frucht aller Zonen. Sie läßt sich auf verschiedene Art einmachen. Um sie in Dunst aufzubewahren, schält man sie, läßt sie ganz, oder zerschneidet sie in Scheiben, setzt sie in dünnem Läuter= zucker auf's Feuer und kocht sie weich.

Oder man kocht Zucker zum Flug, legt Ananas = Scheiben hinein, läßt sie einige Mal mit aufkochen, schäumt sie ab, füllt sie heiß in Gläser und dünstet sie 10—12 Minuten lang.

804. Ananas in Zucker conservirt; ungedünstet.

Die Ananas läßt sich auch in rohem Zustande conserviren. Man schält sie, zerschneidet sie in Scheiben, bestreut dieselben recht reichlich mit feinem Staubzucker, so daß je eine Lage Ananas mit einer Lage Zucker bedeckt ist, stellt sie an einen etwas warmen Ort, schüttelt sie wiederholt vorsichtig durcheinander, bis der Zucker sich von selbst aufgelöst hat, bindet sie gut zu und bewahrt sie an kühlem Orte auf.

805. Aprikosen in Dunst mit Zucker.

Noch nicht ganz reife Aprikosen werden geschält und vorsichtig gekocht, damit sie nicht zu weich werden, weil sie sonst durch das Eindünsten musig werden würden. Gekocht legt man sie in dünnen Läuterzucker, läßt sie darin einen Tag stehen, füllt sie mit dem Zucker in Gläser und dünstet sie. Vergl. 807.

806. Reineclauden und Mirabellen.

Noch nicht ganz reife Reineclauden oder Mirabellen befreit man von den Stielen, durchsticht sie mehrmals mit einer Gabel, legt sie in kochendes Alaunwasser, läßt sie darin ein wenig weich werden, läßt dasselbe gut wieder ablaufen, übergießt sie mit dünnem Läuterzucker, läßt sie über Nacht stehen, füllt sie in Töpfe oder Gläser und dünstet sie. Vergl. 807.

807. Auf andere Art; Aprikosen u. s. w.

Aprikosen, Reineclauden, Mirabellen und Pfirsiche kann man auch sogleich mit dünnem Läuterzucker weich kochen, sie heiß in Gläser füllen und dann dünsten.

808. Stachelbeeren &c.

Zubereitet und weich gekocht wie zum Einmachen (742), dann in Gläser ge=füllt, Läuterzucker darüber gegossen u. s. w. wie 794.

809. Melonen &c.

In kleinere Theile zertheilt, mit dünnem Läuterzucker weich gekocht, in Gläser gefüllt und gedünstet.

810. Erdbeeren; Himbeeren &c.

Schöne große Garten=Erdbeeren, die man von den Stielen befreit hat, oder Himbeeren füllt man in Gläser, gießt Läuterzucker darüber und dünstet sie.

811. Johannisbeeren &c.

Ganz reife dürfen nicht verwendet werden, diese würden zerplatzen. Man befreit sie von den Stielen, füllt sie in Gläser u. s. w. wie 794.

812. Trüffeln in Dunst.

Frische Trüffeln reinigt man, übergießt sie mit kochendem Wasser, u. s. w. wie 794.

813. Champignons; Giftprobe.

Ob Champignons giftig sind oder nicht, erkennt man, wenn man sie mit heißem Wasser übergießt und nun einen silbernen Löffel hineinhält. Wenn derselbe bläulich anläuft, so sind sie giftig.

814. Champignons in Dunst.

Hat man Champignons von unreinen oder verdorbenen Theilen befreit, so schmort man sie leicht mit etwas Butter, füllt sie ein und dünstet sie fünf Minuten lang.

815. Champignons in Essig.

Champignons lassen sich auch in Essig aufbewahren, wie Gurken 765.

816. Spargel.

In kochendem Wasser brüht man Spargel ab, legt dieselben in kaltes Wasser, gießt das Wasser durch einen Durchschlag ab, läßt sie gut abtropfen, füllt sie in Blechbüchsen oder Gläser und dünstet sie 10—12 Minuten lang.

Oder man kocht sie leicht in Salzwasser, gibt auf 800 Gr. Spargel etwa 100 Gr. Butter bei und gießt die Brühe mit darüber.

817. Bohnen.

Zarte junge Bohnen befreit man von Stiel und Blüthe, kocht sie in Wasser mit etwas Salz weich, giebt auf 800 Gr. Bohnen etwa 100 Gr. Butter bei und füllt sie mit der Brühe in Blechbüchsen oder Gläser zum Dünsten.

Man nimmt nur soviel Wasser, daß dasselbe, wenn sie eingefüllt sind, die Bohnen gerade überdeckt.

818. Erbsen.

Junge Erbsen kocht man mit Salz, Butter und etwas gestoßenem Zucker ziemlich weich, füllt sie in Blechdosen und dünstet sie 8—10 Minuten lang.

819. Blumenkohl.

Wird zerschnitten und behandelt wie Spargel. (816).

820. Gemüse überhaupt.

Ueberhaupt werden alle Gemüse auf vorstehende Weise behandelt. Man thut jedoch wohl, sämmtliche Gemüsearten in zugelötheten Blechdosen zu dünsten. Es ist darauf zu sehen, daß dieselben vollständig gefüllt und luftdicht verlöthet werden. Die Butterbrühe wird mit hineingegossen.

821. Säfte und Absude in Dunst.

Säfte und Absude werden 15 Minuten lang gedünstet. Vgl. 794.

822. Butter in Dunst.

Man wäscht Butter in frischem Wasser aus, füllt sie in ein Gefäß, läßt dasselbe jedoch oben etwa 2 Finger breit leer, verbindet es gut, stellt es im Kessel in kaltes Wasser, bringt den Kessel zum Kochen, (794) und nimmt dann das Gefäß mit der Butter sofort heraus.

Auf dem Boden des Gefäßes setzt sich käsige Milch von unangenehmen Geschmack ab. Beim Gebrauch hüte man sich, sie an der Butter haften zu lassen.

Die so gedünstete Butter hält sich sehr lange.

XIX Abtheilung.

Früchte zu Gefrorenem in Dunst.*)

823. Himbeeren und Johannisbeeren.

Frische Himbeeren oder Johannisbeeren werden ausgepreßt, der Saft ohne Zucker in Flaschen gefüllt, solche gut gekorkt und 15 Minuten lang gedünstet. (794.) Diese Säfte halten sich Jahre lang.

824. Aprikosen.

800 Gr. ausgekernte Aprikosen kocht man mit 600 Gr. Zucker weich, reibt sie durch ein Haarsieb, füllt die Masse (das Mark) in Gläser, verbindet dieselben gut und dünstet sie 15 Minuten lang.

825. Kirschen und Weichseln.

Kirschen oder Weichseln werden von den Stielen befreit, die Kerne herausgenommen (oder die Kirschen mit den Kernen zerstoßen) und der Saft davon gepreßt; weiter wie 823 (ohne Zucker).

826. Erdbeeren.

Diese Frucht wird zu Gefrorenem nicht gedünstet. Man reibt sie durch ein Haarsieb, damit die Kerne zurückbleiben, rührt zu 100 Gr. Masse (Mark) 200 Gr. feinen Staubzucker und füllt die Mischung in Flaschen, die man gut verkorkt.

827. Bemerkung.

Alle diese Früchte müssen an kühlem Orte aufbewahrt werden.

---

*) Siehe oben Abtheilung XIV, insonderheit 567.

XX. Abtheilung.

Fruchtsäfte, Pasten und verschiedentlich zubereitete Quitten.

828. Vorbemerkung.

Das Obst, aus dem man Fruchtsaft bereitet, darf nicht mit Eisen in Berührung gebracht werden. Der Saft würde seine Farbe verlieren und violet werden.

829. Himbeersaft.

Von frischen Himbeeren preßt man den Saft aus und läßt ihn 4 Tage lang an kühlem Orte stehen. Ist er in Gährung übergegangen, so nimmt man die Gährstoffe ab, die sich oben angesammelt haben, läßt ihn durch ein Haarsieb laufen, bringt ihn mit Zucker (auf 1 Maaß Saft 2 Pfund, d. i. auf gut 1 Liter Saft 1120 Gr. Zucker oder auf 1 Liter Saft 1 Kilo Zucker) in einen Kessel, (welcher jedoch nicht mehr als zur Hälfte voll werden darf, da der Saft sehr in die Höhe kocht), gibt ein Eiweiß hinzu, das man mit etwas Wasser zerrührt und verdünnt hat, wodurch der Saft sich schön klärt, kocht nun die Mischung unter fortwährendem Abschäumen zum schwachen Faden (oder nach der Zuckerwaage zu 26 Grad), läßt den fertigen Saft nochmals durch ein Haarsieb oder ein Stück Flanell laufen, (welch' letzteres vorher gebrüht sein muß) und füllt ihn heiß in Flaschen, die man gut verkorkt und an kühlem Ort aufbewahrt.

830. Himbeersaft auf andere Art.

Frische Himbeeren läßt man mit Zucker (auf 200 Gr. Himbeeren 300 Gr. Zucker) und mit etwas Wasser einige Mal aufkochen, filtrirt die Mischung durch ein Haarsieb, läßt den hellen Saft etwa 5 Minuten lang einkochen, nimmt ihn vom Feuer ab, läßt ihn kurze Zeit stehen, damit er sich setzt, füllt ihn in Flaschen, die man gut verbindet, und dünstet ihn noch 15 Minuten wie Dunstobst. (751. 780.) Am hellsten wird jedoch der Himbeersaft, nachdem er vier Tage gestanden hat und noch ohne Zucker ist, wenn man ihn durch Filtrirpapier laufen läßt.

831. Johannisbeersaft.

Wie 829 oder 830, nur ist hier mehr Zucker zu verwenden: statt 300 Gr. Zucker 370—400 Gr.

832. Kirschsaft.

Zu hellem Saft verwendet man Weichselkirschen, zu dunklem schwarze saure Kirschen.

Man pflückt die Stiele ab, zerstößt die Kirschen mit den Kernen zusammen im Reibstein (nicht in eisernem Mörser, vergl. 828), preßt den Saft aus, läßt ihn einige Tage stehen und kocht ihn unter fortwährendem Abschäumen mit Zucker. (Auf 1 Liter Saft 1 Kilo Zucker, d. i. auf 1 Maaß Saft 2 Pfund Zucker.) Wenn er dicklich wird, wie Himbeersaft, filtrirt man ihn.

833. Erdbeersaft.

Erdbeeren preßt man aus und mischt Zucker in gleichem Gewicht hinzu: weiter wie 826.

834. Erbselsaft.

Erbseln werden zerstoßen, ausgepreßt und mit Zucker gekocht (auf gut 1 Liter Saft 1260 Gr. Zucker, d. i. auf 1 Maaß Saft 2¼ Pfund Zucker); weiter wie 829.

Oder: man kocht den Zucker zum Bruch, gießt den Saft hinein, läßt ihn mit dem Zucker noch einmal aufkochen, füllt ihn in Flaschen und stellt ihn an einen kühlen Ort, verkorkt ihn aber erst nach 10—14 Tagen.

Dieser Saft hat eine vorzüglich schöne hochrothe Farbe.

835. Ackermannssaft.

Ein Gemenge von 105 Gr. Eibisch, 105 Gr. Violenwurzeln, 35 Gr. Angelika, 210 Gr. Johannisbrod und 560 Gr. Klapprosen werden mit Wasser gekocht, ausgepreßt und in Flaschen gefüllt.

836. Quittensaft.

Quitten, die man nicht schält, sondern nur mit einem Tuche abreibt, zerreibt man auf dem Reibeisen, preßt den Saft vollständig aus, läßt ihn über Nacht stehen, kocht ihn mit Farin etwa zur Hälfte ein (gut 1 Liter hellen Saft zu 420 Gr.), d. i. 1 Maaß Saft zu ¾ Pfund Farin, oder auch etwas mehr oder weniger), läßt ihn erkalten und füllt ihn in Flaschen.

837. Mandelsaft.

280 Gr. süße und 70 Gr. bittere, geschälte Mandeln reibt man mit Wasser recht fein, kocht 1400 Gr. Zucker zum Faden, bringt die geriebenen Mandeln hinein, läßt das Gemisch wieder zum ganz schwachen Faden kochen (oder nach der Zuckerwaage zu 30 Grad) und setzt ein Glas Orangenblühtsaft (838) hinzu.

Zum Gebrauch nimmt man ⅓ Mandelsaft und ⅔ Wasser.

838. Orangenblüthsaft.

Ausgelesene Orangenblüthen bringt man in eine Glasflasche und gießt geläuterten und zum starken Faden gekochten Raffinatzucker heiß darüber, macht aber zuvor die Flasche gut warm, damit sie beim Eingießen des heißen Zuckers nicht zerspringt. Man gießt soviel Zucker ein, daß die Blüthen bedeckt sind. Das Ganze läßt man 12—14 Tage stehen, preßt den Saft durch ein Tuch und bewahrt ihn in Flaschen an kühlem Orte auf.

839. Ananassaft für Gefrorenes, Crême und Sulzen.

Von einigen reifen Ananas schneidet man die Krone ab und schält sie mit einem scharfen Messer gut ab. Die Schale bringt man nun in einen Steinmörser oder Reibstein und stößt sie fein, während man nach und nach 1—2 Kilo feinen Zucker dazugibt. Nun mengt man die Masse mit 1—2 Liter Wasser, setzt sie in einen Kessel auf mäßigem Feuer und läßt sie gut kochen. Alsdann bringt man das Ganze in eine Schüssel und läßt es erkalten, nachdem füllt man den Saft in Flaschen oder Einmachgläser, bindet sie mit einer Blase oder doppeltem Einsiedepapier zu und dünstet sie 15—20 Minuten (siehe 794). Dies ist der Ananassaft dritter Qualität und wird ausschließlich für Gefrorenes verwendet.

Die abgeschälte Ananas wird in Scheiben geschnitten, in einer Schüssel 1 Centim. hohe Lage Zucker gestreut, darauf eine Schichte Ananas gelegt, dieselbe wieder mit Zucker bestreut und dies Verfahren so lange wiederholt, bis alle Ananasscheiben eingelegt sind. Die letzte Lage bestreut man etwas stärker mit Zucker und stellt die Schüssel mit den Ananasscheiben auf den Trockenschrank oder sonst an einen warmen Ort; nach 48 Stunden seiht man den Saft ab, füllt den Saft in Flaschen und behandelt ihn weiter wie den Saft dritter Qualität, dies ist Ananassaft erster Qualität. Hierauf gibt man einen Liter Wasser in einen Kessel, läßt es zum Kochen kommen und legt die Ananasscheiben hinein, läßt sie mit dem Wasser einmal aufkochen und stürzt sie über ein Sieb, welches auf jener Schüssel aufgelegt ist, in welcher sich noch aufgelöster Zucker von den Ananasscheiben befindet, läßt den Zucker in der Schüssel sich mit dem heißen Zucker auflösen, bringt ihn in den Kessel, gibt noch soviel Staubzucker dazu, daß er dick genug wird und läßt ihn aufkochen. Nun gießt man den Saft wieder in eine Schüssel, läßt ihn erkalten, füllt ihn dann in Flaschen, verbindet sie und läßt sie dünsten wie die beiden anderen Gattungen. Dies ist der Ananassaft zweiter Qualität.

Nun legt man die Ananasscheiben aus dem Sieb in Dunstgläser derart ein, daß die Scheibenrundung an der Glaswand anliegt, füllt die Gläser mit Läuter-Zucker bis zur Hälfte des Glashalses ein, verbindet sie wie schon angegeben und dünstet sie bei mäßigem Feuer 15—20 Minuten.

Die gleichen Scheiben legt man auch anstatt in Dunstgläser in dicken Zucker ein. (Siehe Abtheilung 15.)

840. Muscattraubensaft.

Schöne reife Muscattrauben befreit man von den Stielen, stößt sie in Steinmörser zu Brei und füllt sie, ohne passirt zu haben, in Flaschen und dünstet sie, wie in 794 angegeben ist.

841. Muscatbirnensaft.

Ganz reife Muscatbirnen befreit man von dem Stengel und Blüthen und stößt sie im Steinmörser recht fein, füllt sie in Flaschen, ohne passirt zu haben, und verfährt weiter wie in 794.

842. Aprikosensaft.

Recht reife Aprikosen werden von den Steinen befreit, zerquetscht in einen Kessel gebracht und mit etwas Wasser auf mäßigem Feuer unter fortwährendem Rühren weich gekocht, in eine Schüssel gebracht und erkaltet werden sie durch ein feines Haarsieb gepreßt, in Flaschen gefüllt und weiter behandelt wie 794.

843. Pfirsichsaft.

Wird behandelt wie 842.

844. Pasten. Vorbemerkung.

Zu Pasten dürfen nur frischgepflückte Früchte verwendet werden. Anderenfalls würden die Pasten zähe werden.

845. Himbeer- und Johannisbeer-Pasten.

Himbeeren oder Johannisbeeren reibt man durch ein Sieb und kocht die Masse mit gutem, gestoßenem Zucker (zu 400 Gr. Mark 500 Gr.) etwa fünf Minuten lang zur Probe; d. h. wenn man einen Tropfen auf Porzellan laufen läßt und er nicht mehr zerfließt, so ist die Masse fertig. Man rührt noch 100 Gr. Staubzucker hinein und gießt die Masse in Pastenringe, die man auf Papier gestellt hat. Man läßt sie so lange stehen, bis man sie in die Höhe ziehen kann, ohne daß der Inhalt zerfließt. Sind sie im Trockenschrank auf der oberen Seite getrocknet, so näßt man sie unten mit nassem Schwamm von Papier los und läßt sie vollends trocknen.

10*

Zu Himbeerpasten setzt man gerne ein wenig Johannisbeermasse hinzu, weil diese leichter gelirt.

846. Aprikosen-Pasten.

Aprikosen kocht man in Wasser weich, reibt sie durch ein feines Sieb, kocht die Masse mit Zucker (auf 400 Gr. Mark 400 Gr.) unter fortwährendem Rühren zur Probe (845), rührt noch 100 Gr. Staubzucker hinein, dressirt davon mit der Papierdüte kleine runde Plätzchen auf Papier, läßt diese trocknen, näßt sie mit Wasser vom Papier ab, setzt zwei und zwei zusammen, legt sie auf ein Sieb und läßt sie vollends trocknen.

Diese Pasten kann man auch candiren. Siehe unten.

847. Aepfel-, Quitten- und Reineclauden-Pasten.

Aepfel, Quitten oder Reineclauden kocht man mit Wasser weich, reibt sie durch ein Sieb, kocht die Masse mit Zucker (auf 400 Gr. Mark 400 Gr.) zur Probe (845), rührt noch 100 Gr. Staubzucker hinein und gießt die Pasten in Ringchen.

848. Hüfen- Hagebutten-) Pasten.

Man bereitet Hüfenmark (735), kocht in einem Kessel so viel Zucker als Mark zum starken Flug, rührt das Hüfenmark in einem zweiten Kessel heiß, gießt unter fortwährendem Umrühren den Zucker dazu, röstet die Masse noch etwa fünf Minuten lang auf dem Feuer und dressirt aus ihr Plätzchen oder füllt sie in Ringchen.

849. Quitten-Clarica.

Man theilt Quitten in 4—6 Theile, bringt diese in einen Kessel, gießt so viel Wasser darauf, bis es über ihnen zusammenfließt, kocht sie so weich, daß sie sich leicht zerdrücken lassen, gießt den Saft durch ein Haarsieb und läßt ihn einige Stunden stehen, damit er sich setzt. Nun kocht man in einem Kessel Zucker zum Bruch, gießt unter fortwährendem Umrühren den Saft hinzu, rührt die Masse noch so lange auf dem Feuer (jedoch ohne sie kochen zu lassen), bis sich der Zucker vollständig vom Kessel gelöst hat, nimmt den weißen Schaum, der sich oben bildet, mit dem Löffel ab, färbt die Masse, wenn man will, röthlich, gießt sie in Näpfchen von Glas oder Steingut in der Größe eines großen Eidotters, läßt sie zur Erhärtung 1 Stunde lang stehen, löst sie mit einer geschnittenen Feder rings vom Förmchen los, drückt ein Stückchen weißes Papier darauf, stürzt das Förmchen um, läßt die vollständig trocknen und schneidet rings das Papier ab. — Zu 400 Gr. Saft 300—400 Gr. Zucker.

850. Quittenblumen.

Hiezu darf das Mark nicht zu dick sein, sondern muß ziemlich viel Saft enthalten. Zu 1500 Gr. Zucker gießt man in einen Kessel so viel Wasser, daß sich der Zucker eben auflöst, kocht ihn zum starken Flug, rührt 1000 Gr. Quittenmark hinzu (man thut wohl, etwas Apfelmarmelade zuzusetzen) und röstet die Masse auf dem Feuer, bis der Tropfen, den man auf Porzellan fallen läßt, und gießt nun die Masse hinein. Ist die Masse richtig abgeröstet, so lassen sich nach etwa einer halben Stunde die Blumen herausnehmen. Dies geschieht, indem man mit feuchtem Finger rings herum die Blumen von dem Förmchen loslöst und sie in die flache Hand herausfallen läßt, von wo man sie auf Papier legt. Nun bringt man sie in den Trockenschrank, läßt sie kernhart trocknen, näßt sie vom Papier los, läßt sie noch einige Tage stehen und verwahrt sie an trockenem Ort.

Das Eingießen in die Förmchen muß rasch geschehen. Während des Ein=
gießens muß die Masse langsam umgerührt werden, damit sich nicht oben eine Haut
bildet.

851. Quittenschlingzeug.

1 Kilo flüssiges Quittenmark 850 und 1 Kilo gestoßenen Zucker kocht man
zusammen in einem Kessel unter fortwährendem Rühren zur Probe 850, füllt die
Masse in Papierkapseln oder noch besser in Holzrähmchen von der Größe eines
halben Papierbogens, die etwa 1 Centimeter (d. i. nicht ganz ½ Zoll) hoch sind,
und streicht die Masse mit dem Messer glatt. Nach ein oder zwei Tagen sind die
Platten soweit erhärtet, daß sie sich schneiden lassen. Dann löst man sie von den
Rähmchen, schneidet der Breite nach schmale Streifen, die so breit sind als die
Kapsel hoch ist, und legt dieselben auf Papier in Figuren, z. B. Herz, Ring,
Schleife 2c. 2c. Den Schluß befestigt man mit einer kleinen Raute. Ist dieses
Schlingzeug auf beiden Seiten getrocknet, so besprizt man es aus ziemlich weiter
Düte mit dreifarbiger Spritzglasur, z. B. Chocolade, roth und gelb, sucht aber an
jedem Stück alle drei Farben anzubringen. Zuletzt verziert man die Stücke noch
mit weißer Spritzglasur.

Dieses Schlingzeug ist sehr schön; es ist ein vorzüglicher Schmuck für Christ=
bäume. Man kann es auch candiren. Siehe unten.

852. Schinken aus Quitten.

Quittenmasse 851 füllt man in Schinkenformen. Von geübter Hand lassen
sich Schinken vorstellende Figuren auch mit dem Messer auf Papier aus derselben
dressiren. Nachdem sie gut getrocknet sind, glasirt man sie mit Chocoladeglasur,
diejenige Seite, welche das angeschnittene Fleisch vorstellt, mit weißer Eiweißglasur
der man als Geschmack etwas Citrone zusetzt, und malt auf die Eiweißglasur das
Fleisch mit Cochenill=Farbe.

853. Würste aus Quitten.

Zu den Quittenwürsten läßt sich alles ordinäre Mark verwenden, welches
von Quittenarbeiten zurückgeblieben ist. Auch kann man Apfelmark zusetzen. Mark
und Zucker zu gleichen Theilen röstet man zu fester Marmelade, färbt diese mit
Cochenille roth, setzt hinzu: fein gehackte Mandeln und Pomeranzenschale, Citrone,
Zimmet und Nelken und füllt die Masse mit der Spritze in Hammeldärme, welche
man gut gereinigt und in Wasser gelegt hat. Der Spritze wird eine eigens dazu
angefertigte lange Tülle vorgesteckt. Dieselbe muß von vorn ziemlich spitz nach
hinten zulaufen, damit die Därme sich leicht aufziehen lassen. Wenn sich beim
Einspritzen Blasen bilden, so sticht man mit einer Nadel hinein. Die Würstchen
bindet man nun in beliebiger Länge zu, wie Fleischwürstchen, wischt sie gut ab und
läßt sie an warmen Orte trocknen.

XXI. Abtheilung.

Compot; Früchte in Essig und in Spirituosen.

---

854. Compot; Bemerkung.

Die Zubereitung von Compot ist so gewöhnlich, daß ich annehmen darf, jeder Conditor und jede Hausfrau werde mit ihr schon vertraut sein. Dieselbe ist ohnehin mehr Sache des Kochbuchs. Ich werde deshalb hier nur wenige Beispiele folgen lassen.

Da Compot sich nicht lange hält, so muß es stets baldmöglichst zur Tafel gebracht werden.

855. Apfel-Compot.

Schöne saftige Aepfel (am besten Borsdorfer) werden geschält, mit einem Locheisen vom Kernhaus befreit, mit Läuterzucker, Citronenschale, ganzem Zimmet und Nelken in einem Kessel weich gedünstet, in die Compotschale gelegt und die ausgestochene Höhlung mit Weinbeeren und Rosinen gefüllt.

Die Aepfel gewinnen sehr an Ansehen, wenn man sie mit Cochenille roth schminkt.

Den zurückgebliebenen Zuckersaft kocht man zur Geléeprobe (782; vgl. 788) und gießt ihn über die Aepfel. Man kann die Aepfel jedoch auch, ohne Gelée darüber zu gießen, servieren, oder auch Stückchen oder Scheiben von eingemachten Früchten beilegen.

856. Apfel-Compot anderer Art.

Geschälte und vom Kernhaus befreite Aepfel werden mit Zucker und Rheinwein auf dem Feuer oder in der Backröhre weich gedünstet, nachdem man zuvor Citronenschale, Zimmet, Nelken, Weinbeeren und Rosinen beigemischt hat, in die Compotschale gelegt, mit der Sauce übergossen und, nachdem sie erkaltet sind, servirt.

857. Apricosen-Compot.

Noch nicht ganz reife Aprikosen werden geschält, in zwei Hälften getheilt und mit Läuterzucker gekocht, jedoch nicht zu weich. Ist das Ganze erkaltet, so läßt man den Zucker durch ein Sieb ablaufen, setzt ihm etwas Apfelgelée zu (788), kocht ihn zur Geléeprobe (782), legt die Aprikosen in die Compotschale und gießt ihn darüber.

858. Birnen-, Reineclauden- und Mirabellen-Compot.

Wird zubereitet wie 855, 856, 857.

859. Himbeer- und Erdbeer-Compot.

Man kocht Zucker zum Flug, läßt Himbeeren oder Erdbeeren (etwa 300 Gr. Zucker auf 800 Gr.) einmal leicht mit aufkochen, schäumt sie ab, läßt sie erkalten und füllt sie in die Compotschale.

860. Johannisbeer-Compot.

Wie 810; nur 400 Gr. Zucker auf 800 Gr. Johannisbeeren.

861. Maronen-Compot.

In heißer Backröhre röstet man Maronen (Kastanien), welche man ein wenig eingeschnitten hat, so lange, bis sie sich breit drücken lassen. Nun kocht man 140—210 Gr. Zucker zum Bruch, läßt ihn ein wenig gelb werden, rührt kalt unter 4 Eigelb $\frac{1}{4}$ Liter süßen Rahm, gießt unter fortwährendem Rühren den Zucker heiß daran, läßt das Ganze noch einmal aufkochen und gießt es durch ein Haarsieb auf die Maronen.

Dem Zucker kann man ein wenig Orangenblüthsaft (838) zusetzen.

862. Ananas als Compot oder zu Bowlen.

Die deutsche Treibhausfrucht ist der indischen oder südamerikanischen vorzuziehen, weil sie feiner im Geschmack ist; die Ananas wird gereinigt und mit scharfem Messer geschält.

Nun wird die Frucht der Länge nach in 6—8 Theile geschnitten, dann diese vertical in feine Scheibchen, welche man mit dem Saft, der herausläuft, in eine Schüssel bringt und lagenweis mit feinem Zucker bestreut. Des anderen Tages läßt man den Zuckersaft ablaufen, begießt die Ananas mit Wasser und kocht sie weich, welches ziemlich bei mäßigem Feuer $\frac{1}{2}$ Stunde beansprucht. Das noch übrige Wasser wird mit Zucker verdickt und nach der Waage auf 31% gestellt.

Nun wird das Ganze in Gläser gefüllt, gebunden und 10—15 Minuten gedünstet.

Die anfangs erwähnten Schalen können zu Gefrorenen verwendet werden (siehe 839).

863. Birnen als Compot.

Am besten eignen sich die Eier- oder Hasenbirnen, welche ausgewachsen, aber noch nicht ganz reif sind.

Dieselben werden geschält, das Kernhaus herausgebohrt und in Alaunwasser gelegt und rasch weich gekocht, nun gießt man das Wasser ab und legt sie in frisches; nach kurzer Zeit läßt man das Wasser durch ein Haarsieb ablaufen, nimmt 18% Zucker und läßt die Birnen mit demselben durchkochen. Des andern Tages kocht man den Zucker zu 22%, läßt die Birnen nochmals mit durchkochen, füllt sie in Gläser, verbindet sie und läßt sie 15—20 Minuten dünsten.

864. Chinois oder bittere Pommeranzen.

Wenn die Chinois die entsprechende Größe haben, werden sie geschält, mit einer Nadel mehrmals durchstochen und einige Tage in Salzwasser gelegt, alsdann herausgenommen und mit frischem Wasser unter starkem Kochen weich werden lassen, abgekühlt und nochmals gut ausgewässert in 20% Zucker gelegt, den andern Tag auf 25% gestellt, den dritten Tag auf 30% und gut mit durchkochen lassen, mit frischen 28% Zucker eingefüllt und gedünstet.

865. Feigen, grüne, als Compot.

Nachdem der Stiel von den Feigen abgeschnitten ist, werden sie mit der Nadel mehrmals durchstochen und 2 Tage in Salzwasser gelegt, dann mit frischem Wasser, dem ein wenig Citronensäure zugesetzt ist, unter starkem Kochen weich werden lassen. Nun legt man sie in frisches Wasser 24 Stunden, damit sich das Salz herauszieht, übergießt sie noch mehrmals mit frischem Wasser, läßt dasselbe gut ablaufen und legt die Feigen in 15% Zucker; den andern Tags verdickt man den Zucker auf 20%, schäumt ihn gut ab und gießt ihn heiß darüber. Den dritten Tag kocht man den Zucker zu 25% und läßt die Frucht mit aufkochen; kalt geworden, läßt man den Zucker ablaufen, legt die Feigen in Gläser, gießt frischen 25% Zucker darüber und nachdem sie gut verbunden sind, werden sie 15 Minuten gedünstet.

866. Hagenbutten als Compot.

Große Hagenbutten werden zuerst in einem Sack gerieben, daß die Stacheln abgehen, dann wird oben eine kleine Oeffnung gemacht und mit einem Federkiel die Kerne herausgenommen. Nun legt man sie in heißes Wasser und läßt sie weich werden, abgekühlt gibt man sie in 18% Zucker, läßt sie über Nacht stehen, gießt dann den Zucker wieder ab und kocht denselben auf 25%; den dritten Tag wiederholt und auf 25% gestellt und dann gut mit durchkochen lassen, mit frischem Zucker eingefüllt und gedünstet.

867. Früchte in Essig. Vorbemerkung.

Alle Früchte kann man in Essig legen. Sie halten sich darin recht gut. Man kann entweder jede Sorte für sich darin aufbewahren oder auch verschiedene Sorten zusammen in ein Glas bringen, z. B. Kirschen, Aprikosen, Mirabellen, Reineclauden u. s. w. unter einander gemischt.

868. Früchte in Essig. Verfahren.

Man kocht Zucker mit gutem Weinessig (auf 560 Gr. Zucker ¼ Liter Weinessig), läßt ihn erkalten, gießt ihn über die Früchte, die man ungekocht in ein Glas gebracht hat, läßt dieselben mit dem Essig 6 Tage lang zugedeckt stehen, gießt dann diesen wieder ab, läßt ihn einmal aufkochen, erkalten und gießt ihn wieder auf die Früchte.

869. Früchte in Spirituosen.

Auch in Rum und Arac lassen sich alle Früchte aufbewahren.

Man legt die reifen Früchte (jede Sorte einzeln oder auch mehrere Sorten zusammen) ungekocht, aber, soweit nöthig, geschält, in ein Glas, löst 560 Gr. Zucker heiß auf in ⅛ Liter Wasser, läßt dies erkalten, gießt hinzu ⅛ Liter feinen Rum oder Arac und gießt die Mischung über die Früchte, so daß dieselbe über ihr zusammenfließt, worauf man das Glas verkorkt und verpicht (oder zulackt).

870. Kirschen in Branntwein.

Schöne große Weichselkirschen werden im Augenblick fast vollkommener Reife gepflückt, die Stiele bis auf 2 Centim. Länge abgeschnitten, dann auf der dem Stiel entgegengesetzten Seite mit einer großen Stecknadel bis auf den Kern gestoßen, hierauf in frisches Wasser geworfen und wieder abgetropft.

Nun bringt man sie in weithalsige große Flaschen oder auch in kleine Fäßchen, die an der Stelle des Spundes mit einem gut schließenden, viereckigen Thürchen oder Deckel versehen sein müssen, um Hand und Arm leicht in dieselben einführen zu können.

Nun gießt man 22% Branntwein darüber, daß sie damit bedeckt sind, hängt gleichzeitig einen Leinwandbeutel mit einigen Stückchen Zimmt und Nelken hinein und lasse dann 4 Wochen das Ganze ruhen. Hierauf beseitigt man die Gewürze, läßt den Branntwein ablaufen und rechnet demselben auf je 1 Liter 560 Gr. Zucker.

Der Zucker wird nur mit wenig Zucker geschmolzen, so daß er 33% zeigt und dann mit dem Branntwein vermischt, das Ganze filtrirt und wieder auf die Kirschen gegossen. Nach Verfluß von weiteren 4 Wochen sind die Kirschen zum Genuß fertig.

XXII. Abtheilung.

Gelée mit Gelirstoff, Punsch, Limonade und sonstige warme und kalte Getränke.

---

871. Gelée mit Gelirstoff. Vorbemerkung.

Um die verschiedenen Crèmes zum Geliren zu bringen, setzt man ihnen einen Gelirstoff zu, nämlich Hausenblase oder Gelatine. Hausenblase ist zwar ziemlich theuer, bietet aber den großen Vortheil, daß die Gelées sogleich klar sind, während Gelatine-Mischungen erst durch Flanell oder Fließpapier filtrirt werden müssen, was ziemlich zeitraubend ist.

872. Wein-Gelée.

70 Gr. Hausenblase löst man auf mit ¹/₂ Liter Wasser (in der Backröhre auf dem Kohlenfeuer), desgleichein 560 Gr. Zucker mit ¹/₂ Liter Weißwein, preßt hinzu den Saft von 3 Citronen und füllt die Mischung in eine Form. Ist sie nicht ganz klar, so muß sie, so lange sie noch warm ist, filtrirt werden. Die Form stellt man an kühlen Ort oder auf Eis. Ist die Mischung fest geworden, so hält man die Form einen Augenblick in warmes Wasser und stürzt sie dann auf eine Glasplatte oder ein Tellerchen.

873. Wein-Gelée anderer Art.

70 Gr. Hausenblase oder gute weiße Gelatine löst man mit ¹/₄ Liter Wasser auf Kohlenfeuer auf, setzt hinzu: ¹/₂ Liter Weißwein, den Saft von 3 Citronen, 420 Gr. Zucker und ein Eiweiß, welches man mit Wein zerschlägt, läßt die Mischung unter fortwährendem Rühren einmal aufkochen und läßt sie, so lange sie noch warm ist, durch Flanell, Fließpapier oder eine Serviette laufen, was man, wenn sie nicht klar herabläuft, wiederholt. Weiter wie 872.

874. Gelée farbig.

Von der Mischung 872 färbt man die Hälfte roth, gießt ein wenig davon in die Form, stellt diese auf Eis, bis der Inhalt gelirt, gießt dann ein wenig von der nicht gefärbten Hälfte darüber, läßt auch dies geliren und so fort, bis die Form gefüllt ist.

Die flüssige Mischung erhält man warm, damit sie nicht schon vor dem Eingießen fest wird.

875. Vanille-Gelée.

Wie 872; nur läßt man mit dem Wasser und der Hausenblase eine Stange Vanille aufkochen.

876. Erdbeer-, Himbeer- oder Johannisbeer-Gelée.

70 Gr. Gelatine löst man heiß in ¹/₂ Liter Wasser auf, ebenso 420 Gr. Zucker in ¹/₂ Liter Wein, gießt hinzu: etwa ¹/₈ Liter Fruchtsaft und den Saft von 2 Citronen, filtrirt die Mischung und füllt sie in die Form. Weiter wie 872.

877. Maraschino=Gelèe.

Wie 876; nur statt Fruchtsaft ein Weinglas voll Maraschino.

878. Champagner= oder Malaga=Gelèe.

70 Gr Hausenblase löst man heiß auf in ¼ Liter Wasser und setzt hinzu: 420 Gr. Zucker, den Saft von 3 Zitronen und ½ Flasche Champagner oder Malaga. Weiter wie 872.

879. Punsch=Essenz.

In ¼ Liter Arac schneidet man recht fein das Gelbe von 4 Citronen und einer Orange, läßt die Mischung über Nacht stehen, löst 36—40 Gr. Zucker in Wasser auf, kocht ihn zum Flug, schäumt ihn ab, setzt hinzu: 18 Gr. grünen Thee, das Gelbe der 4 Citronen und der Orange, gießt nach und nach hinzu: 6 Flaschen Arac oder Rum und zuletzt den Saft von 6 Citronen, rührt das Ganze durcheinander, läßt es durch ein feines Haarsieb laufen, füllt die fertige Essenz in ein Fäßchen oder großes Glas und läßt sie klären.

880. Punschessenz mit Citronensäure (ohne Citronensaft).

Wie 879; nur statt Citronensaft 17 Gr gestoßene Citronensäure. Diese Essenz hat insoferne den Vorzug, als sie sich leichter klärt.

881. Apfelsinen=Punschessenz.

Wie 879; jedoch das Gelbe von 4 Apfelsinen und einer Citrone, und Saft von 6 Apfelsinen und 2 Citronen.

882. Punsch aus Punsch=Essenz.

Zur Bereitung einer Bowle oder auch von Punsch in einzelnen Gläsern gießt man zu einem Theil Essenz zwei Theile kochendes Wasser.

883. Frisch zubereiteter Punsch; ohne Essenz.

560 Gr. Zucker läßt man mit 1 Liter Wasser einmal aufkochen, schäumt ihn ab, gießt hinzu: den Saft von 2 Citronen, ½ Liter Rum oder Arac und ¼ Liter Wein, läßt den fertigen Punsch etwas ziehen und servirt ihn heiß. Auch kann man Thee=Absud zusetzen.

884. Kalter Punsch.

Von 2 Citronen und 1 Apfelsine reibt man das Gelbe auf Zucker ab, schabt dasselbe in eine Bowle, preßt hinzu: den Saft von 4 Citronen und 2 Apfelsinen, schlägt 1 Kilo 120 Gr. Zucker in kleine Stücke, wirft diese gleichfalls in die Bowle, preßt hinzu: 3 Flaschen Rothwein, 1 Flasche guten Weißwein und 1 Flasche Arac oder Rum, rührt Alles durcheinander, bis der Zucker sich aufgelöst hat, und läßt die Bowle eine Stunde stehen, bevor man sie servirt.

Den Zucker kann man auch mit ⅜ Liter Wasser aufkochen. Er muß jedoch wieder erkaltet sein, bevor man ihn eingießt.

885. Kalter Punsch mit Champagner.

Wie 884; nur statt 1 Flasche Arac (Rum) ¼ Liter Arac und 1 Flasche Champagner.

886. Ananas=Punsch.

Zwei nicht zu große Ananas schneidet man in Scheiben, legt sie in eine Terrine, bestreut sie reichlich mit Zucker, etwa mit 700 Gr., läßt sie einige Stunden stehen, gießt hinzu 5 Flaschen guten Rheinwein, nach Belieben auch noch eine Flasche Champagner, rührt das Ganze um und servirt den fertigen Punsch.

887. Champagner-Bowle.

280 Gr. Stückenzucker legt man in eine Terrine, gießt hinzu 1 Flasche guten Rheinwein und 1 Flasche feinen Rothwein, rührt das Ganze um, bis der Zucker sich aufgelöst hat, gießt dann 1 Flasche Champagner hinzu und servirt den fertigen Punsch.

888. Grog.

In ein hohes Schoppenglas legt man 3—4 Stückchen Zucker, etwa 35 Gr., gießt das Glas zu ⅓ voll mit Arac, Rum oder Madeira, füllt es ganz mit kochendem Wasser, gibt zum Umrühren einen Glaslöffel oder Theelöffel bei und servirt den Grog heiß.

889. Grog-Essenz.

3 Kilo 640 Gr. Zucker kocht man mit Wasser zum Flug, gießt 6 Flaschen Arac oder Rum hinzu, füllt diese Essenz in Flaschen und hebt sie zum Gebrauch auf.

Zur Bereitung von Grog gießt man zu einem Theil Essenz zwei Theile kochendes Wasser.

890. Eingießen der Spirituosen in heißen Zucker.

Hiebei muß man sorgen, daß man dem Feuer nicht zu nahe kommt, weil sonst die Spirituosen sofort anfangen zu brennen.

891. Glühwein.

Einer Flasche Rothwein (am besten Affenthaler) setzt man 105—140 Gr. Zucker zu, legt hinein, in Leinwand gebunden, 4 Gr. Zimmet, 6 Nelken und ein wenig Zitronenschale und läßt dies zusammen in einem Kessel auf gelindem Feuer zum Kochen kommen.

892. Glühwein-Essenz.

140 Gr. Zimmet, 60 Gr. Nelken, 35 Gr. Muscatblüthe und die Schale einer Citrone übergießt man mit ¼ Liter Spiritus und läßt dies Gemenge in der Wärme ausziehen. Zu einer Flasche Rothwein sind zwei Löffel voll dieser Essenz und 140 Gr. Zucker genügend, um einen angenehmen Glühwein herzustellen.

893. Maitrank.

Von einer Handvoll gewaschenem jungen Waldmeister pflückt man die oberen Sprossen ab, mischt diese unter 3 Flaschen Rheinwein, die man in eine Terrine gegossen hat, läßt die Mischung etwa eine Stunde gut zugedeckt stehen, nimmt den Waldmeister heraus, reibt auf 420 Gr. Zucker 2 Orangen ab, bringt den Zucker mit dem Abgeriebenen und dem Saft der 2 Orangen in die Mischung und rührt das Ganze um, bis der Zucker sich aufgelöst hat.

894. Eierpunsch.

2 Citronen reibt man auf Zucker ab, schabt das Gelbe in einen Kessel, mengt hinein: 2 ganze Eier und 4 Eigelb, schlägt Alles recht schaumig, mengt ferner hinein: den Saft von 2 Citronen, 280 Gr. Zucker, ¼ Liter Wasser und ¾ Liter guten Rheinwein, schlägt die Mischung auf gelindem Kohlenfeuer, bis sie anfängt aufzuwallen, nimmt den Kessel vom Feuer und gießt nach und nach ¼ Liter Rum hinzu.

895. Chaudeau.

1 Flasche Wein läßt man zum Kochen kommen und mengt hinein: das Abgeriebene von 2 Citronen, den Saft davon und 420 Gr. Zucker. In einem Kessel schlägt man 12 Eigelb recht schaumig, gießt langsam den gekochten Wein hinzu und schlägt das Ganze auf gelindem Kohlenfeuer nochmals recht schaumig.

896. Bischof-Essenz.

20—25 kleine unreife Pomeranzen schneidet man in Stückchen, mengt hinzu: 18 Gr. ganzen Zimmet, 2 Eßlöffel voll Orangenblüthwasser und 1 Liter reinen fuselfreien Weingeist, bringt die Mischung in ein Glas, läßt sie einige Tage digeriren und filtrirt sie.

897. Whist.

18 Gr. grünen Thee brüht man mit etwa ½ Liter Wasser, gießt den Absud durch eine Serviette, löst 560 Gr. Zucker darin auf, gießt hinein: den Saft von 5 Citronen und 3—4 Flaschen guten Medoc und läßt die Mischung zum Kochen kommen. Diesen Trank serviert man warm.

898. Hoppel-Poppel.

Zu einigen Eigelb rührt man so viel Zucker als möglich, schlägt die Mischung recht schaumig und rührt ein Weinglas voll Arac oder Madeira hinzu.

899. Mandelmilch.

70 Gr. gewaschene ungeschälte Mandeln reibt man mit Wasser recht fein, löst 210 Gr. Stückenzucker in ½ Liter Wasser auf, gießt dieses Zuckerwasser und 1 Löffel voll Orangenblüthwasser zu den geriebenen Mandeln, läßt die Mischung eine Zeit lang stehen und läßt sie dann durch eine Serviette oder ein feines Haarsieb laufen.

900. Mandelmilch-Essenz.

1 Kilo weiße Mandeln werden mit Wasser recht fein gerieben, dann gießt man noch 2½ Liter Wasser hinzu, etwas fleur d'oranges und 3 Kilo Raffinatzucker. Das Ganze läßt man aufkochen.

901. Stangen-Orgeade (Mandelmilch).

140 Gr. geschälte Mandeln reibt man mit nur wenig Wasser recht fein, setzt Orangenblüthwasser zu, wirkt davon einen ziemlich festen Teig an und rollt davon in gestoßenem Zucker Stangen aus. Diese sind mehrere Wochen haltbar und geben, mit Wasser aufgelöst, eine schmackhafte Mandelmilch.

902. Citronen-Limonade.

Eine halbe Citrone reibt man auf Zucker ab, schabt das Gelbe in ein hohes Schoppenglas, mischt hinzu: den Saft einer Citrone und etwa 52 Gr. Stückenzucker und füllt das Glas mit frischem, kühlem Wasser.

Beim Serviren gibt man einen Glaslöffel oder Theelöffel bei, zum Aufrühren des Zuckers, der sich allenfalls zu Boden gesetzt hat.

903. Apfelsinen-Punsch.

Auf 1 Kilo Zucker reibt man 6 Apfelsinen, 6 Citronen ab, zerschlägt denselben in kleine Stücke, bringt diese in eine Terrine, gießt ¼ Liter Wasser hinzu, sowie den Saft von 6 Apfelsinen und 8 Citronen. Nun läßt man eine Flasche Rheinwein mit etwas Zimmet und einigen Nelken einigemal aufkochen und gießt diesen Wein, wenn er wieder kalt ist, zu dem Zucker. Schließlich kommt noch hinzu eine Flasche Rheinwein, eine Flasche Franzwein und eine Flasche Arac. Sollte der Punsch zu stark sein, so giebt man noch ½ Liter Wasser hinzu.

904 Erdbeer-Punsch.

2 Liter frischen Erdbeersaft, 2 Flaschen guten Rheinwein, 1 Flasche franzö= sischen Rothwein, in welcher man ½ Kilo Zucker auflöst und eine Flasche Cham= pagner rührt man durcheinander und gibt einige Stücke Roheis hinzu, damit der Punsch recht kalt wird.

905. Champagner-Eis-Punsch.

Man gefriert in einer Eisbüchse ½ Liter Fruchteis, gleichviel ob Ananas, Erd= beer, Orangen, Aprikosen oder Himbeer, rührt alsdann nach und nach, damit sich das Eis schön auflöst, 6 Flaschen Champagner hinzu und zuletzt ein Glas Maraschino.

906. Limonade-Extract.

In heißer Jahreszeit wäre es beschwerlich, jedes einzelne Glas Limonade frisch zuzubereiten. Man bedient sich deshalb eines Extracts, dem man das dreifache Quantum Wasser zusetzt.

840 Gr. Raffinatzucker löst man mit Wasser auf, mengt die fein abgeschälte Schale von 4 Citronen hinzu, kocht den Zucker zum Flug, gießt den Saft von 8—10 Citronen hinzu, läßt die Mischung durch ein feines Haarsieb laufen und füllt sie in Flaschen, um sie an kühlem Orte aufzubewahren.

907. Stangen Limonade.

Man reibt 2 Citronen auf Zucker ab, bringt das Gelbe und den Saft von 6 Citronen in eine Pfanne, rührt die Mischung mit feinem Zucker zu einem dicken Brei, den man auf gelindem Kohlenfeuer ganz heiß werden läßt, drückt Stempel [etwa 5 Centim. lang, 12 Millim. breit] in Puder und gießt die Masse hinein. Um die erhärteten Stangen, wenn man sie aus den Stempeln herausgenommen hat, wieder von Puder zu befreien, bürstet man sie leicht mit Spiritus ab.

Um Limonade zu bereiten, löst man eine Stange in ¼ Liter Wasser auf.

908. Limonade-Pulver.

Den Brei 907 läßt man auf dem Feuer heiß werden, gießt ihn in Papier= kapseln, löst ihn, sobald er erhärtet ist, ab von dem Papier, stößt ihn, siebt ihn durch und verwahrt ihn in Schächtelchen. ¼ Liter Wasser vermischt man mit etwa 35 Gr. von diesem Pulver.

Limonadenpulver ist Reisenden sehr zu empfehlen, da sich Limonade auf sehr leichte Art und rasch aus diesem Pulver herstellen läßt.

909. Himbeer-, Johannisbeer-, Kirsch- und Berberisbeer-Limonade.

¼ Liter Himbeersaft oder Johannisbeersaft (829—831) u. s. w. mischt man mit ¾ Liter Wasser.

910. Himbeer Essig-Limonade.

Hat man nicht schon Himbeer=Essig, so mischt man dem Himbeersaft (829, 830) ein wenig Essig=Sprit bei. Wasserzusatz wie 909.

911. Chocolade mit Milch.

Zu einer Tasse Choclade verwendet man in Conditoreien gewöhnlich 35 Gr. gezuckerte Tafel-Chocolade. So viel Tassen Milch, als man Tassen Chocolade bereiten will, gießt man in einen Kessel oder eine Kasserolle, bricht die Tafel-Chocolade in Stückchen, mischt sie kalt zur Milch, setzt die Mischung a f's Feuer und quirlt sie tüchtig, bis sie zum Kochen kommt und in die Höhe steigt. So viel Eigelb, als man Tassen Chocolade bereiten will, hat man zuvor in ein kleines Gefäß gebracht, gießt nun (zuerst ganz langsam) unter fortwährendem tüchtigen Rühren einen Theil der heißen Chocolademischung hinzu, gießt alles wieder zur Chocolademasse zurück und quirlt dieselbe auf dem Feuer noch recht schaumig, jedoch ohne sie nochmals kochen zu lassen.

Das Eigelb kann man übrigens auch weglassen.

An einigen Orten servirt man eine Tasse Chocolade mit obenauf gefülltem Schlagrahm.

912. Wasser-Chocolade.

So viel Tassen Wasser, als man Tassen Chocolade bereiten will, läßt man mit je 52 Gr. geriebener, gezuckerter Tafel-Chocolade unter tüchtigem Quirlen in einem Kessel einmal aufkochen.

913. Wein-Chocolade.

Wie 912; nur statt Wasser Rothwein. Nach Belieben kann man ein Eigelb und nach Geschmack noch Zucker zusetzen.

914. Sorbet, türkisches Getränk.

Das Sorbet bereitet man aus eingemachten oder auch aus getrockneten Früchten jeder Art, namentlich feinerer Sorten. Getrocknete Früchte werden zu diesem Zweck in warmem Wasser aufgeweicht. Man zerquetscht die Früchte, mischt warmes Wasser dazu, läßt diesen Brei einige Stunden lang ein wenig warm stehen und preßt dann den Saft aus. Dieser Saft wird nach Belieben noch mit kaltem Wasser verdünnt. Auch wird ihm in der Regel noch ein süßer oder auch ein säuerlicher Geschmack ertheilt durch Zusatz entweder von Honig oder Zucker oder von Citronensaft. Die Türken serviren diese Obst-Limonade mit Eis, so daß in jedem Glase ein Stück Eis schwimmt.

915. Jogurd, türkisches Getränke.

Das Jogurd ist eine saure Milch, welche auf besondere Art behandelt worden ist. Man gießt 1 Liter gesottene Milch auf Bierhefe und läßt sie über der Hefe gähren. 2 Löffel voll von dieser gegohrenen Milch gießt man in 1 Liter anderer (wiederum gesottener) Milch und läßt auch diese gähren. Der Hefengeschmack verschwindet dabei ganz, namentlich, wenn man das Verfahren noch einmal wiederholt, d. h. von dieser gegohrenen Milch wieder 2 Löffel voll in 1 Liter andere Milch gießt und diese gähren läßt. Von dieser gegohrenen Milch gießt man nun einen Theelöffel voll in ein Gefäß, gießt ein 1 Liter Milch darüber (gesottene oder auch ungesottene) und stellt das Gefäß an einen lauwarmen Ort. Nach 2 Stunden hat die Milch sich in eine ziemlich dicke, mildsäuerliche Flüssigkeit verwandelt, welche mit einem butterartigen Ueberzuge bedeckt ist. Diese ist das Jogurd. Beim Genießen setzt man nach Belieben Staubzucker zu. Mit einem Theelöffel voll Jogurd kann man 1 Liter Milch auf gleiche Weise wiederum in Jogurd verwandeln. Das Jogurd ist bei den Türken eine Lieblingserfrischung aller Stände, in der That auch erquickend, angenehm von Geschmack und gesund. In unserem Klima wird man es vermuthlich nur im Sommer bereiten können.

916. Punsch-Royal.

Von 17 Gr. Peccoblüthen-Thee bereitet man einen Liter gewöhnlichen Thee und läßt ihn kalt werden; nun gibt man in eine Schüssel 2 Kilo Zucker, welche man in Stücke schlägt, gießt den kalten Thee dazu und rührt ihn öfters durch, bis sich der Zucker aufgelöst hat und preßt den Saft von 5—6 Citronen dazu, gibt eine Flasche Rheinwein, eine Flasche Burgunderwein und eine Flasche Champagner hinzu, rührt alles durcheinander, setzt ihn eine Stunde in Eis und servirt ihn dann in eingekühlte Gläser.

917. Cardinal-Punsch.

2 grüne Orangen werden fein geschält und mit 2 Liter Weißwein übergoffen, gibt 280 Gr. in Stücken geschlagenen Zucker auflöst und läßt das Ganze 3—4 Stunden stehen; nun gießt man den Punsch durch ein feines Haarsieb, setzt eine Gefrierbüchse in gesalzenes Eis und läßt den Cardinal-Punsch eisig kalt werden; servirt den Punsch in Eiswasser abgekühlten Gläsern.

918. Bischof-Essenz-Punsch.

1 grüne Orange schält man recht fein ab, gibt 300 Gr. Zucker und 2 Liter guten Rothwein dazu, rührt das Ganze öfters durch, damit sich der Zucker auflöst und läßt die Mischung 1½ Stunden stehen. Weiter wie in 917.

919. Erdbeer-Bowle.

280 Gr. schlägt man in kleine Stücke und löst denselben mit ½ Liter Wasser in einer Porzellanschüssel auf, gibt 1 Kilo frisch gepflückte Walderdbeeren dazu und 2½ Flaschen Weißwein.

Das Ganze stellt man 1 Stunde auf Eis und gibt vor dem Serviren ½ Flasche ebenfalls in Eis gekühlten Champagner hinzu.

920. Pfirsich-Bowle.

8—10 reife geschälte Pfirsiche theilt man in Scheiben, legt sie in eine Porzellanschüssel und bestreut sie mit 300 Gr. gestoßenem Zucker und deckt das Ganze mit einem Deckel zu.

Nach 2 Stunden gießt man eine Flasche Rothwein und eine Flasche Weißwein hinzu, stellt die Mischung auf das Eis, und gibt vor dem Serviren noch eine Flasche in Eis gekühlten Champagner dazu.

921. Aprikosen-Bowle.

Die Aprikosen-Bowle wird bereitet, wie die Pfirsich-Bowle in der vorhergehenden Nummer, nur nimmt man statt Pfirsiche 18—20 geschälte Aprikosen.

922. Ananas-Bowle.

Von der Ananas (siehe 862) nimmt man 3—400 Gr. und gibt dieselbe mit etwas Ananassaft in eine Porzellanschüssel, preßt den Saft einer Citrone dazu und noch 280 Gr. gestoßenen Zucker, gießt 2½ Flaschen guten weißen Rheinwein hinzu und stellt das Ganze 1 Stunde auf Eis; vor dem Serviren gibt man noch eine Flasche frappirten Champagner dazu.

XXIII. Abtheilung.

Liqueure und künstliche feine Branntweine.

---

923. Entfuselung des Weingeistes.

Guter Liqueur oder doppelter Branntwein erfordert hauptsächlich reinen, fuselfreien, 80—90=gradigen Weingeist (Spiritus, Sprit oder Branntwein). Da man ihn aus der Brennerei selten rein erhält, so muß man zunächst das Fuselöl entfernen. Es gibt dem Liqueur unangenehmen Beigeschmack.

Das zweckmäßigste Mittel zur Entfuselung des Weingeistes oder Brannt= weins ist die Holzkohle, indem diese das Fuselöl auffaugt. In erster Reihe steht die Kohle von Lindenholz. Jedoch läßt sich Kohle von Weiden=, Pappel= oder Kienholz verwenden. Alle übrigen Kohlenarten lassen einen bitteren Ge= schmack zurück. Sämmtliche chemischen Ingredienzien, die man wohl benützt, er= füllen ihren Zweck nur unvollständig.

Jede Kohle muß vollständig ausgeglüht und dann erstickt werden. Dadurch wird nämlich die Schwefelsäure entfernt, welche der Reinigung hinderlich ist Die Kohle muß ganz fein pulverifirt werden.

1 Liter Branntwein wiegt etwa 1100 Gr. und erfordert 82 Gr. Kohlen= pulver. 1 Hektoliter Branntwein erfordert 8200 Gr. Kohlenpulver. 64 Liter Branntwein erfordern 5250 Gr. Kohlenpulver.

Das Verfahren ist folgendes: das Kohlenpulver bringt man durch die Spundöffnung in ein leeres Faß und füllt so viel Branntwein ein, daß etwa der zwölfte Theil des inneren Raumes des Fasses leer bleibt. Das Faß wird zugespundet und mehrere Minuten lang auf der Erde hin und her gerollt, damit Alles gut durcheinander gemengt wird. Nun öffnet man den Spund, gießt langsam 210 Gr. Vitriolöl hinein, spundet das Faß wieder zu und rollt es abermals mehrere Minuten lang. Dieses Rollen wiederholt man täglich zwei= mal. Nach dem vierten Tage läßt man das Faß einige Tage lang ruhig liegen, damit die Kohlentheile sich von der Flüssigkeit absondern. Nun wird das Faß mit hölzernem Hahn angezapft. In eines Trichters inneren Raum legt man ein doppeltes Stück Flanell, so daß der Trichter gleichsam ein Sieb bildet, und steckt dessen Röhre in das Spundloch eines untergesetzten Fasses. Mittels dieses Trichters wird der Branntwein aus jenem Fasse in dieses hinübergeleitet, wobei derselbe aus dem Trichter rein abfließt und die kohligen Theile auf dem Flanell zurückbleiben.

924. Zucker zu Liqueuren.

Zu Liqueuren verwendet man nur feinen Zucker, weil dieser dem Spiritus mehr Süßigkeit gibt. Man kann ihm dann mehr Wasser zusetzen.

925. Zuckersaft zu Liqueuren.

1680 Gr. Zucker läutert man mit 1 Liter Wasser (siehe unter Läuterzucker), läßt ihn einige Male aufkochen, zerschlägt mit etwas

Waffer 1 Eiweiß und gießt dieses dazu. Dadurch erhalten die Liqueure das Oelige, welches die französischen so sehr auszeichnet. Zu ganz feinen Liqueuren kocht man den Zucker stärker ein und läßt ihn, wenn er nicht ganz rein ist, durch ein feines Sieb laufen.

926. Liqueur-Zubereitung.

Um Liqueur zuzubereiten, gießt man Weingeist in eine Flasche, gießt das betreffende Oel hinzu und schüttelt Beides tüchtig durcheinander. Dann erst bringt man den Zuckersaft hinzu und das nöthige Wasser. Ist der Zuckersaft trübe, so setzt man ihm Kuhmilch zu, auf gut 2 Liter Zuckersaft $\frac{1}{4}$ Liter und filtrirt ihn.

927a. Bemerkungen.

Sämmtliche Liqueure, wenn sie nicht ganz rein sind, werden durch Flanell oder Löschpapier filtrirt.

Will man die Liqueure ordinärer, so setzt man Wasser zu.

927b. Anisette.

Zu 1680 Gr. Zucker und 1 Liter Wasser (wie 925) mischt man 1½ Liter Weingeist und 20 Tropfen Anisöl. Diesen Liqueur läßt man gewöhnlich weiß.

928. Kümmel-Liqueur.

1680 Gr. 1 Liter Wasser, 1½ Liter Weingeist, 30 Tropfen Kümmelöl.

929. Pfeffermünz-Liqueur.

1680 Gr. Zucker, 1 Liter Wasser, 1½ Liter Weingeist, 10 Tropfen Pfeffermünzöl. Diesen Liqueur färbt man grün. Die Farbstoffe hiezu sind in Abtheilung IX beschrieben.

930. Nelken-Liqueur.

1680 Gr. Zucker, 1 Liter Wasser, 1½ Liter Weingeist, 20 Tropfen Nelkenöl. Wird gewöhnlich roth gefärbt.

931. Citronen-Liqueur.

1680 Gr. Zucker, 1 Liter Wasser, 1½ Liter Weingeist, 20 Tropfen Citronenöl. Wird gelb gefärbt.

932. Pommeranzen-Liqueur.

1680 Gr. Zucker, 1 Liter Wasser, 1½ Liter Weingeist, 12 Tropfen Pommeranzenöl, 6 Tropfen Citronenöl. (Gelb.)

933. Cürassao. (Curaçao.)

420 Gr. dürre bittere Pommeranzeischale bringt man in ein Glas, gießt ½ Liter Weingeist hinzu und läßt das Glas 2 Tage lang auf warmen Ofen stehen.

1680 Gr. Zucker, 1 Liter Wasser, 1 Liter Weingeist, und die angegebene Tinctur, die man durch Flanell hat laufen lassen.

Mit Zucker-Couleur gefärbt.

934. Zimmet-Liqueur.

1680 Gr. Zucker, 1 Liter Wasser, 1½ Liter Weingeist, 12 Tropfen Zimmetöl, 4 Tropfen Nelkenöl. (Gelb.)

935. Persico.

1680 Gr. Zucker, 1 Liter Wasser, 1½ Liter Weingeist, 6 Tropfen Zimmetöl, 3 Tropfen Nelkenöl, 105 Gr. bittere Mandel-Tinctur, ¾ Liter schwarzes Kirschen-wasser. (Dunkelroth.)

936. Calmus-Liqueur.

210 Gr. gedörrten Calmus setzt man in einem Gefäß mit ½ Liter Weingeist an und läßt das Gefäß 2 Tage lang an warmem Orte stehen.
1680 Gr. Zucker, 1 Liter Wasser, 1½ Liter Weingeist und diese Tinctur.

937. Kaffee-Liqueur.

140 Gr. frisch gebrannten und gemahlenen Kaffee übergießt man mit 1½ Liter Weingeist, schüttelt ihn tüchtig durch, läßt ihn kurze Zeit stehen, filtrirt ihn durch ein Tuch und setzt 1680 Gr. Zucker und 1 Liter Wasser zu.

938. Doppelte Liebe.

1680 Gr. Zucker, 1 Liter Wasser, 1½ Liter Weingeist, 12 Tropfen Zimmetöl 10 Tropfen Nelkenöl, 10 Tropfen Anisöl. (Roth.)

939. Himbeer-Liqueur und Kirsch-Liqueur.

1680 Gr. Himbeeren oder Kirschen übergießt man mit 1½ Liter Weingeist. preßt sie nach 2 Tagen durch ein Tuch und gießt Zuckersaft hinzu von 1680 Gr. Zucker und 1 Liter Wasser.

940. Vanille-Liqueur.

5 Stangen Vanille steckt man in ¼ Liter Weingeist, läßt sie an warmem Orte 4—5 Tage lang digeriren und vermischt diese Vanilletinctur mit:
1680 Gr. Zucker, ¾ Liter Wasser, 1¼ Liter Weingeist. (Roth.)

941. Eau de noyaux.

560 Gr. Zucker, ¼ Liter Orangenblüthwasser, ¾ Liter schwarzes Kirschwasser, ¾ Liter Weingeist.

942. Bitterer Liqueur.

Man vermengt: 105 Gr. unreife Pommeranzen, 9 Gr. Thymian, 9 Gr. Salbei, 18 Gr. Kümmel, 18 Gr. Anis, die Schale von 2 Citronen, 9 Gr. Wachholderbeeren und 9 Gr. Quassia. Dieses Gemenge übergießt man mit gut 2 Liter Weingeist, läßt es 8 Tage lang an warmem Ort ausziehen, schüttelt es dabei täglich einige Male durcheinander, gießt es ab und versüßt den Abguß mit dem Zuckersaft von 1680 Gr. Zucker 1 Liter Wasser.

943. Rosen-Liqueur.

1680 Gr. Zucker, 1 Liter Wasser, 1½ Liter Weingeist, 4 Tropfen Rosenöl. Röthlich gefärbt.

944. Muscat-Liqueur.

1680 Gr. Zucker, 1 Liter Wasser, 1½ Liter Weingeist, 20 Tropfen Muscatöl.

945. Maraschino di Zara.

105 Gr. bittere, 35 Gr. süße Mandeln, 26 Gr. Orangenblüthe, 2 Pomeranzenschalen, 26 Gr. Violenwurzeln und 70 Gr. gereinigte Rosinen werden mit 1½ Liter Weingeist 4—5 Tage lang digerirt. Zu diesem Abguß mischt man den Zuckersaft von 1680 Gr. Zucker und 1 Liter Wasser.

946. Extrait d'absynthe.

140 Gr. Wermuth, 140 Gr. grünen Anis, 26 Gr. Sternanis, 18 Gr. Wachholderbeeren, 18 Gr. Koriander, 18 Gr. Fenchel und 4 Gr. Muscatblüthe digerirt man mit gut 2 Liter Weingeist 8 Tage lang an warmem Orte. Zu diesem Abguß mischt man 2240 Gr. Zucker und 1 Liter Wasser.

947. Maraschino-Crême.

Die Art von Liqueur, welche man Crême nennt, gehört zu den feinsten. Sie ist stark mit Zucker versetzt, wodurch sie dickflüssig und ölartig wird.

2520 Gr. Zucker löst man auf mit 1 Liter Himbeerwasser, ¼ Liter Orangenblüthwasser und ½ Liter Brunnenwasser und gießt hinzu ¾ Liter Kirschwasser und 1½ Liter Weingeist.

948. Vanille-Crême.

½ Liter Vanilletinctur, 1½ Liter Vanillewasser, 6½ Liter Weingeist von 75% Tralles und 5600 Gr. Zucker löst man auf in 2⁴⁄₁₀ Liter Wasser.

949. Huile de Cythère.

840 Gr. Zimmet wird in einer Retorte mit 10⁷⁄₁₀ Liter Weingeist und 3²⁄₁₀ Liter Wasser 48 Stunden lang digerirt, um sodann als Product 8⁶⁄₁₀ Liter Extractflüssigkeit überzudestilliren. Das Destillat versetzt man mit 10 Tropfen Nelkenöl, 30 Tropfen Citronenöl, 10 Tropfen Bergamottöl und mit soviel Wasser, daß sein Alkoholgehalt auf 50% Tralles steht; worauf man jedes Liter dieses Liqueures mit 700 Gr. Melissyrup versüßt.

950. Wachholder-Liqueur.

2½ Kilo Zucker wird mit 10 Maaß Regenwasser aufgelöst, alsdann ¾ Loth Wachholderöl mit ¾ Loth Weinsprit 1 Loth gebrannten Alaun aufgelöst und mit 10 Maaß Weingeist durch einander vermengt.

11*

951. Künstlicher Cognac.

In ein Cognac- oder Weinfaß gieße 128 Liter reinen 90gradigen Sprit, 1 7/8 Liter Cognac-Essenz und 18 Gr. Veilchenblüthen-Essenz, arbeite Alles tüchtig durcheinander und lasse es 2—3 Tage lang lagern. 1680 Gr. in Stücke geschnittenes Johannisbrod und 1120 Gr. große Rosinen koche ab in 12 4/5 Liter Wasser (weiches Wasser, Regenwasser); gieße den Absud durch einen Filtrirbeutel zu obiger Mischung; gieße noch 51 Liter Wasser hinzu und rühre Alles nochmals sorgfältig durcheinander. Durchaus erforderlich ist langes Lagern.

952. Franzbranntwein.

In ein Faß gieße 106 2/3 Liter 90gradigen Sprit, 1 Liter Franzbranntwein-Essenz und 26 Gr. Veilchenblüthen-Essenz, arbeite Alles tüchtig durcheinander und lasse es 2—3 Tage lang lagern. 1680 Gr. geschnittenes Johannisbrod und 560 Gr. Rosinen koche ab in 12 4/5 Liter Wasser (weiches Wasser, Regenwasser); gieße den Absud durch einen Filtrirbeutel zu obiger Mischung; gieße noch 64 bis 72 1/2 Liter Wasser hinzu; rühre Alles nochmals durcheinander und gib es auf Lager.

953. Rum.

In ein Faß gieße 128 Liter 90gradigen Sprit, 1 5/8 Liter Jamaica-Rum-Essenz und 18 Gr. Vanille-Essenz, arbeite Alles tüchtig durcheinander und lasse es einige Tage lang lagern. 1680 Gr. geschnittenes Johannisbrod und 1120 Gr. große Rosinen koche ab in 12 4/5 Liter Regenwasser; gieße den Absud durch einen Filtrirbeutel zu obiger Mischung; gieße noch 51 Liter Wasser hinzu; rühre Alles nochmals durcheinander und gib es auf Lager.

Will man den künstlichen Rum recht gut machen, so setzt man ihm ein beliebiges Quantum echten, alten, fetten Jamaica-Rum zu.

954. Goldwasser.

158 Gr. Danziger oder Leipziger Goldwasser-Oel, 44 Gr. Veilchenblüthen-Essenz und 26 Gr. Weinspritessenz löse auf in 3 1/5 Liter 90gradigen Sprit. Lasse die Mischung 12—14 Tage lang an warmem Orte, unter öfterem Umschütteln, stehen; gieße sie dann in 80 Liter guten Sprit und arbeite nun Alles tüchtig durcheinander. In 13 Liter weichem Wasser koche 28 Kilo Zucker mit 26 Gr. Salz auf; gieße diesen flüssigen Zucker zu obiger Mischung hinzu; gieße noch 96 Liter Wasser hinzu und rühre Alles mehrmals durcheinander. Zuletzt werden die Goldfunken (zerriebenes Blattgold) zugesetzt.

955. Korn-Branntwein.

1/4 Liter Nordhäuser Korn-Aether und 1/4 Liter Weinsprit-Essenz löse auf in 160 Liter fuselfreien 50gradigen Branntwein. Arbeite Alles durcheinander und lasse es 2 Tage lang lagern. 1680 Gr. geschnittenes Johannisbrod und 1120 Gr. Syrup koche ab in 3 1/5 Liter Wasser; gieße den Absud durch einen Filtrirbeutel zu obiger Mischung; rühre Alles nochmals durcheinander und setze solange Wasser zu, bis der Branntwein die erforderliche Grad-Stärke hat, so daß das Ganze etwa 192 Liter beträgt.

956. Nordhäuser Korn=Branntwein.

½ Liter Nordhäuser Korn=Aether (oder auch 175 Gr. Getreide Aether) und 70 Gr. Veilchenblüthen=Essenz löse auf in 128 Liter guten 50gradigen Brannt= wein. Arbeite Alles tüchtig durcheinander und lasse es 2—3 Tage lang lagern. 1680 Gr. braunen Candis=Zucker (oder 1120 Gr. geschnittenes Johannisbrod) und 2240 Gr. Malz koche ab mit 52 Gr. Salz in 6—8½ Liter Wasser; gieße den Absud durch ein leinenes Tuch zu obiger Mischung; den Rückstand im Tuche presse gehörig aus. Rühre Alles nochmals sorgfältig durcheinander und setze so lange Wasser zu, bis der Branntwein die erforderliche Grad-Stärke hat, so daß das Ganze etwa 192 Liter beträgt.

957. Sliwowitz, d. i. Zwetschgenbranntwein.

Gut 1 Liter Sliwowitz=Essenz gieße in 150 Liter recht guten fuselfreien Branntwein von 50%Tr.; arbeite Beides durcheinander und lasse es einige Tage lang lagern. 2240 Gr. geschnittenes Johannisbrod koche ab mit 18 Gr. Salz in gut 3 Liter weichem Wasser; gieße den Absud durch einen Filtrirbeutel in den Branntwein; rühre Alles nochmals durcheinander und setze soviel Wasser zu, daß das Ganze etwa 192 Liter beträgt.

958. Arac.

In ein Arac= oder Wein=Gebinde, welches 192 Liter faßt, gieße 128 Liter reinen 90gradigen Sprit, 1⅝ Liter Arac=Essenz, 18 Gr. Veilchenblüthen=Essenz und 13 Gr. Vanille=Essenz, arbeite Alles tüchtig durcheinander und lasse es 4 bis 5 Tage lang lagern. 1680 Gr. weißen westindischen Honig, 1120 Gr. ge= schnittenes Johannisbrod und 4½ Gr. feinen Pecco=Thee koche ab in 53—64 Liter Wasser; gieße den Absud durch einen Filtrirbeutel zu obiger Mischung; rühre Alles nochmals durcheinander und lasse es so lange als möglich lagern.

959. Rostopschin.

245 Gr. Rosinen, 245 Gr. Johannisbrod werden in kleine Stücke geschnitten und mit Wasser durchgekocht. 16 Maaß Weingeist, 16 Maaß Wasser, 9 Kilo Zucker werden zusammengemengt, dann kommt noch hinzu 90 Gr. Rostopschinöl, 35 Gr. Veilchenblütheffenz und obiger Absud.

960. Rosolio.

12 Maaß Weingeist, 28 Maaß Wasser, 7 Kilo Zucker, 15 Gr. Persikoöl, 35 Gr. Veilchenblütheffenz.

961. Kirschbranntwein.

16 Maaß Weingeist, 20 Maaß Wasser, 1 Kilo Zucker, 4 Maaß echter Kirschgeist und 140 Gr. Kirschenessenz.

962. Chocolade=Crême.

1 Kilo Cacaobohnen werden geröstet, kalt zerstoßen und mit 100 Gr. Zimmet, 22 Gr. Vanille, 4 Gr. Nelken versetzt. Nun mengt man dazu 6 Liter Weingeist, 3 Liter Wasser und zieht nach 48 stündiger Digestion 10 Liter über. Der Alkohol des Destillates wird durch Zusatz von Wasser auf 55% Tralles gebracht und jedes Liter dieser Flüssigkeit mit 1 Kilo Zuckersaft Nr. 925 versüßt.

963. Nuß-Liqueur.

2 Kilo grüne Nüsse werden im Juni, so lange sie noch weich und mit einer Nadel leicht durchstochen werden können, grob gestoßen, mit 6 Liter Branntwein à 22 % übergossen und 2 Gr. Zimmet, 2 Gr. Macis, 2 Gr. Nelken beigefügt.

Nach 3 Tagen zieht man die Flüssigkeit ab, gibt derselben 2½ Kilo grob gestoßenen Zucker bei, läßt das Ganze nochmals 2 Tage ruhen, filtrirt dann und füllt den Liqueur in Flaschen.

964. Schweizer-Absinth.

200 Gr. Süßholz, 32 Gr. Sternanis, 250 Gr. Isop, 125 Gr. Florentiner-Fenchel werden fein gestoßen und mit 20 Liter Weingeist übergossen und 10 Tage an einem warmen Ort stehen lassen; nachher filtrirt.

965. Magenbitter.

In ein größeres Gefäß (Faß) gibt man zusammen 200 Gr. Bibernel-Wurzeln, 400 Gr. Saffa-Parilla, 400 Gr. Quassia, 500 Gr. Galgant-Wurzeln, 500 Gr. grüne Pomeranzen, 100 Gr. Paradies-Körner, 10 Gr. Enzian, 300 Gr. Rhabarber, 500 Gr. Melina, 150 Gr. Kümmel, 56 Gr. Gardebenedikten-Wurzeln, 6 Gr. Oblans, 70 Gr. Muscatnüsse, 70 Gr. Caneel, und gießt 30 Liter kochendes Wasser darauf, und läßt Alles zusammen 14 Tage stehen. Nun gibt man 40 Kilo grob gestoßenen Zucker und 48 Liter Spiritus hinzu, rührt Alles öfters durcheinander und läßt die Quantität noch einige Tage stehen. Nachher filtrirt.

966. Chartreuse.

60 Gr. Citronenschale, 60 Gr. Pomeranzenschale, 30 Gr. Nelken, 30 Gr. Cassia, 12 Gr. englisches Gewürz, 60 Gr. Kümmel, 13 Gr. Muscatblüthe, werden mit 10 Liter feinen Spiritus ausgezogen. Zur Süßung 6 Kilo Zucker, 4 Liter Wasser. Färbung grünlich mit süßem Indigo und Safran.

967. **Boonekamp of Maag-Bitter.**

105 Gr. getrocknete unreife Pomeranzen, 35 Gr. Pomeranzenschalen, 70 Gr. Enzianwurzeln, 35 Gr. Cassarillenrinde, 17 Gr. Carcumawurzeln, 17 Gr. Zimmet, 20 Gr. Nelken, werden geschnitten und gestoßen und in 2 Liter feinen Spiritus extrahirt, abgegossen, gepreßt, filtrirt, 40 Tropfen Sternanisöl, werden nebst ½ Kilo braunen Zucker noch vor dem Klären zugesetzt, sowie ¾ Liter Wasser und stark mit Safran-Tinctur gefärbt.

968. **Parfait d'amur.**

Man nehme von 8 Citronen die Schaale, 50 Gr. Cassia, 8 Gr. Cardamom, 5 Gr. Nelken, 5 Gr. Macisblumen, 4 Gr. Safran, 16 Gr. Maiblumen, 16 Gr. Rosmarinblüthe, 36 Gr. Weinstein, 5 Liter Spiritus, 2 Kilo Zucker, 1 Kilo Stärkesyrup und 1½ Liter Wasser (Rosa-Couleur). Alle Ingredienzien werden fein gestoßen und 14 Tage auf den Ofen mit Spiritus angesetzt.

969. Russischer Allasch-Kümmel.

2 Kilo Zucker und 50 Gr. Stärkesyrup wird zum Faden gekocht, dann gießt man hinzu 6 Tropfen Anisöl und 5 Liter feinen Spiritus und filtrirt Alles mit gebannten Knochen ganz weiß.

970. Wermuth-Liqueur.

Von frischem Wermuthkraut pflückt man die Stiele und übergießt dasselbe mit Spiritus und läßt dies 8 Tage an einen warmen Ofen stehen. Zu 1 Liter

Spiritus nimmt man ein Liter Wasser und mischt die oben genannte Tinctur nach Geschmack bei.

971. Vierfrüchte-Liqueure.

1 Liter Himbeersaft, 1 Liter Kirschensaft, 1 Liter Saft von rothen und 1 Liter Saft von schwarzen Johannisbeeren werden mit 4 Liter guten Branntwein, 5 Gr. Zimmet, 2 Gr. Gewürznelken, 5 Gr. Koriander 14 Tage lang aufgestellt, dann mit 3 Kilo Zucker versüßt und filtrirt.

972. Crême de barbados

Die gelbe Schale von 6 frischen Citronen, die gelbe Schale von 6 frischen Pomeranzen, 24 Gr. Zimmet, 24 Gr. Nelken, 8 Gr. Muscatblüthe kommen mit 13 Liter Weingeist, 4 Liter Wasser in die Retorte.

Nach 48 stündiger Digestion werden 10 Liter überdestillirt, das Destillat bis auf 55% Tralles mit Wasser versetzt und auf 1 Liter, 1 Kilo Raffinadesyrup zum Versüßen gerechnet.

973. Crême de macaroni.

400 Gr. bittere Mandeln, 200 Gr. Zimmet, 200 Gr. Nelken, 24 Gr. Cardamomen, werden mit 13 Liter Weingeist und 4 Liter Wasser in einer Retorte 48 Stunden digerirt und dann mit 10 Liter Flüssigkeit überzogen. Das Destillat wird mit 2 Liter Orangenblüthwasser und soviel Rosenwasser versetzt, daß sein Alkoholgehalt auf 55% Tralles kommt. Jedem Liter dieser Flüssigkeit werden 1 Kilo Raffinadesyrup zugesetzt.

XXIV. Abtheilung.

Anleitung, Zucker zu läutern und zu kochen. Zuckerproben. Zuckercouleur.

974. Zucker zu läutern.

In einem großen Kessel setzt man ein Quantum weißen Melis, welchen man mit Wasser übergießt, auf's Feuer, löst ihn mit Hülfe eines Schaumlöffels auf, zerschlägt 1—2 Eiweiß mit etwas Wasser, gießt es an den Zucker, ehe er heiß ist, bringt ihn nun langsam zum Kochen, bis er in die Höhe steigt, übergießt ihn dann mit kaltem Wasser, wodurch er wieder zum Fallen gebracht wird, wiederholt dies 2—3 Mal, setzt ihn vom Feuer ab, besprengt ihn mit der Hand nochmals mit kaltem Wasser und nimmt den Schaum ab, der sich oben gebildet hat. Die Kruste, die sich an den Kessel angesetzt hat, wäscht man mit Bürste oder Schwamm zusammen und bringt den Kessel wieder auf das Feuer, weil immer noch einige Unreinigkeit im Zucker sich befindet, welche sich durch langsames Kochen beseitigen läßt.

Der Zucker darf nicht zu dick gehalten werden. Er muß nach der Zucker= waage 31 Grad (Baumé) haben, damit er beim Erkalten nicht candirt. Ehe er erkaltet ist, läßt man ihn durch ein feines Sieb laufen.

975. Zuckerproben.

Der 974 beschriebene Zucker läßt sich nun zu 9 verschiedenen Proben kochen;

1) zum schwachen Faden,
2) zum starken Faden,
3) zur kleinen Perle,
4) zur großen Perle,
5) zur Blase,
6) zum schwachen Flug,
7) zum starken Flug,
8) zum Bruch,
9) zum Caramel.

976. Zum schwachen Faden.

Bringt man geläuterten Zucker (974) auf's Feuer, so kocht er zunächst zum schwachen Faden. Ein wenig davon streicht man mit dem Zeigefinger vom Schaum= löffel ab und zieht es unter Beihülfe des Daumens auseinander. Zieht es sich ein klein wenig in die Länge, um gleich darauf wieder zu einem Tropfen auf den Daumen zurückzufallen, so ist die Probe erreicht.

977. Zum starken Faden.

Man kocht den Zucker weiter und probiert ihn auf dieselbe Weise. Zieht er sich etwas weiter auseinander, ohne abzureißen, so ist die Probe erreicht.

978. Zur kleinen Perle.

Reißt er nicht ab, wenn man die beiden Finger halb öffnet, so ist die Probe erreicht.

979. Zur großen Perle.

Ist er im Kochen soweit vorgeschritten, daß man die beiden Finger ganz öffnen kann, ohne daß er abreißt, so ist diese Probe erreicht.

980. Zur Blase.

Nachdem er noch mehrere Mal aufgekocht hat, rührt man ihn leicht mit dem Schaumlöffel unter einander, nimmt diesen heraus und bläst in denselben hinein. Zeigen sich auf der Rückseite Blasen, so ist dieser Grad erreicht.

981. Zum kleinen oder schwachen Flug.

Nach weiterem Kochen bläst man ebenfals durch die Löcher des Schaumlöffels. Wenn kleine Blasen davonfliegen, so ist die Probe erreicht.

982. Zum großen oder starken Flug.

Nach mehrmaligem fernerem Aufwallen bläst man abermals gegen den Schaum= löffel. Wenn mehrere Blasen aneinander hängend davon fliegen, so ist der Zucker vom kleinen zum großen Flug übergegangen. (Ketten= oder Flatterflug.)

983. Zum Bruch.

Man taucht einen Finger in kaltes Wasser, fährt mit demselben in den Zucker

und kehrt mit ihm schnell in das Wasser zurück. Wenn man den Zucker leicht ab=
löst und er bricht, so ist die Probe erreicht.

Diese Probe kann man auch mit einem eisernen Stäbchen nehmen. Man
taucht dasselbe ebenfalls zunächst in kaltes Wasser, damit der Zucker sich leichter
ablöst.

984. Zum Caramel. Krachprobe.

Wenn man den Zucker in das kalte Wasser bringt (983) und ihn krachen
hört, so ist er zum Caramel gekocht. Dann säume man nicht, ihn vom Feuer zu
nehmen. Er würde sonst verbrennen.

985. Zum Caramel. Beißprobe.

Wenn man, nachdem er in Wasser kalt geworden ist, auf ihn beißt und er
nicht mehr an den Zähnen hängen bleibt; was nämlich bei 983 noch der Fall ist.

986. Zucker=Couleur.

Kocht man den Zucker weiter als zum Caramel, so verbrennt er. Bei Zu=
bereitung von Couleur wird dies nun gerade bezweckt. Mit dieser Farbe kann man
das schönste Gelb und Hellbraun bis zum tiefsten Dunkelbraun erzielen. Man läßt
den Zucker kochen, bis er dunkel genug ist, nimmt ihn vom Feuer ab, gießt vor=
sichtig etwas Wasser hinzu, setzt ihn wieder auf's Feuer und rührt ihn um, bis er
sich in dem zugegossenen Wasser aufgelöst hat. Die Masse muß, erkaltet, ein wenig
dick sein. Der süße Geschmack hat sich verloren. Die Masse ist geschmacklos.

987. Zucker=Couleur auf andere Art.

Schneller läßt sich Couleur herstellen, wenn man gestoßenen Zucker in einem
Kessel auf Kohlenfeuer, jedoch ohne Wasser, unter fortwährendem Rühren auflöst.
Ist er dunkel genug, so setzt man Wasser zu. Weiter wie 986.

988. Zuckerschaum.

Den Schaum, welchen man beim Zuckerläutern abgenommen hat, bewahrt man
auf. Hat man ein ziemliches Quantum beisammen, so läutert man ihn mit Wasser
nochmals, läßt ihn durch ein feines Sieb laufen und verwendet ihn zu ordinären
Bonbons. (Abth. XXV.)

Unter dem Schaum darf sich jedoch kein zuckerhaltiger Fruchtsaft befinden,
sogenannter Früchtezucker.

XXV. Abtheilung.

Bonbons, Stangenzucker, Liqueur=Bonbons, Ueberzuckerungen, Fondant und Conserven.

---

989. Vanille=Bonbons.

In einer Pfanne, welche einen Schnabel hat, setzt man ein Quantum geläu= terten Zucker auf's Feuer, setzt zu etwa 1120 Gr. Zucker eine halbe Schote Vanille hinzu und kocht ihn zum Caramel 984. Den Zucker, welcher sich allenfalls an der Seite der Pfanne ankocht, muß man mit einem Schwamme gut abwaschen. Man kann einige Tropfen Essig=Säure zusetzen, wodurch die Klarheit der Bonbons länger erhalten bleibt. Doch hüte man sich vor dem zu viel, weil sonst die Bonbons feucht werden. (Vgl. 1010.)

Während der Zucker kocht, bestreicht man eine Marmorplatte mit Butter oder Speckschwarte, gießt den fertigen Zucker darauf, schneidet ihn mit einem langen Säbel in viereckige, aber noch zusammenhaltende Stückchen, löst ihn mit einem langen Messer von der Marmorplatte ab, schiebt ein Blech unter, wendet ihn auf die andere Seite um, wischt das Fett gut ab und bricht ihn noch warm in kleine Theile.

Man schneide jedoch nicht zu früh, weil er sonst wieder zusammenfließt, in Folge dessen die Bonbons sich schwer brechen lassen.

Zu Vanille=Bonbons färbt man den Zucker gern roth. Auch werden sie hie und da in gedruckte Devisen (mit Verse oder Sprüchen) eingeschlagen und mit ver= schiedenfarbigem Papier umwickelt.

990. Rosen=Bonbons.

Hat der Zucker die Caramelprobe, so setzt man ihm einen Tropfen Rosenöl zu; oder man löst ihn mit Rosen=Wasser auf und kocht ihn erst dann zur Probe. Weiter wie 989.

Diese Bonbons werden röthlich gefärbt.

991. Bonbons mit verschiedenem Geschmack.

Dem Zucker, wenn er die Caramelprobe hat, setzt man als Geschmack einige Tropfen Oel zu: Citronen, Zimmet, Orangen, Bergamott, Kümmel, Fenchel, oder Anis u. s. w. und färbt ihn mit beliebiger Farbe. Weiter wie 989.

992. Malz=Bonbons.

280 Gr. Malz wird gestoßen und mit 1 Liter Wasser etwa bis zum dritten Theil eingekocht. Diesen Absud gießt man durch ein feines Haarsieb über 1120 Gr. Zucker und kocht ihn nach Anleitung von 989.

993. Kaffee=Bonbons.

Von 70 Gr. gemahlenem Kaffee bereitet man starken Absud, gießt denselben über 1120 Gr. Zucker und kocht ihn nach Anleitung von 989.

994. Kaffee-Melange-Bonbons.

Wie 993; nur setzt man dem Zucker noch eine Tasse dicken, süßen Rahm zu oder auch etwa 50—70 Gr. Butter, nachdem er bereits die Probe zum Flug erreicht hat.

995. Kräuter-Bonbons. (Brust-Bonbons.)

18 Gr. Kamillen, 18 Gr. Eibischwurzeln, 18 Gr. schwarze Malven und 18 Gr. Wollblumen kocht man mit 1 Liter Wasser zur Hälfte ein, läßt dies Gemenge durch ein feines Sieb auf 1120 Gr. Zucker laufen und kocht den Absud nach Anleitung von 989.

996. Zwiebel-Bonbons.

Mit dem Zucker kocht man einige Scheibchen von geschälten Zwiebeln, die man herausnimmt, sobald der Zucker auf den Stein gegossen ist. Weiter wie 989.

997. Isländischmoos-Bonbons.

35 Gr. Isländischmoos kocht man mit 1 Liter Wasser zur Hälfte ein, gießt den Absud davon über 1120 Gr. Zucker und kocht ihn nach Anleitung von 989.

998. Gefüllte Bonbons.

Gewöhnlichen Läuterzucker kocht man zum Caramel, gießt davon die eine Hälfte auf die Marmorplatte (vergl. 989), bedeckt sie mit beliebiger Gelée oder Crême und gießt darüber die andere Hälfte des Zuckers. Man thut wohl, die Marmorplatte schräg zu halten, damit der Zucker gut ausfließt, weil sonst die Bonbons zu dick werden.

999. Hamburger Boltjes.

Man kocht sie von braunem Farin. Nachdem der Zucker auf die butterbestrichene Marmorplatte gegossen ist und sich etwas abgekühlt hat, schlägt man ihn von der Seite nach der Mitte zusammen, wickelt ihn zu einem Klumpen, schneidet mit der Scheere Stücke davon und zieht dieselben in fingerdicke lange Streifen, die eine zweite Person gleichfalls mit der Scheere in Stückchen schneidet, während man die Streifen fortwährend dreht, so daß der zweite Schnitt mit dem ersten ein Kreuz bildet.

1000. Rahm-Bonbons.

1120 Gr. weißen Zucker übergießt man mit ½ Liter süßen Rahm und läßt diese Mischung unter beständigem Rühren mit einem Spatel zum Caramel kochen. Weiter wie 989.

1001. Quibons. (Französische Caramelle) mit Chocolade.

In eine Casserolle gibt man 500 Gr. Zucker, gut Vanille, 140 Gr. Cacao und 1 Liter guten Rahm und rührt dieses mit dem Schlagbesen auf dem Feuer bis der Cacao sich aufgelöst hat. Nun vertauscht man den Schlagbesen mit einem Spatel und rührt das Ganze unter fortwährendem Rühren zum Bruch, das heißt, man kocht ihn so lange, bis der Zucker nach kurzer Zeit bricht, wenn man ihn in kaltes Wasser taucht, wonach er sofort vom Feuer genommen werden muß.

Während dieser Zeit stellt man 1/10 Liter Clycos in den Ofen, damit er recht heiß wird und rührt ihn auf 2—3 mal unter die Caramel. Nun gießt man den Zucker schnell in ein Viereck auf eine mit Butter bestrichene Marmorplatte, streicht

Alles gut heraus und läßt es so lang liegen, bis sich die eine Hälfte über die andere schlagen läßt. Nun formirt man mit einem großen Messer scharfe Kanten, wendet die Platte um, rollt sie mit einem gerippten Rollholz und schneidet sie in kleine viereckige Bonbons.

1002. Quibons mit Haselnuß.

105 Gr. hell geröstete Haselnüsse werden geschält und mit $1/5$ Liter Wasser ziemlich weich gerieben und durch ein feines Tuch gepreßt. Nun kommt dazu 600 Gr. Zucker, $1\frac{1}{2}$ Liter guten Rahm und Vanille. Die weitere Behandlungs= weise ist wie in 1001, nur wird der Caramel mit dem Clycos besser verrührt und in Rauten geschnitten.

1003. Caramelle au Café.

60 Gr. gemahlener Kaffee wird mit kochendem Wasser übergossen, daß es fertig $1/5$ Liter ergibt, dazu kommt noch 300 Gr. Zucker, $3/4$ Liter Rahm und zuletzt $1/10$ Liter Clycos. Weiter wie 1001.

1004. Rettig=Bonbons.

Einen geschälten Rettig reibt man auf dem Reibeisen, läßt ihn kurze Zeit stehen, löst 1120 Gr. braunen Farin mit 3 Eßlöffel voll Honig und mit dem nöthigen Wasser auf dem Feuer auf, läßt ihn zum Flug kochen, preßt den Rettig= saft durch ein Tuch, gießt denselben nach und nach hinzu, nimmt den Zucker vom Feuer, sobald er vollständig die Caramelprobe hat, setzt ihm ein Glas Orangenwasser zu und gießt ihn auf die butterbestrichene Marmorplatte. Ist der Zucker ein wenig abgekühlt, so wird er auf folgende Weise lang gezogen.

Man befestigt einen starken Haken in der Wand, bringt den Klumpen Zucker darauf, zieht ihn auf beiden Seiten über den Haken, schlingt auch noch die beiden Enden um den Haken, zieht die Theile so lange nach unten, bis der Zucker schön hellgelb ist, nimmt ihn ab, bildet davon fingerdicke und fingerlange Streifen, läßt diese erkalten und zerschlägt sie mit einem Messer in kleine Stücke.

1005. Gersten=Zucker.

Von gewöhnlichem, zum Caramel gekochtem Läuterzucker gießt man mit dem Schnabel der Pfanne (989) auf die butterbestrichene Marmorplatte lange fingerbreite Streifen, welche eine zweite Person sofort mit dem Messer ablöst, ein wenig auf die andere Seite legt (d. h. die untere Seite nach oben) und dann mit beiden Händen von rechts nach links dreht. Diesen Zucker pflegt man roth zu färben.

1006. Penit=Zucker.

Unter gewöhnlichem Läuterzucker gießt man 1 Eßlöffel voll Essigsäure, kocht ihn zum Caramel, gießt ihn auf die Marmorplatte, schlägt ihn zusammen, nachdem er etwas abgekühlt ist und zieht ihn lang nach Anleitung von 1004, bis er ganz weiß und silberglänzend ist. Nun müssen mehrere Personen bereit sein, um aus den kleinen Stücken, welche mit der Scheere geschnitten werden, Bretzeln, Ringe u. dgl. zu bilden.

Wird der Zucker zu kalt, so hält man ihn über Kohlenfeuer, wodurch er wieder geschmeidig wird.

1007. Englische Bonbons.

Diese werden in gewöhnlichen Geschäften selten angefertigt, weil man sie schön und billig von Fabriken beziehen kann, die eigens dazu eingerichtet sind.

Man theilt sie in Rocks und Drops. Die Rocks sind schwieriger zu ver=
fertigen als die Drops, weil dazu keine Maschine verwendet werden kann.

1008. Rocks.

Dem Zucker gießt man etwas Essigsäure zu, kocht ihn zum Bruch, gießt von
ihm etwa ¼ auf eine Seite der Marmorplatte, ein ferneres Viertel auf eine andere
Seite derselben, ein drittes Viertel auf eine dritte, färbt den einen Theil mit gelbem,
den zweiten mit rothem Carmin, den dritten Theil z. B. blau und streut auf jeden
Theil ein wenig crystallisirte Citronen=Säure, worauf jeder einzelne Theil von einer
Person lang gezogen wird nach Anleitung von 1004.

Während dieser Zeit wird der vierte und letzte Theil, welcher sich noch in der
Pfanne befindet, ungefärbt auf die Platte gegossen, die langgezogenen Theile der
Länge nach eingewickelt, Alles auseinander gezogen, nochmals zusammengeschlagen und
dies Verfahren 1—2 Mal wiederholt, in Folge dessen sich etwa 24 fache Streifen durch
den ganzen Zucker hindurch ziehen. Derselbe wird nun in mehrere Theile geschnitten
und in fingerdicke Streifen gezogen, die man sorgfältig rollt, damit sie schön und
rund werden. Nachdem diese Rollen kalt geworden sind, schlägt man sie in kleine
Stücke oder Scheiben.

Alle anderen Sorten dieser Bonbons, deren es noch viele gibt, werden auf
ähnliche Weise angefertigt.

1009. Drops.

Die Drops werden mit einer Maschine gemacht. Dieselbe besteht aus zwei
Walzen, welche in einen Drehapparat eingesetzt werden. Diese über einander liegenden
Walzen, mit verschiedenen, vertieft hineingravirten Figuren, passen genau auf ein=
ander. Sie werden durch einen Mechanismus in Bewegung gesetzt.

Hat man den Zucker mit etwas Essig=Säure zum Bruch gekocht, so gibt man
ihm eine Farbe und gießt ihn auf die butterbestrichene Marmorplatte. Inzwischen
hat man in einer Reibschale ein entsprechendes Quantum Weinstein=Säure mit irgend
einem Frucht=Aether gerieben. Dieses Geriebene bringt man auf den Zucker und
schlägt denselben mehrmals zusammen, damit der Geschmack sich zertheilt. Nun setzt
eine Person die Maschine in Bewegung, während eine zweite zwischen die Walzen
Stücke des Zuckers legt, welche von denselben erfaßt und in jene vertieften Figuren
eingepreßt werden. Eine dritte Person an der anderen Seite der Maschine nimmt
die Stücke aus den Walzen heraus und legt sie auf ein Blech. Sind sie erkaltet,
so bricht man die Figuren auseinander.

1010. Bonbons mit Essigsäure. Bemerkung.

Bonbons, welchen Essig=Säure zugesetzt ist, werden leicht feucht und klebrig,
indem sie die Feuchtigkeit der Luft einsaugen. Man muß sie deshalb in luftdichten
Gläsern oder Blechdosen aufbewahren.

1011. Leder=Zucker (auch Gummi=Bonbons genannt.

280 Gr. gummi arabicum wird in ⅛ Liter Wasser aufgelöst, desgl. 140 Gr.
Lakritzen in einer kleinen Tasse Wasser. 1120 Gr. Zucker kocht man mit dem
nöthigen Wasser zum Caramel; Gummi und Lakritzen mengt man hinein, läßt Alles
nochmals aufkochen, füllt die Masse in offene niedere Blechkapseln, die mit Mandel=
Oel bestrichen sind, läßt sie einige Tage trocknen und schneidet dann den Inhalt mit
der Scheere in Stückchen.

1012. Liqueur=Bonbons.

Hiezu bedarf man eines recht trockenen Puders. Derselbe darf vor seiner erstmaligen Verwendung 6—8 Wochen lang auf dem Trockenschrank ausgebreitet stehen. Dann bringt man ihn in Kästen, welche circa 73 Centim. lang, 44 Centim. breit und 5 Centim. hoch sind. Vorher siebt man ihn durch, lockert ihn mit einem Drahtbesen leicht auf, streicht ihn nun mit einem Lineal glatt und drückt die Stempel hinein. Diese sind von Gyps und müssen recht accurat geschnitten sein, um verschiedene Figuren darzustellen. Die Tiefe des Eindrückens richtet sich nach der Form der herzustellenden Bonbons.

Zum Eingießen des Zuckers in den Puder bedient man sich eines Trichters, welcher unten nur eine kleine Oeffnung hat, die mit einem Stocke verschlossen ist. Beim Eingießen zieht man diesen Stock mit der einen Hand in der Höhe, während die andere den Trichter hält. In Ermangelung eines Trichters bedient man sich einer langgeschnäbelten kleinen Pfanne. Doch gehört dazu eine schon geübtere Hand.

1680 Gr. Raffinatzucker kocht man mit ³/₄ Liter Wasser zum starken Faden, gießt hinzu ¹/₂ Weinglas beliebigen ungefärbten Liqueur und einige Tropfen aufgelösten blauen Carmin, welch' letzterer dem Zucker eine schöne weiße Farbe gibt, und läßt Alles noch einmal aufwallen. Nachdem man sodann den Zucker in den Trichter gegossen hat, gießt man damit die Eindrücke im Puder voll, übersiebt dieselben mit trockenem Puder, und läßt Alles an warmem Ort über Nacht stehen.

Folgenden Tages werden die Bonbons aus dem Puder herausgenommen, auf ein Sieb gelegt, rein abgekehrt und candirt. (1028—1031.)

Auf diese Weise lassen sich die verschiedenartigsten Bonbons-Figuren herstellen, kleine Früchte, Buchstaben, Ringe, Sterne, Arabesken u. s. w. Einige werden mit Spritzglasur verziert, andere bemalt. Der Farbe muß man ein wenig Spiritus beigeben. Zu farbigen Bonbons läßt sich — statt der Bemalung — aber auch farbiger Liqueur verwenden.

Hier einige Beispiele.

1013. Liqueur-Himbeeren.

Den Stempel, welcher eine Himbeere darstellt, drückt man in Puder, kocht den Zucker zum starken Faden, gießt statt Liqueur Himbeersaft hinzu, färbt die Masse mit Cochenille noch etwas roth, gießt sie in den Puder und verfährt nach Anleitung von 1012. Nach dem Candiren klebt man mit Gummi an jede Himbeere ein grünes Blättchen.

1014. Erdbeeren.

Wie 1013; statt Himbeersaft Erdbeersaft. Die Zuckerfrucht kann man, nachdem sie getrocknet ist, einer natürlichen Erdbeere ähnlich bemalen.

1015. Chocolade-Bohnen.

Man schneidet eine große Bohne von Gyps, befestigt einen Stiel daran und drückt diese Form in Puder. 1120 Gr. Zucker kocht man zum Faden, kocht ein Stückchen Vanille mit aus, gießt, nachdem der Zucker die Fadenprobe hat, ein halbes Weinglas Vanille-Liqueur hinzu, rührt die Masse einmal durch, gießt sie in den Puder, läßt sie 24 Stunden stehen, nimmt die fertigen Bohnen heraus, staubt sie ab und überzieht sie mit Cacao-Masse.

Dies geschieht auf folgende Art. In eine niedere Blechform oder auf einen Teller bringt man fein geriebene Cacao-Masse, setzt ihr etwas Cacao-Butter zu, löst sie im Ofen auf, rührt etwas Staub- und Vanille-Zucker darunter und stellt die Masse auf einen heißen Stein, damit sie warm bleibt. Nun legt man die Bohnen, eine nach der andern, hinein, zuerst auf die eine Seite, dann auf die andere Seite, welche noch frei ist von der Cacao=Masse, nimmt sie mit einer Gabel heraus, legt sie auf Papier oder auf Blech und stellt sie, damit sie erkalten, an einen kühlen Ort. Folgenden Tages bestreicht man sie mit Chocolade=Lack und spritzt ihnen einen weißen Keimfleck mit Spritz=Glasur auf.

1016. Pralinen von Liqueur=Zucker.

Das Corpus zu den Pralinen kann man von Liqueur=Zucker machen oder von Fondant. Macht man es von ersterem, so drückt man den Stempel in Puder, kocht den Zucker zum Faden, setzt beliebigen Liqueur hinzu und gießt die Masse ein. Weiter wie 1015; nur tunkt man die Pralinen gleich ganz in die Ouverture und läßt natürlich den Keimfleck von Spritz=Glasur weg. Nach der Zuckerwaage stellt man den Zucker auf 36—37 Grad.

1017. Pralinen von Fondant.

Man dreht mit der Hand kleine Kügelchen von Fondant, die man auf ein Sieb legt; weiter wie 1016.

1018. Mandel=Pralinen.

Man kocht 350 Gr. Zucker zum Flug, bringt 280 Gr. trockene geschälte Mandeln hinein und röstet sie goldgelb. Nachdem sie erkaltet, reibt man sie mit 70 Gr. Cacao und 18 Gr. Vanillezucker fein wie Butter, rollt die Masse auf einem Blech aus, sticht kleine Plätzchen aus und überzieht diese, nachdem sie fest geworden sind, mit Ouverture, wie die Liqueur=Pralinen 1016. Auch diese bestreicht man folgenden Tages mit Chocolade=Lack, wie 1015.

1019. Liqueur=Bohnen.

Man bereitet Bohnen nach Anleitung von 1015 und gibt ihnen beliebigen Geschmack. (991. 1023. 1026.) Zum Ueberziehen derselben bereitet man folgende weiße Glasur. Man kocht 1120 Gr. Raffinat=Zucker zur kleinen Perle, schlägt während dessen 3 Eiweiß in einem Kessel zum Schnee und läßt unter beständigem Schlagen den Zucker von einer zweiten Person hinein gießen. Ist die Masse wieder kalt geschlagen, so überzieht man mit ihr die Bohnen wie die Chocolade=Bohnen 1015 auf jeder Seite allein. Ist sie zu steif gerathen, so daß die Bohnen nicht schön glatt werden, so rührt man etwas Läuterzucker hinein. Zum Trocknen bringt man sie auf den Trockenschrank, damit sie Glanz bekommen. Sind die Bohnen auf diese Weise sämmtlich überzogen, so färbt man sie nach Anleitung von 1020.

1020. Färben von Bohnen und anderem Zuckerwerk.

Man befeuchtet einen steifen Borsten=Pinsel mit beliebiger Farbe und streicht mit einem Stöckchen darüber hin, in Folge dessen die Farbe in kleine Tröpfchen zerfließt und auf die Gegenstände hingespritzt wird. Auf diese Art überzieht man Bohnen, Rauten, runde Knöpfe, Sterne, Ringe u. s. w. Diese Gegenstände glasirt man jedoch nicht sämmtlich nach 1019 weiß, sondern einige davon, um ein hübsches Farbenspiel zu erhalten, rosa, hellblau, gelb, braun u. s. w. Ebenso verziert man einige davon mit feiner Spritz=Glasur, während man andere geschmackvoll bemalt.

1021. Crême=Bonbons.

Man kocht Zucker zum Bruch und gießt so viel süßen Rahm hinzu, daß der Zucker beim Eingießen in den Puder gerade die Fadenprobe hat. Dies ist hier wie bei den Liqueur=Bonbons eine Hauptsache. Ist der Zucker stärker gekocht, als zur Fadenprobe, so werden die Bonbons innen candiren, wodurch ihnen die Fein= heit genommen wird. Ist er schwächer gekocht, so lassen die Bonbons sich nicht verarbeiten, sie fließen aus in dem Puder 2c.

Die Behandlung ist die der Liqueur=Bonbons 1012. — Hier einige Beispiele.

1022. Vanille=Crême=Bonbons.

Man drückt beliebige Stempel in den recht gelockerten Puder, kocht den Zucker mit einer Stange Vanille, wie 1021 angegeben, zum Bruch, gießt so lange süßen Rahm hinzu, bis die richtige Fadenprobe hergestellt ist, gießt die Bonbons ein, besiebt sie mit Puder, läßt sie 24 Stunden stehen, nimmt sie heraus, staubt sie ab und glasirt sie mit rother Glasur.

1023. Arac= (Maraschino=, Quitten= 2c.) Crême=Bonbons.

Wie 1022; mit Weglassung der Vanille und mit Zusatz eines Glases Arac oder Rum, Maraschino, Kirschwasser 2c. oder auch von Quitten=, Himbeer= oder Johannisbeer=Gelée.

1024. Kaffee=Crême=Bonbons.

Von gemahlenem Kaffee macht man starken Absud. Ist der Zucker zum Bruch gekocht, gießt man denselben daran und noch so lange süßen Rahm, bis die Fadenprobe erreicht ist. Diese Bonbons glasirt man mit brauner Glasur, welche man mit Zucker=Couleur färbt.

1025. Bonbons=Haselnüsse.

Hiezu ist nicht gerade ein Stempel von Gyps erforderlich. Man kann auch eine natürliche Haselnuß in den Puder drücken, an welche man mit Siegelack einen Stiel befestigt hat. 140 Gr. halb Wall=, halb Hasel=Nüsse reibt man mit etwa $\frac{1}{4}$ Liter Rahm fein, kocht 1120 Gr. Zucker zum Bruch und gießt das Gemisch von Nuß und Rahm hinzu. Die Haselnüsse werden mit Glasur überzogen, die mit Bolus braun gefärbt ist; oben weiß.

1026. Fondant.

Fondant muß inwendig feucht bleiben, zu welchem Zweck man beim Tabliren des Zuckers süßen Rahm hinzusetzt, oder etwas Stärkesyrup. Der Zucker wird zum starken Flug gekocht, auf die Marmorplatte gegossen und so lange mit einem Spatel tablirt, bis er abstirbt. Auch dann wird das Tabliren noch fortgesetzt, bis er ganz zart wie Butter ist. Er wird vorher noch mit einem Geschmack versetzt, als: Maraschino, Vanille, Himbeer, Citrone, Orange, Haselnuß, Chocolade 2c. Auch gibt man ihm irgend eine Farbe, am liebsten eine helle. Nun wird er in kleinen Partien in kleinen Pfännchen auf gelindem Kohlenfeuer unter beständigem Rühren gewärmt, jedoch ohne daß er zum Kochen kommt, und in Puder oder in hohle Gyps=Formen gegossen.

Um ihn in Puder zu gießen, bedarf man verschiedener nicht hohler Formen oder Stempel, welche namentlich von Paris schön zu beziehen sind. Diese drückt man hinein und gießt den Fondant=Zucker in die entstandene Aushöhlung. In kurzer Zeit wird er fest. Man nimmt die Gegenstände heraus, stäubt sie sorg= fältig ab und legt sie auf Haarsiebe.

Hohle Gypsformen müssen zuvor naß gemacht werden.

Stellen die Dessins Früchte oder Blumen vor, so schminkt oder bemalt man diese und setzt Stiele ein. Hierauf müssen sie sogleich candirt werden.

Aus den beigegebenen Tafeln mit Zeichnungen sind die Dessins einigermaßen kennen zu lernen.

1027. Liqueur-Bonbons mit Fondant überzogen.

Verschiedene kleine Korpus gießt man in Liqueur wie 1026 und überzieht sie mit Fondant, welche man auf gelindem Gasfeuer beständig warm hält und guten Geschmack beimengt, nachher werden sie candirt wie 1029.

1028. Das Candiren. Vorbemerkungen.

Bei Fondant-Sachen und feinen Liqueur-Bonbons ist die Candirung unumgänglich nothwendig, weil diese Gegenstände durch sie von außen einen festeren Halt bekommen. Sie gibt ihnen zugleich ein crystallisirtes Aussehen, welches namentlich bei Licht schönen Effect macht.

Auch andere Gegenstände lassen sich candiren, z. B. Tragant, Chocolade, Auflauf u. dgl.

Die Candirung gehört zu den schwierigsten Aufgaben der Conditorei. Sie erfordert große Accuratesse.

1029. Candiren. Vorrichtung.

Vom Klempner (Spengler, Flaschner) läßt man einen Blechkasten machen oder einige, je nach Bedarf, etwa 44 Centim. lang, 29 Centim. breit und 15 Centim. hoch, oben etwas breiter als unten. Unten in einer Ecke nahe über dem Boden hat der Kasten ein Abzugsrohr, welches mit einem Kork verschlossen wird. An den Wänden im Innern befinden sich kleine Hacken oder Blechvorstöße, auf welche man ein Drahtgitter setzt. Boden und Drahtgitter werden mit den Gegenständen belegt.

1030. Candiren. Verfahren.

Raffinat-Zucker bester Sorte löst man in Wasser auf, reinigt ihn und kocht ihn zum Faden. Diese Fadenprobe ist ein Mittelding zwischen kleinem und großem Faden. Beim kleinen Faden ist der Zucker zu schwach und die Gegenstände werden im Zucker weich. Der große Faden ist zu stark; die Sachen werden mußig und verlieren dadurch an Ansehen. Anfängern empfehle ich die Zuckerwage (Baumé) nach welcher der Zucker 34 Grad halten muß.

Nun nimmt man den Zucker vom Feuer, läßt ihn abkühlen, bis er lauwarm ist, und gießt ihn über die zu candirenden Gegenstände in den Kasten hinein, so hoch, daß er fingerbreit über den Gegenständen steht. Man bedeckt den Kasten mit einem großen Bogen Papier und stellt ihn an einen warmen Ort, wo man ihn 20 Stunden lang völlig unangerührt stehen läßt.

Jetzt haben sich in der Regel die Candis-Crystalle hinreichend angesetzt. Man zieht den Kork heraus, läßt den Zucker in eine Schüssel ablaufen, setzt den Kasten ein wenig schräg, damit auch noch das letzte vom Zucker abläuft, und stellt ihn einige Zeit in den Trockenschrank. Dann werden die Gegenstände herausgenommen, auf Siebe gelegt und vollends getrocknet.

1031. Caramelirung von Früchten. (Ueberziehung derselben mit Caramel.)

Zur Caramelirung eingemachter oder auch grüner Früchte wird der Zucker zum Caramel gekocht, wie zu gewöhnlichen Bonbons.

Eingemachte Früchte werden aus ihrem Zucker genommen, auf ein Drahtgitter gelegt, unter welches man eine Schüssel setzt, und an einen warmen Ort gestellt, damit der Zucker abläuft. Folgenden Tages steckt man sie auf spitzige Hölzchen, taucht sie in den Caramel, läßt sie von einer zweiten Person noch eine

Zeit lang in der Luft umdrehen, bis sie kalt sind, legt sie auf eine bestrichene Bonbonplatte und zieht die Hölzchen heraus.

Von grünen Früchten werden nur saftlose auf Hölzchen gesteckt, als Kastanien und Kerne von Haselnuß oder Wallnuß. Saftreiche dagegen, wie Kirschen, Weintrauben, Orangen= und Citronenscheiben, werden nicht aufgesteckt, sondern ohne Weiteres in den Caramel gelegt und mit der Gabel wieder herausgenommen, weil sonst der Saft herausfließen würde.

Carmelirte Früchte verwendet man zum Garniren oder als Dessert.

1032. Ueberzogener Ingwer, Calmus, Pomeranzenschale ꝛc.

Man kocht Läuterzucker zum starken Flug, läßt vorher von eingemachtem ostindischem Ingwer, Calmus u. s. w. den eigenen Zucker ablaufen, kocht den Ingwer u. s. w. einmal mit dem Läuterzucker auf, nimmt den Kessel vom Feuer ab und tablirt den Zucker. Sobald er anfängt, dick zu werden, nimmt man den Ingwer u. s. w. mit der Gabel heraus, legt ihn auf ein Drahtgitter und läßt ihn erkalten.

Auf diese Art lassen sich überhaupt alle eingemachten Früchte überziehen.

1033. Eingemachte Früchte trocken aufbewahrt.

Man macht Früchte ein wie oben angezeigt, läßt sie in flacher Schüssel einige Tage lang im Trockenschrank stehen, läßt dann den Zucker rein ablaufen, legt sie einzeln neben einander auf Platten oder Drahtgitter, besiebt sie mit Zucker, stellt sie an warmen Ort zum Trocknen, wendet sie folgenden Tages um, besiebt sie wiederum, läßt sie wieder trocknen, behandelt sie noch einigemale, bis sie trocken genug sind, rangirt dann verschiedene Sorten in Kästchen oder Schachteln, legt zwischen jede Schicht Papier und bewahrt sie an trockenem kühlem Orte auf.

1034. Ueberzuckerter Calmus.

Ein Quantum Calmus schält man, läßt ihn einige Tage lang in frischem Wasser liegen, schneidet ihn dann in schräge dünne Scheiben, bringt einen Kessel mit Wasser zum Kochen, dem man etwas Soda zusetzt, kocht darin den Calmus weich, gießt dieses Wasser ab, wirft den Calmus in kaltes Wasser, läßt ihn kurze Zeit darin stehen, kocht ordinären Zucker zum starken Faden, gießt vom Calmus das Wasser gut ab, bringt ihn in den Zucker, wenn dieser schon etwas abgekühlt ist, rührt das Ganze leicht durcheinander, läßt es über Nacht stehen, läßt folgenden Tages den Zucker wieder ganz ablaufen, kocht ihn zum starken Flug, bringt den Calmus wieder hinein, rührt das Ganze leicht durcheinander und kocht es unabgesondert nochmals zum starken Flug, weil der Zucker durch den sehr feuchten Calmus wieder zu dünn geworden ist. Der Kessel wird nun vom Feuer genommen und der Zucker ganz weiß tablirt, immer leicht durcheinander gerührt, bis er abgestorben ist. Dann stürzt man das Ganze auf Bleche, welche mit nicht ganz feinem Zucker bestreut sind, mischt die Calmusscheiben untereinander, damit sie sich leichter auseinander halten lassen, sondert jedes Plätzchen vom anderen ab, und setzt sie zum Trocknen in den Trockenschrank, in welchem sie aber nicht zu lange bleiben dürfen, weil sie sonst zu hart werden würden.

Den Zucker, der sich allenfalls ablöst und zurückbleibt, kann man auflösen und zu Calmus=Liqueur verwenden.

Zu ordinärem Calmus kann man dem Zucker etwas Puder zusetzen.

1035. Ueberzuckerte Orangenschalen=Plätzchen.

Man kann eingemachte oder auch frische Orangenschalen hiezu verwenden. Frische werden in Wasser weich gekocht, in kaltes Wasser gelegt, mit blechernem

Ausstecher Plätzchen von circa 24 Millimeter Durchmesser ausgestochen und diese wieder in kaltes Wasser gelegt. Weiter wie 1034; nur wälzt man sie, nachdem der Zucker abgestorben ist, in mehr gestoßenem Zucker, damit sie aussehen, als wären sie candirt.

1036. Figuren von Conserve=Zucker in Formen.

Diese Zucker=Figuren werden in hohle Gyps= oder Holz=Formen gegossen, welche man zunächst in warmes Wasser legt. Ein Quantum feinen Raffinatzucker kocht man mit einigen Tropfen Essigsäure zum starken Flug, setzt ihm dann einen Tropfen aufgelösten blauen Carmin zu und tabliert ihn, d. h. man streicht ihn mit einem Spatel an der Seite des Kessels hin und her, bis er anfängt weiß zu werden, rührt das Weiße wieder unter das Ganze und fährt so fort, bis der ganze Zucker etwas weiß ist. Nun gießt man ihn in die Formen, die man kurze Zeit zuvor aus dem Wasser genommen hat, läßt diese, völlig gefüllt, einen Augenblick stehen, durchstößt dann an einer offenen Stelle der Form mit einem Hölzchen die obere Kruste, die der eingegossene Zucker inzwischen schon gebildet hat, gießt Alles, was noch herauslaufen will, wieder heraus, wendet die Form wiederholt nach allen Seiten hin um, (damit Alles, was im Innern der Kruste etwa noch halb flüssig ist, sich gleichmäßig vertheilt, indem es sich verhärtet), nimmt die nun erhärtete Figur aus der Form hervor und schließt die durchstoßene Kruste, indem man ein wenig Zuckermasse auf eine Bonbonplatte gießt und dies mit einem Messer auf die Oeffnung streicht. Bei Figuren, die einen Fuß haben, ist dies Schließen nicht nöthig. Bei ihnen durchstößt man nämlich die untere Seite des Fußes. Besteht die Form aus mehreren zusammenschließenden Theilen und hat sich in die Fugen Zucker eingepreßt, welcher nachher hervorsteht, so ist derselbe mit scharfem Messer zu entfernen. Die Figuren werden sodann, je nach dem Gegenstande, den sie vor= stellen, geschminkt, bemalt, gespritzt oder sonst verziert, z. B. mit Goldleisten, farbigen Blättchen ꝛc.

1037. Figuren von Conserve=Zucker in Puder.

Wie 1036; nur daß man hier aus Gyps geschnittene, nicht hohle Formen (Stempel) in Puder drückt, wie zu den Liqueur=Bonbons (1027) und den Zucker mit dem dort beschriebenen Trichter hineingießt. Da der Zucker sogleich fest wird, so kann man in kurzer Zeit die Figuren fertig herausnehmen. Sie werden ab= gestäubt und verschieden verziert, wie 1036.

1038. Figuren von Conserve=Zucker in Puder auf andere Art.

Dem Zucker setzt man ein wenig Essig=Säure zu, kocht ihn zum Bruch, (910) drückt die Stempel in Puder, setzt dem Zucker einen Tropfen aufgelösten Ultramarin zu, nachdem er vom Feuer genommen ist, und gießt ihn ein mit der langgeschnäbel= ten Pfanne. (1012.)

1039. Gewürz= und Frucht=Conserven.

Diese werden bereitet wie die Figuren von Conserve=Zucker; nur ist hier der Zusatz von Gewürz oder Frucht zum Zucker die Hauptsache, während die Gestalt Nebensache ist; weshalb man für diese Conserven ganz einfache Formen wählt.

1040. Magen=Morsellen (Herzzucker).

Etwa 840 Gr. Zucker kocht man zum kleinen Flug, tablirt ihn (1036), was nicht viel Zeit erfordert, setzt ihm einige Tropfen Citronenöl, Zimmet und Nelken zu und gießt ihn in Papierkapseln oder auf Brettchen. Kurze Zeit darauf nimmt man ihn heraus und schneidet ihn in Stücke.

12*

Die Brettchen müssen etwa 58 Centimeter lang und 5 Centimeter breit sein. Man stellt ein Brettchen auf die Kante, legt ein zweites platt, stellt ein drittes wieder auf die Kante u. s. f. Man bringt Klammern an, um die aufgestellten Brettchen geschlossen zusammenzuhalten. Das ganze Gestell darf jedoch erst kurz vor dem Gebrauch zusammengesetzt werden. Die Brettchen müssen nämlich vorher im Wasser liegen und beim Aufgießen des Zuckers noch naß sein.

1041. Ingwer-Conserven.

840 Gr. Zucker kocht man zum kleinen Flug, tablirt ihn (1036) und setzt ihm 35 Gr. fein gestoßenen Ingwer zu. Weiter wie 1040.

1042. Chocolade-Conserven.

In 840 Gr. gekochten und tablirten Zucker rührt man 105 Gr. geriebene Chocolade hinein und gießt ihn nach Anleitung von 1036—1040.

1043. Citronen- und Apfelsinen-Conserven.

Auf 480 Gr. Zucker reibt man 1 Citrone oder Apfelsine ab, löst ihn in Wasser auf, kocht ihn zum kleinen Flug, tablirt ihn und gießt ihn wie 1042.

1044. Vanille-Conserven.

Mit 840 Gr. Zucker kocht man eine aufgeschnittene halbe Schote Vanille. Man kann ihn röthlich färben. Weiter wie 1042.

1045. Himbeer- und Johannisbeer-Conserven.

840 Gr. Zucker kocht man zum starken Flug, tablirt ihn und rührt 70 Gr. Himbeer- oder Johannisbeer Gelée hinein.

1046. Bunte Conserven.

210 Gr. Mandeln, darunter einige bittere, werden geschnitten, roth gefärbt und getrocknet, einige eingemachte grüne Bohnen, Citronat- und Pomeranzenschale in kleine Stücke geschnitten; sodann wird hinzugemengt: das Abgeriebene einer halben Citrone, Zimmet, Nelke, Cardamom, Ingwer und blaue Kornblume. Dies Alles rührt man unter 1120 Gr. Zucker, der zum schwachen Flug gekocht und tablirt ist. (1036.)

1047. Dreifarbige Conserve.

Man bereitet irgend eine weiße Conserve-Masse, gibt ihr einen Geschmack (1023. 1026), gießt sie auf die Brettchen, kocht und tablirt ebensoviel Zucker, färbt ihn roth, gießt ihn auf die aufgegossene Masse, gießt dann noch Chocolade-Conserve-Masse 1042 darauf und schneidet das Ganze in Stücke.

Diese Conserve sieht gut aus und schmeckt gut.

1048. Gummi-Bonbons. (Vgl. oben 1011.)

2800 Gr. gummi arabicum rührt man in einer Schüssel mit $1\frac{1}{3}$ Liter Wasser 3—4 Tage lang täglich einige Male um, damit das Gummi sich auflöst, preßt die Masse durch ein Tuch in einen Kessel, setzt hinzu $\frac{1}{8}$ Liter Orangen-blüthen-Wasser und 1680 Gr. feinen Stückenzucker und kocht das Ganze zum Faden. Das Kohlenfeuer darf nicht zu stark sein, weil das Gummi leicht an-brennt; namentlich anfangs, ehe die Masse zum Kochen kommt.

Vorher drückt man Stempel in Puder (vergl. 1012), z. B. große Himbeeren, Ringe, Sterne, Fischchen, gießt nun die Gummi-Masse hinein, stellt die Puderkästen auf den Trockenschrank und läßt sie 4—5 Tage lang dort stehen, bis die Bonbons fest sind. Sodann werden diese herausgenommen, abgestäubt und gewaschen.

Das Waschen geschieht so: Ueber eine mit Wasser gefüllte Schüssel hält man die eine Hand voll von Bonbons und schwemmt mit der anderen einige Mal Wasser aus der Schüssel darüber hin, legt die Bonbons dann auf ein Drahtgitter und läßt sie trocknen. Das Wasser muß mehrmals gewechselt werden.

Man kann die Masse roth färben und die Bonbons candiren.

1049. Gummi-Bonbons anderer Zusammensetzung.

2240 Gr. gummi arabicum löst man mit 1 Liter Wasser auf, preßt die Masse durch ein Tuch, kocht 2240 Gr. Zucker zum Bruch, rührt hinein die Gummi-Masse und $\frac{1}{16}$ Liter Orangenblüthenwasser und kocht das Ganze zum starken Faden. Weiter wie 1048.

1050. Eibisch-Pastillen.

Zu Schnee von 10 Eiweiß rührt man 560 Gr. Staubzucker und 280 Gr. fein gestoßenes gummi arabicum, sowie nach und nach den abgegossenen Saft von 105 Gr. Eibisch [hibiscus] (den man zuvor mit Wasser übergossen hat und eine Zeit lang hat stehen lassen), röstet diese Masse auf gelindem Kohlenfeuer, bis sie steht, beim Dressiren aber noch schön glatt läuft, füllt sie in Papierdüten und dressirt aus ihr auf Papier Plätzchen, die man auf den Trockenschrank stellt, fest werden läßt, vom Papier abnäßt und wieder trocknet. Die Hälfte der Masse kann man roth färben.

1051. Geröstete Mandeln.

560 Gr. Zucker wird mit Wasser aufgelöst und zum Flug gekocht. Man bringt 560 Gr. ungeschälte Mandeln hinein und rührt sie so lange, bis der Zucker vollständig abgestorben ist und sich bröselt. Dann bringt man das Ganze wieder auf's Feuer. Den Zucker, welcher sich vorher von den Mandeln wieder abgelöst hat, schmilzt man bei ziemlich starker Gluth hinzu, wodurch zugleich die Mandeln geröstet werden. Bricht man eine entzwei und sie ist inwendig schön hellgelb, so nimmt man den Kessel vom Feuer ab und siebt den noch übrigen nicht ange- schmolzenen Zucker durch ein großes Sieb. Diesen übrigen Zucker begießt man mit Wasser, bringt ihn wieder auf's Feuer, wäscht den Zucker, der noch im Kessel an- klebt, zusammen, kocht allen diesen Zucker zum starken Faden, bringt die Mandeln hinein, bestreut sie mit gestoßenem Zimmet, rührt sie so lange, bis sie trocken sind, siebt sie noch einmal ab, kocht den abgesiebten Zucker mit noch 210 Gr. Zucker zum Faden, färbt ihn mit Cochenille roth, bringt die Mandeln hinein, rührt sie so lange, bis man bemerkt, daß sie anfangen trocken zu werden, und bringt sie auf ein Blech in warmen Ofen, wodurch sie Glanz erhalten.

1052. Geröstete Mandeln anderer Art.

840 Gr. Zucker kocht man zum starken Faden, bringt 560 Gr. Mandeln hinein, läßt sie unter fortwährendem Rühren so lange mitkochen, bis sie trocken sind, siebt den Zucker ab, kocht ihn mit Wasser wie 1051 zum Faden, bringt die Mandeln hinein und überstreut sie noch mit so viel Zuckerbröseln, als sie irgend annehmen, sowie mit 18 Gr. Zimmet.

Auf diese Weise bekommen die Mandeln keinen Glanz. Jedoch werden sie glänzend, wenn man sie nach 1051 weiter behandelt.

1053. **Nonpareille.** (Dragé.)

600—800 Gr. recht feinen Hagelzucker siebt man in einen großen, flachen Kessel von 73 Centimeter Durchmesser und 15—19 Centimeter Höhe, kocht ein Quantum Zucker zum kleinen Faden, rührt etwas Puder hinein, setzt den flachen Kessel mit dem Hagelzucker auf gelindes Kohlenfeuer, rührt mit beiden Händen so lange darin herum, bis der Inhalt durch und durch warm ist, gießt einen kleinen Löffel voll vom gekochten Zucker darüber, rührt ihn mit beiden Händen hinein, bis er trocken ist, gießt einen zweiten Löffel voll darüber und fährt so fort, bis der Hagelzucker die erwünschte Größe hat. Dazwischen jedoch siebt man den Hagelzucker einige Mal ab, um die größeren Körner von den kleineren zu sondern. Hat aller Zucker die Größe eines Stecknadelkopfes erreicht, so kocht man noch etwas Raffinat zum kleinen Faden, aber ohne Puderzusatz, setzt den flachen Kessel wieder auf gelindes Feuer, gießt einen Löffel voll von diesem Raffinat hinein, arbeitet ihn trocken, gießt einen zweiten Löffel voll hinein und fährt so fort, bis alle Körner eine schneeweiße Decke haben.

1054. Gefärbte **Nonpareille** und gefärbter Streuzucker.

Ein kleines Quantum weißer Nonpareille bringt man in den flachen Kessel, erwärmt diesen auf gelindem Kohlenfeuer, gießt etwas dickflüssige Farbe darüber, rührt diese mit der Hand gehörig hinein, bis sie antrocknet und schüttet das Quantum auf Papier, damit es vollends trocknet. Sodann verfährt man ebenso mit einem zweiten, dritten Quantum ꝛc. Auf gleiche Weise färbt man auch den gewöhnlichen Streuzucker.

1055. Ueberzogene Nelken. (Dragé.)

Nelken legt man einige Zeit in Wasser, bricht die Blüthen ab und schneidet die Nelken in 3—4 Theile. Diese Stücke werden mit Zucker überzogen (corporirt), nach Anleitung von 1053. Zu den 3 ersten Zuckerdecken thut man gut, dem Zucker dünn aufgelöstes gummi arabicum zuzusetzen. Dies verhindert ihn abzuspringen. Unter den Raffinat, welchen man zuletzt aufsetzt, gießt man einen Tropfen aufgelöste Ultramarinfarbe.

1056. Gekrauster Coriander. (Dragé.)

Man überzieht ein Quantum Corianderkörner zunächst mit Zucker, nach Anleitung von 1053. (Will man ihn ordinärer bereiten, so staubt man bei Auftragen des Zuckers jedesmal Mehl mit hinein.)

Gekraust wird er auf folgende Weise:

Der flache Schwungkessel 1053 muß auf beiden Seiten eine Handhabe haben, sowie außerdem zwei Hacken. An der Zimmerdecke befestigt man eine Rolle, zieht eine starke Schnur darüber und befestigt dieselbe an den beiden Hacken, so daß der Kessel 20 Centim. über dem (ziemlich starken) Kohlenfeuer in der Waage hängt.

Man kocht ein Quantum Zucker zum Faden, z. B. 1120 Gr. und gießt einen Theil davon in denselben Trichter, welchen man auch zum Eingießen der Liqueur-Bonbons verwendet (1012). Diesen Trichter befestigt man ebenfalls mit einer Schnur an der Decke, so daß er über dem Schwungkessel hängt. Den Stock, der im Trichter steckt, schneidet man an der Seite der Länge nach an, damit der Zucker langsam hindurch tropft.

Den schon überzogenen Coriander bringt man in den Schwungkessel und läßt ihn sich erwärmen, unter fortwährendem Schwenken an den Handhaben.

Durch das Hineintropfen des Zuckers und dies Schwenken erhält das Dragé kleine Spitzen, welche demselben ein gutes Aussehen geben.

Einen Theil des Corianders kann man mit Zucker krausen, den man zuvor roth oder grün gefärbt hat. Schon gekraustes Dragé läßt sich schlecht färben, indem die Spitzen darunter leiden.

Jedes überzogene kleine Zuckerwerk nennt man dragé richtiger dragée.

1057. Ueberzogene Mandeln. (Dragé.)

Wie 1053; nur werden Mandeln nicht mit den Händen verarbeitet, sondern geschwungen (1053). Jedoch darf hier das Feuer nicht so stark gehalten werden, wie beim Krausen des Corianders. Zu den letzten Decken ist sehr weißer und feiner Zucker zu verwenden, damit sie schön weiß und glatt werden. Der Kessel muß öfters ausgewaschen werden, namentlich zuletzt beim Schleifen der Mandeln. Die Farbe, die man ihnen geben will, wird, wie beim Coriander, in die letzte Zuckerdecke eingemischt aufgetragen. Die zu färbenden Mandeln muß man fast kühl halten, weil die Farbe nur dann sich gleichmäßig vertheilt und schönen Glanz bekommt.

Das Bereiten eines größeren Dragé, wie z. B. dieser Mandeln, ist nicht ganz leicht. Ohne Uebung möchte es nicht immer gelingen.

1058. Gestoßener Vanille=Zucker.

52 Gr. rothe Vanille wird fein geschnitten, mit 840 Gr. Stückenzucker im Mörser gestoßen, gesiebt und in verschlossener Büchse zum Verbrauch aufgehoben.

1059. Zucker=Plätzchen. (Brustkuchen.)

Man bedarf dazu einer etwas tiefen Pfanne, welche einen längeren spitzigen Schnabel hat, als gewöhnlich. Man gießt diese Plätzchen auf weiße Blechtafeln oder auch auf gewöhnliche Backbleche, welche aber recht fein abgefegt sein müssen, oder endlich auf Papier, von welchem man sie, nachdem sie erhärtet sind, abnäßt.

Ein Quantum gestoßenen Zucker rührt man mit Wasser in einer Schüssel zu dickem Brei an, dem man durch einen Tropfen Citronen= Pomeranzen= oder Rosen=Oel Geschmack geben kann. Will man die Plätzchen ordinär machen, so setzt man auf 560 Gr. 70—140 Gr. Puder zu. Diesen Brei färbt man roth, blau, gelb oder läßt ihn auch weiß, füllt etwas davon, einige Löffel voll, in die Pfanne, läßt dies unter fortwährendem Rühren auf Kohlenfeuer heiß werden, jedoch nicht kochen, setzt die Pfanne vom Feuer ab, rührt noch einen Eßlöffel voll feinen Zucker ein, läßt den heißen Zucker an die Spitze der Pfanne laufen (welche auf der rechten Seite sein muß) und streicht mit einer Stricknadel oder einem Drath kleine Tropfen ab, die man auf die Bleche fallen läßt. Sind die Plätzchen erhärtet, was nicht lange Zeit erfordert, so nimmt man sie von den Blechen ab, legt sie in ein Sieb und läßt sie vollends trocknen.

Es gehört einige Uebung dazu, doch ist die Sache nicht so schwierig, als es scheinen mag.

Das in der Pfanne Zurückgebliebene wird immer wieder mit frischem Zucker aufgewärmt.

Rascher gießt man die Plätzchen mit einer Pfanne, die 2 oder 3 Spitzen hat. Man bedarf einer hölzernen Gabel, deren 2 oder 3 Zacken genau in die Spitzen der Pfanne hineinpassen. Man läßt den Zucker an die Spitzen der Pfanne laufen, tupft mit dem Zacken der Gabel leicht darauf und jedesmal fließen 2 oder 3 Tropfen ab. Zur Zeit werden diese Plätzchen mit der bekannten Plätzchen= Maschine gemacht.

1060. Pfeffermünz-Plätzchen.

Von gestoßenem Raffinat, z. B. 2 Kilogramm, rührt man mit Wasser einen dicken Brei an, rührt etwas Eiweißglasur hinzu, erwärmt den Brei in kleinen Quantitäten ein Quantum nach dem andern, auf dem Feuer und gießt Plätzchen davon nach Anleitung von 1059. Sind diese fest getrocknet, so bringt man sie in ein Glas, gießt einige Tropfen Pfeffermünzöl darüber, schwenkt sie tüchtig durcheinander und hebt sie zum Gebrauch auf in verschlossenem Glase (Büchse.)

1061. Englische-Pfeffermünz-Plätzchen.

Etwas Tragant und Eiweiß wirkt man ganz fest mit feinem Staubzucker an, setzt beliebig Pfeffermünzöl zu, rollt die Masse auf der reinen Marmorplatte messerrückendick aus, rollt mit einem gerippten Rollholz darüber, desgl. über's Kreuz, sticht kleine Plätzchen davon aus und läßt sie trocknen.

1062. Citronen-Plätzchen.

Man reibt eine Citrone auf Zucker ab, schabt das Gelbe mit dem Zucker in die Pfanne, preßt den Saft von 2 Citronen hinzu, gießt ein wenig Wasser hinzu und rührt Alles zu einem festen Brei an, unter Zusatz etwa noch erforder= lichen Staubzuckers. Weiter wie 1059; nur pflegt man diese Plätzchen größer zu machen.

1063. Berberitzen-Plätzchen.

Der Zucker wird mit Berberitzensaft angerührt und noch etwas roth gefärbt. Weiter wie 1062.

1064. Veilchen-Plätzchen.

Der Zucker wird angerührt mit Veilchen=Essenz oder mit gestoßenen Veilchen= wurzeln und blau gefärbt. Weiter wie 1062.

1065. Ananas. Salonbonbons.

Man fertigt von einem Viertelbogen weißen Papier eine 1,5 Centim. hohe Papierkapsel, legt sie auf die Steinplatte und spreizt sie an allen 4 Seiten mit Holzstäbchen, gibt 0,5 Kilogr. Fondantmasse in eine kleine Pfanne, gibt dazu ein Gläschen Ananassaft erster Qualität und den Saft einer halben Citrone; stellt die Pfanne auf schwaches Feuer und läßt die Masse unter beständigem Rühren mit dem Holzlöffel vollständig auflösen, das sie, gleich und halb heiß werden, nimmt den Kessel vom Feuer, untersucht mit dem Finger die Masse (sie darf nur so heiß geworden sein, daß man die Hitze leicht mit dem Finger erträgt); kostet die Masse, ob der Geschmack ein genügender und die Säure nicht zu schwach hervortritt. Ist die Masse heiß genug geworden und hat man den Geschmack geregelt, so rührt man die Masse halb kalt, füllt sie in die auf der Steinplatte aufgelegte Kapsel und drückt sie mit der Hand in den Ecken und vollständig gleich, worauf man den Zucker kalt werden läßt.

Man entfernt sodann das Papier, schneidet daraus 9 gleiche Streifen und von jedem Streifen 9 gleiche Stückchen, legt die Salonzucker auf reines Papier neben einander, läßt sie übertrocknen und wickelt sie dann in Papier ein.

Orangen= und Citronen=Salonbonbon, werden genau so gemacht wie die Ananas=Salonbonbons, nur verwendet man von dem jeweiligen Geschmack dazu und läßt die Säure etwas hervortreten. Vanille= Erdbeer= Himbeer=Salonzucker werden genau so, wie die vorhergehenden gemacht, nur verwendet man hinzu Essenzen, färbt sie etwas roth und säuert die beiden Obstgattungen nur schwach nach.

1066. Ackermann's Brustbonbons.

Man nimmt in der Apotheke 20 Gr. Ackermann's=Brustthee, gießt etwa ¼ Liter kochendes Wasser darüber, seiht ihn durch ein feines Sieb und läßt den Thee zur Hälfte auf mäßigem Feuer eindünsten. Nun kocht man 1¼ Liter Läuter= zucker zum Caramel, gießt den Thee und einige Tropfen Cochenille in den Zucker ein und nimmt noch einmal die Probe. Nun wird der Zucker auf die bestrichene Platte gegossen und mit der Walze 2 Centim. lange Stückchen geschnitten.

1067. Bonbons du Nord.

Man schneidet von Apfelgelée 1 Centim. große Würfelstücke, gibt etwa 400 Gr. Fondantmasse (1026) in einen kleinen Kessel und löst sie mit Ananassaft auf, gießt etwas Läuterzucker dazu und läßt die Mischung warm werden, fast heiß.

Nun nimmt man den Kessel vom Feuer, taucht ein Stückchen der geschnittenen Gelée derart ein, daß es vollständig mit Masse überzogen ist, nimmt das Gelée= stückchen mit der Gabel heraus und legt es auf reines Papier, wiederholt dieses Verfahren so oft, als die Masse flüssig genug dazu ist; gibt in die kalt gewordene Masse einige Tropfen Läuterzucker und läßt sie unter beständigem Rühren auf dem Feuer wieder flüssig werden, taucht wieder so oft Geléestückchen ein, als es der Zu= stand der Masse erlaubt und wiederholt dieses Verfahren so oft, bis die Masse grieß= lich zu werden anfängt; gibt die fertigen Bonbons auf ein Sieb, reinigt den Kessel von der ersten Masse und löst eine zweite mit Citronengeschmack auf, genau so, wie die erste Masse und fertigt davon gleich den ersten die Bonbons.

1068. Kornrosen=Caramellen.

Eine handvoll getrockneter Blumenblätter der purpurrothen Kornrose werden mit heißem Wasser übergossen und einmal damit aufgekocht.

Wenn dann der Zucker dem starken Fluge nahe ist, so gießt man die Ab= kochung noch warm durch ein feines Haarsieb, kocht den Zucker zur Caramelprobe und verfährt weiter wie bei den anderen Caramelbonbons.

1069. Caramel=Blumen und Blätter.

Die hiezu benöthigten an Drähten befestigten Zinnformen werden mit Olivenöl leicht bestrichen und dann bis an die obere Kante der Form in den bereitstehenden gekochten Zucker getaucht, wobei dieser sich am äußeren der Form anhängt und nach der Abkühlung die entsprechende Blume oder ein Blatt bildet.

Man zieht die Form nach dem Eintauchen sofort wieder zurück, läßt den überschüssigen Zucker ablaufen und hängt sie dann an einen mit kleinen Hacken ver= sehenen hölzernen Stab über die Marmorplatte auf.

Da die Blätter abwechselnd weiß, grün oder gelb, die Blumen in der Regel weiß, roth und violet gegossen werden, so kann man, um die Sachen abzukürzen, nur einmal eine größere Quantität Zucker zum Bruch kochen und dann hievon kleine Parthien verschieden färben, indem man solchen in besonderen Pfännchen einige Tropfen flüssiger Farbe zusetzt, tüchtig damit umschwenkt und einmal aufkochen läßt, während der übrige gekochte Zucker zu anderweitiger Färbung hinreichend war, er= halten wird.

Auf diese Weise läßt sich verhältnißmäßig leicht und schnell ein kleines ver= schiedenfarbiges Assortiment herstellen.

Die gegossenen Blumen und Blätter werden warm von der Form abgestreift und Letzteren mit der Hand eine natürliche Biegung oder Rundung gegeben.

1070. Caramel=Figuren und Décor.

Die Figuren, welche unter anderm öfters zur Verzierung von Nougataufsätzen und Croque-en-bouche verwendet werden; z. B. Amore, Delphine, Säulen, Arabesken, Schnörkel, werden meist aus weißen, seltener aus gefärbten Caramel gegossen.

Man präparirt die hiezu bestimmten Formen, indem man sie schwach mit Olivenöl bestreicht und auf die Marmorplatte zum Gießen bereit stellt, wobei größere Formen mit mehr Theilen, mit Schnüren umwickelt werden.

Man faßt dann die Formen, eine nach der andern mit der linken Hand an und gießt mit der, in der Rechten gehaltenen Zuckerpfanne die Form voll, leert sie aber augenblicklich wieder aus, indem man den auslaufenden Zucker in die Pfanne zurückfallen läßt; die Form stellt man mit der Oeffnung nach unten auf die Platte, um den darin hängend gebliebenen Zucker mäßig abkühlen und fest werden zu lassen.

Das Oeffnen der Form und das Herausnehmen der gegossenen Gegenstände muß im richtigen Moment geschehen; wenn es zu frühe geschieht, so sinkt der Gegenstand, weil er zu wenig fest geworden ist, geschieht es dagegen zu spät, so bleibt der Zucker am Metall hängen und zersplittert, in diesem Falle hilft man sich damit, daß man die Form über das Feuer hält und langsam drehend soweit erwärmt, daß das gegossene Stück sich ohne Mühe auslösen läßt.

Um sich beim Eingießen des gekochten Zuckers nicht zu beschädigen, wird über die Hand ein stark wattirter, aus festem Tuch genähter Handschuh gezogen.

1071. Felsenzucker.

Derselbe wird hie und da zu Aufsätzen und Schaustücken gebraucht, besonders da, wo Steine, Felsparthien oder Grotten zur Darstellung kommen sollen.

1 Kilo Zucker wird in Wasser gelöst und rasch zum Bruch gekocht, dann sofort vom Feuer genommen und nach kurzer Ruhe ein Eßlöffel steif gerührte Eiweißglasur (ohne Säure) mit dem Spatel untergerührt.

Der Zucker wird sofort bedeutend steigen, sich aufblähen und bald wieder zusammenfallen; sobald er nun unter fortgesetztem Rühren wieder steigt, so gieße man ihn schnell in die bereit gehaltenen einfachen Papierkapseln.

Nach dem Erkalten wird das Papier abgenetzt und der Felsenzucker in beliebige Stücke gebrochen. Soll er gelblich, grünlich, röthlich oder braun (mit Cacao) gefärbt werden, so muß dies stattfinden, bevor der Zucker zum Caramel gekocht ist.

XXVI. Abtheilung.

Tragant, Formen, Firniß.

1072. Tragantteig.

Ueber ein Quantum weißen Gummitragant in einem Topf, z. B. 140 Gr. gießt man so viel Wasser, daß der Tragant gerade bedeckt ist und läßt ihn über Nacht stehen. Ist er nächsten Tages oben trocken geworden, so gießt man Wasser nach. Nach 24—36 Stunden preßt man ihn durch ein starkes leinenes Tuch, damit das Unreine zurückbleibt, in den rein ausgewaschenen Mandelstein, reibt ihn tüchtig und setzt nach und nach etwas fein gestoßenen Staubzucker zu, bis er recht weiß ist und sich in lange Fäden zieht. In einem Topf hebt man ihn zum Gebrauch auf.

Das Wort Tragant kommt her von Tragacantus und bedeutet ursprünglich Bocksdorn.

1073. Tragant-Mischung.

Ein Quantum des zubereiteten Tragants 1072 bringt man auf die Marmor= platte, arbeitet es mit flacher Hand nochmals tüchtig durch und wirkt so viel feinen Staubzucker hinzu, bis ein zarter feiner Teig entsteht. Zu Gegenständen, die vor= aussichtlich nicht gegessen werden, wirkt man Puder hinzu. Solche Gegenstände lassen sich jedoch nicht candiren.

1074. Tragant-Figuren.

Es ist nicht möglich, alle Gegenstände einzeln aufzuführen und zu beschreiben, die sich von Tragant herstellen lassen. Dem Geschmack und der Empfindungsgabe jedes Einzelnen bleibt es überlassen, etwas Passendes darzustellen. Bei Allem richtet man sich nach der Natur. Die verschiedenen Figuren, Aufsätze und dergl. werden theils in Formen gedrückt, theils mit der Hand modellirt, was selbstverständlich Uebung erfordert. In den früheren Abschnitten sind wiederholt Gegenstände aufge= zählt, die sich zu derartigen Darstellungen eignen.

1075. Formen zu Tragant-Figuren; Herstellung derselben in Schwefel.

Die darzustellenden Gegenstände modellirt man entweder aus weichem Thon oder man verwendet Sachen aus der Natur als Modell. Das Modell, sei es Thon= modell oder Naturmodell, legt man auf die Marmorplatte, setzt rings, jedoch etwa 1 Fingerbreit entfernt, von Thon einen Rand herum und bestreicht Alles mit Oel, d. h. Thonrand, Modell und den Zwischenraum auf der Marmorplatte. Man läßt nun Schwefel auf dem Feuer zergehen, läßt ihn ein wenig abkühlen und gießt ihn über das Modell. Ist der Schwefel fest, legt man ihn in Wasser und nimmt oder wäscht das Modell heraus. In die fertige Form drückt man den Tragant ein, schneidet ihn mit einem Messer der Form gleich ab und nimmt ihn mit einer feuchten Tragantmasse heraus.

1076. Formen zu Figuren-Conserven; Herstellung derselben in Gyps.

Zu den Conserven, welche nicht in Puder gegossen werden (1073) muß die Form aus wenigstens zwei Theilen bestehen. Es gibt aber Gegenstände mit Vorsprüngen und Ausläufern, zu denen die Form aus 3, 4, auch noch viel mehr Theilen bestehen muß.

Will man z. B. die Form zu einer Taube in 2 Theilen herstellen, so modellirt man eine Taube in Thon, bestreicht dies Modell mit Oel, setzt es bis zur Hälfte in Thon, macht um die frei hervorstehende obere Hälfte des Modelles rings, 1—2 Fingerbreit entfernt, einen hinreichend hohen Rand von Pappe oder Thon und bestreicht Alles mit Oel; vergl. 1075. Nun rührt man zu etwas Wasser in einer Schüssel rasch so viel Gyps, daß ein dünner Brei entsteht, und übergießt damit, mit Hülfe eines Löffels, dünn das Modell. Zu dem flüssigen Gyps rührt man noch etwas trockenen und übergießt damit vollends das Modell, wodurch eine haltbarere Form hergestellt wird. Die übergossene Hälfte des Modelles läßt man in dem Gyps stecken, wendet sie um, macht einige Zacken oder Löcher am Rande in den Gyps und versieht nun in gleicher Weise auch die andere Hälfte des Modelles, nachdem man sie vom Thon befreit hat, mit einem Rande von Pappe oder Thon. Wieder wird Alles mit Oel bestrichen und auf dieselbe Weise mit Gyps übergossen. Ist der Gyps fest geworden, so nimmt man beide Theile der Form innen aus. An der unteren Seite der Taube schneidet man in die Form ein rundes Loch, um den flüssigen Zucker hineingießen zu können.

Die äußere Seite der Form trägt zwar zur Schönheit des darzustellenden Gegenstandes nicht bei, doch pflegt man dieselbe mit einem Messer ein wenig zuzuschneiden.

1077. Tragant-Lack.

Um den verfertigten Gegenständen Glanz zu geben, lackirt man sie.

88 Gr. Gummi-Mastix löst man in ¼ Liter Terpentin auf und bestreicht sie dünn mit dem Pinsel.

Dieser Lack muß gut verschlossen aufbewahrt werden, weil er leicht trocknet.

1078. Glasur-Firniß.

70 Gr. Gummi-Sandrach, 35 Gr. Gummi-Mastix und 35 Gr. Gummi-Damar werden zusammen so fein als möglich gestoßen, in eine Flasche gefüllt, mit 140 Gr. vom stärksten Spiritus übergossen, (90 Grad) zum Auflösen in die Wärme gestellt und mehrmals umgeschüttelt. Hat sich Alles aufgelöst, so gießt man 175 Gr. erwärmten venetianischen Terpentin dazu, schüttelt Alles tüchtig durcheinander und läßt es noch einige Zeit stehen, worauf der Firniß verbraucht werden kann.

Wenn dieser Firniß vom Zucker eingegossen wird und keinen Glanz gibt, so ist er zu dünn. Dann gießt man ihn aus der Flasche in ein offenes Gefäß und zündet ihn an. Sobald er an der Seite anfängt zu kochen, so hat er die gehörige Stärke erreicht.

1079. Firniß anderer Art.

35 Gr. gestoßenen Sandrach, löst man mit 420 Gr. Weingeist (siehe 1078) auf. Nach einigen Tagen erwärmt man 245 Gr. venetianischen Terpentin, gießt Beides zusammen und schüttelt es tüchtig durcheinander, stellt nun den Firniß mehrere Tage auf den warmen Trockenschrank und schüttelt ihn während dieser Zeit öfters.

1080. Chocolade-Lack. (Chocolade-Firniß.)

Mit 90gradigem Spiritus übergießt man Benzoë in einer Flasche und stellt dieselbe zum Auflösen in die Wärme. Weiter wie 1078.

XXVII. Abtheilung.

Bereitung von Cacao-Masse und Chocolade-Sorten.

1081. Vorbemerkung.

In den gewöhnlichen Conditoreigeschäften kommt es jetzt nur selten vor, daß man Cacaomasse von der Bohne aus herstellt. Von den Fabriken, welche mit Dampf= kraft arbeiten, bezieht man sie billiger im Verhältniß zur aufgewendeten eigenen Arbeit und Zeit. Das Reiben mit den Händen in einem Kessel erfordert nämlich viel Zeit und Mühe. Auch wird mit der Hand nie so fein geriebene Masse herge= stellt, als in der Fabrik. Nur der Vollständigkeit halber gebe ich hier die Beschrei= bung des Verfahrens.

1082. Sorten der Cacao-Frucht.

Die verschiedenen Sorten der Cacao=Frucht führen ihre Namen nach ihren Heimathsorten. Die Sorten sind von sehr verschiedener Güte. Die feinsten sind: Caraccas und Porto Cabello, mittlere: Guajaquil und Trinidad, die geringsten: Bahia und Brasil. Die feinen Sorten sind sehr theuer. Man erkennt sie an ihrer röthlichen Farbe.

Zu guten Chocoladesorten verwendet man gewöhnlich halb Caraccas und halb Guajaquil.

1083. Herstellung von Cacao-Masse aus der Frucht.

Die Cacao=Bohnen werden in einem Kaffeebrenner oder in heißem Ofen so lange geröstet bis sie knacken. Dann schüttet man sie auf den Tisch, zerdrückt sie mit einer Walze, damit sich die Schale ablöse, und schwingt dieselbe hinweg.

Um die Bohnen fein zu reiben, bedarf man eines eingemauerten Kessels, dessen Boden flach ist und einer eisernen Keule, die oben in eine Zwinge ausläuft. Unter dem Kessel unterhält man gelindes Kohlenfeuer.

In diesem Kessel bringt man 2200--3400 Gr. Cacaobohnen und reibt sie mit der Keule fein. Durch das Reiben wird die Bohne anfangs nur pulverisirt, bald fängt sie an zu schwitzen, durch längeres Reiben wird sie ganz flüssig. Von da an muß man die Masse, wenn sie nur einigermassen fein sein soll, wenigstens 6—8 Stunden lang tüchtig reiben. Erst dann darf man ihr den Zucker beimengen. Bei der Beimengung des Zuckers muß die Cacaomasse gut warm sein. Der Zucker ist nach und nach beizumengen. Er ist tüchtig hineinzureiben, damit die Masse zart und geschmeidig wird.

Sie wird nun ausgewogen, in polirte Blechförmchen gedrückt (denen gewöhnlich die Firma eingepreßt ist), glatt geklopft und sofort an kühlem Ort gestellt, damit sie Glanz bekommt. Beim Herausbrechen darf man nur die Förmchen etwas nach außen biegen und die festgewordene Chocolademasse springt heraus.

1084. Vanille-Chocolade.

Unter 2240 Gr. fein geriebenen Cacao reibt man im Kessel 3360 Gr. fein gestoßenen Zucker und 42 Gr. Vanillezucker. Nach Belieben kann man jedoch etwas weniger Zucker nehmen und etwas mehr Vanille. Hiezu nimmt man gewöhnlich feinsten Cacao.

1085. Gesundheit-Chocolade.

Hiezu läßt man Vanille und jedes sonstige Gewürz weg; zu 2240 Gr. Cacao, 3080 Gr. Zucker.

1086. Gewürz-Chocolade Nr. 1.

Zu 2240 Gr. Cacao, 3360 Gr. Zucker, 280 Gr. Puder, 35 Gr. Zimmet und 18 Gr. Nelken.

1087. Gewürz-Chocolade Nr. 2.

Zu 2240 Gr. Cacao, 3360 Gr. Zucker und 12 Tropfen peruvianischen Balsam und 18 Gr. Cardamom. Doch wird dieses Gewürz nicht von Jedermann geliebt.

1088 Gewürz-Chocolade Nr. 3.

Zu 2240 Gr. Cacao, 2800 Gr. Zucker und 52 Gr. Zimmet.

1089. Isländisch-Moos-Chocolade.

580 Gr. isländisch Moos wird rasch überbrüht, wieder getrocknet, pulverisirt und im Kessel zu 2240 Gr. Cacao und 2800 Gr. Zucker gerieben.

1090. Reis-Chocolade.

280 Gr. Reis wird im Ofen geröstet, pulverisirt und unter 2240 Gr. Cacao und 2800 Gr. Zucker im Kessel gerieben.

1091. Suppen-Chocolade, pulverisirt.

1120 Gr. Cacao, 2240 Gr. Zucker, 560 Gr. Mehl.

1092. Chocolade-Plätzchen mit Nonpareille.

Von beliebiger Gewürz-Chocolade setzt man Kügelchen auf weiße Bleche oder auf Glanzpapier, wärmt sie, klopft sie platt, bestreut sie mit Nonpareille, läßt sie erkalten und klopft sie von den Blechen ab.

1093. Chocolade-Plätzchen ohne Nonpareille.

Von feiner Vanille-Chocolade setzt man Kügelchen auf Bleche, klopft sie und lackirt sie, sobald sie fest geworden sind, mit Chocolade-Lack 1080.

1094. Brennende Chocolade-Cigarren.

Blecherne Formen, einer Cigarre ähnlich, aus zwei Theilen bestehend, zum Auf- und Zumachen, bestreicht man innen mit dem Pinsel ganz dünn mit Cacao, läßt diesen fest werden, füllt dann die Formen mit beliebiger Chocolademasse aus, schließt sie und läßt sie an kaltem Ort hart werden. Hat man die Cigarren herausgenommen, so bestreicht man sie mit Chocolade-Firniß. Den Theil, der das Feuer und die Asche vorstellen soll, taucht man in eine Glasur und setzt ein Streischen Feuerfolio herum.

1095. Chocolade-Eier, hohl.

Blech-Formen, ein halbes Ei darstellend, werden innen dünn mit Cacao bestrichen und nach dem Erkalten dünn mit Chocolade ausgelegt. Ist auch diese fest, so nimmt man durch leichten Druck die Eierhälften heraus, setzt je zwei mit Cacao zusammen, lackirt sie (1080) setzt mit Gummi eine Goldborte herum und besprizt sie.

1096. Chocolade-Figuren sonstiger Art.

Aehnlich wie 1095. Meist hat man dazu Formen von Zinn. Dieselben werden größtentheils nicht hohl ausgelegt, sondern massiv mit Chocolade ausgefüllt. Durch leichtes Klopfen mit Holz, bringt man die erhärteten Figuren aus den Formen heraus.

1097. Chocolade-Buchstaben, Arabesken rc.

Man rollt Chocolade in Streifen, formt davon auf weiße Bleche Buchstaben, Arabesken, Sternfiguren, Posthorn, Ringe rc.; erwärmt sie, klopft sie etwas platt und bestreut sie mit Nonpareille oder lackirt, besprizt und verziert sie.

1098. Vanille Block-Chocolade.

4½ Kilo Cacao, 500 Gr. Cacaobutter, 11 Kilo Farinzucker, 3 Kilo Mehl, 180 Gr. Zimmet, 6 Gr. Vanille.

1099. Couvertures.

6 Kilo halb Guaquil, halb Caracas-Cacao, 6 Kilo Zucker, ½ Kilo Mandeln, sehr wenig geröstet, 6 Stangen Vanille und soviel Cacaobutter, daß die Masse ziemlich weich wird.

1100. Couvertures anderer Art.

2 Kilo Guaquil, 1 Kilo Trinidad-Cacao, 2 Kilo Cacaobutter, 5 Kilo Raffinade-Zucker, 50 Gr. gestoßene Vanille.

XXVIII. Abtheilung.

Bereitung künstlicher Hefe.

1101. Vorbemerkung.

In vielen Conditoreigeschäften ist die Hefe ein unentbehrliches Material. Durch Gebrauch und Erfahrung lernt man den Werth eines kräftigen Gährungs= mittels beurtheilen.

Es existiren viele Vorschriften zur Bereitung künstlicher Hefe, die aber nicht immer das erwünschte Resultat liefern. Ich gebe hier 3 gute Rezepte, welche ich selbst erprobt habe.

1102. Malzhefe.

560 Gr. Malz stößt man im Mörser, kocht es kurze Zeit mit $2^1/_8$ Liter Wasser und setzt 1120 Gr. Zucker zu. Diese Mischung überläßt man 4 Tage der Gährung, setzt dann noch einen gleich starken Malzabsud hinzu und überläßt Alles noch 2 weitere Tage der Gährung. Die Hefe ist damit fertig und kann zu Back= werken verwendet werden.

1103. Kartoffelhefe.

560 Gr. geschälte und gekochte Kartoffeln werden fein gequetscht und mit 70 Gr. Zucker und einem Eßlöffel voll guter breiiger Bier=Oberhefe vermengt. Dann gießt man hinzu $1/_2$ Liter warmes Wasser von 25^0 R., worin 18 Gr. kohlensaures Natron aufgelöst ist, und läßt die Masse 24 Stunden lang an einem Ort von 16^0 bis 18^0 Wärme gähren. Auf diese Weise erhält man 1 Liter ganz vortrefflicher Hefe, welche sich zu allen feinen Kuchenbäckereien eignet.

1104. Mehlhefe.

Eine gute und brauchbare Hefe für die Hauswirthschaft zum Behuf der Brod= und Kuchenbäckerei erhält man auf folgende Weise: 560 Gr. Weizenmehl und 560 Gr. Gerstenmehl übergießt man mit $4^1/_4$ Liter Wasser von 40^0 R. Wärme. Dann mengt man unter fortwährendem Umrühren hinzu: noch $4^1/_4$ Liter Wasser von 60^0 R. Wärme, 560 Gr. Farinzucker und 18 Gr. kohlensaures Natron. Ist diese Mischung soweit abgekühlt, daß sie nur noch milchwarm (lauwarm) ist, so wird sie in Flaschen gefüllt, die man fest mit Korken verschließt und mit Bind= faden verbindet.

1105. Verbrauch.

Beim Verbrauch läßt man künstliche Hefe sämmtlicher Arten durch ein Haar= sieb laufen, damit Malztheile u. dgl. zurückbleiben.

XXIX. Abtheilung.

Verschiedenes.

1106. Tortengewürz.

Zu Brodtorten u. s. w. ist eine ziemliche Anzahl verschiedener Gewürze zu verwenden. Nicht selten aber wird aus Versehen von einem zu viel, von einem andern zu wenig genommen. Um diesen Backwerken keinen unangenehmen Geschmack zu geben, ist es daher zweckmäßig, schon im Voraus ein größeres Quantum jener verschiedenen Gewürze zusammen in einem Mörser zu stoßen. Ich empfehle: 560 Gr. feinen Zimmet, 280 Gr. Nelken, 280 Gr. Piement, 140 Gr. Cardamom, 70 Gr. Muskatblüthe und 70 Gr. Muskatnüsse. Das Ganze siebt man durch ein Haarsieb und bewahrt es auf in geschlossener Blechbüchse.

1107. Allgemeiner Rath, Ingredienzien guter Sorte zu verwenden.

Von allen Ingredienzien, die zur Conditorei erforderlich sind, (Zucker, Gewürze, Mandeln, Obst, Südfrüchte, Wein, Mehl, Butter u. s. w.) rathe ich immer die besten Sorten zu verwenden. Die Mehrkosten stehen in der Regel in keinem Verhältniß zu der dadurch erzielten Güte des Backwerks.

1108. Früchte bei Frosttemperatur vor dem Erfrieren zu schützen.

Bei der strengsten Kälte erfrieren diejenigen Früchte nicht, auf welche man, nach Verhältniß ihres Raumumfanges, ein Gefäß mit Brunnenwasser setzt. Wenn dasselbe zufriert, so ist es Morgens und Abends zu erneuern.

1109. Gefrorene Aepfel und Eier zu behandeln.

Ohne sie zuvor in die Wärme zu bringen, legt man sie in ein recht kaltes Wasser, welches man mehrmals erneuert. Der Frost zieht sich dadurch heraus. Es setzt sich als eine dickere oder dünnere Eisrinde, die man leicht abnehmen kann, von außen an.

Aepfel und Eier halten sich indeß von da an nicht lange mehr. Man muß sie bald verwenden.

1110. Eier in Kalkwasser aufzubewahren.

Von den verschiedenen Aufbewahrungsarten ist diese unstreitig die beste. In Kalkwasser halten sich Eier ein ganzes Jahr lang.

Nur Eier mit unverletzter Schale darf man in Kalkwasser legen. Um die Schale zu prüfen, hält man das zu untersuchende Ei in der linken Hand und klopft auf dasselbe mit einem anderen Ei. Die untersuchten und gut befundenen Eier stellt man, die breite Seite nach unten gekehrt, in Töpfe oder in Gefäße von Eichenholz und übergießt sie mit Kalkwasser folgender Mischung. 16 bis 17 Liter Wasser und 1680 Gr. gelöschten Kalk rührt man in einem anderen Gefäß so lange durcheinander, bis der Kalk sich in dem Wasser aufgelöst hat. Den Bodensatz des Kalkwassers verwendet man so, daß man die Eier mit starkem Papier überdeckt und diesen dicken Kalk darauf bringt.

Die Eier müssen von dem Kalkwasser immer bedeckt sein. Wenn es verdunstet oder abrinnt, so muß man frisches Kalkwasser bereiten und aufgießen.

1111. Andere Art, Eier in Kalk zu legen.

Hat man sich von dem guten Zustande der Eier überzeugt, so nimmt man ein gereinigtes Petroleum-Faß, gibt circa 20 Pfd. gelöschten Kalk hinein und 10—12 Liter Wasser und rührt solange, bis sich der Kalk gänzlich aufgelöst hat. Nun füllt man das Faß halbvoll mit Wasser und rührt das Ganze wieder tüchtig durcheinander. Sofort werden nun die bereit stehenden Eier in das Faß gelegt, welche von selbst sich zu Boden legen und so fortgefahren, bis das Faß bis oben gefüllt ist.

Die oberen Eier müssen alle unter Wasser liegen und ist vielleicht möglich, daß man noch etwas Wasser nachgießen muß. Von Zeit zu Zeit sieht man nach und kommt es vor, daß ein Faß etwas rinnt, so gießt man wieder Wasser nach. Ich habe schon viele Fässer auf diese Art eingelegt und die schönsten Resultate erzielt.

1112. Dessert.

Die vier neuen Tafeln Dessert Nr. 31—34 sind mit Ausnahme der Tafel 31 meist ausgestochene Gegenstände, es ist deßhalb nöthig, die verschiedenen Ausstecher nach der Zeichnung sich anfertigen zu lassen.

Hat man zwei Kapseln von Punschmasse oder eine Kapsel Punschmasse, die andere von Nußmasse gebacken und sind dieselben kalt geworden, besprengt man sie mit Arac und setzt sie mit Aprikosenmarmelade zusammen, legt die obere, weiße Seite (Punschkapseln) nach unten und sticht sie scharfkantig aus, legt sie wieder umgewendet auf Drahtgitter und übergießt sie mit verschiedenen Glasuren, z. B. Punschglasur (weiß), Orangenglasur (Orangengelb), Vanilleglasur (rosa), Kaffeeglasur (braun Couleur), Pistazien (grün) und Chocoladeglasur, bestreut sie theilweise noch naß mit Pistazien und fein gehackten und gerösteten Mandeln und trocknet das Dessert im warmen Ofen gut ab, damit es einen schönen Glanz bekommt. (Fondantglasur ist vorzuziehen). Nun wird das Dessert mit rothem Gelée belegt und mit Aprikosenmarmelade und Chocoladeglasur verziert. Spritzglasur wird möglichst wenig angewendet.

Die Desserttafel Nr. 31 sind meist caramellirte Gegenstände.

So ist Nr. 2 eine caramelirte Kugel von Kastanienpurée, Nr. 3 ein längliches rothes Stück Gelée, Nr. 4 ein länglich formirtes Stück Kastanien-Purré, welchen man von beiden Seiten einen Wallnußkern eindrückt, Nr. 12 Orangenscheibe mit Gelée, Nr. 13 eine Dattel mit Kastanienpurré gefüllt, Nr. 1 ein ovales Stück rothes Gelée mit einer halben schwarzen eingemachten Nuß, Nr. 10 Ananasscheibe mit Ananas-Fondant überzogen, Nr. 6 Eichel mit Fondant überzogen und am Stiel mit grob geriebener Chocolade bestreut, Nr. 5 Schaummasse mit viel geschnittenen Mandeln mit dem Löffel dressirt und mit gehackten Pistazien bestreut, Nr. 7. Von Wienerwaffeln schneidet man längliche Stückchen, setzt drei davon mit Duchessefülle (siehe 345) zusammen, tunkt sie in Ouverture und setzt ein viertes unglasirtes Stückchen Waffel darauf, Nr. 9 länglich im Viereck geschnittene Punschwürfeln mit Chocolade überzogen, oben mit gehackten und gerösteten Mandeln bestreut, in die Mitte eine rothe Kirsche gelegt, Nr. 8 Punschtörtchen glasirt mit Ananas belegt, Nr. 14 Brodmasse in halb runde Blechformen gebacken, mit Chocolade glasirt, dann in Scheiben geschnitten mit Orangeglasur glasirt und mit gehackten Nougat bestreut.

1113. Prinzregenten-Torte anderer Art.

205 Gr. Zucker werden mit 12 Eigelb gerührt, alsdann der Schnee von 12 Eiweiß, 205 Gr. Mehl und 105 Gr. heiße Butter dazu melirt. Davon werden auf Butter bestrichene Bleche und mit Mehl bestaubt ca. 15 runde Platten aufgestrichen und im heißen Ofen braun gebacken, so daß kein gelber Fleck mehr zu sehen ist. Die Blätter müssen heiß mit dem Tortenringe ausgestochen und mit dem Messer

schnell abgeschnitten werden, weil sie sonst brechen. Die Blätter haben eine Dicke wie etwa doppelte Oblaten. Nun rührt man 140 Gr. Butter, 140 Gr. feinen Zucker, 4 Eigelb recht schaumig und setzt die Blätter damit zusammen. Nun wärmt man Fondantglasur, gibt einige Loth Cacao dazu und glasirt die Torte damit.

1114. Gesundheitskuchen anderer Art.

170 Gr. Butter, 170 Gr. Zucker, 7 Eier, 400 Gr. Mehl, 25 Gr. Gesund=heitskuchenpulver, Citronen, Salz, ½ Quart Milch. Das Ganze recht gut rühren.

1115. Waffeln.

100 Gr. Butter werden mit 4 Eigelb schaumig gerührt, von 100 Gr. Mehl rührt man die Hälfte gleich mit. Die andere Hälfte melirt man mit dem Schnee von 4 Eiweiß, etwas Citronen und ½ Quart Milch. In dem bekannten Waffel=eisen gebacken.

Nachtrag.

Ich lasse hier noch einige Recepte folgen und dürften namentlich die Torten Manchem willkommen sein, nicht etwa, weil diese Torten noch nirgends gemacht wurden, (ich habe dieselben schon vor zwanzig Jahren in Frankreich angetroffen) son=dern deshalb, weil sie noch vor einigen Jahren bei uns unbekannt waren, jetzt aber auch bei uns sehr häufig verlangt werden.

1116. Vanillebuttercréme.

Ich lasse diese Crème gleich anfangs folgen, weil dieselbe bei den meisten Tor=ten verwendet wird, und immer, wenn ich die Vanillebuttercréme anführe, diese da=runter zu verstehen ist.

420 Gramm Zucker, 24 Eigelb, 70 Gramm Puder, eine Stange Vanille wird mit 1 Liter Milch unter fortwährenden Rühren zum Kochen gebracht; fühlt man, daß sie etwas dick wird, nimmt man sie vom Feuer, bringt sie in eine Schüssel und läßt das Ganze erkalten. Hernach rührt man 700 Gramm feine, reinschmeckende Tafelbutter recht schaumig, rührt nach und nach die obengenannte erkaltete Masse hinzu und stellt sie auf Eis, damit sie hübsch fest wird.

1117. Vanillebuttercréme anderer Art.

Man bereitet ganz die in Nr. 1 angegebene Masse, setzt aber die Butter gleich nach dem Abkochen hinzu, wo sie sich von selbst auflöst, stellt das Ganze auf Eis und rührt es hernach schaumig.

1118. Giselatorte.

70 Gr. braune Mandeln reibt man mit etwas Eiweiß fein, rührt sie mit 140 Gr. Zucker und 10 Eigelb schaumig, löst 52 Gr. Cacao im warmen Ofen auf, mengt etwas von der gerührten Masse hinzu und mischt es unter die übrige Masse. Nun schlägt man Schnee von 8 Eiweiß, rührt denselben mit 52 Gr. Mehl sowie 35 Gr. warme Butter hinzu, füllt die Masse in einen mit Papier einge=schlagenen Tortenring und läßt die Torte bei mittlerer Hitze backen.

Ist die Torte gebacken und erkaltet, schneidet man sie in 3 Blätter und füllt sie mit folgender Créme: Man nimmt etwa den sechsten Theil der oben beschriebenen Vanillebuttercréme, reibt vorher 70 Gr. geschälte, etwas geröstete Mandeln mit etwas Milch ganz fein, rührt dieses hinzu, bestreicht die Blätter mit Créme und setzt sie zusammen. Die Seite und der Rand der Torte, etwa zweifingerbreit, wird mit Chololadeglasur glasirt, die Mitte dagegen mit Vanillebuttercréme bestrichen und verziert.

1119. Havannatorte.

105 Gr. geröstete Haselnüsse werden mit 2 Eier fein gerieben, alsdann hinzugesetzt: 140 Gr. Zucker, 8 Eigelb und dieses zusammengerührt, zuletzt kommt hinzu der Schnee von 6 Eiweiß und 35 Gr. Mehl, sodann wird die Masse im Tortenring gebacken. Erkaltet, schneidet man die Torte in drei Blätter und füllt sie mit folgender Créme: 70 Gr. Haselnüsse crellirt man mit ebensoviel gestoßenem Zucker auf schwachem Feuer hellbraun, reibt sie nachher mit etwas Milch im Reibstein fein, pausirt sie durch ein Haarsieb, nimmt den sechsten Theil der in Nr. 1 beschriebenen Créme, rührt die Haselnüsse hinzu, füllt und glasirt die Torte damit. Man schneidet nun von den bekannten Jäger'schen Waffeln 4—5 jede in 4 Theile und legt sie auf den Rand der Torte, so daß die Hälfte noch über die Torte hinaussteht, das Innere wird mit zerkleinerten Hohlhippen bestreut.

1120. Buttercrémetorte.

140 Gr. Zucker wird mit 8 Eigelb schaumig gerührt, dann kommt hinzu der Schnee von 8 Eiweiß und 140 Gr. Mehl. Nach dem Backen wird die Torte in 3 Theile geschnitten, mit der Créme Nr. 1. gefüllt, auch oben mit bestrichen und verziert.

1121. Moccatorte.

Die Masse wie von Nr. 5, nur wird sie etwas roth gefärbt. Unter die Buttercréme Nr. 1 gibt man gute Kaffee-Essenz und etwas Zucker-Couleur und verfährt weiter wie in Nr. 5.

1122. Bismarcktorte.

105 Gr. Mandeln werden mit Eiweiß gerieben, dann mit 170 Gr. Zucker und 10 Eigelb schaumig gerührt, zuletzt kommt der Schnee von 8 Eiweiß und 70 Gr. Mehl hinzu, sodann wird die Masse im Tortenring gebacken. Hernach wird die Torte in drei Blätter geschnitten und mit der Buttercréme Nr. 1 gefüllt, auch der Rand der Torte wird mit Créme bestrichen und mit gehackten hellgebräunten Mandeln dick bestreut, oben wird die Torte mit Zucker bestaubt.

1123. Französische Pralines-Torte.

140 Gr. geschälte Mandeln werden mit Eiweiß gerieben und mit 280 Gr. Zucker, 14 Eigelb, etwas Vanillezucker schaumig gerührt, zuletzt der Schnee von 12 Eiweiß und 200 Gr. Mehl hinzu. Die Masse wird in drei Böden gebacken. Schlag-Rahm wird nun fest geschlagen, 70 Gr. gehackte und geröstete Mandeln dazu melirt und die Torte damit gefüllt. Diese Torte ist in Frankreich sehr beliebt.

1124. Wallnußtorte.

105 Gr. halb Mandeln, halb Wallnußkerne werden mit Wasser gerieben und mit 105 Gr. Zucker, 10 Eigelb schaumig gerührt, dann kommt hinzu der Schnee von 5 Eiweiß und 52 Gr. Mehl. Nach dem Backen wird die Torte in 2 Blätter geschnitten und mit folgender Créme gefüllt: ½ Quart Rahm geschlagen, dazu 17 Gr. geriebene Wallnußkerne und Vanillezucker. Ueberzogen und verziert wird die Torte mit Schaummasse; 3 Eiweiß, 105 Gr. Zucker.

1125. Stefanietorte.

Wie Nr. 1118, nur gibt man zur Fülle statt geröstete Mandeln pausirte Kastanien.

1126. Chocoladetorte.

250 Gr. Mandeln werden mit ebensoviel Zucker gestoßen und durch ein ziem=
lich feines Sieb gesiebt, alsdann mit 10 Eigelb und 10 ganzen Eiern recht schaumig
gerührt, zuletzt kommt der Schnee von 8 Eiweiß, etwas Zimmt, 70 Gramm Mehl
und 105 Gr. geriebene Chocolade hinzu. In den Ring gefüllt, muß die Torte
langsam gebacken werden, hernach wird sie mit Chocoladeglasur glasirt.

1127. Kaffeetorte.

Einen Tortenring legt man mit Mürbteig aus und macht folgende Créme:
20 Eigelb, 280 Gr. Zucker, 35 Gr. Puder und 1½ Quart starken Kaffee kocht
man zu einer Créme, bestreut vorher den Boden mit gestoßenen Macronen und füllt
die Créme darauf. Die Torte wird langsam gebacken, hernach mit Kaffeefondants
glasirt, verziert und mit Vanillebisquit belegt.

1128. Regententorte.

Man macht eine kalte Bisquitmasse von 8 Eiern, 140 Gr. Mehl, 280 Gr.
Zucker, streicht die Masse in 6 Böden auf ein mit Butter bestrichenes Blech und
bäckt dieselbe rasch, damit sie oben und unten schön braun wird. Die Böden müssen
sofort, wenn sie aus dem Ofen kommen, abgeschnitten werden, weil sie sonst brechen.
Gefüllt wird die Torte mit folgender Créme: 280 Gr. Zucker kocht man zum
Faden, gießt denselben langsam zu 10 Eigelb und schlägt dies auf gelindem Feuer
steif. Nach dem Erkalten rührt man 140 Gr. feine Butter mit 70 Gr. aufge=
löstem Cacao recht schaumig und rührt zuletzt die Créme hinzu, auch oben wird die
Torte damit bestrichen und verziert.

1129. Orleanstorte.

Von feinem Mürbteig bäckt man 4 Böden, setzt dieselben mit Himbeer=, Hage=
butten= und Aprikosenmarmelade zusammen, glasirt die Torte mit Punschglasur und
belegt sie stark mit Früchten. Eine Randverzierung von Spritz=Chocolade macht
sich gut.

1130. Spanische Torte.

3 Böden von Butterteig werden gut ausgebacken. Nun schlägt man 1 Quart
Schlagrahm und gibt entsprechend Vanillezucker hinzu, theilt den Rahm in 2 Theile,
färbt den einen davon etwas roth, gibt etwas Erdbeeren hinzu, sowie einige Blatt
aufgelöste Gelatine und füllt die Blätter damit. Obenauf wird die Torte mit Hage=
buttenmarmelade bestrichen und ganz dünn mit Punschglasur glasirt.

1131. Englische Citronentorte.

Einen Tortenring legt man mit Mürbteig aus. In einen Kessel gibt man
210 Gr. Zucker, 10 Eigelb, 3 ganze Eier, 52 Gr. Puder, das von einer Citrone
auf Zucker abgeriebene Gelbe und den Saft von 3 Citronen, sowie ⅛ Quart Wein.
Dies wird zusammen langsam auf dem Feuer dickgeschlagen, eingefüllt und langsam
gebacken.

1132. Erdbeercrémetorte.

Ein Mürbteigboden mit dünnem Rand wird gebacken, hernach ein ziemlich
hoher Rand von Schaummasse herumgespritzt und flüchtig hellgelb gebacken. Nun
schlägt man auf gelindem Feuer: 6 Eiweiß, 70 Gr. Staubzucker, eine Kaffeetasse
voll Erdbeermark recht leicht auf und gut steif, schlägt die Masse kalt und füllt sie
hinein. Man kann die Torte oben mit derselben Masse verzieren.

1133. Aprikosentorte.

70 Gr. Mandeln werden mit 105 Gr. Mehl gestoßen und durch ein Sieb
gerieben, alsdann schlägt man Schnee von 7 Eiweiß, rührt 175 Gr. Zucker und die
Mandel hinzu, füllt die Masse in einen Dressirbeutel, streicht ein Blech mit Butter

und spritzt 3 Böden schneckenförmig, so groß als die Torte werden soll. Die Torte wird langsam gebacken.

Nun macht man eine Schaummasse von 6 Eiweiß, 175 Gr. Staubzucker, rührt etwa eine Kaffeetasse etwas verdünnter Aprikosenmarmelade hinzu, füllt und überstreicht die Torte damit; einen Augenblick bringt man sie noch in heißem Ofen und glasirt sie mit Aprikosenglasur.

1134. Wienerkrapfen.

250 Gr. Zucker wird mit 20 Eigelb gerührt. Nun wird von 20 Eiweiß ein ganz fester Schnee geschlagen und unter die Eigelbmasse 1 Quart Wasser gerührt, sodann werden 400 Gr. Mehl darunter melirt, so daß sich alles verbindet und zuletzt vorsichtig der Schnee. Die Krapfen werden auf leicht mit Mehl bestaubte Bleche dressirt, oben ebenfalls leicht mit Mehl bestaubt und im heißen Ofen angebacken. Später gibt man sie in die zweite Röhre. Diese Masse ist sehr vortheilhaft.

1135. Linzerringe.

500 Gr. Mehl, 375 Gr. Butter, 175 Gr. Zucker, das Gelbe einer abgeriebenen Citrone wird zusammen auf dem Tisch mit den Händen zu einem ganz schaumigen Teig gearbeitet, was längere Zeit erfordert. Die Masse wird hernach in eine Blechspritze gefüllt und durch eine flache Sternscheibe in lange Streifen auf den Tisch dressirt; man teilt sie nun, so groß man die Ringe wünscht, biegt sie zusammen, setzt sie auf Papier und bäckt sie bei mittlerer Hitze. Nach dem Backen werden die Ringe mit Punschglasur glasirt.

1136. Linzerringe anderer Art.

500 Gr. Mehl, 500 Gr. Marzipanmasse, 125 Gr. Zucker, weiter wie in Nr. 21. Diese Ringe eignen sich auch sehr gut als Christbaumschmuck.

1137. Französisches Confect.

4 Eiweiß werden zu steifem Schnee geschlagen; vorher reibt man 105 Gr. weiße Mandeln mit Eiweiß, gibt 210 Gr. Zucker hinzu, rührt dies zu einer dicken Masse an, melirt den Schnee mit 70 Gr. Puder dazu, dressirt auf Papier runde und ovale Tpfen oder sonstiges Facon, bestaubt sie mit Zucker und läßt sie langsam backen. Hernach werden je zwei Stücke mit Buttercrème Nr. 1 von verschiedenem Geschmack zusammengesetzt, in verschiedenen Farben Fondantglasur glasirt und mit gehackten Pistazien bestreut.

1138. Saftmacaronen.

340 Gr. geschälte Mandeln werden mit Wasser fein gerieben, in einen Kessel gebracht und 260 Gr. Zucker hinzugegeben; nun wird das Ganze geröstet, bis sich die Masse vom Kessel löst, sodann die Masse wieder kalt gerührt und 2 Eßlöffel nicht zu feste Spritzglasur dazu melirt. Auf butterbestrichene Bleche werden Formen dressirt, gebacken und hernach glasirt.

1139. Fischzähne.

170 Gr. geschälte Mandeln werden mit Eiweiß gerieben, mit 280 Gr. Butter, 280 Gr. Zucker und 280 Gr. Mehl zu einem Teig angewirkt und am Tisch mit den Händen recht schaumig gearbeitet. Die Masse wird in eine Blechspritze mit flacher Scheibe, die nach oben etwa wie eine Säge gezackt ist, gefüllt, lange Streifen auf bestrichene Bleche dressirt, gebacken, hernach mit Vanilleglasur glasirt und in Stücke geschnitten.

1140. Ramlogent.

Dieselbe Masse wie in Nr. 25, nur werden je 2 Streifen nach dem Backen mit Aprikosenmarmelade zusammengesetzt, auch oben damit bestrichen, glasirt und in längliche schräge Stücke geschnitten; dies muß jedoch schnell vor sich gehen, denn wenn sie erkaltet sind, bereitet das Schneiden Schwierigkeiten.

1141. Haselnußhütchen.

70 Gr. Haselnüsse werden mit Eiweiß gerieben, 500 Gr. gehobelte Hasel=, Nüsse und 280 Gr. Zucker mit 4 Eiweiß angemacht. Nun nimmt man eine gewöhnliche nicht zu lange Spritztülle, drückt die Masse nach und nach hinein, macht sie naß, setzt sie auf Oblaten und glasirt sie nach dem Backen.

1142. Samuelschnitten.

280 Gr. ungeschälte Mandeln werden mit ebensoviel Zucker fein gestoßen, etwas Zimmt dazu gethan, mit Eiweiß ziemlich fest angerührt, auf circa 3 Oblaten gestrichen und gebacken, hernach mit Hagebuttenmarmelade überstrichen, glasirt und heiß geschnitten.

1143. Suppenbisquit.

170 Gr. Butter werden mit 8 Eigelb recht schaumig gerührt, dann kommt der Schnee von 8 Eiweiß dazu nebst 170 Gr. Mehl. Die Masse wird in eine butterbestrichene Blechform gefüllt und nach dem Backen in Würfeln geschnitten.

1144. Bayerische Knödel.

Die bayrischen Knödel erfreuen sich immer größerer Beliebtheit, sie sind auch wirklich als gutes Dessert zu empfehlen.

Man bereitet eine sehr steife Bisquitmasse von 280 Gr. Zucker, 280 Gr. Mehl und 14 Eiern, dressirt davon runde Platten wie zu Wienerkrapfen auf Papier, bestreut sie mit der Hand leicht mit Mehl und bäckt sie bei nicht ganz geschlossenem Ofen. Nach dem Backen werden sie etwas ausgehöhlt und mit folgender Creme gefüllt: 210 Gr. Zucker, 8 Eigelb, 25 Gr. Puder 1½ Quart Milch und Vanille, dies wird zusammen auf dem Feuer zu einer dicken Creme gerührt, die Knödel da= mit gefüllt und je zwei zusammengesetzt.

Nun rollt man Marzipan so dünn wie möglich, sticht davon Platten aus, bestreut dieselben mit Läuterzucker und umhüllt die Knödel damit, sodann schneidet man Jäger'sche Hohlhippen zu kleinen Splittern, bestreicht die Marzipan mit Läuter= Zucker und bestreut sie damit. Die Knödel werden nun noch mit brauner Kaffee= Glasur glasirt und getrocknet.

1145. Knödel anderer Art.

Dazu gehören halbkugelrunde Formen; diese werden mit Butter bestrichen und mit Mehl ausgestaubt, alsdann macht man eine Sandmasse von 140 Gr. Zucker, 140 Gr. halb Mehl, halb Puder und 80 Gr. Butter. Die weitere Behandlung ist wie in voriger Nummer, nur werden statt Hohlhippen nicht ganz fein gehackte und braun geröstete Mandeln, worunter einige Pistazien sein können, bestreut und mit weißer Maraschinoglasur glasirt.

1146. Melonen.

Eine Melonenform, die aus 2 Theilen besteht, wird mit Butter bestrichen, mit Mehl bestaubt, mit der Punschmasse Nr. 38 gefüllt und gebacken. Nach dem Backen werden beide Theile zugeschnitten, mit Aprikosenmarmelade gefüllt und zu= sammengesetzt. Nun färbt man Marzipanmasse etwas grün, legt die leere Form ziemlich dick damit aus, legt die gebackene Melone, die man vorher mit etwas verdünnter Aprikosenmarmelade bestrichen hat, hinein, setzt beide Theile zusammen und preßt die Form fest zusammen. Nachdem man die Form wieder herausge= nommen hat, drückt man mit einem runden Hölzchen die Einschnitte, die ohnehin die Form schon vorzeichnet, nach, damit die Scheiben recht hervor treten.

Nun schminkt man von oben nach unten die Melone leicht grün, übergießt sie mit weißer Maraschinoglasur und trocknet sie im warmen Ofen ab. Zuletzt befestigt man oben ein grünes Marzipanblatt, sowie einen dicken Stiel.

1147. Pinza.

140 Gr. Mehl wird mit Milch und 70 Gr. Hefe recht fest angesetzt, nach dem Auf=
gehen kommt hinzu: 5 Eier, 70 Gr. Zucker, 280 Gr. Mehl und wird unter obiges
Dämpfel gemengt. Nach abermaligem Aufgehen kommen 10 Eigelb, 175 Gr. Butter,
70 Gr. Zucker und ½ Kilo Mehl darunter. Diese Masse wird nun zusammen
mit der nötigen Milch zu einem festen Teig abgearbeitet.

Nun wiegt man den Teig, je nach der Größe der Pinza (etwa 250 Gr. zu
50 Pfennig gerechnet) ab, formirt runde Kugeln, läßt sie ziemlich kalt gehen und
stellt sie zuletzt ganz kalt. Nun werden die Pinza mit einem scharfen Messer ein
tiefer Kreuzschnitt gemacht (etwa dreivierteldurch) mit Ei bestrichen, und langsam
gebacken. In einem Bäckerofen werden sie am schönsten.

XXX. Abtheilung.

Cakes.

1148. Englische Bisquit=Cakes.

5¾ Kilo feinstes Mehl wird mit ¾ Kilo Butter verrieben, vorher löst man
1 Kilo Zucker mit 3½ Liter Milch auf. Nun macht man in das Mehl mit der
Butter eine Vertiefung, gibt die Milch mit dem Zucker hinzu, sowie 50 Gr. Ammo=
nium, 60 Gr. Natron und 15 Gr. Salzsäure und wirkt dieses zusammen, wie bei
Blätterteig, zu einem festen Teig an. Sodann wird der Teig gebrochen, ähnlich
wie die braunen Lebkuchen, in mehrere Stücke geschnitten und einige Stunden mit
einem nassen Tuche zugedeckt stehen gelassen. Dieses Durchbrechen kann man ein=
mal wiederholen. Der Teig wird nun ausgerollt, ausgestochen, auf Butterbleche
gelegt und ziemlich heiß gebacken.

Bemerkung: Der Teig muß recht klar durchgearbeitet und nicht gar zu fest
sein, weil die Bisquits sonst Blasen bekommen.

Bemerkt man beim Anmachen des Teiges, daß er zu fest wird, so gibt man
noch etwas Milch hinzu.

In den meisten Geschäften werden diese englischen Bisquits nicht selbst gemacht,
sondern aus den bekannten Fabriken bezogen; will man dieselben in größeren Massen
herstellen, so ist eine besondere Fabrik=Einrichtung nöthig, welche sehr umfangreich
und kostspielig ist. Ich nenne hier nur Einiges: Ein guter Ofen, eine Walz=
maschine, eine Spritze mit kleinem Schwungrad, Bretter, 10—12 Lederausstecher
zu den verschiedenen Bisquits, eine weitere Spritze mit Platten in verschiedenen
Dessins, glatte und geriefe Rollhölzer, Drahtgewebe mit Rahmen zum Backen, 20
verschiedene Ausstecher zu Mixed=Bisquit 2c. 2c.

1149. Palmers und Hundlay Albert=Bisquit.

5 Kilo Mehl, 800 Gr. Butter, 800 Gr. Zucker, 12 Eier, 2 Liter Milch,
20 Gr. pulverisirte Soda, 60 Gr. Salzsäure, etwas Arrow=Rock. Die Soda wird
in das Mehl gesiebt, die Salzsäure mit Milch aufgelöst. Weiter wie in Nr. 1145

1150. Pic=Nic=Bisquit.

3½ Kilo Mehl, 250 Gr. Kartoffelmehl, 500 Gr. Butter, 450 Gr. Zucker,
1 Liter Milch, 16 Gr. Pottasche, 16 Gr. Hirschhornsalz, 16 Gr. doppelkohlen=
saures Natron, 8 Gr. Salzsäure und 3 Eier. Der Teig wird ausgerollt und mit
verschiedenen Ausstechern ausgestochen.

1151. Queen-Bisquit.

2½ Kilo Mehl, 600 Gr. Butter wird zusammen recht verrieben; 260 Gr. Kartoffelmehl, 500 Gr. Zucker, 4 Eier, 16 Gr. Hirschhornsalz, nicht ganz ½ Liter Milch dazu gegeben. Das Hirschhornsalz wird mit Milch aufgelöst. Der Teig wird gebrochen 2c. 2c. wie in Nr. 1145, er darf nicht zu fest sein. Das Quantum der Milch läßt sich nicht ganz genau bestimmen.

Die Masse wird nun durch einen gekrausten Stern durch Spritze gespritzt, verschiedene Bisquits dressirt und auf butterbestrichenen Blechen im heißen Ofen gebacken.

1152. Caraway Cambridge.

5 Kilo Mehl, 1¼ Kilo Butter, 1½ Kilo Zucker, 22 Gr. Hirschhornsalz und 20—22 Eier, je nach Größe. Butter und Mehl wird gehörig verrieben. Hievon werden verschiedene Dessins ausgestochen und oben auf Stempel gedrückt.

1153. Preßburger Biscuit.

1½ Kilo Mehl, 300 Gr. Butter, 450 Gr. Zucker, 20 Gr. Ammonium, 6 Eier und das übrige Milch. Hievon werden runde oder auch ovale dünne Platten ausgestochen, mit dem gerieften Rollholz überpreßt und auf butterbestrichenen Blechen gebacken. Man kann den Teig mit etwas aufgelöstem Bolus färben.

1154. Holländische Biscuit.

2 Kilo Mehl, 800 Gr. Schmalz, einige Tropfen Citronenöl, 1 Kilo brauner Farin, 5 Eier, Milch, etwas Zimmt, Nelken, Piment und 16 Gr. Ammonium. Der Teig wird in Platten ausgerollt, etwa thalergroße Kuchen davon ausgestochen und gebacken.

Anhang.

A. Erläuterung der in diesem Buche gebrauchten technischen Ausdrücke.

Blanchiren heißt: eine Frucht, Wurzel 2c. in Wasser weich kochen oder auch dieselbe nur auf kurze Zeit in kochendes Wasser bringen.

Tabliren: gekochten Zucker, wenn er den Flug hat, mit einem Löffel so lange an der Seite des Kessels reiben, bis er abstirbt, weiß und trübe wird und zu erstarren beginnt.

Dressiren: einem Teige oder Gemenge eine bestimmte vorgeschriebene Form geben.

Filtriren: Flüssigkeiten, als Obstsäfte, Zuckersäfte, Geléemasse, Liqueure 2c. durch Filz, Leinwand, Löschpapier oder Tuch, ablaufen lassen, damit das Unrein, zurückbleibt.

Meliren: verschiedene Massen durcheinander mengen.

Doubliren: eigentlich verdoppeln, daher 2 Theile aufeinandersetzen, z. B. 2 Pasten, 2 Bisquitplatten, 2 in Backwerk dargestellte halbe Eier.

Garniren: Torten und sonstige Backwerke verzieren, z. B. mit Spritzglasur, Gelée oder zerschnittenen eingemachten Früchten, Bohnen 2c.

Glasiren: Backwerke, Früchte 2c mit Glasur überziehen, d. i. mit einer flüssigen Mischung aus Wasser und Zucker oder aus Eiweiß und Zucker (Abtheilung XI), oder auch auf Torten 2c. mit Spritze und Pinsel von Glasur Figuren anfertigen.

Andere Ausdrücke sind schon im Text erläutert oder werden klar durch den Zusammenhang.

13**

B. Notiz über die Conditorei der alten Römer.

Wir haben hin und wieder angegeben, daß verschiedene unserer Ausdrücke, z. B. Lebkuchen und Plätzchen, der lateinischen Sprache entlehnt sind, sowie daß z. B. in Honig eingemachte Quitten schon eine Delikatesse der Römer waren. Es wird für den Leser aber vielleicht von Interesse sein, zu erfahren, daß die Römer schon eine förmlich ausgebildete Conditorei besaßen, und zwar trotzdem, daß man damals noch keinen Zucker kannte. Man mußte sich mühsam mit Honig behelfen. Vielleicht stellte man aber einen Zucker aus Honig dar. Diese Honig=Conditorei brachte es nun aber zu dem Grade der Ausbildung, daß der Conditor schon da= mals alle möglichen Figuren darzustellen verstand. Wir haben darüber ein ganz bestimmtes Zeugniß aus der Feder des römischen Dichters Martial, welcher unter den Kaisern Domitian und Trajan lebte, etwa 70—100 Jahre nach Christi Geburt. Er schreibt (14; Epigr. 222):

Pistor dulciarius.

Mille tibi dulces operum manus ista figuras
Exstruit. Huic uni parca laborat apis.

Deutsch: **Der Conditor.**

Tausend süße Figuren von Gegenständen baut dir diese Hand auf. Für ihn allein arbeitet die sparende Biene.

c. Tabelle

der Gewichts- & Flüssigkeits-Maasse.

Deutsch:		Englisch:	Deutsch:		Englisch:
15 grammes	=	½ ounce	11 metres	=	12 Yards
30 „	=	1 ounce	1 „	=	1 Yard 3 inches
500 „	=	1 pound	½ „	=	19½ inches
38 litres	=	10 Gallons	¼ „	=	9¾ inches
4 litres	=	1 Gallon	10 centimetres	=	4 inches
1 litre	=	1 Quart	1 „	=	⁴/₁₀ inches
½ „	=	1 Pint	1 Amerikan. Pound hat 16 inches		
¼ „	=	½ „	1 „ Yard hat 36 inches		
⅛ „	=	1 Gill	1 „ Dollar hat 100 cents		

D. Druckfehlerberichtigung.

1.) Seite 148 in Recept „Quittenblumen" statt „und gießt nun die Masse hin= ein" soll es heißen: „stehen bleibt."

2.) Seite 154 in Recept „Punsch=Essenz" statt 36—40 Gr. Zucker soll lauten „3½ Kilo Zucker."

3.) Seite 159 in Recept „Cardinal=Punsch" zweite Zeile statt „auflöst" soll es heißen „hinzu".

Blasius u. Cauer's Nachfolger, Schweinfurt.

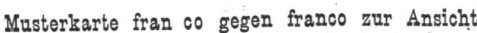

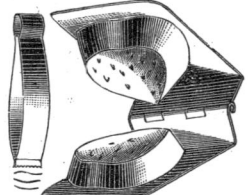

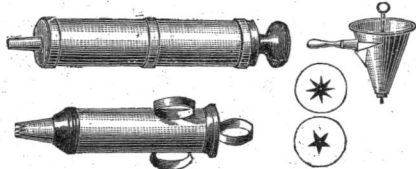
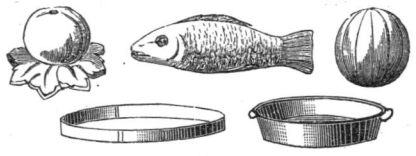
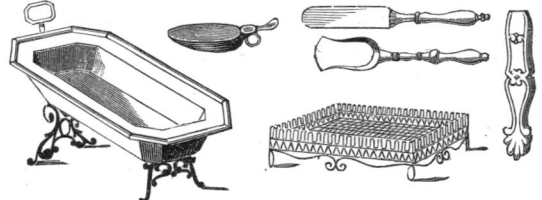

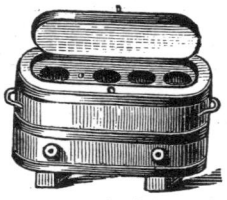

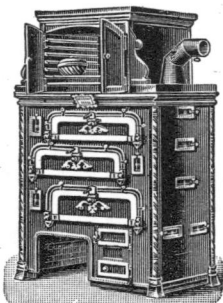

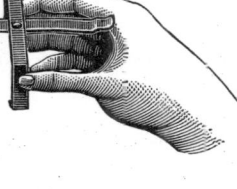

Je 2 Dessins werden zu einer Torte verwendet.

Krackhart. Conditoreibuch. Ausgabe B. III. Auflage.

Je 2 Dessins werden zu einer Torte verwendet.

T

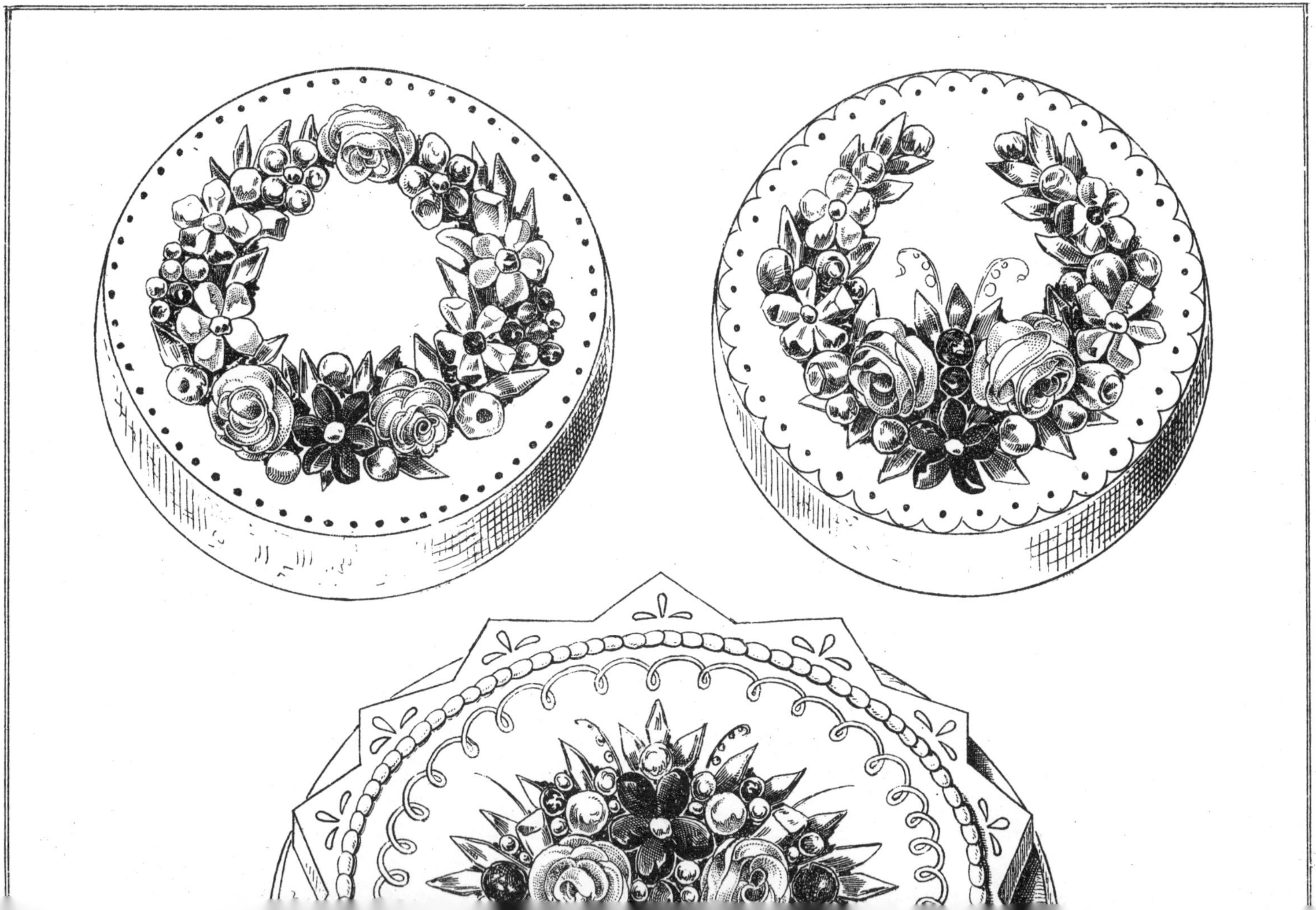

Krackhardt, Conditoreibuch, Ausgabe B. III. Auflage

Taf.

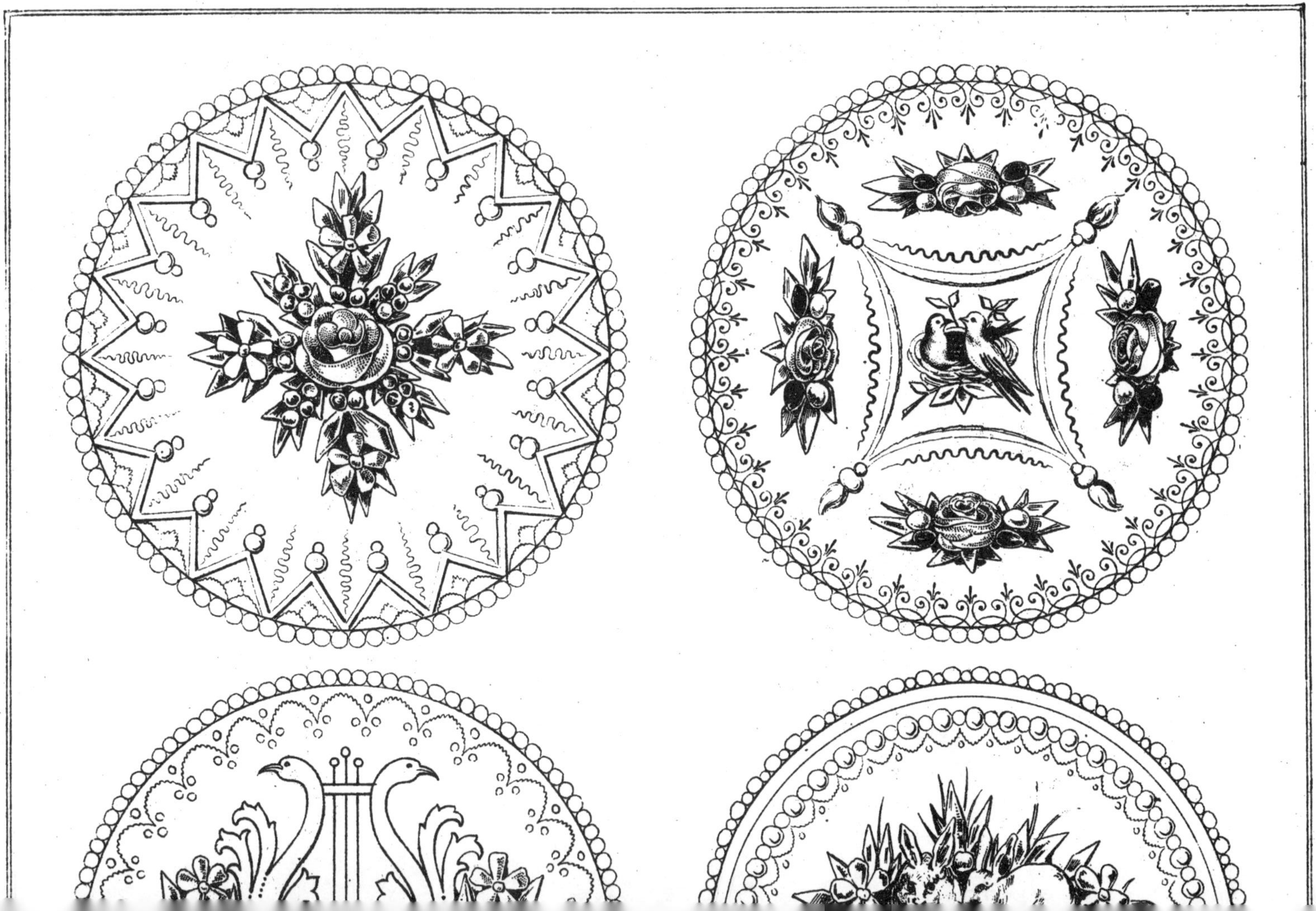

Lith.Anst.v.B.Zeirräg.-Nördlingen

Kraeckhard, Conditoreibuch Ausgabe B III.Auflage

Dnh Anst v B Zeitsg - Nördlingen

Lith. Anst. v. B. Zeitrag - Nördlingen

Trachhart, Conditoreibuch Ausgabe B, III. Auflage

Taf.

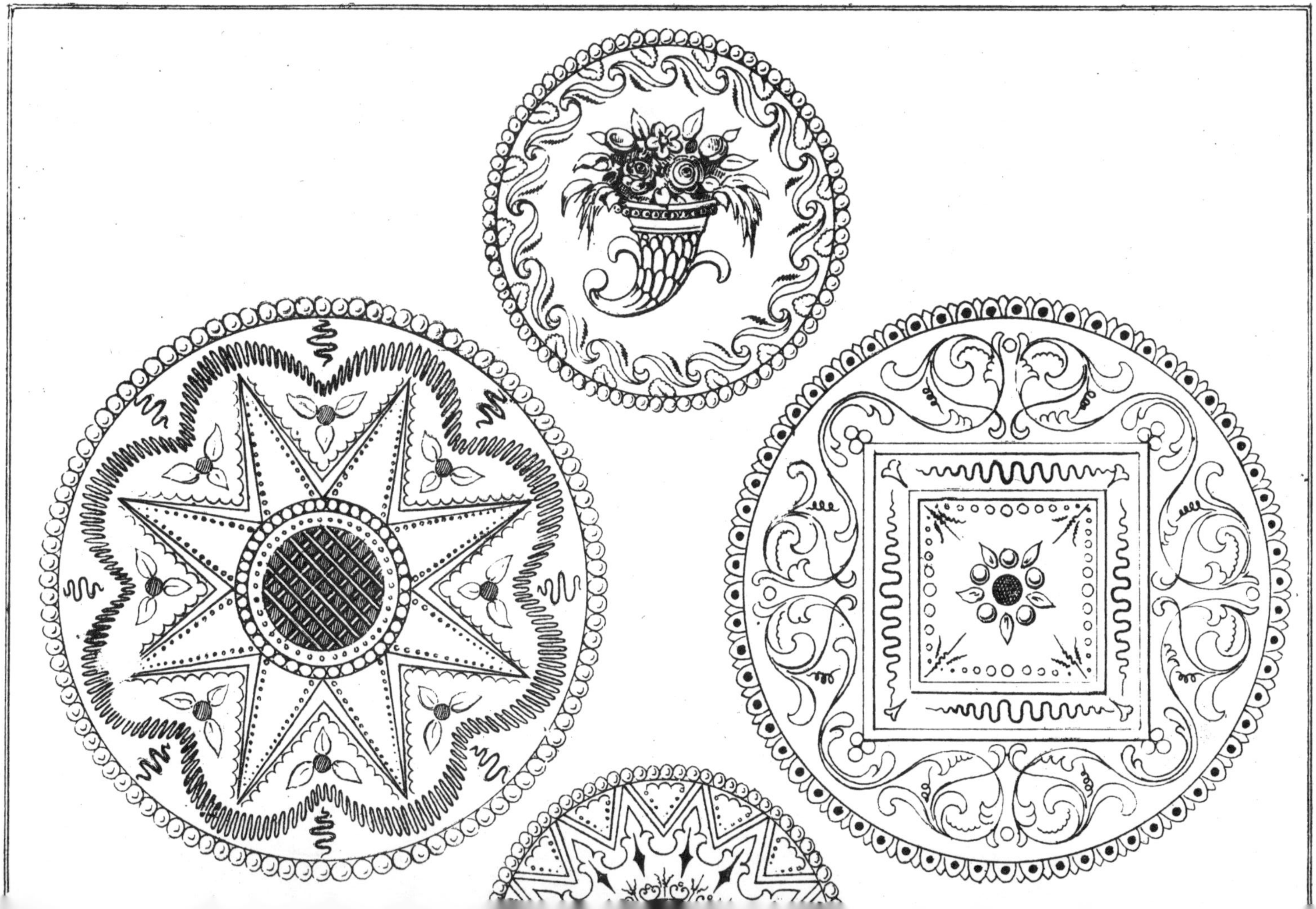

Lith Anst v B Zeitrag - Nördlingen.

Krackhart, Conditoreibuch Ausgabe B. III. Auflage.

Caf.

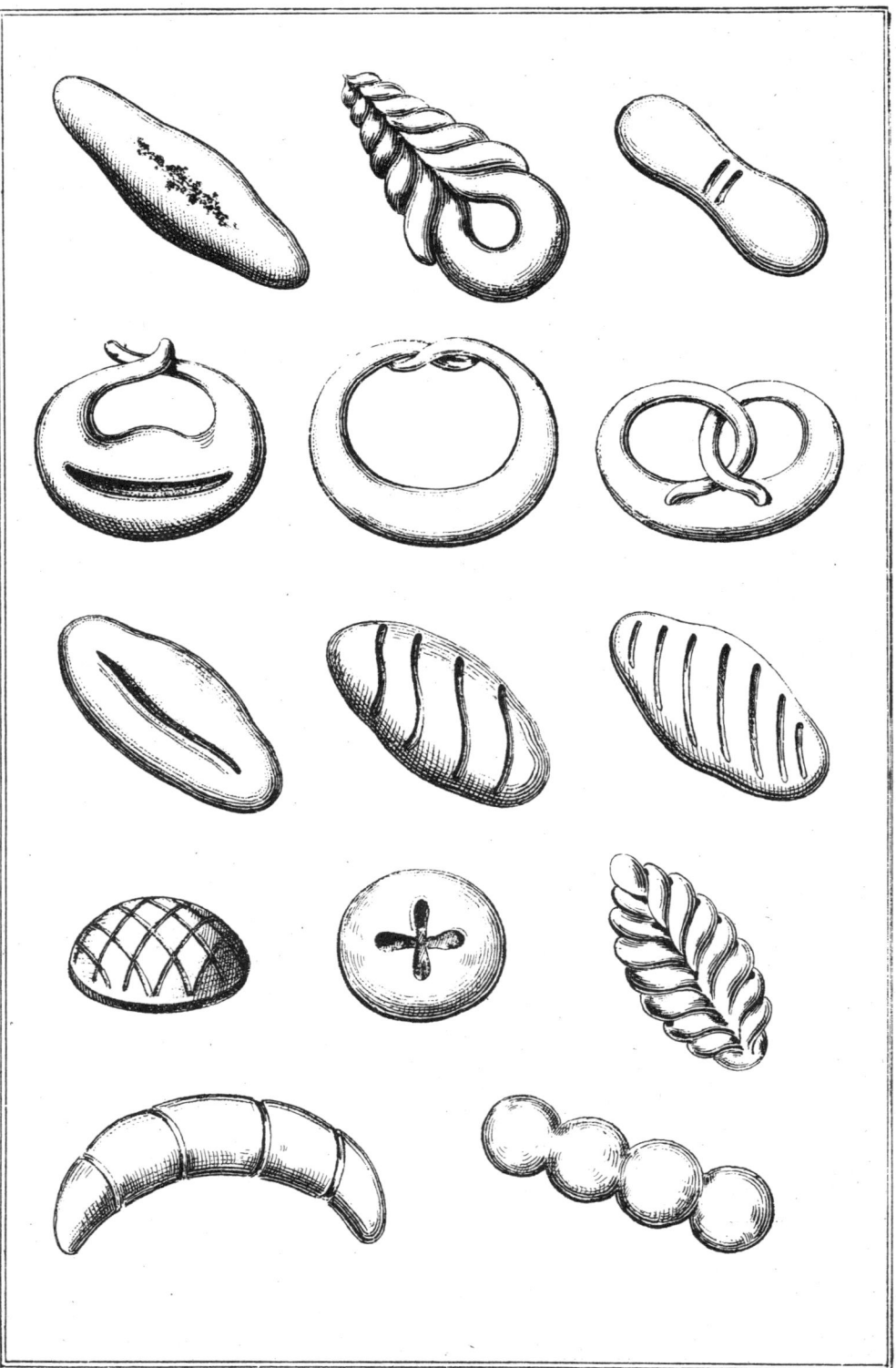

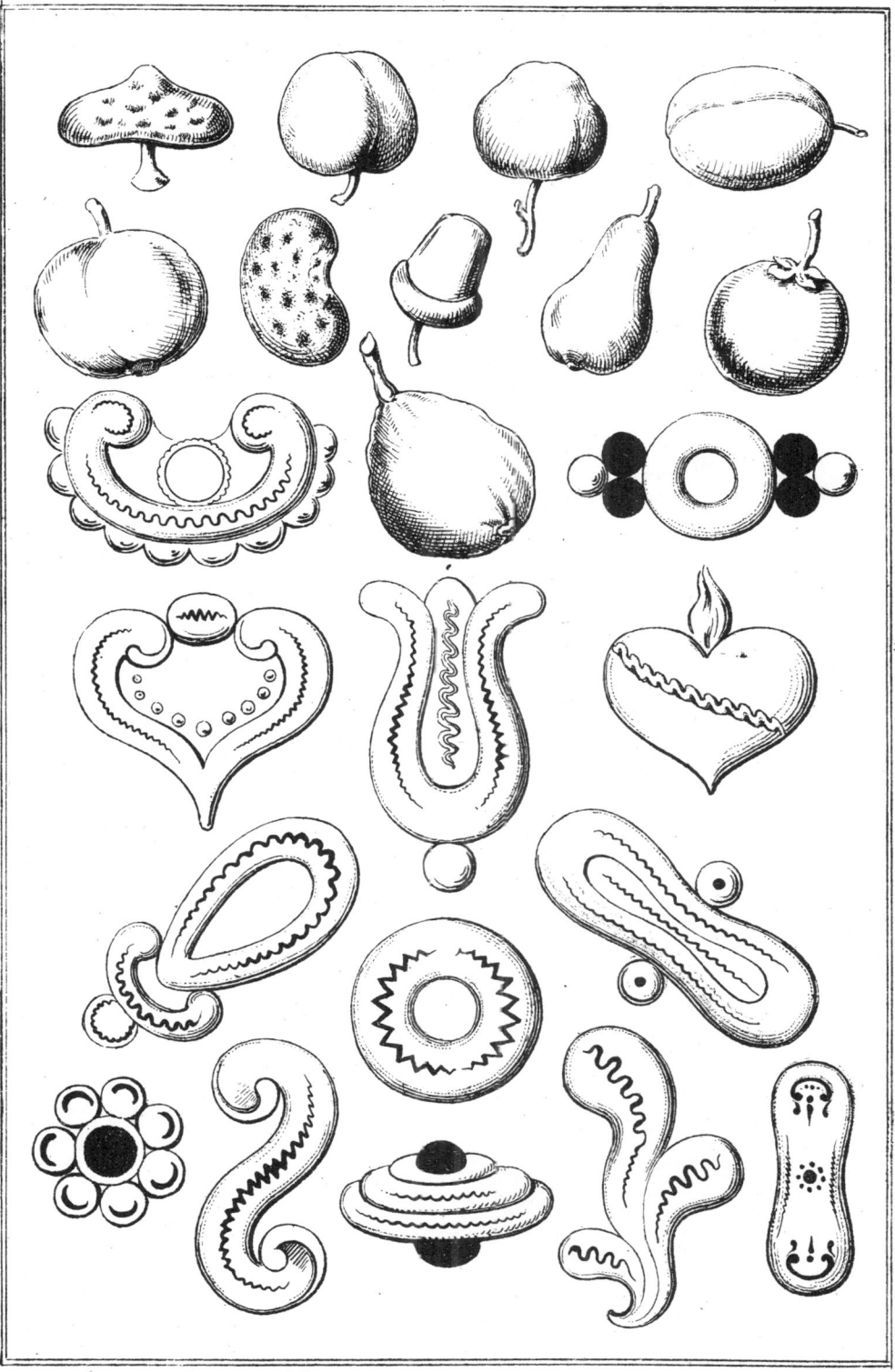

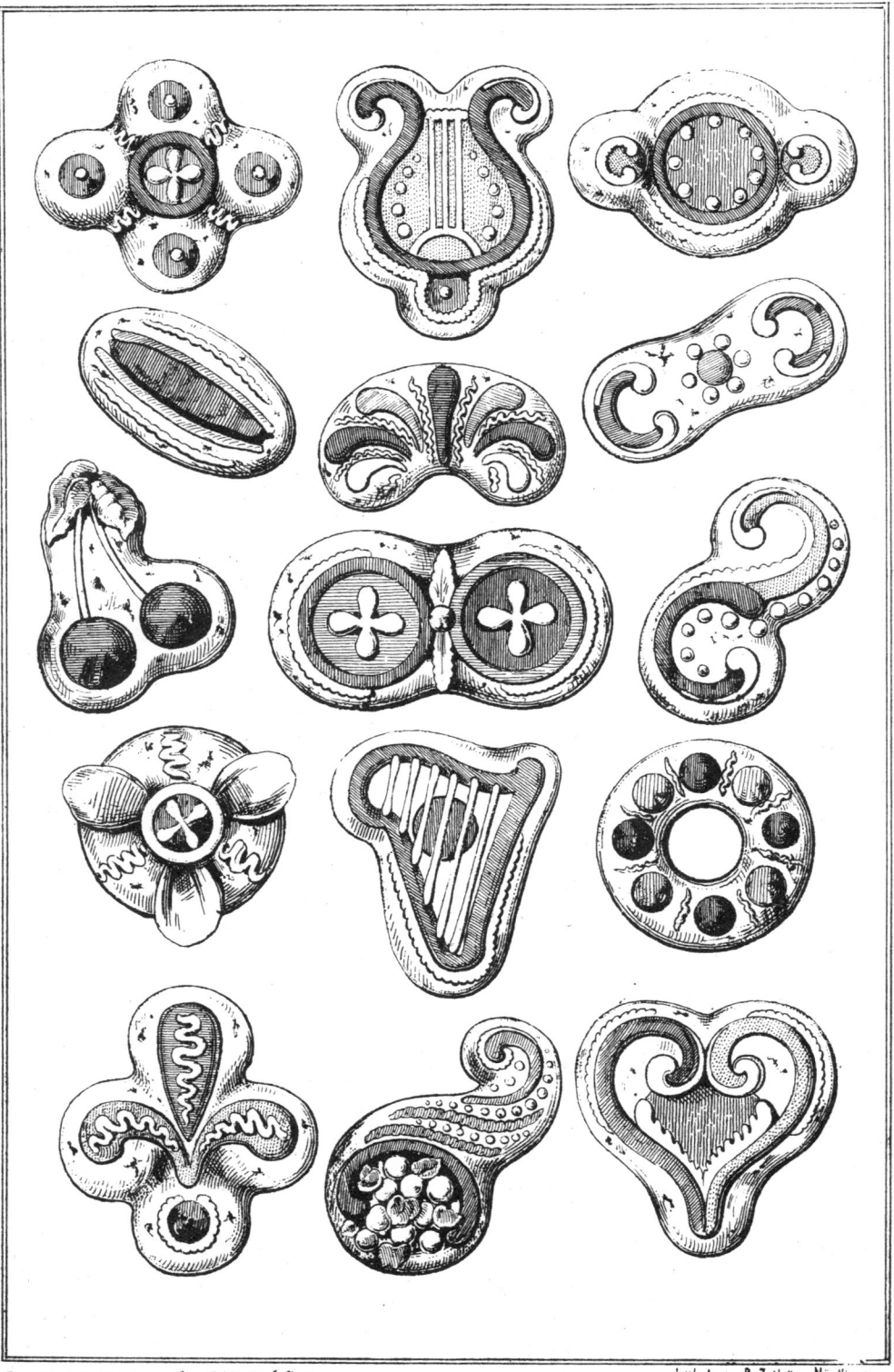

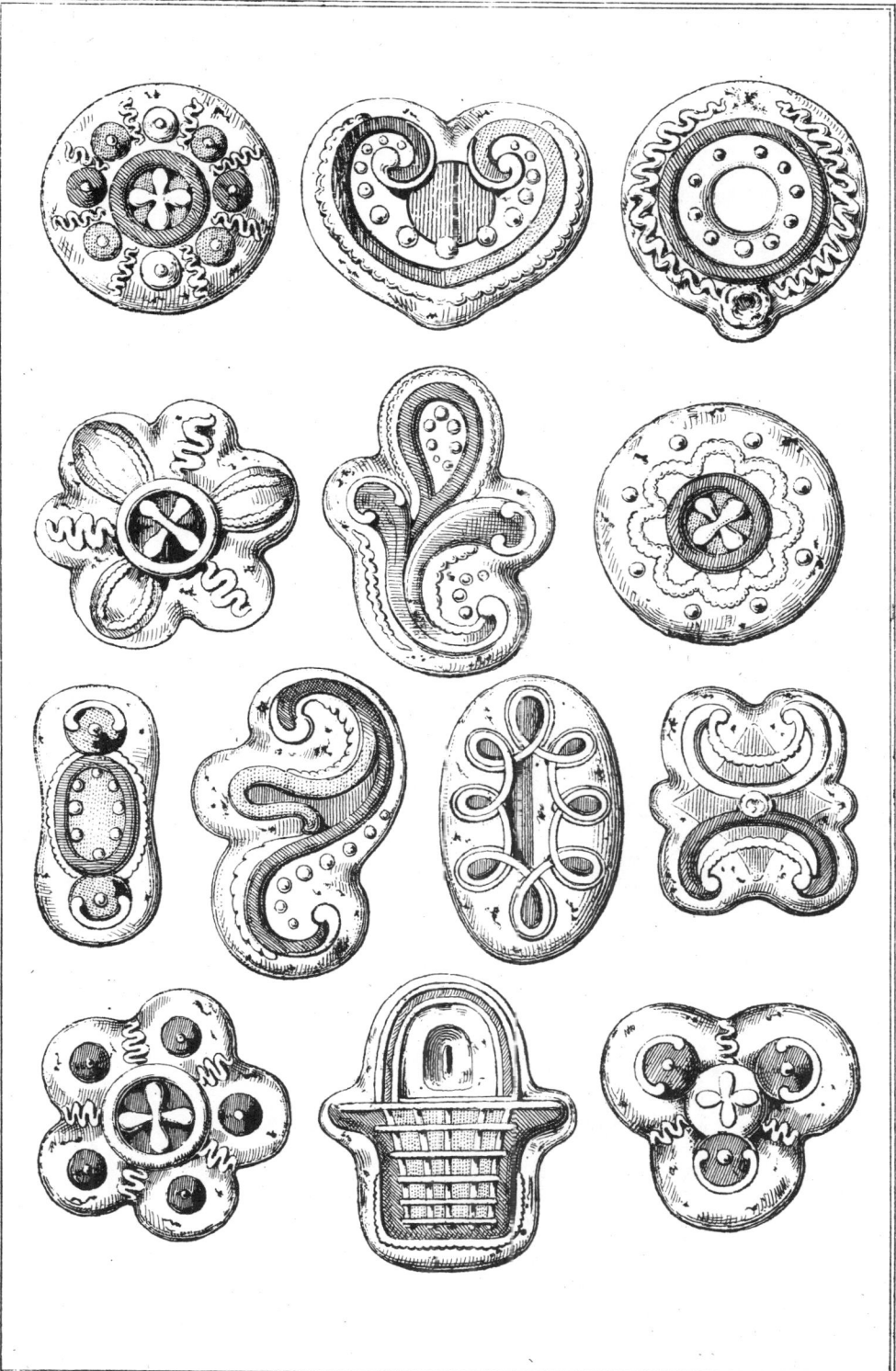

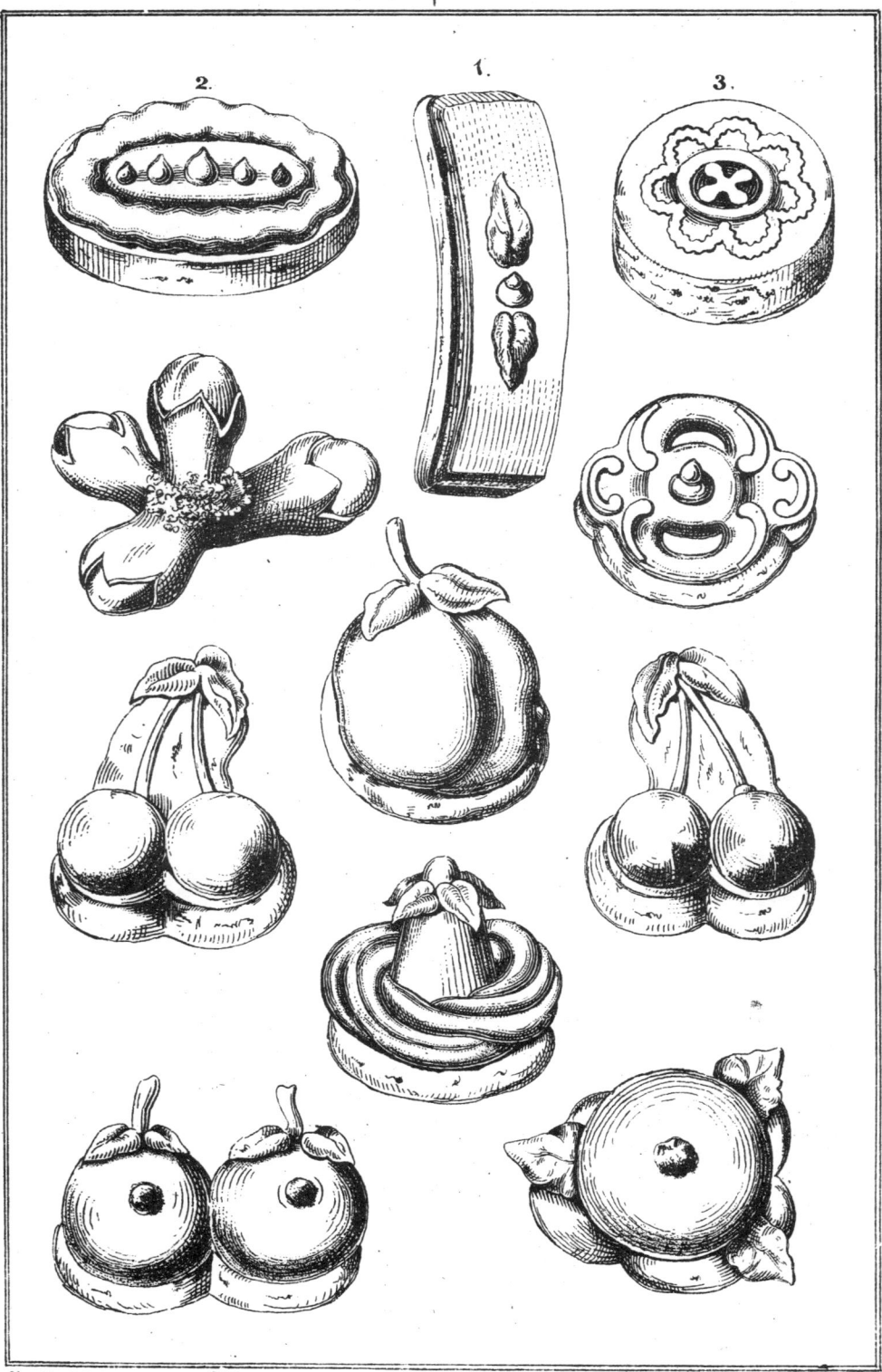

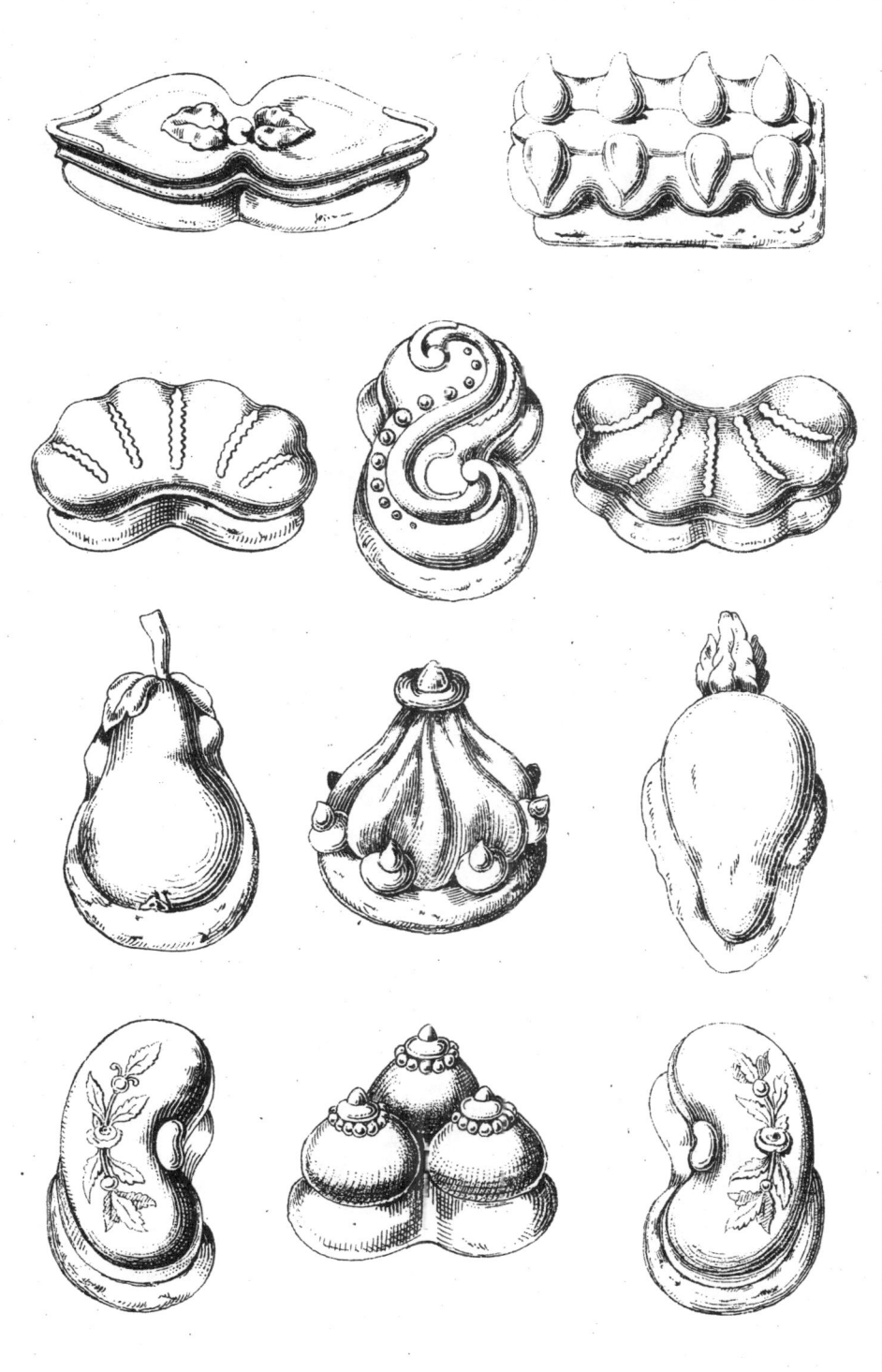

Taf.

Krackhart, Conditoreibuch Ausgabe B III Auflage.

Lith. Anst. v. G. Zeitung, Nördlingen.

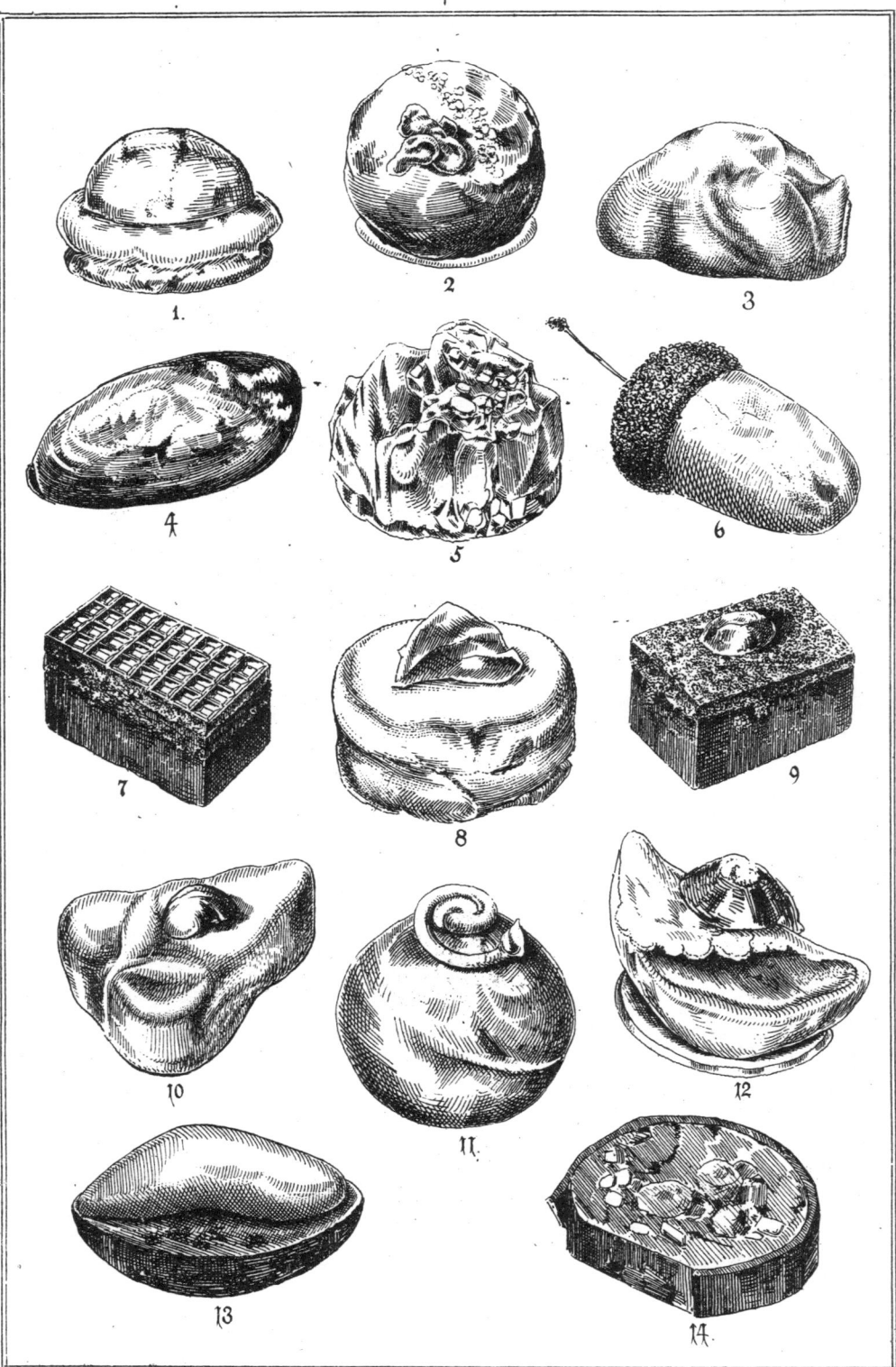

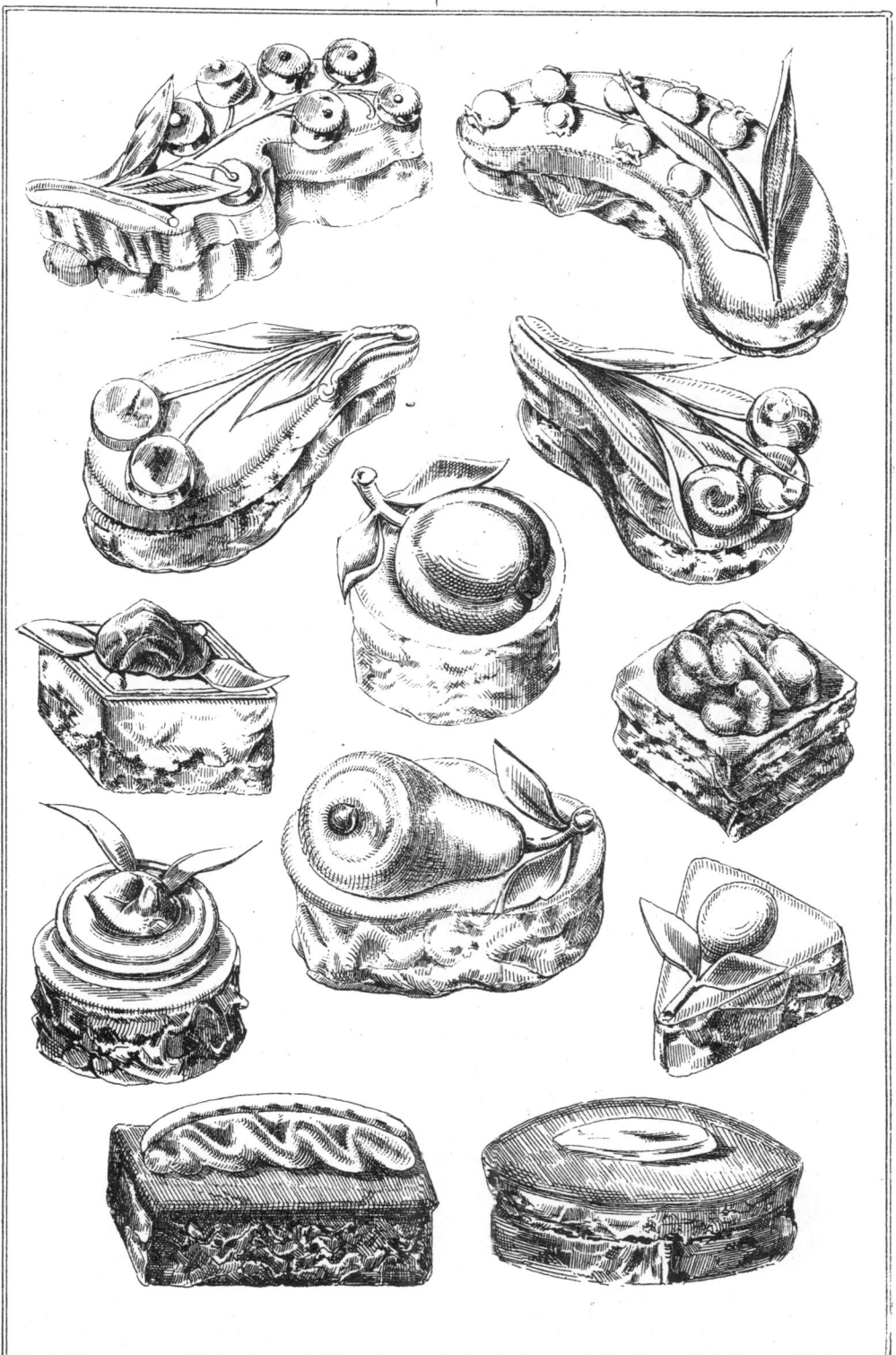

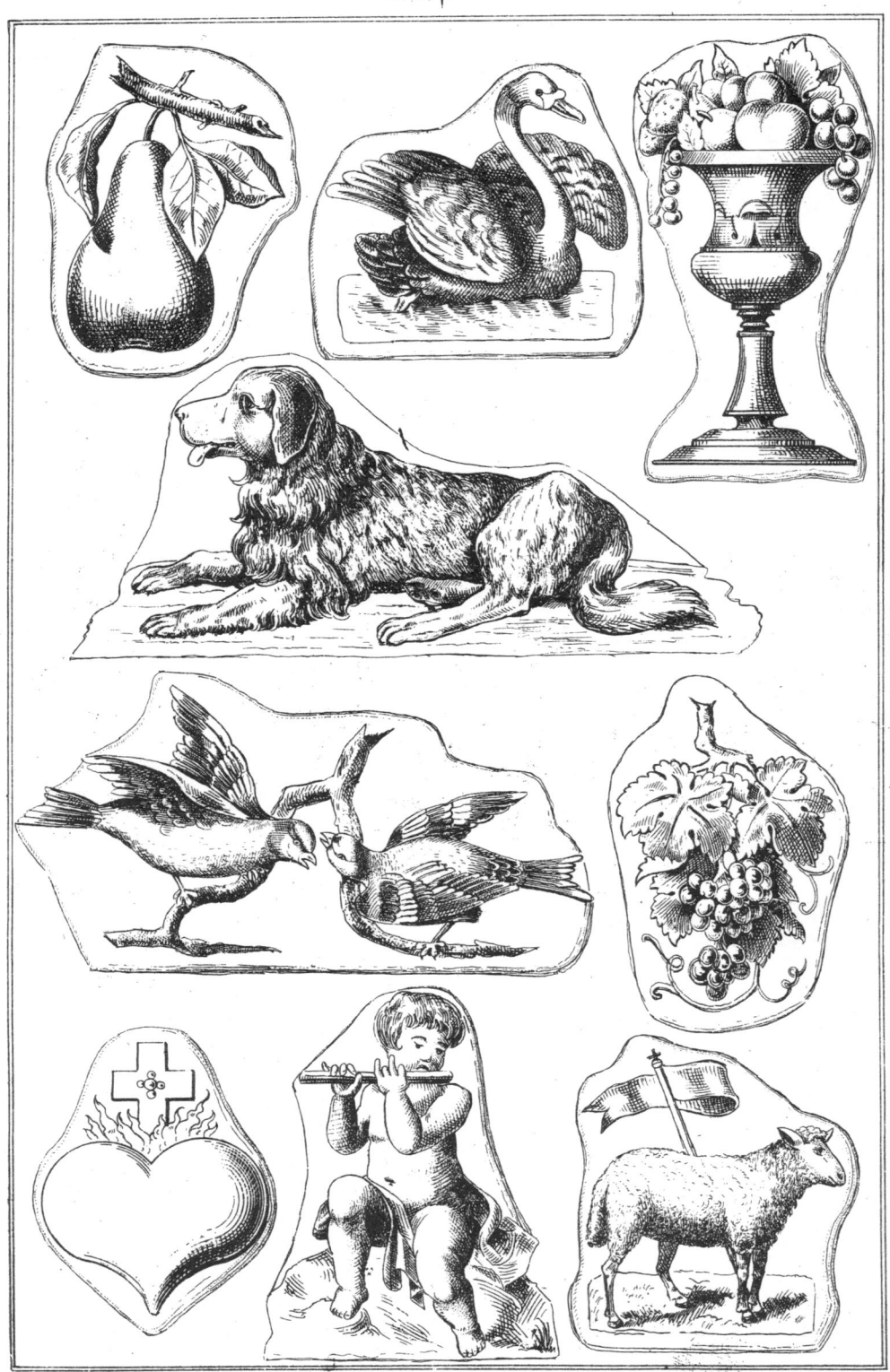

Eckhart. Wörterbuch Ausgabe B III Auflage.   Lith. Anst. v. B. Zeiträg - Nördlingen

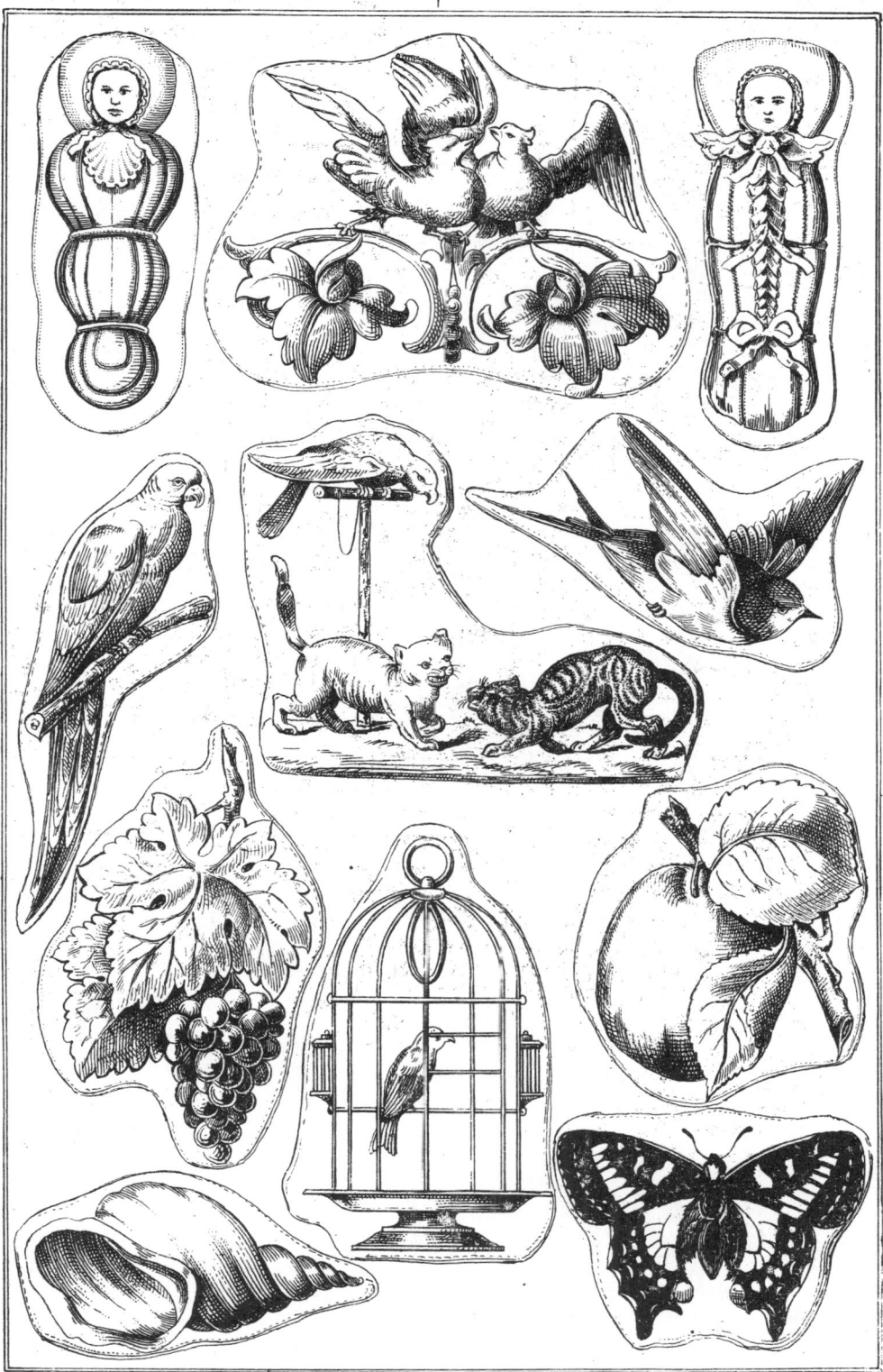

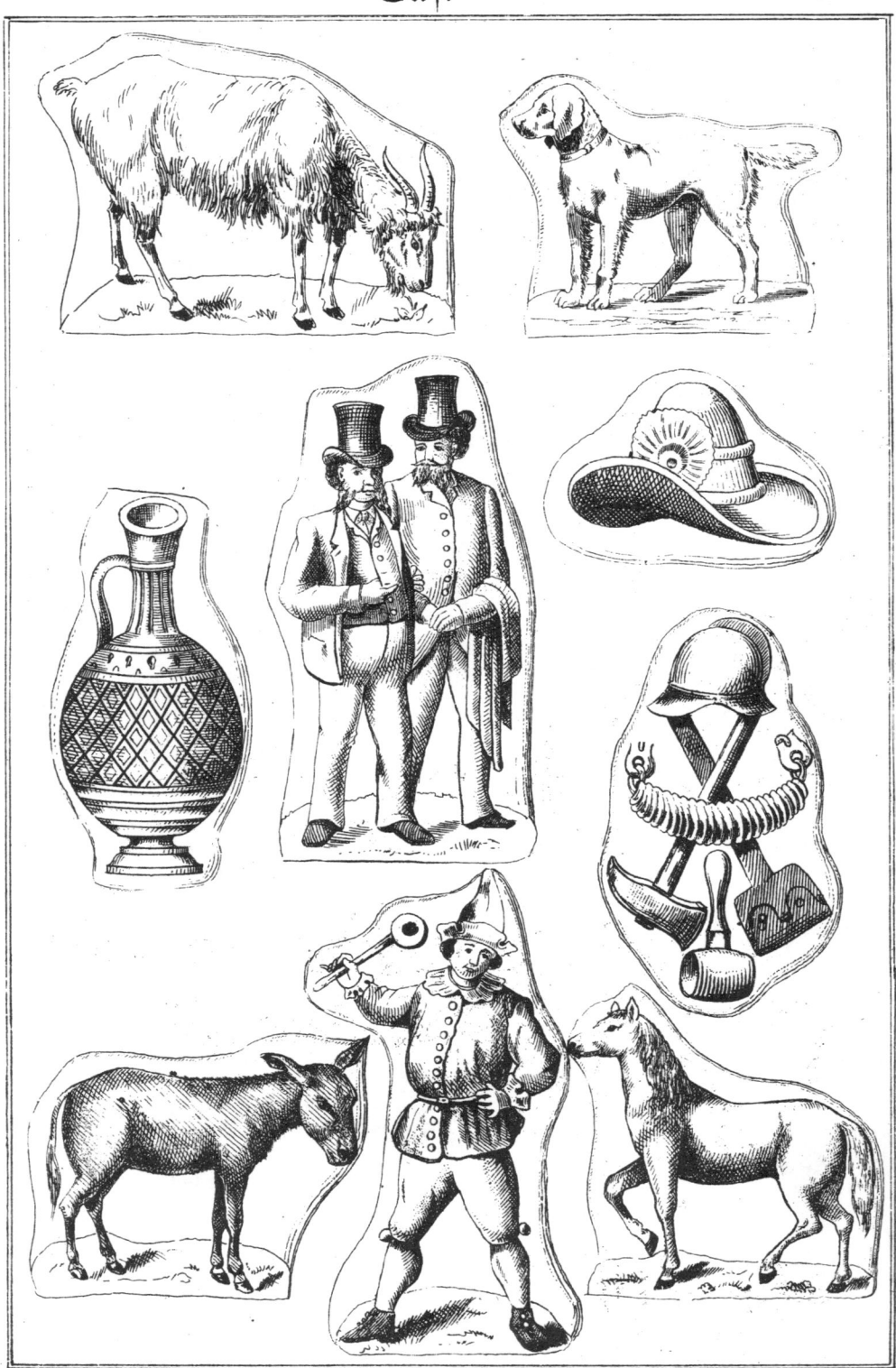

Taf.

Lith. Anst. v. B Zeitträg · Nördlingen

Krackhart, Conditorenbuch, Ausgabe B. III. Auflage.

Lith. Anst. B. Zonrog. Nördlingen

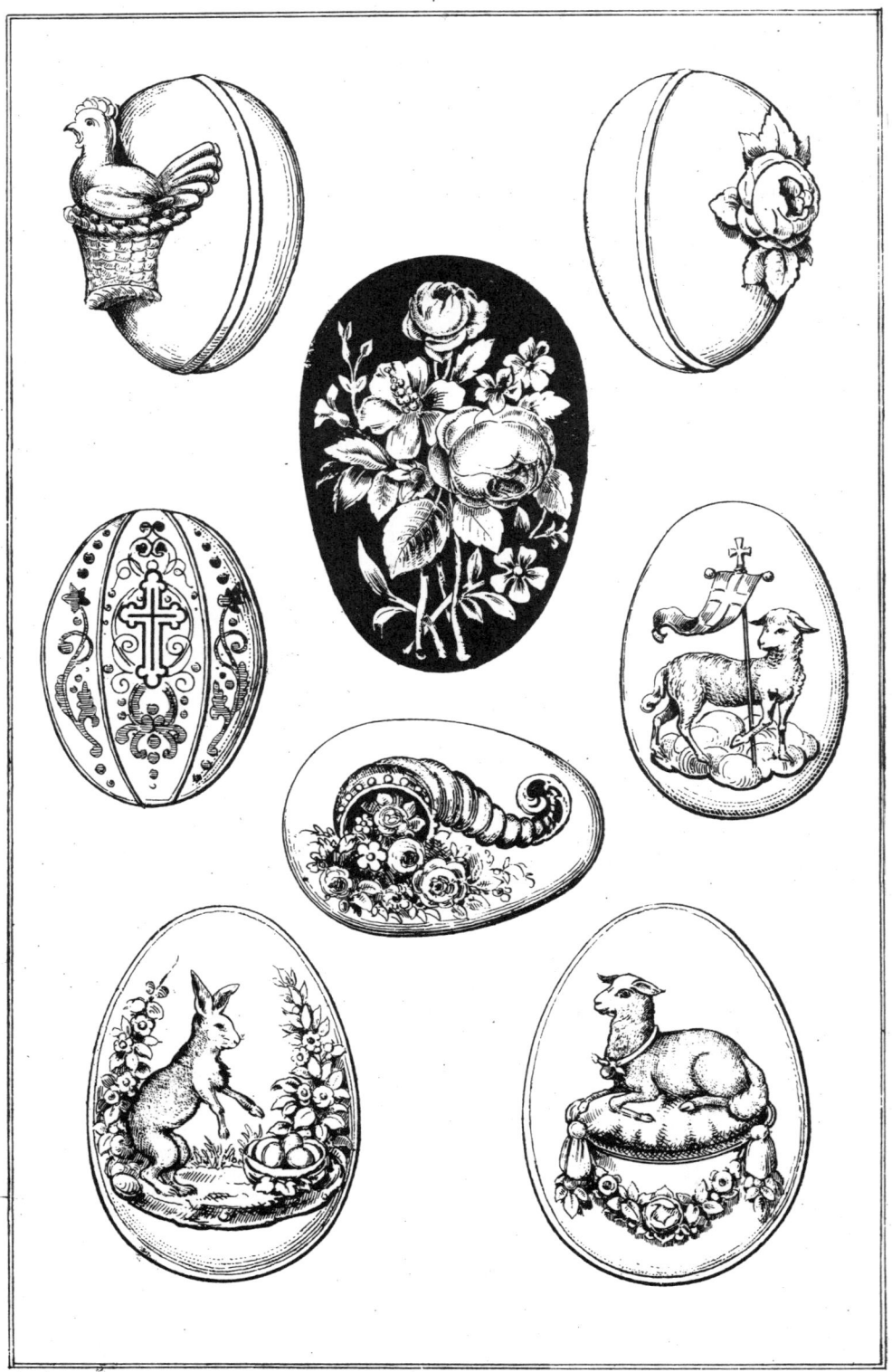

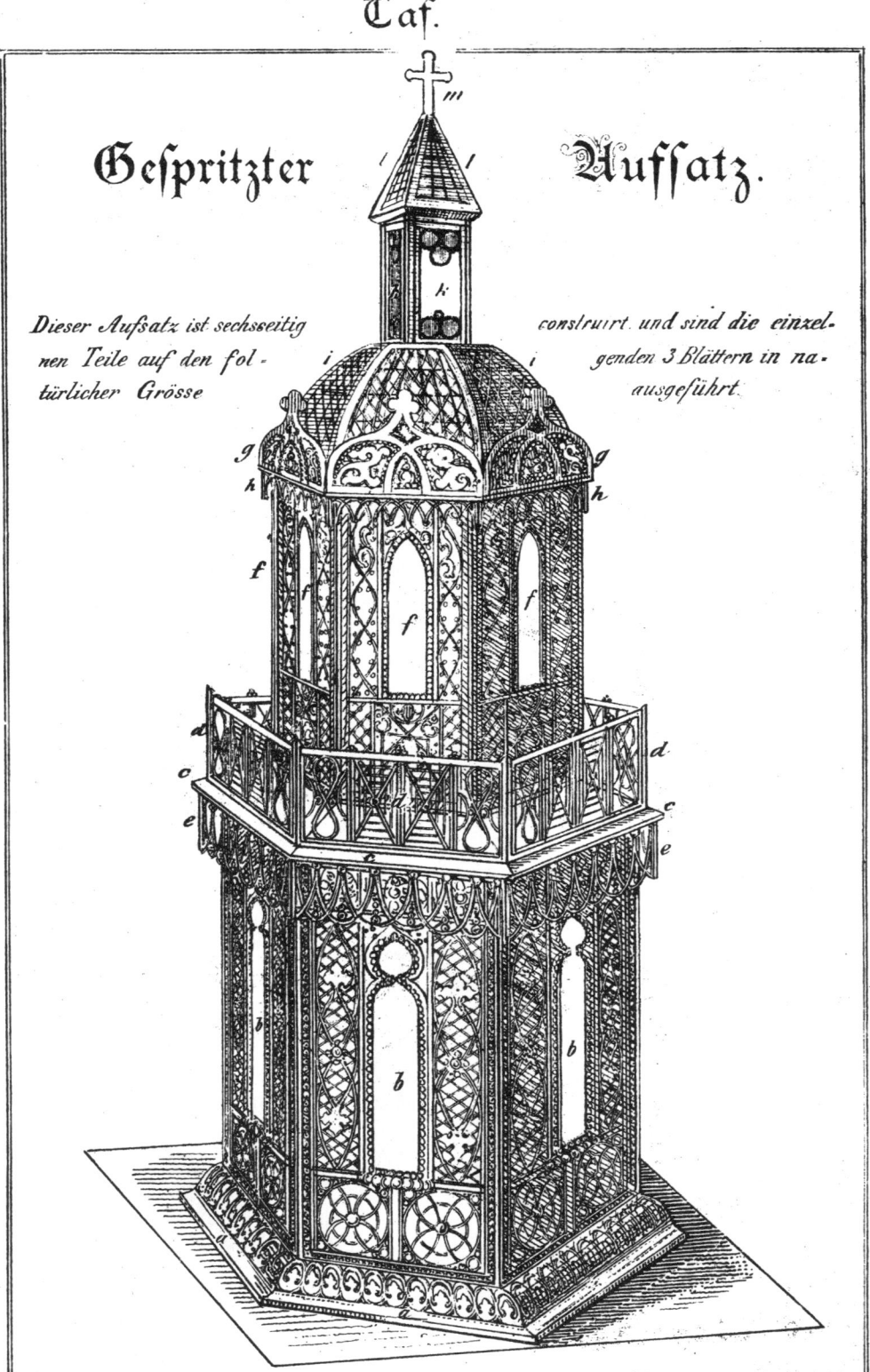

Taf.

Gespritzter

Auffatz.

Dieser Aufsatz ist sechsseitig construirt und sind die einzelnen Teile auf den fol- genden 3 Blättern in na-
türlicher Grösse ausgeführt.

Taf.

Fläche des untern Kranzes.

c

e

d   *d*

h

g

Fläche des obern Kranzes.

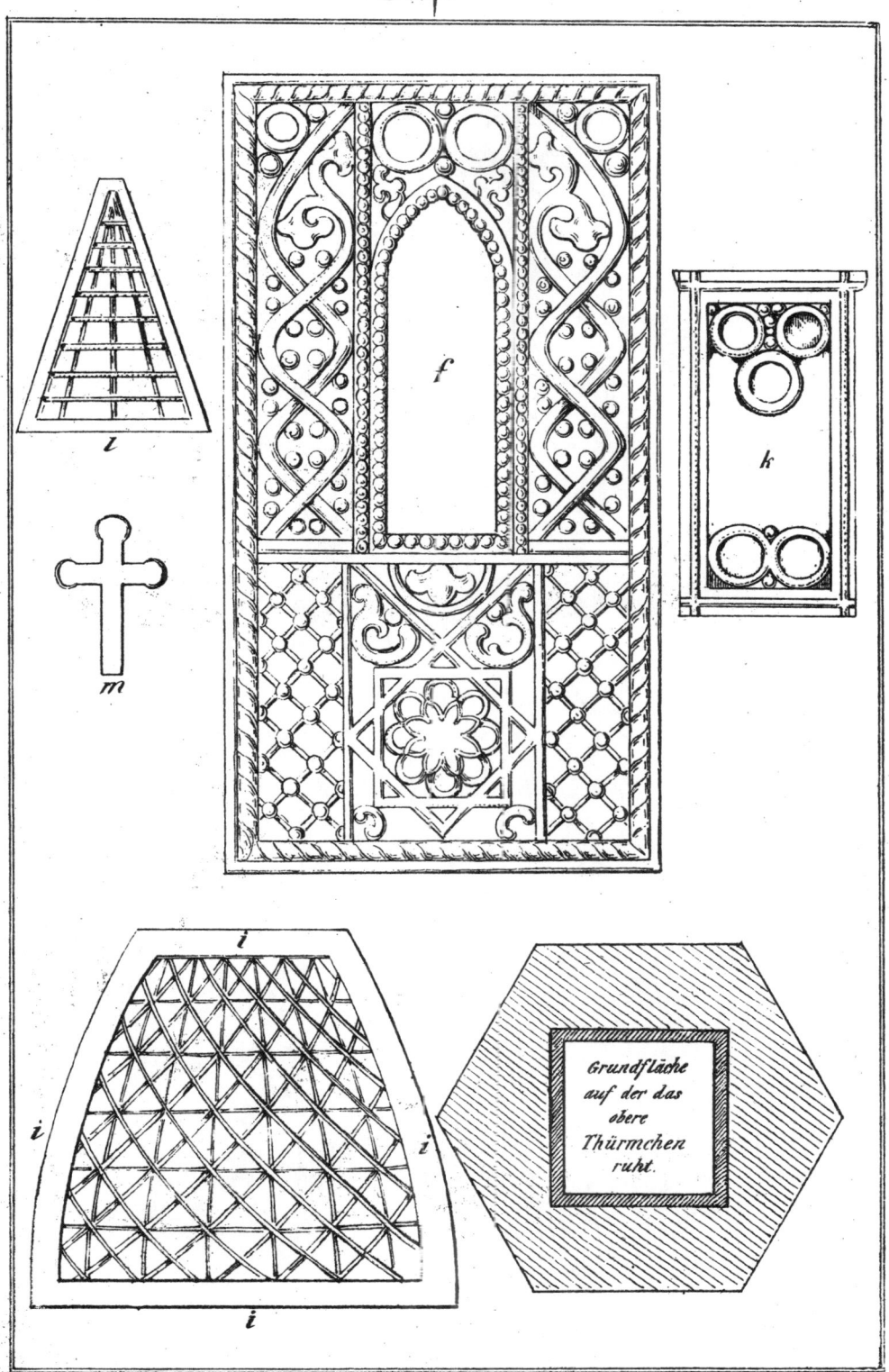

Grundfläche
auf der das
obere
Thürmchen
ruht.

Macaronen- Auffatz.

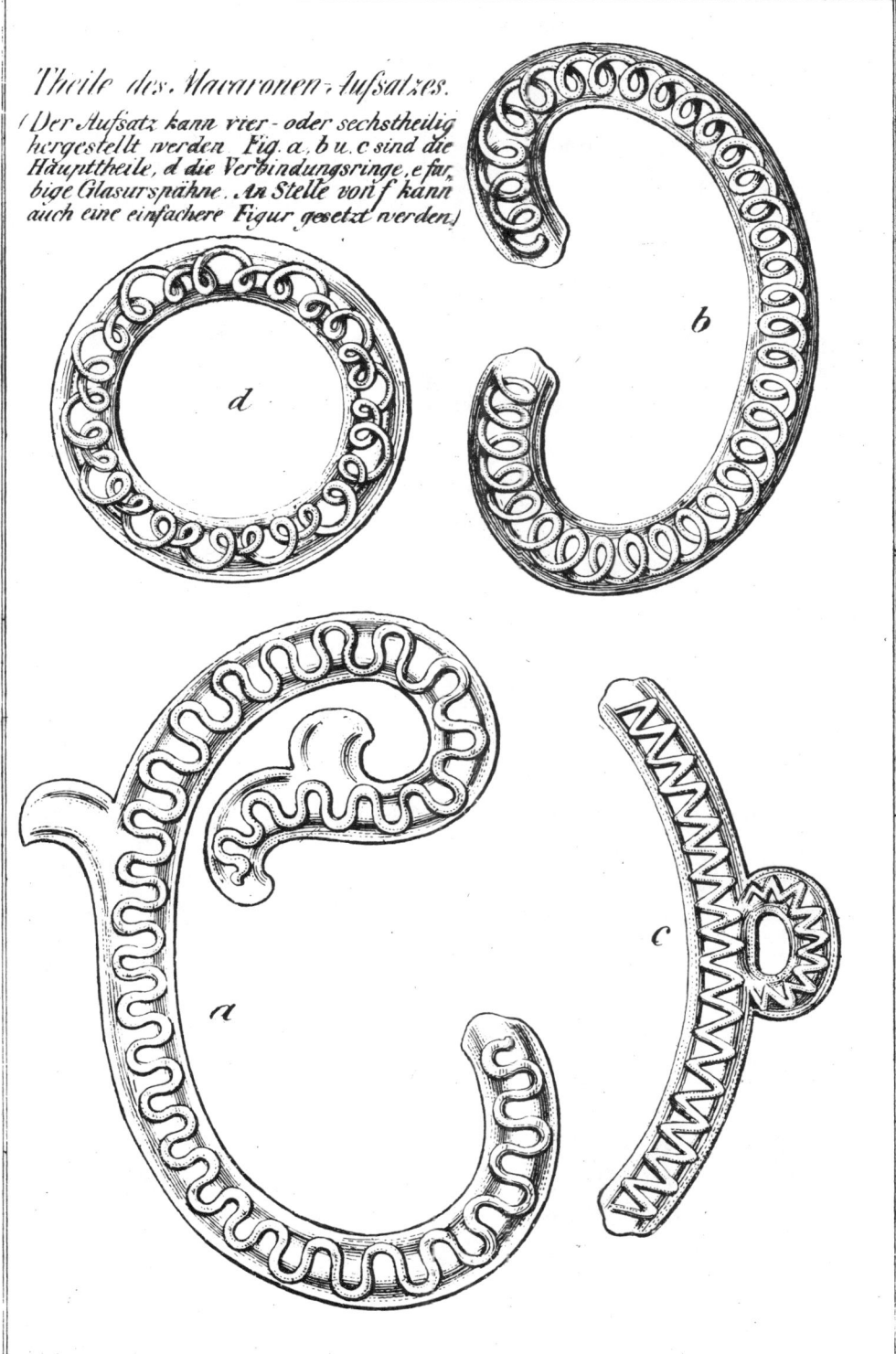

Theile des Macaronen-Aufsatzes.

(Der Aufsatz kann vier- oder sechstheilig hergestellt werden. Fig. a, b u. c sind die Haupttheile, d die Verbindungsringe, e farbige Glasurspähne. An Stelle von f kann auch eine einfachere Figur gesetzt werden.)

abcdefghijklmn

opqrsstuvwxyz

A B C D E F G H J K L M N O P

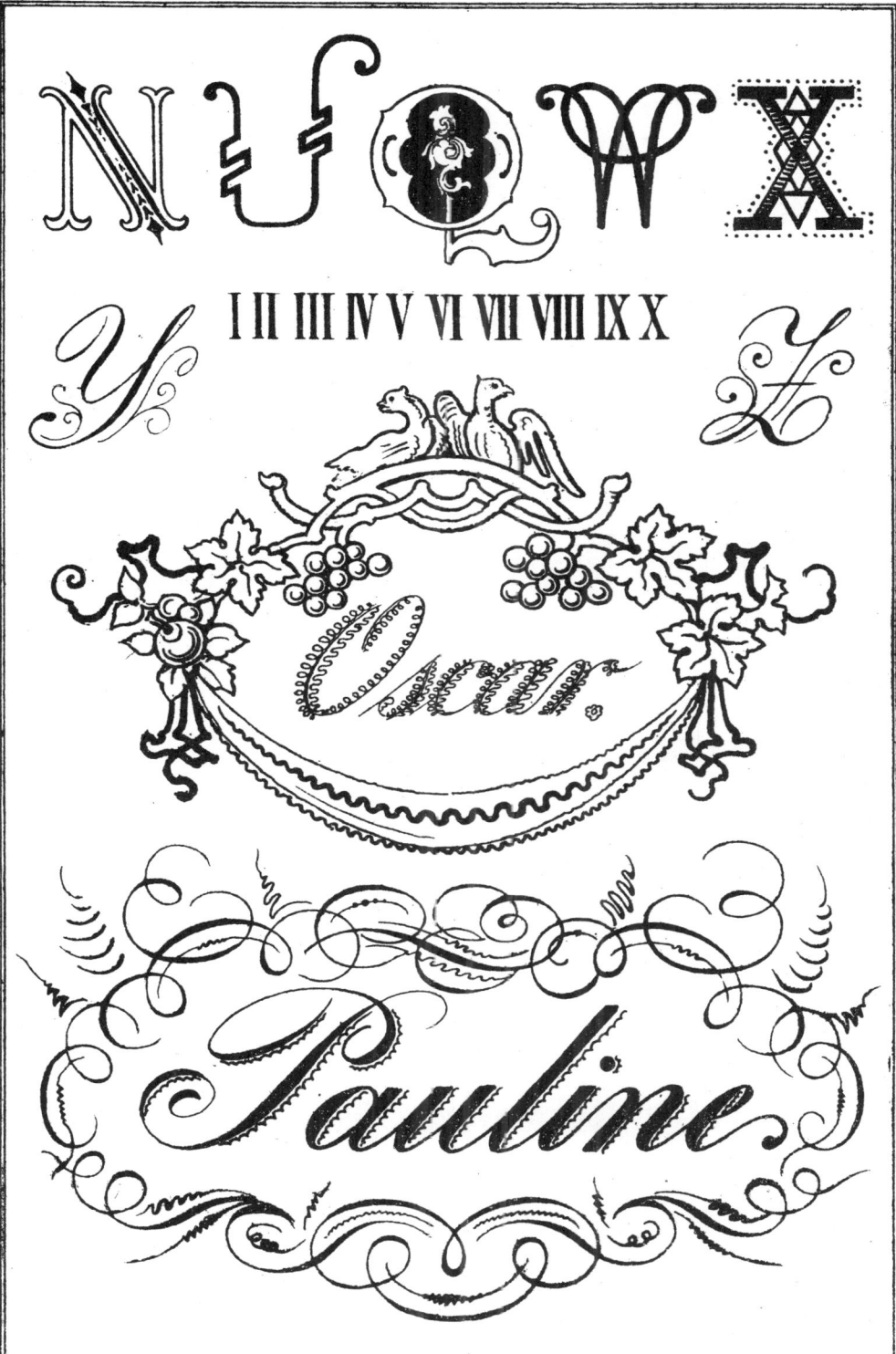